Elementare mathematische Bildung
im Alltag der Kindertagesstätte

Empirische Studien zur Didaktik der Mathematik

herausgegeben von

Götz Krummheuer
und Aiso Heinze

Band 3

Waxmann 2010
Münster / New York / München / Berlin

Hedwig Gasteiger

Elementare mathematische Bildung im Alltag der Kindertagesstätte

Grundlegung und Evaluation
eines kompetenzorientierten Förderansatzes

Waxmann 2010
Münster / New York / München / Berlin

Bibliografische Informationen der Deutschen Nationalbibliothek
Die Deutsche Nationalbibliothek verzeichnet diese Publikation in der
Deutschen Nationalbibliografie; detaillierte bibliografische Daten sind
im Internet über http://dnb.d-nb.de abrufbar.

Dissertation an der Fakultät für Mathematik, Informatik und Statistik
der Ludwig-Maximilians-Universität München, 2010

Gutachterinnen:
Prof. Dr. Kristina Reiss
Prof. Dr. Anna Susanne Steinweg
Prof. Dr. Angelika Speck-Hamdan M.A.

Empirische Studien zur Didaktik der Mathematik, Band 3

ISSN 1868-1441
ISBN 978-3-8309-2369-5

© Waxmann Verlag GmbH, Münster 2010

www.waxmann.com
info@waxmann.com

Umschlaggestaltung: Christian Averbeck, Münster
Titelbild: clafouti/photocase.com
Herstellung: BoD-Books on Demand, Norderstedt
Gedruckt auf alterungsbeständigem Papier, säurefrei gemäß ISO 9706

Vorwort

Mathematik im Kindergarten – dass es sich dabei um ein genauso aktuelles wie brisantes Thema handelt, wurde mir bei Gesprächen mit Erziehenden, Mathematikerinnen und Mathematikern und bei in schulischen Belangen eher unbedarften Personen im Lauf meiner Arbeit immer wieder bewusst. In den Gesprächen mit den Kindern zeigte sich gleichzeitig, welches mathematische Potenzial bereits in drei- bis sechsjährigen Kindern steckt bzw. schlummert. Durch die konstruktive Auseinandersetzung mit den Erziehenden konnte ich erfahren, wie dankbar und erleichtert diese wahrnehmen, dass zahlreiche alltägliche Situationen im Alltag der Kindertagesstätte mathematisches Lernen auf natürliche Art und Weise ermöglichen und gerade elementares mathematisches Lernen nicht bedeutet, schulische Inhalte vorwegzunehmen.

Die vorliegende Arbeit versucht, einen Weg aufzuzeigen, wie Mathematik in der Kindertagesstätte in das alltägliche Geschehen einfließen kann und die Freude und Motivation des Entdeckens und natürlichen Lernens bei Erziehenden und Kindern gleichermaßen wach gehalten werden kann.

Meinen Gutachterinnen Frau Prof. Dr. Kristina Reiss, Frau Prof. Dr. Anna Susanne Steinweg und Frau Prof. Dr. Angelika Speck-Hamdan möchte ich herzlich für das aktive Interesse, die kritisch-konstruktive Begleitung und die auf vielfältige Weise spürbare Unterstützung meiner Arbeit danken. Anna Susanne Steinweg gab den entscheidenden Anstoß und begleitete die praktische und theoretische Arbeit von Anfang an.

Ein großer Dank geht auch an meine Kolleginnen und Kollegen des Lehrstuhls für Didaktik der Mathematik an der Ludwig-Maximilians-Universität in München, die mich in vielerlei Hinsicht unterstützt haben. Insbesondere danke ich Dr. Stefan Ufer und Franziska Rudolph-Albert, die stets ein offenes Ohr für Fragen zur Auswertung meiner Daten hatten und Christoph Hammer für das kritische Korrekturlesen. Ein herzlicher Dank geht dafür auch an Wolfgang Korn.

Im Rahmen des Projekts TransKiGs Berlin begegnete ich vielen Personen, die meine Arbeit interessiert verfolgten, und dadurch auch zum Gelingen gerade der praktischen Arbeit beigetragen haben. Francie Sommer unterstützte mich hervorragend durch ihre Mithilfe bei der Datenauswertung.

Allen Kindern, Erziehenden und Lehrkräften, die mir einen Einblick in ihre Denkweisen und ihre alltägliche Arbeit ermöglicht haben, gilt ein besonderes Dankeschön. An den Kindertagesstätten und Schulen wurde ich immer sehr wohlwollend aufgenommen, was mir vieles erleichtert hat.

Nicht zuletzt danke ich allen, die mir während der Arbeit immer wieder den Rücken gestärkt haben!

Zusammenfassung

Fachliche und vor allem mathematische Bildung hatte über einen langen Zeitraum in Kindergärten und Kindertagesstätten keine Priorität. Etwa mit dem Zeitpunkt der Veröffentlichung erster Ergebnisse internationaler Vergleichsstudien rückte mathematische Bildung im vorschulischen Bereich in den Fokus des Interesses und damit die Frage, wie diese konzipiert sein muss, um mathematisches Lernen möglichst anschlussfähig gestalten zu können und um allen Kindern zu ermöglichen, notwendige Grundlagen zu erwerben. Gestützt wird die Forderung nach früher mathematischer Bildung heute durch Untersuchungsergebnisse, die Zusammenhänge zwischen mathematischem Vorwissen und späterer Leistung im Mathematikunterricht aufzeigen (DORNHEIM 2008; WEISSHAUPT, PEUCKER, WIRTZ 2006; KRAJEWSKI 2003; WEINERT, STEFANEK 1997). Infolgedessen wurden zahlreiche programmatische oder auch offenere Vorschläge für mathematisches Lernen in der Kindertagesstätte veröffentlicht. Diese Konzeptionen unterscheiden sich zum Teil deutlich hinsichtlich des zugrunde liegenden Verständnisses von Mathematik, hinsichtlich der Lehr- und Lernmethoden und hinsichtlich der Perspektive auf das Kind, die defizitorientiert sein kann oder eher vorhandene Fähigkeiten aufspürt, um sie als zentralen Ausgangspunkt für das Weiterlernen zu nutzen.

Die Zielsetzung der vorliegenden Arbeit ist, auf der Grundlage empirischer Befunde verschiedener Wissenschaftsdisziplinen zum Thema ‚frühe mathematische Bildung' ein tragfähiges Konzept zu entwickeln und zu evaluieren, welches Kinder ausgehend von ihren individuellen Voraussetzungen so fördert, dass sie grundlegende mathematische Kompetenzen erwerben, die sich im Verlauf des weiteren Lernens anschlussfähig zeigen und flexibel verwendet werden können. Um die Erziehenden in dieser anspruchsvollen Arbeit zu unterstützen, beinhaltet das hier entwickelte Konzept Maßnahmen zu deren Professionalisierung und die Bereitstellung eines Instruments zur Beobachtung und Dokumentation mathematischer Entwicklungsprozesse (STEINWEG 2006). Die Wirksamkeit dieses kompetenzorientierten Förderkonzeptes wurde in einer empirischen Studie mit einem Zweigruppen-Pretest-Posttestplan, der um einen dritten Messzeitpunkt erweitert wurde, evaluiert. Dazu wurde ein material- und paper-pencil-gestütztes Testinstrument entwickelt, das in Einzelinterviews zu den drei Messzeitpunkten jeweils im Jahresabstand eingesetzt wurde und Aussagen über die Leistungsentwicklung der Kinder ermöglicht.

Die statistischen Auswertungen der Daten weisen darauf hin, dass Kinder, deren Erziehende die Möglichkeit hatten, im Sinne des kompetenzorientierten Förderansatzes zu arbeiten, größere Leistungsfortschritte machen konnten als Kinder der Kontrollgruppe. Diese Effekte zeigen sich jedoch erst zwei Jahre nach Beginn der Intervention und vor allem im Inhaltsbereich Zahlen und Rechnen. Die qualitative Analyse einzelner Leistungsentwicklungen besonders schwacher Kinder lässt erkennen, dass auch diese Kinder von den ergriffenen Maßnahmen profitieren können.

Der in der vorliegenden Arbeit grundgelegte und evaluierte kompetenzorientierte Förderansatz stellt einen hohen Anspruch an die verantwortlichen Personen, weshalb die Weiterentwicklung der Professionalität der Erziehenden als zentraler Punkt für den Erfolg von Maßnahmen zur elementaren mathematischen Bildung gesehen wird.

Summary

For a long period of time, mathematics played no decisive role in early childhood education. However, the publication of initial results of international student assessment programmes resulted in an increased focus on early childhood mathematics education. There have not been any conclusive answers to the question of how early childhood mathematics education should be designed and delivered to provide all children with basic mathematical competencies, regardless of their individual starting levels, and to make mathematical learning a continuous process from the early years until end of school and beyond. Several empirical studies showed evidence that early numerical competencies are powerful predictors of later mathematical achievement (DORNHEIM 2008; WEISSHAUPT, PEUCKER, WIRTZ 2006; KRAJEWSKI 2003; WEINERT, STEFANEK 1997). These results underline the relevance of mathematics education in the early years to provide young children with the basic mathematical knowledge and abilities. As a result, educators today can choose between a variety of proposals or programmes for early childhood mathematics education. However, these concepts differ considerably. There are programmes with a very narrow perspective on mathematical learning and some with a broad understanding from mathematics as a living science, emphasizing problem solving, creativity and discovery learning, some that are deficit based and others which achieve learning progress by focusing on existing competencies.

The objective of the present thesis was to develop and evaluate a sustainable concept for early childhood mathematics education based on empirical research across various scientific disciplines. This concept should ensure that children are supported in their individual development to achieve sound basic mathematical competencies as a flexible base for further mathematical learning. To support the early-childhood educators in this challenging task, the proposed concept includes professional development programmes and a tool for observing and documenting the process of mathematical development (STEINWEG 2006). The effectiveness of this early childhood mathematics education concept was evaluated through a large-scale empirical study, which assessed and compared the mathematical achievement of two groups of children – children whose educators were able to apply the philosophy of the present concept and children in a control-group. To assess progress, a material- and paper-pencil-supported test tool was devised and applied in individual interviews over a three-year period in annual test intervals.

Statistical analyses of the data indicate that children whose educators were able to support children in their individual development due to a sound knowledge of early mathematical development and of ways of engaging young children in mathematics improved their mathematical abilities compared to children belonging to the control-group. These effects could only be observed two years after starting the intervention and related largely to the domain of numbers and calculating. Qualitative analyses of the individual mathematical development of low-achieving children showed evidence that these children also benefited from the measures adopted. The concept of nurturing individual mathematical development as developed and evaluated in the following pages presents early-childhood educators with considerable challenges. The professional development of these educators is therefore a key requirement for successful early childhood mathematics education.

Inhalt

Einleitung

„In education, there's no revolution, there's only evolution."

Guershon Harel 2008, in München

Diese Äußerung von Guershon Harel bei einem Besuch in München verweist, gerade mit Blick auf bildungspolitische Diskussionen, auf einen zentralen Gedanken. Überlegungen zur Optimierung von Lernprozessen im Bildungsbereich mit dem Ziel, die Leistungen der Kinder möglichst nachhaltig zu verbessern, werden zwar von Wissenschaftlerinnen und Wissenschaftlern aus Pädagogik und Didaktik seit jeher angestellt, allerdings fehlt gerade bei konzeptionellen Neuausrichtungen oftmals die Geduld, Veränderungsprozesse mit Bedacht zu planen, Innovationen in Ruhe umzusetzen und wirken zu lassen und schließlich darauf zu vertrauen, dass sich gut überlegte Maßnahmen langfristig auch auszahlen werden. Immer wieder ist der Wunsch nach möglichst unmittelbaren Erfolgen von Interventionen zu verspüren. Allerdings erfordern gerade konzeptionelle Veränderungen die Berücksichtigung der Voraussetzungen, Einstellungen und Bedürfnisse derer, die für die Umsetzung verantwortlich sind (vgl. ERNEST 1989).

„Denn jede Umgewöhnung macht Schwierigkeiten, die im Denken am meisten, und sie werden dazu mit jedem Jahre des Lebens größer." (KÜHNEL 1959, S. 10, Vorwort zur ersten Auflage)

Im besonderen Maße gilt diese Problematik der ‚Umgewöhnungen' für die vor allem im letzten Jahrzehnt in den Mittelpunkt des Interesses gerückte vorschulische Bildung. Ergebnisse aus Bildungsforschung und Psychologie zeigen vermehrt Zusammenhänge zwischen vorschulischer Erziehung bzw. individuellen Vorkenntnissen und schulischer Leistung (Zusammenschau in ROUX 2008; DORNHEIM 2008; KRAJEWSKI 2003), weshalb gerade der Elementarbereich Gegenstand der bildungspolitischen Diskussion wurde und nach wie vor ist:

„Immer mehr zeigt sich ein staatliches Interesse an der vorschulischen Erziehung, das mit einem stärkeren Druck auf die Fachkräfte bezüglich der Nachweisbarkeit von Lehr- und Lernergebnissen einhergeht." (FTHENAKIS 2003, S. 21)

Es wurden Bildungspläne für Kindertageseinrichtungen entwickelt, die auch fachliche Schwerpunkte setzen, und die Anzahl von Veröffentlichungen zur inhaltlichen Arbeit im Elementarbereich steigt. In dem Zusammenhang gewinnt auch mathematisches Lernen im vorschulischen Bereich zunehmend an Bedeutung. Dieser Inhaltsbereich verdient – will man die Bedürfnisse, Einstellungen und Voraussetzungen der Erziehenden im oben genannten Sinne berücksichtigen – besonderes Interesse. Mathematik ist bei Erziehenden und auch Grundschullehrkräften oftmals ein ungeliebtes Fach, dieser Bereich hat bislang in der vorschulischen Bildung nicht gerade Priorität genossen und elementares mathematisches Lernen wurde oftmals eher weniger systematisch reflektiert (vgl. SARAMA, CLEMENTS 2009, S. 350). Die Rolle der Erziehenden erfordert insofern bei Überlegungen zur frühen mathematischen Bildung besondere Aufmerksamkeit:

„Helping … teachers construct a deep understanding of the mathematics they need to teach, how children learn mathematics, and how to foster this learning effectively is necessary for elevating teaching to the level of a true profession ... and for the success of the current reform movement." (BAROODY 2004, S. 168)

Dieser Grundgedanke wird in der hier vorliegenden Arbeit als zentrale Voraussetzung für die erfolgreiche Umsetzung konzeptioneller Überlegungen zu früher mathematischer Bildung gesehen, denn bindet man die Erziehenden nicht als professionelle Akteure in die Gestaltung und Umsetzung elementarer mathematischer Bildungsprozesse ein, ist der Erfolg geplanter Maßnahmen fraglich.

Unabhängig davon gilt es bezüglich der Art und Weise, wie elementare mathematische Bildung mit nachhaltigem Erfolg optimal organisiert und gestaltet werden kann, wohlüberlegte Entscheidungen zu treffen. Aufgrund der oben erwähnten anhaltenden Aktualität dieser Thematik gibt es hierzu bereits verschiedene konzeptionelle Vorschläge. Sie unterscheiden sich bisweilen deutlich im zugrunde liegenden Verständnis des Fachs Mathematik, durch die Sichtweise auf das Kind oder auch durch vorgeschlagene Lehr- und Lernmethoden. Mit dieser Arbeit wird auf der Basis theoretischer Überlegungen und unter Berücksichtigung der Professionalisierung der Erziehenden ein Ansatz zur Förderung mathematischer Kompetenzentwicklung grundgelegt und auch evaluiert. Dieser geht in erster Linie von den bereits vorhandenen Kompetenzen bzw. Ressourcen des Kindes im Sinne der folgenden Äußerung WYGOTSKIs (1964) aus:

„Während das Denken des Kindes früher gewöhnlich nur negativ durch Fehler, Mängel und Minderleistungen bestimmt wurde, durch die es sich vom Denken der Erwachsenen unterscheidet, ... wurde dasjenige in den Mittelpunkt der Aufmerksamkeit gerückt, was das Kind hat, was sein Denken durch spezifische Eigenschaften auszeichnet." (WYGOTSKI 1964, S. 17f.)

Die Perspektive, mit der Äußerungen und Leistungen der Kinder wahrgenommen werden, richtet sich also nicht auf das Fehlende, sondern auf das Erreichte (vgl. SPECK-HAMDAN 2004, S. 60). Dadurch eröffnen sich Ansatzpunkte für Fördermaßnahmen und weitere Entwicklungen. Man spricht von einem kompetenzorientierten Blick auf die Kinder (vgl. SPIEGEL, SELTER 2003, S. 12). Diese Sichtweise auf das Kind unterscheidet sich beispielsweise von der eher defizitorientierten Perspektive, die Ausgangspunkt für die Förderung so genannter ‚Risikokinder' ist. Damit werden Kinder bezeichnet, die aufgrund bestimmter Defizite als gefährdet gelten, zu einem späteren Zeitpunkt Schwierigkeiten beim Mathematiklernen zu bekommen.

Der in dieser Arbeit grundgelegte Ansatz zur Förderung mathematischer Kompetenzentwicklung regt auf der Basis der beobachteten Fähigkeiten mathematische Bildungsprozesse an. Lerngelegenheiten und -anregungen stützen sich dabei auf zentrale Ideen des Fachs Mathematik und auf ein Verständnis der Mathematik als aktiv-entdeckende Tätigkeit, als Wissenschaft, die nicht vermittelt werden kann, sondern die sich durch konstruktive und kommunikative Prozesse nacherfinden lässt (vgl. FREUDENTHAL 1973, S. 114ff.). Genutzt werden dazu Formen kindlichen Lernens im Spiel und in alltäglichen Lebenssituationen. Dieses Verständnis von Mathematik und auch diese methodische Ausrichtung findet man in streng lehrgangsartig konzipierten Überlegungen zur frühen mathematischen Bildung, die bereits in vielen Kindertageseinrichtungen eingesetzt werden, nicht zwangsläufig wieder.

Ob und inwieweit ein Förderansatz, der sich an den Kompetenzen der Kinder orientiert und auf gehaltvolle mathematische Lerngelegenheiten im Spiel und in Alltagssituationen setzt, die Forderungen nach langfristig wirksamen Erfolgen erfüllen kann, wird in der vorliegenden Arbeit empirisch untersucht. Von den Grundüberlegungen her, die auch die Professionalitätssteigerung der Erziehenden berücksichtigen, lässt sich jedoch bereits an dieser Stelle sagen, dass es sich dabei kaum um blitz- und revolutionsartige Veränderungen handeln kann, sondern eher um Entwicklungsprozesse – um Evolution.

Eine zentrale Intention dieser Arbeit ist es, Erkenntnisse verschiedener Wissenschaftsdisziplinen zum Thema ‚elementare mathematische Bildung‘ zu vereinen, um fundierte Aussagen darüber treffen zu können, wie Kinder vor Eintritt in die Schule in ihrer mathematischen Entwicklung so vorangebracht werden können, dass sie über solide Grundlagen für das Weiterlernen verfügen.

Dazu erfolgt im ersten Kapitel ein Überblick über die Entwicklung mathematischer Kompetenzen von den ersten Lebenstagen an bis zum Eintritt in die Schule. Ein großer Schwerpunkt liegt dabei auf der Entwicklung des Zahlbegriffs, des Zählens und auf dem Grundverständnis der Rechenoperationen. Den Untersuchungen von JEAN PIAGET (1958, 1969) zur Entwicklung des Zahlbegriffs wird – auch weil diese im Zusammenhang mit elementarer mathematischer Bildung immer wieder rezipiert werden – besondere Bedeutung beigemessen.

Das zweite Kapitel widmet sich dem Stellenwert, den vorschulische mathematische Bildung in den letzten Jahrzehnten innehatte, und gibt einen Einblick in die Vielfalt an aktuellen konzeptionellen Überlegungen dazu. Ziel dieses Kapitels ist es, begründet Position beziehen zu können, wie und auf welcher Grundlage mathematische Lernprozesse im vorschulischen Bereich geplant und gestaltet werden sollen.

Die Voraussetzungen und individuellen Dispositionen der Kinder sind der Ausgangspunkt für Maßnahmen zur Weiterentwicklung der Kompetenzen. Im dritten Kapitel erfolgt deshalb zunächst eine Einordnung der Bedeutung des mathematischen Vorwissens für spätere schulische Leistung, bevor verschiedene Instrumente zur Erhebung und Beobachtung der individuellen Lernvoraussetzungen der Kinder diskutiert werden. Sie werden vor allem hinsichtlich ihrer Brauchbarkeit für den Einsatz in Kindertagesstätten mit dem Ziel, passende Fördermaßnahmen ergreifen zu können, untersucht.

In den Kapiteln zwei und drei wird herausgearbeitet, welche Aspekte berücksichtigt werden müssen, damit elementares, mathematisches Lernen erfolgreich vonstattengehen kann. Dabei zeigt sich jedoch, dass die Umsetzung konkreter Maßnahmen auf dieser Basis einen hohen Anspruch an die Erziehenden stellt. Kapitel vier beschreibt deshalb Bedingungsfaktoren bei Erziehenden für das Gelingen von mathematischem Lernen im Alltag der Kindertagesstätte. Dazu gehören vor allem Fachkompetenz und die Bereitschaft und Fähigkeit, das eigene Wissen konkret in der Arbeit mit den Kindern umsetzen zu können.

Der in den einführenden Worten bereits skizzierte kompetenzorientierte Ansatz zur Entwicklung mathematischer Fähigkeiten ergibt sich als Konsequenz aus den in den ersten vier Kapiteln herausgearbeiteten Ideen. Er wird im Kapitel fünf noch einmal ausführlich erläutert.

In Kapitel sechs schließt sich die Schilderung der Hintergründe und Methoden zur Evaluation des in dieser Arbeit grundgelegten kompetenzorientierten Förderansatzes an. Die Evaluation erfolgte durch die Kompetenzmessung bei den Kindern. Verglichen wurde die Gruppe von Kindern, mit der in diesem Sinne gearbeitet wurde, mit einer Kontrollgruppe. Diese Informationen wurden durch Akzeptanzbefragungen bei den Erziehenden ergänzt.

Die Evaluationsergebnisse werden in Kapitel sieben zunächst quantitativ ausgewertet, kritisch reflektiert und interpretiert, bevor eine qualitative Betrachtung der Entwicklungsverläufe von Kindern, mit einem vergleichsweise niedrigen Stand an mathematischen Kenntnissen und Fähigkeiten folgt. Auch hier schließt sich eine Interpretation und Einordnung der Ergebnisse an.

Im letzten Kapitel wird zunächst die vorliegende Untersuchung kritisch reflektiert. Aufgrund der Erkenntnisse dieser Arbeit werden schlussfolgernd wesentliche Punkte dargelegt, die es zu berücksichtigen gilt, wenn mathematische Bildung im vorschulischen Bereich erfolgreich geplant und gestaltet werden soll.

1. Entwicklung mathematischer Kompetenzen im vorschulischen Bereich

Anna (4J.3M.) zählt immer wieder die aufgeschnittenen Wurststücke auf ihrem Teller. 1, 2, 3, 4, 5, 6. Dabei zeigt sie nacheinander mit der Gabel auf jedes Stück. Sie begnügt sich damit, Kartoffeln und Gemüse zu essen und zählt erneut die Wurststücke. Sie zeigt sechs Finger auf die Frage, wie viele Würstchen sie noch hat. Nach einiger Zeit steckt sie ein Stück in den Mund. Sie zählt erneut, indem sie mit der Gabel auf jedes Wurststück deutet: 1, 2, 3, 4, 5 und unmittelbar danach zeigt sie auf die Stelle, an der das Wurststückchen lag, das sie soeben in den Mund gesteckt hat und sagt 6.

Beschäftigt man sich mit Fragen zur frühen mathematischen Bildung, so ist es unumgänglich, sich mit der Entwicklung mathematischer Kompetenzen auseinanderzusetzen. Diese beginnt bereits im Säuglingsalter, was eine Vielzahl an Ergebnissen aus der Säuglingsforschung beweist. Aufgrund weiterer entwicklungspsychologischer Forschungen hat man Erkenntnisse über verschiedene Vorstellungsmodelle von Zahlen und zur Entwicklung des Zahlbegriffs im Allgemeinen. Der Zählentwicklung kommt dabei eine große Bedeutung zu. Diese elementaren mathematischen Grundlagen werden nach einer kurzen Klärung und Einordnung des Begriffs ‚Kompetenz‘ ausgeführt, bevor mit Erkenntnissen zur Entwicklung des Verständnisses der Rechenoperationen und zu Kompetenzen in den Bereichen Geometrie und Messen das Grundlagenwissen über die mathematische Kompetenzentwicklung im vorschulischen Bereich abgerundet wird.

1.1 Begriffsklärung

Im Zusammenhang mit der Entwicklung von individuellen Voraussetzungen für das schulische Lernen und auch in der Diskussion um Bildungsziele und fachspezifische Leistungen werden vielfach die Begriffe ‚Fähigkeiten‘, ‚Fertigkeiten‘, ‚Kenntnisse‘ und ‚Kompetenzen‘ verwendet. Zu Beginn ist eine Abgrenzung bzw. Einordnung der Begriffe sinnvoll, da auf diese im Verlauf der vorliegenden Arbeit in unterschiedlichem Kontext Bezug genommen wird.

1.1.1 Fähigkeiten, Fertigkeiten, Kenntnisse

Während früher Leistungen oder Entwicklungsstände in erster Linie mit Hilfe der Begriffe ‚Fähigkeiten‘, ‚Fertigkeiten‘ und ‚Kenntnisse‘ beschrieben wurden (vgl.

OELKERS, REUSSER 2008, S. 28; REISS, HEINZE, PEKRUN 2007, S. 108), spricht man heute in der Regel eher von Kompetenzen. Die Unterscheidung, ob es sich bei einer Leistung um eine ‚Fähigkeit‘, eine ‚Fertigkeit‘ oder um ‚Kenntnisse‘ handelt, ist hilfreich, wenn erwünschte oder erreichte Lernergebnisse von Kindern ausdifferenziert benannt werden sollen. Bei der Gestaltung curricularer Lehrpläne in Bayern in den 1970er Jahren versuchte man, Lernziele in die Kategorien Wissen, Können, Erkennen und Werten einzuteilen (WESTPHALEN 1979). Dabei wurden ‚Kenntnisse‘ dem Bereich des Wissens zugeordnet. Sie verlangen nicht nur einen Ein- oder Überblick in bzw. über einen bestimmten Themenbereich, sondern beinhalten darüber hinaus eine „Differenzierung der Inhalte und Betonung der Zusammenhänge" (WESTPHALEN 1979, S. 61). Sowohl ‚Fähigkeiten‘ als auch ‚Fertigkeiten‘ wurden in der Kategorie des Könnens aufgelistet, wobei mit Fähigkeit „dasjenige Können, das zum Vollzug von Operationen notwendig ist" bezeichnet wird und ‚Fertigkeit‘ ein „eingeschliffenes, fast müheloses Können" verlangt (WESTPHALEN 1979, S. 61). Der Begriff „Operationen" ist dabei weit gefasst und geht bis hin zur „selbständigen kreativen Bearbeitung komplexer Aufgaben" (WESTPHALEN 1978, S. 48f.). Diese Kategorisierungen dienten im Sinne der curricularen Lehrpläne dazu, Leistungsanforderungen möglichst genau zu beschreiben, um auch eine Orientierung für die Bewertung von Leistung zu bekommen (WESTPHALEN 1978, S. 45). Im Kontext von Schule, Weiterbildung und auch im Zusammenhang mit beruflicher Bildung werden diese Begriffe nach wie vor in Annäherung an die hier geschilderte Abgrenzung verwendet (z.B. STEINWEG 2008, S. 144ff.; KIRCHHÖFER 2004).

Während WESTPHALEN (1979) in der Definition zu ‚Fähigkeiten‘ eher allgemein auf die Anwendung von Wissen und Kenntnissen im Vollzug von Operationen verweist, nehmen andere Definitionen auch genetische Voraussetzungen und individuelle Bedingungsfaktoren mit auf (z.B. KIRCHHÖFER 2004, S. 61; TENORTH, TIPPELT 2007):

> „Die Fähigkeit kann als spezifische Voraussetzung im Sinne einer genetischen Anlage (Disposition) vorliegen oder auf Erziehung und Übung zurückgeführt werden." (TENORTH, TIPPELT 2007, S. 236)

Die Verwendung der Begriffe ‚Fertigkeiten‘, Fähigkeiten‘ und ‚Kenntnisse‘ in dieser Arbeit folgt im Verständnis der hier ausgeführten Definitionen.

1.1.2 Kompetenz

Der Begriff ‚Kompetenz‘ wird seit geraumer Zeit in verschiedenen Wissenschafts- und Fachgebieten, aber auch in der Alltagssprache in unterschiedlichen Zusammenhängen und nicht immer einheitlich verwendet (HARTIG 2008). Allgemein betrachtet verweist der Kompetenzbegriff – wie auch eine differenzierte Verwendung der Begriffe ‚Fähigkeiten‘, Fertigkeiten‘, ‚Kenntnisse‘ – auf „Qualitäten menschlichen Denkens und Tuns" (KLIEME, HARTIG 2007, S. 12). WEINERT (1999, 2001a, b) definiert ‚Kompetenz' unter Berücksichtigung von und in Abgrenzung zu verschiedenen Verwendungen dieses Begriffs wie folgt:

> Man versteht „... unter Kompetenzen die bei Individuen verfügbaren oder durch sie erlernbaren kognitiven Fähigkeiten und Fertigkeiten, um bestimmte Probleme zu lösen, sowie die damit verbundenen motivationalen, volitionalen und sozialen Bereitschaften und Fähigkeiten, um die Problemlösungen in variablen Situationen erfolgreich und verantwortungsvoll nutzen zu können." (WEINERT 2001b, S. 27f.)

Diese Definition von Kompetenz führt die drei unter 1.1.1 genannten Begriffe zusammen. Kenntnisse, Fähigkeiten und Fertigkeiten werden nicht isoliert betrachtet, sondern als notwendige Voraussetzungen zur Problemlösung gesehen. Darüber hinaus umfasst Kompetenz bei WEINERT (2001b) auch die Motivation und den Willen, die individuellen Voraussetzungen zur Problemlösung einzusetzen. Er plädiert dafür, den Kompetenzbegriff auf spezifische Kenntnisse und Fähigkeiten zu beschränken und allgemeine intellektuelle Fähigkeiten eher auszuklammern (vgl. WEINERT 1999, S. 24). OELKERS und REUSSER (2008) sprechen sogar von einem „Gegenbegriff zum klassischen Intelligenzbegriff" (S. 24):

> „Kompetenzen" beziehen sich nicht auf „kontextfreie kognitive Dispositionen, sondern auf wissensbasierte Fähigkeiten in bestimmten kulturellen und lebensweltlichen Domänen" (OELKERS, REUSSER 2008, S. 24).

Die Fokussierung auf die Anwendung von Kenntnissen, Fertigkeiten und Fähigkeiten in bestimmten Situationen bzw. Domänen macht deutlich, dass Kompetenzen durch Lernen und Agieren in entsprechenden Kontexten erlernbar sind oder erweitert werden können:

> „Kompetenzen können also durch Erfahrung in relevanten Anforderungssituationen erworben, durch Training oder andere äußere Interventionen beeinflusst und durch langjährige Praxis möglicherweise zur Expertise in der jeweiligen Domäne ausgebaut werden." (KLIEME, HARTIG 2007, S. 17)

KLIEME (2004) spricht sich – vor allem im Zusammenhang mit Kompetenzmessung – dafür aus, Kompetenzen eher bereichsspezifisch zu betrachten und weniger den Fokus auf übergreifende Schlüsselkompetenzen zu legen.

Zusammenfassend lassen sich Kompetenzen charakterisieren als „erlernbare kontextspezifische kognitive Leistungsdispositionen" (HARTIG 2008, S. 17), „die in verschiedenen Situationen angewendet werden können" (REISS, HEINZE, PEKRUN 2007, S. 109). In diesem Verständnis von Kompetenz wird im Folgenden die mathematische Kompetenzentwicklung im vorschulischen Bereich beschrieben.

1.2 Erkenntnisse aus der Säuglingsforschung

Mathematische Kompetenzen entwickeln sich bereits in den ersten Lebensjahren. Dazu gibt es Erkenntnisse aus Untersuchungen mit Säuglingen (z.B. ANTELL, KEATING 1983; BORNSTEIN, FERDINANDSEN, GROSS 1981, FEIGENSON, CAREY, HAUSER 2002; SIMON 1997; STARKEY, COOPER 1980; STARKEY, SPELKE, GELMAN 1983; WYNN 1992b; WYNN 1998; XU, SPELKE 2000; XU, SPELKE, GODDARD 2005; XU, ARRIAGA 2007; IZARD, SANN, SPELKE, STRERI 2009). Diese Untersuchungen nutzen so genannte Habituationsexperimente, bei denen die Aufmerksamkeitsspanne von Säuglingen über die Fixationsdauer des Blicks gemessen wird. Gewöhnen sich Säuglinge an einen gewissen Anblick, so verringert sich diese Fixationsdauer. Die Blickdauer bleibt unverändert kurz, wenn Ereignisse präsentiert werden, die für das Kind keinen neuen Reiz darstellen (Habituation). Sie reagieren hingegen mit einer längeren Fixationsdauer, wenn ein dargebotener Reiz eine für sie wahrgenommene Veränderung oder ein unerwartetes Ereignis bedeutet.

1.2.1 Mengenerfassung

Unterscheidung von Mengen mit kleiner Anzahl
Bereits wenige Tage alte Kinder erkennen Unterschiede in numerischen Anordnungen von 2 bzw. 3 Elementen. Sie reagieren mit erhöhter Aufmerksamkeit auf präsentierte Anordnungen anderer Anzahl, selbst wenn die Länge der Anordnung oder auch die Dichte bei nicht linear angeordneten Elementen kontrolliert wird. Daher wird angenommen, dass die unterschiedliche Anzahl der Elemente die einzige Ursache für die veränderte Reaktion der Kinder ist (ANTELL, KEATING 1983). Diese Fähigkeit der Unterscheidung einer Menge mit zwei Elementen von einer Menge mit drei Elementen zeigten auch Kinder im Alter zwischen 16 und 30 Wochen in Habituationsexperimenten (STARKEY, COOPER 1980).

Bei Kindern im Alter von sieben Monaten konnte man nachweisen, dass sie akustisch und visuell präsentierte numerische Informationen in Verbindung setzen können. Zu einer Folge von drei Trommelschlägen betrachteten die Kinder ein Bild mit drei Elementen länger als eines mit zwei und umgekehrt, wobei sich die visuell präsentierten Mengen in ihren Elementen – hierbei handelte es sich um verschiedene Zusammenstellungen alltäglicher Dinge – und Anordnungen unterschieden (STARKEY, SPELKE, GELMAN 1983). Letzteres führte zur Argumentation, dass die Korrespondenz nur aufgrund der numerischen Eigenschaften hervorgerufen werden kann. DANTZIG (1954) bezeichnet diese Fähigkeiten als „Number Sense" (S.1):

„Man, even in the lower stages of development, possesses a faculty which, for want of a better name, I shall call *Number Sense*. This faculty permits him to recognize that something has changed in a small collection when, without his direct knowledge, an object has been removed or added to the collection." (DANT-ZIG 1954, S.1)

Jedoch lassen die Untersuchungen noch keinen Schluss zu, ob die Kinder hier bereits in der Lage sind zu entscheiden, ob es sich um exakt zwei bzw. drei Elemente handelt, um ‚weniger' bzw. ‚mehr' oder auch um ‚gleich' bzw. ‚verschieden':

> „After more than two decades of study, therefore, there is still no consensus over whether infants discriminate between small numbers of elements on the basis of numeriosity." (XU, SPELKE, GODDARD 2005, S. 89)

Ob man davon ausgehen kann, dass ein angeborener Mechanismus, den Menschen mit einigen Säugetieren gemeinsam haben (vgl. z.b. FEIGENSON, CAREY, HAUSER 2002), die numerische Beurteilung der geschilderten Situationen ermöglicht (z.b. WYNN 1998) oder ob eher allgemeine kognitive Fähigkeiten („Non-Numerical", vgl. SIMON 1997), wie z.b. Diskriminationsfähigkeit im Sinne von ‚gleich' und ‚verschieden', für die Ergebnisse in den oben genannten Versuchen ausschlaggebend sind, wird kontrovers diskutiert (z.b. CAREY, S. 2002; FEIGENSON, CAREY, HAUSER 2002; LE CORRE, CAREY 2007; SIMON 1997; WYNN 1998, WYNN 2002; XU, SPELKE, GODDARD 2005).

Unterscheidung von Mengen mit größerer Anzahl

Neben der Fähigkeit, kleine Mengen zu unterscheiden – in der Regel handelte es sich bei den Untersuchungen um Mengen mit zwei Elementen im Vergleich zu Mengen mit drei Elementen (Die Unterscheidung von drei und vier, zwei und vier, drei und sechs oder vier und sechs Elementen gelang nicht zuverlässig (vgl. FEIGENSON, CAREY, HAUSER 2002, S. 153; STARKEY, COOPER 1980, S. 1034)) –, konnte bei Kindern im ersten Lebensjahr das vergleichende Abschätzen von Mengen mit großer Anzahl beobachtet werden. Bereits wenige Tage alte Säuglinge betrachteten ein visuell präsentiertes Mengenbild länger, dessen Anzahl vorher und währenddessen durch eine Audiosequenz eingespielt wurde. Es handelte sich dabei um Vergleiche zwischen Mengen mit 4 und 12 bzw. 6 und 18 Elementen (IZARD, SANN, SPELKE, STRERI 2009). Ebenfalls in Habituationsexperimenten zeigten sechs Monate alte Kinder, dass sie visuell präsentierte Mengen mit 8 von Mengen mit 16, bzw. Mengen mit 16 von Mengen mit 32 Elementen unterscheiden konnten. Variablen, wie z.b. die Helligkeit der präsentierten Mengenbilder, die Größe der Elemente oder die Dichte der Anordnungen wurden kontrolliert (XU, SPELKE 2000; XU, SPELKE, GODDARD 2005), so dass die unterschiedliche Anzahl der Elemente als alleiniges Unterscheidungskriterium angenommen werden konnte. Offensichtlich scheint das Anzahlverhältnis der beiden Mengen für die Diskriminationsfähigkeit entscheidend zu sein. Während Mengen im Verhältnis 2:1 unterschieden werden, bestätigt sich dies nicht bei Mengen im Verhältnis 3:2. Letzteres gelingt erst mit zunehmendem Alter der Kinder immer besser (vgl. XU, ARRIAGA 2007).

Die Untersuchungen der Säuglingsforschung zur Mengenunterscheidung geben also Grund zur Annahme, dass Kinder bereits über numerische Kompetenzen verfügen, bevor sie verbal zählen können. Erkennen die Kinder Mengenunterschiede in diesem Alter, so lassen sich daraus aber keine Rückschlüsse auf ein Verständnis der Prozesse, die zur Mengenveränderung führen, schließen (vgl. auch 1.5.1). Dies heißt auch nicht, dass den Informationen zwangsläufig bereits eine mathematische Bedeutung beigemessen werden kann. Tatsache ist aber, dass offensichtlich bereits im frühesten Kindesalter eine gewisse Sensibilität für Mengen und Mengenveränderungen vorhanden ist, die dem Kind als Ansatzpunkt für mathematisches Denken und Lernen dienen kann.

1.2.2 Zahlvorstellung

Aus der psychologischen und auch neurobiologischen Forschung kennt man im Wesentlichen zwei Modelle, die beschreiben, wie die Vorstellung von Zahlen im menschlichen Gehirn organisiert sein könnte. Sie werden mit „object file model" und „analog magnitude model" bezeichnet (CAREY 1998). Von ‚object file model' spricht man, wenn für jedes wahrgenommene Element in der Vorstellung ein mentaler Repräsentant existiert. Das ‚analog magnitude model' geht von der Vorstellung der Zahl als kontinuierlich wachsende Größe aus.

Analog magnitude model

Das ‚analog magnitude model' legt das Vorstellungsbild des inneren Zahlenstrahls nahe. Charakteristisch für diese Vorstellung ist, dass sich bei Mengenvergleichen die Mächtigkeit der beiden zu vergleichenden Mengen auf die Erfolgsquote auswirkt:

„Wir unterscheiden leichter zwischen sehr unterschiedlich großen Zahlen wie 80 und 100 als zwischen eng benachbarten Zahlen wie 81 und 82." (DEHAENE 1999, S. 88)

Das Verhältnis der beiden Mengen zueinander ist für eine erfolgreiche Unterscheidung ausschlaggebend. Diese Regelhaftigkeit ist als Weber'sches Gesetz bekannt (vgl. z.B. DEHAENE 1999, S. 88; LE CORRE, CAREY 2007).

Object file model

Das ‚object file model' stößt an seine Grenzen, wenn die Menge der betrachteten Elemente zu groß wird, da für jedes wahrgenommene Element kurzzeitig ein Repräsentant abgespeichert wird. Dabei werden jedoch keine detaillierten Informationen über das jeweilige Element registriert (vgl. KAHNEMAN, TREISMAN, GIBB 1992, S. 176), was erklären könnte, dass Kinder bei Habituationsexperimenten in erster Linie auf veränderte Anzahlen, nicht aber auf veränderte Gegenstände reagieren. Diese Repräsentanten ermöglichen einen Eins-zu-Eins-Vergleich von Mengen, auch wenn eine der beiden Mengen nicht mehr visuell präsent ist. Man geht davon aus, dass für eine präsentierte Menge mit zwei Elementen zwei Repräsentanten gespeichert werden. Wird die Menge verdeckt und hinterher wieder präsentiert, so kann über Eins-zu-Eins-Zuordnung jeder gespeicherte Repräsentant mit einem vorliegenden Element in Beziehung gesetzt werden und die Menge als ‚gleich' zur vorher gezeigten interpretiert werden. Diese Vorstellung bezeichnen LE CORRE und CAREY (2007) als „parallel individuation" (S. 397).

Verbindung mit Zahlaspekten
Diese beiden Modelle zur Zahlvorstellung lassen sich mathematikdidaktisch mit dem ordinalen und kardinalen Aspekt von Zahlen in Verbindung bringen. Vielfältige Beziehungen zwischen diesen beiden und anderen Zahlaspekten sind grundlegend für einen umfassenden Zahlbegriff beim Kind (vgl. PADBERG 2005, S. 13; KRAUTHAUSEN, SCHERER 2007, S. 10). Der kardinale Aspekt liefert dabei die Antwort auf die Frage ‚Wie viele?'. Zahlen werden zur Beschreibung der Anzahlen von Elementen einer Menge verwendet. Der ordinale Aspekt sieht Zahlen „innerhalb einer (total geordneten) Reihe" (PADBERG 2005, S. 14) und lässt sich unter anderem mit dem Zahlenstrahl darstellen.

XU und SPELKE (2000) sehen im ‚object file model' nicht zweifelsfrei kardinale Aspekte – „infants represent objects but not sets with cardinal values" (XU, SPELKE 2000, S. B3) – weil für sie die Eins-zu-Eins-Zuordnung der mentalen Repräsentanten mit den sichtbaren Elementen im Vordergrund steht. Dennoch kann die Verbindung dieses Modells mit dem kardinalen Aspekt, wie er mathematik-didaktisch verstanden wird, aufrechterhalten bleiben: Eins-zu-Eins-Zuordnung als Strategie, die Gleichmächtigkeit zweier Mengen zu bestimmen, ist zweifelsfrei ein Charakteristikum des kardinalen Verständnisses von Zahlen.

1.2.3 Erklärungsansatz für die Ergebnisse aus der Säuglingsforschung
Während in der psychologischen Forschung das ‚object file' und das ‚analog magnitude model' immer wieder gegenübergestellt wurden (z.B. SIMON 1997; WYNN 1998; FEIGENSON, CAREY, HAUSER 2002) und teilweise auch zu zeigen versucht wurde, dass nur eines von beiden vorherrschend ist, wurden gerade diese beiden Modelle auch dazu herangezogen, die unterschiedlichen Ergebnisse der Säuglingsforschung zu erklären.

So könnten die Erfolge bei Vergleichen von kleinen Mengen durch den Vergleich von mentalen Repräsentanten mit realen Objekten entstehen, wohingegen diese Strategie bei Mengen mit größerer Elementanzahl versagt. Hier dient eher die Vorstellung einer Zahl als ungefähre Größe zur Mengenunterscheidung, die wiederum bei kleinen Anzahlen und auch bei Mengen, die sich in ihrer Elementanzahl nicht deutlich unterscheiden, nicht hilfreich zu sein scheint (vgl. XU, SPELKE, GODDARD 2005).

„These results are consistent with the hypothesis that two systems of representations are present early in infancy. One is an object-tracking system, and its signature property is the set size limit of 3 or 4 in adults and infants; the other is a number estimation system, and its signature property is the Weber fraction, i.e. the system accords with Weber's Law – successful discrimination is determined by the ratio between two numbers, not the absolute difference." (XU 2003, S. B23)

Die Existenz verschiedener Vorstellungsmodelle von Zahlen deckt sich durchaus mit der mathematikdidaktischen Sichtweise, dass die Vernetzung vieler Zahlaspekte zum Erwerb eines gesicherten Zahlbegriffs beiträgt (vgl. KRAUTHAUSEN, SCHERER 2007 S. 8ff.; MOSER OPITZ 2002, S. 61ff.).

1.3 Entwicklung des Zahlbegriffs

Theorien zur Entwicklung des Zahlbegriffs sind größtenteils von der Auffassung über den Ursprung von Zahlen beeinflusst. Zahlen werden als vom Menschen unabhängig existent angesehen (Pythagoras), als Intuition, die wiederum eine Vorstufe der Logik sein kann (Poincaré) oder als reines Produkt der Logik, das vom Menschen konstruiert wurde (Peano, Russell) (vgl. z.B. WEMBER 2003; MOSER OPITZ 2002; PIAGET 1958). Entscheidet man sich dafür, Zahlen als Produkt der Logik zu sehen, so bleibt nach wie vor die Frage, ob Zahlen eher als Klassen verschiedener Mengen (kardinal) gesehen werden oder über Ordnungsrelationen (ordinal) – in erster Linie Nachfolgerbeziehungen – definiert sind.

Da im Zusammenhang mit der Entwicklung des Zahlbegriffs die Untersuchungen des Schweizer Entwicklungspsychologen Jean PIAGET (1896-1980) immer wieder herangezogen und teilweise auch sehr verkürzt dargestellt werden, wird im Folgenden zunächst seinen Untersuchungen Aufmerksamkeit gewidmet, bevor weitere Erkenntnisse zur Zahlbegriffsentwicklung und Konsequenzen daraus ausgeführt werden.

1.3.1 Zahlbegriffsentwicklung nach Piaget

Theorie des Zahlbegriffs

PIAGET (1958, 1969) versuchte durch umfangreiche empirische Untersuchungen Erkenntnisse über die Entwicklung des Zahlbegriffs beim Kind und somit auch über die Auffassung von Zahlen zu gewinnen. Dabei legt er einen strengen Maßstab an, wann von ‚Zahlbegriff' gesprochen werden kann:

„Ich behaupte, dass diese Zahlen, welche *vor* dem Augenblick liegen, an dem das Kind die Wiederholung der Einheit verstanden hat (die Möglichkeit, durch die Addition der Einheit jedes Mal eine neue Zahl zu bilden), noch keine wirklichen Zahlen sind. Es sind lediglich *wahrnehmbare Figuren*." (PIAGET 1958, S. 358)

Für ihn gehören auch Additions- und Multiplikations-Operationen zum Verständnis einer Zahl, „da eine Zahl eine additive Vereinigung von Einheiten ist und die Stück-für-Stück-Korrespondenz zweier Gruppen eine Multiplikation einschließt" (PIAGET, SZEMINSKA 1969, S. 211).

Eine Grundvoraussetzung für PIAGET (1958) von ‚Zahlbegriff' zu sprechen, ist das Prinzip der Konstanz der gleich bleibenden Mengen. Darunter ist zu verstehen, dass die Mächtigkeit einer Menge bzw. die Anzahl der Elemente gleich bleibt, wenn sich die räumliche Anordnung der Elemente verändert. Diese Eigenschaft wird als Invarianz bezeichnet. Die Mengenerhaltung verbindet PIAGET (1958) wiederum stark mit dem Verständnis des Teil-Ganzen. Wenn erkannt wird, dass sich ein Ganzes aus Einzelteilen zusammensetzt, die beliebig gruppiert werden können, so ist dies eine wichtige Grundlage dafür, die Erhaltung der Mengen zu begreifen. Scheitern Kinder an der Frage „Gibt es in dieser Schachtel mehr Perlen aus Holz (die ein Ganzes B darstellen) oder mehr braune Perlen (die einen Teil A darstellen, der andere Teil, die weißen Perlen, ist A‘)" (PIAGET 1958, S. 361), so sieht PIAGET (1958) hier die Ursache in der mangelnden Fähigkeit, bis zu einem gewissen Alter reversibel zu denken.

„Was hindert es [das Kind; d. V.] an der Lösung dieses Problems? Es kann wohl an das Ganze denken, und da antwortet es richtig; es kann auch an die Teile denken, es vergleicht genau den einen Teil mit dem anderen. Aber: *es kann nicht gleichzeitig an das Ganze und an den Teil denken*, weil, sobald es gedanklich einen Teil weggenommen hat ... nur noch der andere Teil übrig bleibt." (PIAGET 1958, S. 361f., Hervorhebung im Original)

Das Kind kann also beurteilen, dass alle Perlen aus Holz sind und dass es mehr braune als weiße Perlen gibt, es scheitert aber an der oben genannten Frage, weil es fokussiert auf die braunen Perlen, nicht mehr in der Lage ist, diese zu den Perlen aus Holz zu zählen. Es ist nicht in der Lage, den Vorgang bzw. eine Überlegung gedanklich rückgängig zu machen. Diese gedankliche Reversibilität ist nach PIAGET (1958) die Voraussetzung für das Verständnis des Teil-Ganzen und damit für die Mengenerhaltung.

Eine weitere Grundvoraussetzung für Zahlbegriff im PIAGETschen Sinn ist die Ordnung. Zum einen „entspricht die Ordnungszahl immer der Kardinalzahl" (PIAGET 1958, S. 362) und zum anderen fasst PIAGET (1958) auch die Eins-zu-Eins-Zuordnung beim Zählen unter den Begriff der Ordnung. Das Kind muss in der Lage sein, einzelne Elemente in eine vorgegebene Reihung richtig einzufügen und generell eine Reihung herzustellen. Nur dann kann es die „iteration de l'unité" verstehen (PIAGET 1958, S. 362), die Tatsache, dass jede Zahl durch wiederholte Nachfolgerbildung generiert werden kann. Die hier zugrunde liegende Vorstellung ist ordinal und spiegelt die Grundgedanken der Peano-Axiome wider, die der Definition der natürlichen Zahlen dienen (vgl. z.b. REISS, SCHMIEDER 2005, S. 58f.). PIAGET (1958) sieht die Zahl also sowohl kardinal als auch ordinal:

> „Die Zahl ist also die Reihenfolge im Allgemeinen wie auch die Gleichwertigkeit im Allgemeinen. Jede Einheit ist zugleich äquivalent mit allen andern und gleichwohl verschieden, weil sie in der Reihe eine gewisse Rangordnung innehat." (PIAGET 1958, S. 363).

Gelingt es dem Kind, bei einer Ansammlung von einzelnen Objekten nicht mehr die Gesamtfigur zu fokussieren, sondern einzelne Elemente wahrzunehmen und ist es in der Lage, die Abstände zwischen den einzelnen Elementen zu ignorieren, was PIAGET und SZEMINSKA (1969) als „Egalisierung der Differenzen" (S. 132) bezeichnen, so entsteht das Verständnis für die numerische Einheit.

Untersuchungen zur Zahlbegriffsentwicklung

Zur Entwicklung des Zahlbegriffs beim Kind verwenden PIAGET und SZEMINSKA (1969) Versuchsreihen, die im Rückgriff auf PIAGETs Theorie des Zahlbegriffs folgende Schwerpunkte haben:
- die Erhaltung der Quantitäten und die Invarianz der Mengen,
- kardinale und ordinale Stück-für-Stück-Korrespondenz,
- additive und multiplikative Komponenten (vgl. PIAGET, SZEMINSKA 1969).

Zunächst wird die Invarianz von Mengen betrachtet, da das Verständnis von einer Menge bzw. einer Zahl nur vorhanden sein kann, wenn „ihr Gesamtwert unverändert bleibt, gleich welche Veränderung in den Verhältnissen der Elemente eintreten mögen" (PIAGET, SZEMINSKA 1969, S. 15).

Eine Methode, zwei Mengen zu vergleichen oder auch die Gleichheit zweier Mengen zu ermitteln, ist die Eins-zu-Eins-Zuordnung bzw. „Stück-für-Stück-Korrespondenz", wie PIAGET und SZEMINSKA (1969) sie nennen. Nachdem in frühen Entwicklungsstadien Defizite bezüglich der Invarianz erkennbar sind, erhoffen sich PIAGET und SZEMINSKA (1969) Erkenntnisse aufgrund der Versuche zur kardinalen Stück-für-Stück-Korrespondenz. Die Untersuchungen zur kardinalen Korrespondenz werden ergänzt durch Untersuchungen zur ordinalen Korrespondenz. Die Ordnung gewinnt an Bedeutung, da die Anordnung der Elemente notwendig ist, um eine Menge zu zählen. Nur dadurch gelingt es, jedes Element nur einmal zu zählen. PIAGET und SZEMINSKA (1969) bezeichnen dies als „‚stellvertretende' Ordnung" (S. 134). Durch die Versuche zur ordinalen Korrespondenz, bei denen PIAGET und SZEMINSKA (1969) Kinder z.B. Männchen verschiedener Größe passende Spazierstöcke verschiedener Größe zuordnen lassen, erhoffen sie sich Erkenntnisse darüber, ob Korrespondenz besser gelingt, wenn die Elemente, die einander zugeordnet werden sollen, qualitativ unterschieden werden und jeweils aufgereiht wer-

den können. Ergänzt wird die Versuchsreihe mit Untersuchungen zu Additions-
und Multiplikations-Operationen.

Die Versuchsergebnisse schildern PIAGET (1958) bzw. PIAGET und SZEMINSKA
(1969) aufgegliedert nach drei Stadien. Das erste Stadium ist stark geprägt von der
Wahrnehmung äußerer Gegebenheiten. Das Kind erkennt beispielsweise keine Invarianz, selbst zwei durch Eins-zu-Eins-Zuordnung hergestellte Mengen werden als
unterschiedlich beurteilt, wenn sie in Gefäßen unterschiedlicher Ausdehnung betrachtet werden. Auch die Stück-für-Stück-Korrespondenz wird durch die Wahrnehmung beeinflusst. Das Kind ist beispielsweise nicht in der Lage, eine Figur oder
Reihe exakt nachzulegen. Wohl orientiert es sich an der Länge bzw. Form, jedoch
nicht an den einzelnen Elementen.

„Was dieses erste Stadium oder den Ausgangspunkt dieser Entwicklung letztlich
am besten definiert, ist also eine noch fast vollständige Irreversibilität des Ge-
dankens" (PIAGET, SZEMINSKA 1969, S. 119).
Das zweite Stadium kann als Übergangsstadium gesehen werden. Das Kind scheint
aufgrund von Überlegungen, z.B. ausgelöst durch Handlungen der Stück-für-Stück-
Korrespondenz, Invarianz für möglich zu halten, diese Überlegung hält aber dem
überlagernden Wahrnehmungseindruck nicht zuverlässig stand. Auch kann in diesem Stadium Stück-für-Stück-Korrespondenz zwar hergestellt werden, daraus wird
jedoch nicht zwangsläufig die Äquivalenz zweier Mengen gefolgert. So kann es
z.B. sein, dass ein Kind, nachdem es in jede Vase eine Blume gesteckt hat, zunächst feststellt, dass es gleich viele Blumen wie Vasen gibt, wenn man die Blumen
zu einem Strauß herausnimmt aber äußert, dass es mehr Vasen als Blumen gibt.

Im dritten Stadium wird die Invarianz einer Menge sicher angenommen, selbst
wenn die Menge in unterschiedlichen räumlichen Anordnungen präsentiert wird.
Auch die durch Stück-für-Stück-Korrespondenz hergestellte Äquivalenz hat Be-
stand, egal in welche Anordnungen die Menge transformiert wird. Das Kind ist in
der Lage, die Situation in Gedanken wieder in die Ausgangslage zu transformieren.
Eine entscheidende Bedingung für operationales Denken – die Reversibilität – wird
gezeigt.

Schlussfolgerungen aus den Untersuchungen zur Zahlbegriffsentwicklung
Es folgt ein Überblick über zentrale Schlussfolgerungen PIAGETs und SZEMINSKAs
(1969) aus ihren Untersuchungsergebnissen, da sie sich zum einen mit Erkenntnissen zur Zählentwicklung (vgl. Kapitel 1.4) in Verbindung bringen lassen und zudem klare Einflüsse auf die vorschulische Bildung hatten bzw. haben (vgl. Kapitel
2.1).

PIAGET und SZEMINSKA (1969) erkennen beim Eintritt in das dritte Stadium bei
Kindern die Fähigkeit, von qualitativen Eigenschaften einzelner Elemente zu ab-
strahieren und ausschließlich die Position eines Elementes in der Reihenfolge der

Korrespondenzbildung als wesentlich zu betrachten. Kinder reproduzieren bei der Eins-zu-Eins-Zuordnung z.B. nicht mehr die qualitative Lage eines Plättchens innerhalb einer Figur (eine Ecke wird zur Ecke, Rand zu Rand ...), sondern sie achten in erster Linie darauf, jedem Plättchen der einen Menge auch *ein* Plättchen der anderen Menge zuzuordnen. Für PIAGET und SZEMINSKA (1969) ist diese „Gleichsetzung der Unterschiede Ursprung der Einheit und damit der Zahl" (S. 131).

Während es sich dabei in erster Linie um die Abstraktionsfähigkeit von qualitativen Unterschieden handelt, beobachten PIAGET und SZEMINSKA (1969) ebenfalls, dass es Kindern im dritten Stadium gelingt, unterschiedliche Abstände zwischen Elementen als gleichwertig zu betrachten. So entscheiden sie nicht mehr aufgrund der absoluten Länge einer Reihe, ob diese mehr Elemente enthält, als eine andere. Der Abstand von einem Element zum nächsten „bedeutet einfach +1 in Bezug auf das Anfangs-Glied, wobei die Zahl der Glieder auf diese Weise konstant bleibt. Kurz gesagt: sobald zu den reinen Koordinierungen von Qualitäten die Egalisation der Differenzen hinzukommt, ergibt sich dadurch numerische Komposition und Intervention des Begriffs Einheit" (PIAGET, SZEMINSKA 1969, S. 132).

Die Abstraktion von den verschiedenen Qualitäten führt zu einer Klassenbildung, indem in erster Linie alle individuellen Unterschiede vernachlässigt werden und nur die Aspekte im Vordergrund stehen, die allen Elementen gemeinsam sind (z.B. es sind lauter rote Plättchen, lauter Puppen, lauter Blumen, ...). Dabei geht es um die Äquivalenz der Elemente. Andererseits ist es aber gerade von großer Bedeutung, zu erkennen, dass sich die einzelnen Elemente voneinander unterscheiden lassen, da man beschreiben kann, wie sie zueinander positioniert sind: So liegt ein Element direkt vor einem anderen oder es kommt danach. PIAGET und SZEMINSKA (1969) sprechen hier von einer „asymmetrischen Relation" (S. 206) und von der Notwendigkeit, die Nicht-Äquivalenz zu erkennen. Gelingt es, diese beiden Erkenntnisse zu verbinden, besteht die Möglichkeit zu quantifizieren.

„Die Zahl wird in der Tat in eben dem Maße konstruiert, wie (...) die Elemente A, A', B' ... nicht mehr als äquivalent *oder* nicht-äquivalent angesehen werden, sondern als *zugleich* äquivalent und nicht-äquivalent" (PIAGET, SZEMINSKA 1969, S. 207).

Obwohl PIAGET und SZEMINSKA (1969) einerseits betonen, dass man das verbale Zählen nicht als Beweis für den Aufbau des Zahlbegriffs sehen kann, („So sind viele Kinder, die nicht imstande sind, zu begreifen, dass 10 aus 10 Vasen herausgenommene Blumen diesen Vasen immer noch äquivalent sind, auch wenn sie zusammen- oder auseinandergerückt sind, durchaus in der Lage, diese Blumen bis 10 zu zählen." (PIAGET, SZEMINSKA 1969, S. 272f.)), so unterstreicht PIAGET (1958) auch, dass nicht allein das Verstehen logischer Zusammenhänge den Zahlbegriff ausmacht:

„Warum scheint das Kleinkind für die Zahl vor der Logik nicht zugänglich zu sein? Es ist notwendig, dass es logische Werkzeuge hat, um die Zahl aufzubauen. Andererseits bedeutet dies nicht, dass die Zahl einfach auf die Logik rückführbar ist. Es geht hier um eine neue Kombination von logischen Elementen, um eine neue Synthese von logischen Operationen." (PIAGET 1958, S. 363)

1.3.2 Weitere Erkenntnisse zur Zahlbegriffsentwicklung

Die Erkenntnisse von PIAGET (1958) und die Untersuchungen von PIAGET und SZEMINSKA (1969) bestimmten über einen langen Zeitraum hinweg die Diskussionen um die Zahlbegriffsentwicklung. Diese Erkenntnisse wurden auf breiter Ebene erörtert, kritisiert und gaben Anlass zu Wiederholungen der Experimente unter anderen Bedingungen. Die Forschungen zur Zahlbegriffsentwicklung nehmen bis in die heutige Zeit immer wieder Bezug auf die Untersuchungsergebnisse PIAGETs (z.B. VAN LUIT, VAN DE RIJT, HASEMANN 2001, Osnabrücker Test zur Zahlbegriffsentwicklung). Um eine reflektierte Betrachtung zu ermöglichen, werden im Folgenden kurz Kritikpunkte zu PIAGETs Untersuchungen aufgeführt. Im Anschluss erfolgen ein Überblick und eine Zusammenschau von Forschungsergebnissen zu einzelnen Aspekten der Zahlbegriffsentwicklung und zur Effektivität von Teilkompetenz-Trainings.

Kritik an der Untersuchungskonzeption Piagets

Als problematisch angesehen wurden in erster Linie die sprachlichen Anforderungen in den oben geschilderten Interviews zur Zahlbegriffsentwicklung und daraus resultierende Kommunikationsschwierigkeiten zwischen Kind und Versuchsleiter (vgl. z.B. DONALDSON 1991, S. 45ff.; MOSER OPITZ 2002, S. 43ff.; WEMBER 2003, S. 57).

Auswirkungen auf die Äußerungen der Kinder haben auch Handlungen des Versuchsleiters: Bei Invarianzversuchen wird in der Regel zweimal die gleiche Frage gestellt: z.B. ‚Sind das gleich viele?' oder auch ‚Ist das gleich lang?' Zwischen diesen beiden Fragen erfolgt eine Handlung des Versuchsleiters: z.B. das Verändern einer Anordnung, das Umschütten von Flüssigkeiten, das Verschieben zweier Stäbe, die nebeneinander liegen. Diese Handlung kann Kinder zu Fehlinterpretationen verleiten, wie in einigen Versuchen gezeigt wurde, da sie der Handlung eine große Bedeutung beimessen (eine Zusammenschau von Forschungsergebnissen findet sich z.B. in Donaldson 1991, S. 66ff.; Gelman, Gallistel 1986, S. 45ff.).

„Wenn ein Kind unsere Worte interpretiert, so wird seine Interpretation durch mindestens drei Faktoren (und deren Wechselwirkungen) bestimmt: durch seine Kenntnisse der Sprache, durch seine Einschätzung unserer Absichten (aufgrund unseres nichtsprachlichen Verhaltens) sowie durch sein Erleben der äußeren Gegebenheiten, unabhängig von unserer Gegenwart." (DONALDSON 1991, S. 76)

Insofern ist es notwendig PIAGETs (1958) bzw. PIAGETs und SZEMINSKAs (1969) Schlüsse aus den Äußerungen der Kinder kritisch zu reflektieren, denn allein dadurch, dass ein Kind eine nicht gewünschte oder nicht erwartete Antwort gibt, kann nicht auf die fehlende Kompetenz in dem untersuchten Teilgebiet geschlossen werden.

Primat der ordinalen Kompetenz und des Zählens
In einigen Untersuchungen wurde jedoch auch PIAGETs Aussage (1958) von neuem hinterfragt, vom Erwerb des Zahlbegriffs zu sprechen, wenn kardinale und ordinale Aspekte verbunden werden können. So gibt es Folgeuntersuchungen, die zeigen, dass Kinder ordinale Aufgabenstellungen früher lösen können als kardinale. Hier muss man berücksichtigen, wie die Begriffe kardinal und ordinal interpretiert werden, um sich ein aussagekräftiges Bild machen zu können. Exemplarisch werden dafür drei Untersuchungen geschildert.

BRAINERD (1973) stellte die Frage, ob ordinale oder kardinale Kompetenz zuerst erworben wird. Zudem untersuchte er, ob ordinale bzw. kardinale Kompetenzen dem Erwerb der natürlichen Zahlen vorausgehen. Seine Versuchsanordnung zur ordinalen Kompetenz bezog sich wie bei den Untersuchungen von PIAGET (1958) auf relationale Aspekte. 180 Kinder lösten Aufgabenstellungen, die die Anwendung der Transitivität erfordern: Mit Hilfe der relationalen Begriffe ‚schwerer/leichter als' bzw. ‚länger/kürzer als' wurden zwei Bälle bzw. Stäbe miteinander verglichen. Anschließend wurde mit einem dieser Objekte eine Vergleichsaussage zu einem dritten Objekt gemacht. Die kardinale Kompetenz wurde mit einer Aufgabenstellung zum Mengenvergleich durch Eins-zu-Eins-Zuordnung geprüft. Die Untersuchungsergebnisse zeigten, dass deutlich mehr Kinder im Alter zwischen fünf und sieben Jahren in der Lage waren, die Aufgaben zur Ordination korrekt zu beantworten als die Aufgaben zur Kardination. BRAINERD (1973) differenzierte bei der Darstellung seiner Ergebnisse ähnlich wie PIAGET (1958) drei Stufen. Von allen Kindern, die die höchste Stufe der Ordination erreicht hatten, waren lediglich 13% auch im Bereich der Kardination der höchsten Stufe zuzuordnen.

Ein Test mit einfachen Additions- und Subtraktionsaufgaben, die mündlich in Form kleiner Rechengeschichten und zugleich schriftlich präsentiert wurden, diente dazu, Aussagen zur numerischen Kompetenz zu machen. Die Ergebnisse der Kinder wurden ebenfalls in drei Stufen eingeteilt und mit den Ergebnissen der Ordinations- bzw. Kardinationsaufgaben in Verbindung gebracht. Die Tatsache, dass von allen Kindern der höchsten Stufe der Ordination 29% noch auf der niedrigsten Stufe der numerischen Kompetenz einzuordnen waren, und von allen Kinder auf der niedrigsten Stufe der Kardination bereits 47% durchschnittliche bzw. überdurchschnittliche Ergebnisse in den Aufgaben zur numerischen Kompetenz zeigten, führten BRAINERD zu folgendem Schluss:

„Ordination was the first to emerge, followed by natural-number competence and then by cardination. The sequence strongly suggests that natural-number competence is founded on a prior understanding of ordination and not an a prior understanding of cardination." (BRAINERD 1973, S. 108f.)

Ob BRAINERDs Untersuchung (1973) eine Schlussfolgerung mit diesem Grad an Allgemeingültigkeit zulässt, kann kritisch gesehen werden, da in allen drei Teilbereichen lediglich ein Aufgabentypus für die jeweilige Kompetenz steht. GELMAN und GALLISTEL (1986) kreiden diese methodische Unsauberkeit mehreren Untersuchungen an:

„In many cases, the child is said to lack cognitive principles of broad significance simply because he fails a particular test involving these principles." (GELMAN, GALLISTEL 1986, S. 3)

Eine Reihe weiterer Untersuchungen zur Frage, ob sich kardinale und ordinale Kompetenz zeitgleich entwickeln, bzw. die versuchen zu zeigen, dass ein Zugang zum Zahlverständnis über den ordinalen Aspekt vielversprechender ist, beziehen sich weniger auf die Eigenschaften der Ordnungsrelation (wie PIAGET (1958) oder auch BRAINERD (1973)), sondern mehr auf die Zählzahl.

So beschreiben GELMAN und GALLISTEL (1986) mit Bezug auf eine Reihe von Untersuchungsergebnissen, dass bereits Kinder im Alter von drei bis fünf Jahren mit Hilfe des Zählens in der Lage sind, einfache logische Argumentationen und Begründungen bezüglich Mengen und Mengenveränderungen durchzuführen. Dabei geht es um Entscheidungen zur Äquivalenz von Mengen, um Ordnungsrelationen im Sinne von ‚mehr‘ oder ‚weniger‘ und um Mengentransformationen, bei denen sich die Anzahl der Elemente verändert oder auch nicht verändert (Invarianz). Von den 48 untersuchten Kindern verwendeten 40 für ihre Argumentationen Zählprozesse oder Zahlen (GELMAN, GALLISTEL 1986, S. 160ff.). Nachdem sich das „Reasoning about number", wie GELMAN und GALLISTEL (1986, S. 160) es bezeichnen, fast ausschließlich auf Problemstellungen kardinaler Art bezieht und gleichzeitig gezeigt werden konnte, dass Kinder als Werkzeug zum Begründen von Mengenveränderungen Zählen und Anzahlen verwenden, ergibt sich hier ein Widerspruch zu den Äußerungen PIAGETs und SZEMINSKAs (1969), dass „das laute Zählen erst dann eine wirklich numerische Bedeutung erlangt, wenn die Operationen im praktischen Bereich logisch konstituiert worden sind" (S. 100). BAROODY (1987) fasst diesbezüglich einige Untersuchungsergebnisse zusammen mit den Worten:

„Number is not seen as an all-or-nothing concept made possible by a general change in the way children think (a new stage of development). Instead, the counting model proposes that an understanding of number evolves slowly as a direct result of counting experiences." (BAROODY 1987, S. 106f.)

In den 1980er Jahren wurden auch in Deutschland einige Forschungsergebnisse veröffentlicht, die zeigten, dass Zählen einen bedeutenden Anteil an der Zahlbegriffsentwicklung hat. SCHMIDT und WEISER (1982) untersuchten unter dieser Annahme in einer qualitativen Studie mit 24 Kindern von fünf bis sieben Jahren das Zahlverständnis und die Rolle des Zählens beim Erwerb arithmetischer Grundfähigkeiten durch insgesamt sechs Einzelinterviews mit jedem Kind. Die Kinder bekamen Aufgabenstellungen zum verbalen Zählen, zum kardinalen Aspekt (z.B. „Lege in die leere Schachtel genau so viele weiße Plättchen, wie hier schwarze Plättchen sind."), aber auch zum Erfassen der Ordnungsrelation (z.B. „Gibt es mehr schwarze oder mehr weiße Plättchen?") und zur Bewältigung von Additionssituationen (vgl. SCHMIDT, WEISER 1982, S. 239ff.). Die Ergebnisse zeigen, dass Schulanfänger „in der Regel über den Anzahlbegriff auf der Basis ihrer Zählkompetenz" verfügen, „nicht dagegen aufgrund der Fähigkeit, zwischen verschiedenen Kollektionen von konkreten Objekten unmittelbar bijektive bzw. injektive Abbildungen konstruieren zu können." (SCHMIDT, WEISER 1982, S. 247). Die Zählkompetenz zeigte sich auch bestimmend beim Mengenvergleich und bei der Bewältigung der Additionsaufgaben.

Zahlreiche Untersuchungen zu Vorkenntnissen von Schulanfängern und zur Zählkompetenz von Kindergartenkindern (vgl. DEPARTMENT OF EDUCATION, EMPLOYMENT AND TRAINING 2001; GRASSMANN u.a. 2002; VAN DEN HEUVEL-PANHUIZEN 1996; KNAPSTEIN, SPIEGEL 1995; VAN LUIT, VAN DE RIJT, HASEMANN 2001; SCHMIDT, R. 1982a, 1982b; SELTER 1995; eine Zusammenschau der Untersuchungen findet sich bei GASTEIGER 2007) bestätigen die Ergebnisse, dass Kinder teilweise bereits früh in der Lage sind, die Mächtigkeit von Mengen durch Zählen zu ermitteln, Mengen zu vergleichen oder einfache Additionen und Subtraktionen durchzuführen, obwohl sie mit Aufgaben zur Seriation, zur Eins-zu-Eins-Zuordnung oder zur Invarianz noch Schwierigkeiten haben.

Wirksamkeit von Teilkompetenz-Trainings zur Unterstützung des Zahlbegriffserwerbs

Liest man PIAGETs Erkenntnisse zum Zahlbegriff (1958; PIAGET, SZEMINSKA 1969) kritisch und mit dem Ziel, Aussagen darüber zu finden, ob kardinale oder auch ordinale Vorübungen, eventuell sogar losgelöst von der Zahl an sich, die Zahlbegriffsentwicklung unterstützen, so wird man kaum fündig. Dennoch rankte sich darum über lange Zeit die Diskussion und genau diese Gedanken fanden Einzug in den mathematischen Anfangsunterricht (vgl. 2.1).

Zu dieser Fragestellung untersuchte BRAINERD (1973) 240 Kinder im Alter zwischen 5 und 7 Jahren. Nach einem Vortest in den Bereichen Ordination, Kardination und numerische Kompetenz wurde mit einer Gruppe ein ordinales Training durchgeführt, mit einer anderen ein kardinales. Dazu gab es zwei Kontrollgruppen, von denen eine regelmäßig ordinale, die andere kardinale Aufgabenstellungen bekam, jedoch ohne Feedback zu erhalten. Am Ende der Trainingsperiode erfolgte analog zum Vortest der Nachtest mit allen Kindern. Die Testinstrumente waren mit denen in der oben geschilderten Untersuchung BRAINERDs (1973) identisch, d.h. jeder Kompetenzbereich wurde mit mehreren Items ein und desselben Aufgabentyps geprüft, wobei die ordinalen Aufgabenstellungen das Verständnis für die Ordnungsrelation untersuchten. Es zeigte sich, dass sich ordinale Kompetenz durch das Training deutlich besser steigern ließ als kardinale Kompetenz und dass sich das ordinale Training eindeutig auf die numerische Kompetenz auswirkte, wohingegen kardinales Training keine so deutlichen Effekte auf die numerische Kompetenz hatte (vgl. BRAINERD 1973, S. 109).

Im Gegensatz zu BRAINERD (1973) untersuchte CLEMENTS (1984) Trainingseffekte mit einem sehr umfangreichen Testinstrumentarium und einer vielschichtigen Trainingsintervention. Von 45 Kindern mit Durchschnittsalter 4 Jahre und 6 Monate erhielten je 15 Kinder nach einem Pretest entweder ein Training in numerischen Fähigkeiten und Fertigkeiten, in logischen Grundlagen oder in grundlegenden Lesefähigkeiten (Kontrollgruppe). Sowohl Training als auch Testaufgaben im numerischen Bereich beinhalteten Zählen, Weiterzählen, Rückwärtszählen, Mengenvergleiche, Rechengeschichten, aber auch Aufgaben aus den Untersuchungen PIAGETs (1958, 1969) zur Eins-zu-Eins-Zuordnung oder Invarianz. In der Intervention wurden immer wieder das Bewusstsein für Zählprozesse und Zählergebnisse und deren Verwendung zur Problemlösung und Argumentation geschärft. Im Bereich der logischen Grundlagen wurden Klassifikation, Klasseninklusion und Seriation in unterschiedlichen Fragestellungen trainiert und geprüft. Beide Trainingsgruppen erzielten in den Posttests bessere Ergebnisse als die Kontrollgruppe. Von großem Interesse sind allerdings die Transfereffekte, die sich in den Durchschnittswerten der Einzeltestergebnisse zeigen (vgl. Tabelle 1.1).

Die Trainingsgruppe ‚numerische Fähigkeiten' erzielte mit Abstand das beste Ergebnis im numerischen Posttest, konnte sich aber auch deutlich in den Aufgabenstellungen zu logischen Grundlagen steigern. Auch die Trainingsgruppe ‚logische Grundlagen' zeigte in beiden Posttests bessere Ergebnisse als die Kontrollgruppe, die Transfereffekte des logischen Trainings auf die numerischen Fähigkeiten waren jedoch deutlich geringer, als die Transfereffekte der Trainingsgruppe ‚numerische Fähigkeiten' (vgl. Tabelle 1.1).

Die Interpretation der Ergebnisse durch CLEMENTS (1984) bestärkt die Beobachtungen von GELMAN und GALLISTEL (1986) im Bereich des ‚reasoning about number' (s.o.):

„The counting act may provide the structure and/or representational tool with which to construct logical operations, including classification and seriation, as well as number conservation." (CLEMENTS 1984, S. 774f.)

	Numerische Fähigkeiten (59 Punkte)		Logische Grundlagen (50 Punkte)	
	Pretest	Posttest	Pretest	Posttest
Trainingsgruppe Numerische Fähigkeiten	19,13	46,80	19,87	39,80
Trainingsgruppe Logische Grundlagen	17,67	28,73	23,53	43,47
Kontrollgruppe	19,47	21,67	26,00	28,67

Tabelle 1.1: Vergleich der Testergebnisse in den Skalen Numerische Fähigkeiten und Logische Grundlagen bei den beiden Trainingsgruppen und der Kontrollgruppe (s. CLEMENTS 1984, S. 769)

1.3.3 Zusammenfassung

Die Veröffentlichungen PIAGETs zur Zahlbegriffsentwicklung (1958, 1969) regten die Diskussion an, ob Fähigkeiten wie Seriation, Klassifikation und Eins-zu-Eins-Zuordnung isoliert trainiert werden sollten, da sie als Voraussetzung für Zählprozesse und Zahlverständnis angesehen wurden. Empirisch konnte dies jedoch nicht nachgewiesen werden:

„In brief, it has not been empirically demonstrated, that success on ‚operational' tasks such as class inclusion, serial ordering, one-to-one matching, and number conservation is necessary for a basic understanding of number, counting, and arithmetic." (BAROODY 1987, S. 125)

PIAGETs Untersuchungen auf diese Weise zu interpretieren erscheint auch zu kurz gegriffen. Er beschreibt mit Hilfe seiner Versuchsanordnung in erster Linie Entwicklungsprozesse bei Kindern, was aber weder den Schluss zulässt, dass die Versuchsaufgaben auch dazu geeignet sind, die Entwicklung zu unterstützen noch dass es von der Zahl losgelöste Fähigkeiten gibt, die ein Kind besitzen muss, bevor es verständig mit Zahlen umgehen kann. Die teils wenig in die Tiefe gehende Auseinandersetzung mit den Werken PIAGETs kritisiert auch FREUDENTHAL (1973): „It is not Piaget's fault that didacticians and textbook authors have misused Piaget's name as a sacred anointment of their work" (FREUDENTHAL 1973, S. 662), wenngleich er selbst einige Kritikpunkte zu den Versuchen PIAGETs darlegt.

Zahlreiche Untersuchungen – nicht zuletzt auch angeregt durch die Diskussion über PIAGETs Ergebnisse und die getroffenen Schlussfolgerungen – zeigten, dass das Zählen eine wichtige Grundlage für die Entwicklung des Zahlbegriffs ist, da dadurch unter anderem ein Werkzeug zur Verfügung steht, über Mengen sprechen und Veränderungen erklären zu können.

1.4 Zählentwicklung

‚Zählen können' bedeutet weit mehr, als die Zahlwortreihe fehlerfrei wieder-zugeben und setzt deshalb einige Fähigkeiten bei den Kindern voraus. Dies erkennt man auch bei den Arbeiten von PIAGET (1958, 1969). Er räumt dem Zählen auf den ersten Blick keine Bedeutung ein, da er darin lediglich einen verbalen Akt sieht, der „erst dann eine wirklich numerische Bedeutung erlangt, wenn die Operationen im praktischen Bereich logisch konstituiert worden sind" (PIAGET, SZEMINSKA 1969, S. 100). Seine Konsequenz, sich infolgedessen zunächst nicht mit dem verbalen Zählen zu befassen, ist aus heutiger Sicht nicht mehr zu halten, denn über die Bedeutung des Zählens für die Entwicklung des Zahlbegriffs und grundlegender mathematischer Fähigkeiten herrscht weitgehend Einigkeit (vgl. BAROODY 1987, S. 107; HASEMANN 2003, S. 63; KRAJEWSKI 2003, S.168ff.; MOSER OPITZ 2002, S. 63f.; S. 13; RESNICK 1989, S. 163).

Deshalb ist gerade im Hinblick auf die Unterstützung früher mathematischer Lernprozesse ein Einblick in die Entwicklung des Zählens von großer Wichtigkeit, da so Defizite frühzeitig erkannt und gegebenenfalls Maßnahmen ergriffen werden können. Ausgehend von den Prinzipien, die für erfolgreiches Zählen von Bedeutung sind, wird die Entwicklung verschiedener Teilkompetenzen beschrieben.

1.4.1 Zählprinzipien

Modell von Gelman/Gallistel

GELMAN und GALLISTEL (1986, S. 77ff.) definieren Zählen über fünf Prinzipien, die umschreiben, was eine erfolgreiche Zählprozedur ausmacht:

1. One-one Principle (Eineindeutigkeitsprinzip):

Jedes Element wird beim Zählen nur einmal berücksichtigt. Dabei muss das Kind zwei Prozesse koordinieren. Es teilt die Menge in bereits gezählte und noch nicht gezählte Elemente. Sobald ein Element gezählt ist, wandert es von einer Menge in die nächste. Diese Prozedur kann durch Verschieben der bereits ge-zählten Elemente unterstützt werden, sie kann aber auch nur in der Vorstellung vollzogen werden. Außerdem benötigt man für dieses Prinzip verschiedene Ob-jekt-Bezeichnungen. Jedem bereits gezählten Element wird eine dieser Bezeich-nungen zugeordnet. Im Normalfall handelt es sich dabei um die Zahlwörter. So-bald ein Element der Menge der gezählten Elemente zugeordnet ist, kann die für dieses Element verwendete Bezeichnung nicht mehr verwendet werden. Gegen dieses Prinzip wird verstoßen, wenn Zahlwörter (oder beliebige andere Bezeichnungen) mehrfach verwendet werden, wenn mitten im Zählprozess Elemente mehrfach gezählt werden oder ausgelassen werden und wenn die Koordination der beiden oben geschilderten Prozesse nicht gelingt, z.B. wenn der Zählprozess nicht stoppt, obwohl eigentlich alle Elemente der gezählten Menge zugeordnet sind, oder wenn die Zahlwortreihe endet, bevor alle Elemente gezählt wurden.

2. Stable-Order Principle (Prinzip der stabilen Ordnung)

Es genügt nicht allein, jedes Element mit einer bestimmten Bezeichnung oder einem Zahlwort zu versehen. Für richtige Zählergebnisse müssen die Bezeichnungen in einer stabilen, jederzeit wiederholbaren Reihenfolge verwendet werden. Je mehr Elemente gezählt werden, umso höher ist die Anforderung, da die Zahlwortreihe richtig reproduziert werden muss.

3. Cardinal Principle (Kardinalprinzip)

Der letzten Bezeichnung in einem Zählakt bzw. dem letztgenannten Zahlwort kommt eine besondere Bedeutung zu. Es gibt die kardinale Eigenschaft der ganzen Menge – die Anzahl der Elemente – an. GELMAN und GALLISTEL gehen davon aus, dass diese Erkenntnis von der Entwicklung der beiden erstgenannten Prinzipien abhängt.

Die drei genannten Prinzipien beschreiben Grundlagen für einen erfolgreichen Zählprozess und werden deshalb „how-to-count-principles" genannt (GELMAN, GALLISTEL 1986, S. 80). Das nächste Prinzip bezieht sich auf die zu zählenden Gegenstände und wird deshalb „what-to-count-principle" genannt.

4. Abstraction Principle (Abstraktionsprinzip)

Die drei ‚how-to-count-principles' können bei beliebigen Objekten angewandt werden, bei realen Gegenständen ebenso wie bei gedanklichen Überlegungen, bei Mengen mit homogenen, aber auch heterogenen Elementen.

Das letzte Prinzip bezieht sich wiederum auf alle vorausgehenden.

5. Order-Irrelevance Principle (Prinzip der Irrelevanz der Anordnung)

Die Reihenfolge, in der die Elemente gezählt werden bzw. welchem Element welche Bezeichnung zugeordnet wird, hat keine Auswirkung auf das Zählergebnis. Die Abstraktionsleistung ist dabei, zu verstehen, dass ein zugeordnetes Zahlwort keine spezifische Eigenschaft des Elements ist und dass sich das Zählergebnis nicht ändert, auch wenn die Elemente in anderer Reihenfolge gezählt werden.

PIAGET zieht aus einigen Beobachtungen bei seinen Versuchen Schlüsse für die Entwicklung des Zahlbegriffs, die sich mit den Zählprinzipien in Verbindung setzen lassen. Während Kinder beim Nachlegen von Figuren zunächst noch sehr auf qualitative Eigenschaften achten, z.B. eine Ecke, eine Spitze, die Mitte, ... rückt dies mit zunehmender Entwicklung in den Hintergrund:

„Die Korrespondenz hört auf qualitativ zu sein und wird numerisch, sobald die Elemente untereinander als gleich (= in jeder Hinsicht äquivalent) aufgefasst werden und sobald die unterscheidenden Merkmale, die sie innerhalb derselben Gruppe einander gegenüberstellen, ersetzt werden durch den einzigen Unterschied, der mit ihrer Gleichheit vereinbar ist, d.h. ihre relative Position in der Reihenfolge der Korrespondenzbildung." (PIAGET, SZEMINSKA 1969, S. 131)

Die Abstraktion von den Eigenschaften der Elemente ist auch für PIAGET eine wesentliche Grundlage, um sich auf die numerischen Eigenschaften zu konzentrieren.

Er betont auch noch einen weiteren Aspekt, der im Rahmen der Zählentwicklung vor allem im Hinblick auf die Eins-zu-Eins-Zuordnung relevant ist. Gerade beim Zählen größerer Mengen ist das Verschieben der Elemente beim Zählen eine hilfreiche Strategie, um die Menge übersichtlich in bereits gezählte und noch nicht gezählte Elemente zu teilen. Diese nutzen Kinder mit zunehmendem Alter (vgl. FUSON 1988, S. 118; VAN LUIT, VAN DE RIJT, HASEMANN 2001, S. 9). Sie setzt allerdings voraus, dass das Verändern der Anordnung keine Auswirkung auf das Zählergebnis hat. Die Abstände zwischen Objekten und die räumliche Lage werden dann nicht mehr als wesentlich für das Zählen oder das Verständnis der Zahl erachtet:

„Wenn dem so ist, verlieren die absolute Gesamtlänge der Reihe und die Länge der Intervalle jede Bedeutung. (...) Von nun an wird jedes Intervall eine den anderen gleichwertige Einheit (...). Und jedes Intervall bedeutet einfach +1 in Bezug auf das Anfangs-Glied" (PIAGET, SZEMINSKA 1969, S. 132).

Erwerb der Zählprinzipien

Es gibt eine breite Diskussion (ausführlich in MOSER OPITZ 2002, S. 66ff.; WYNN 1989, S. 3ff.) darüber, ob sich Zählfähigkeiten auf der Basis von im Kind angelegten Zählprinzipien entwickeln (GELMAN, GALLISTEL 1986, S. 204) oder ob Sicherheit in der Eins-zu-Eins-Zuordnung, die Interpretation des letztgenannten Zahlworts und eine Festigung der Zahlwortreihe erst durch Zählaktivitäten nach und nach zum Handlungsrepertoire der Kinder bei Zählaufgaben wird:

„It seems likely that there is an almost constant interaction between children's conceptual competence and their procedural competence." (FUSON 1988, S. 399)

Die von FUSON (1988) verwendeten Begriffe beziehen sich auf die Theorie von GREENO, RILEY und GELMAN (1984), die zwischen conceptual, procedural und utilizational competence unterscheiden. Conceptual competence meint im Kontext Zählen, die notwendigen Prinzipien zu kennen, die zur erfolgreichen Ausführung von Zählaktivitäten notwendig sind. Unter procedural competence wird das Wissen um Planungs- und Kontrollstrategien, die für eine ziel- und ergebnisorientierte Handlung notwendig sind, gefasst und utilizational competence bezieht sich darauf, die Anforderungen von Aufgabenstellungen zu erfassen, um geeignete Handlungen ableiten zu können, die zu einer erfolgreichen Bewältigung der Zählaufgabe führen (z.B. Anordnen der Zählobjekte in einer Reihe).

WYNN (1989) beschreibt Untersuchungsergebnisse, die zeigen, dass Kinder erst ab etwa drei Jahren das Kardinalprinzip erworben zu haben scheinen (vgl. S. 30):

> „Children first map the word ‚one' onto its numerosity, achieving this next for the word ‚two' and then the word ‚three'. At around 3-and-a-half years of age, most children induce that there is such a mapping for every word in the counting list." (WYNN 1989, S. 34)

Weitere Untersuchungen (LE CORRE, CAREY 2007; WYNN 1992a) legen die Vermutung nahe, dass Kinder zunächst – vermutlich über ‚parallel individuation' (vgl. 1.2.2) – die kardinale Bedeutung der Zahlwörter von eins bis drei oder vier erwerben, bevor sie alle Zählprinzipien internalisiert haben und auf größere Mengen anwenden können. Der Vergleich verschiedener auch größerer Mengen ohne Zählen (analog magnitude model) scheint hingegen keine Voraussetzung für den Erwerb der Zählprinzipien darzustellen. LE CORRE und CAREY (2007) untersuchten dazu 3- bis 5-jährige Kinder und sprachen ihnen zu, die Zählprinzipien erworben zu haben („CP-knowers") (LE CORRE, CAREY 2007, S. 409), wenn sie in der Lage waren, im Großteil aller Fälle sechs oder auch mehr Objekte auf Anforderung zu geben. Diese Kinder konnten zuverlässig Mengen mit vier Elementen von größeren Mengen unterscheiden. Die Gruppe der ‚counting-principle-knowers' teilt sich noch einmal in Kinder, die bei der Präsentation von Mengen mit mehr als vier Elementen nicht in der Lage waren, die Menge zu schätzen bzw. zu benennen – einige nannten beispielsweise immer ‚fünf' bei jeder Menge größer vier – („CP non-mappers", S. 428), und in Kinder, die ihr Wissen um die Zahlwortreihe dahingehend nutzten, einer größeren Menge auch ein Zahlwort zuzuordnen, das in der Zahlwortreihe später kommt („CP mappers").

> „Therefore, the existence of CP non-mappers provides strong evidence that children need not map numerals beyond ‚four' onto large analog magnitudes to acquire the counting principles. Rather, the mappings between large numerals and analog magnitudes are formed many months after the acquisition of the counting principles" (LE CORRE, CAREY 2007, S. 429).

Offensichtlich scheint es also Kinder zu geben, die aufgrund des Zählens in der Lage sind, kleinere Mengen exakt zu bestimmen, und dadurch zeigen, dass sie die Eins-zu-Eins-Zuordnung beherrschen, die Zahlwortreihe in einer starren Reihenfolge verwenden und um die Bedeutung des letztgenannten Zahlworts wissen, die aber gleichzeitig diese Erkenntnis nicht übertragen, um die Stellung eines Zahlworts in der Reihe mit der Mächtigkeit der Menge in Verbindung zu bringen. Diese Erkenntnisse widersprechen der Vermutung WYNNs (1992a, S. 250):

„... in order to learn the counting system, children must implicitly make the analogy between the magnitudinal relationships of their own representation of numerosities, and the positional relationships of the number words."

Außerdem zeigen sie, dass die Zählprinzipien offensichtlich erst nach einem Entwicklungsprozess auch bei größeren Mengen für erfolgreiche Zählhandlungen verfügbar sind. Die ursprüngliche Annahme GELMANs und GALLISTELs (1986), die Zählprinzipien würden das Zählverhalten der Kinder steuern und strukturieren (vgl. GELMAN, GALLISTEL 1986, S. 208) und seien deshalb Grundlage für das Zählen („principle before skill" (FUSON 1988, S. 399)), ließ sich nicht zuletzt aufgrund von Untersuchungsergebnissen wie den oben geschilderten nicht halten. Sie wurde später auch von GELMAN (1997) relativiert, die betont, wie wichtig Handlungserfahrungen für den Lernprozess und die Weiterentwicklung von vorhandenen Strukturen sind:

„To say that there is early conceptual competence is not to say that it springs full-blown in a fixed form. (...) Without opportunities to interact with, learn about, and construct domain-relevant inputs, as well as to practice components of relevant action plans, the contribution of skeletal structures will remain unrealized" (GELMAN 1997, S. 311).

1.4.2 Zahlwortreihe

Um Zählaufgaben erfolgreich bewältigen zu können, ist das Beherrschen der Zahlwortreihe Grundvoraussetzung. Dies wird auch im zweiten Zählprinzip deutlich (Prinzip der stabilen Ordnung). Der Begriff ‚Zählen' wird in der deutschen Sprache zum einen verwendet, wenn es darum geht, die Zahlwortreihe aufzusagen (‚Kannst du denn schon zählen?'), und zum anderen auch zur Bestimmung der Mächtigkeit von Mengen (‚Wie viele sind das denn? Zählst du mal?'). Letzteres schließt die Anforderungen mit ein, die durch die Zählprinzipien beschrieben werden, und beinhaltet dadurch unter anderem die Verwendung der Zahlwortreihe. Wie Kinder die Zahlwortreihe erwerben, wird im Folgenden dargestellt, bevor sprachliche Besonderheiten und deren Bedeutung für den Entwicklungsprozess betrachtet werden.

Erwerb der Zahlwortreihe

FUSON (1988) beschreibt in fünf Entwicklungsabschnitten, wie Kinder die Zahlwortreihe erwerben, um sie letztlich erfolgreich beim Zählen verwenden zu können. Dieser im Folgenden geschilderten Entwicklung geht voraus, dass Kinder offensichtlich frühzeitig Zahlwörter von anderen Wörtern unterscheiden können (GELMAN, GALLISTEL 1986, S. 211; FUSON 1988, S. 35), sie zunächst aber oftmals nicht in der richtigen Reihenfolge verwenden (z.B. eins, zwei, drei, fünf, sieben, drei, ...). Diese individuelle Zahlwortreihe wird von einigen Kindern über einen längeren Zeitraum hinweg bei verschiedenen Zählversuchen konsequent in der gleichen inkorrekten Reihenfolge verwendet. An die individuelle, feste Zahlwortreihe schließen sich dann weitere beliebige Zahlwörter an, die in der Regel von Versuch zu Versuch variieren (FUSON 1988, S. 57f.). Das Modell von FUSON (1988) zum Erwerb der korrekten Zahlwortreihe unterscheidet darauf aufbauend folgende Niveaus (1988, S. 50ff., deutsche Begriffe nach MOSER OPITZ 2002, S. 86f.):

1. String level (Zahlwortreihe als Ganzheit):
Die Zahlwortreihe kann nur als Ganzes aufgesagt werden. Einzelne Wörter werden zunächst nicht als solche erkannt. Die Kinder sehen „einszweidreivierfünf" als zusammenhängendes Ganzes an wie etwa „AllemeineEntchen". In dieser Phase können zwar bereits einzelne Zahlwörter als Einheiten aufgefasst werden, es gibt aber immer noch Abschnitte innerhalb der Zahlwortreihe, die als feststehendes Ganzes verstanden werden.

2. Unbreakable list level (Unflexible Zahlwortreihe):
Jedes Zahlwort wird zwar von den anderen getrennt, die richtige Reihenfolge kann aber trotzdem nur produziert werden, wenn das Kind mit ‚eins' beginnt. Weiterzählen z.B. ab ‚vier' gelingt nicht bzw. dann, wenn der Anfang der Sequenz vorgegeben wird („running start" (Fuson 1988, S. 50)). Auf diesem Niveau gelingt es, von ‚eins' bis zu einer vorgegebenen Zahl zu zählen. Es kann durch Aufsagen der kompletten Zahlwortreihe auch ermittelt werden, ob z.B. 7 vor 8 kommt, oder 10 nach 8. Die Zahlwortreihe kann zur Anzahlbestimmung verwendet werden. Dieses Niveau gilt für viele Erwachsene beim Reproduzieren des Alphabets: Es gelingt kaum, von jedem Buchstaben an die Sequenz weiterzuführen. Oft ist ein ‚running start' innerhalb der Reihenfolge nötig, z.B. ‚K, L, M, ...'.

3. Breakable chain level (Teilweise flexible Zahlwortreihe)
Von jedem beliebigen Zahlwort kann – auch ohne ‚running start' – weitergezählt werden. Jedes Wort wird getrennt von anderen Zahlwörtern wahrgenommen und es kann ohne Schwierigkeiten das nachfolgende und das vorausgehende Zahlwort genannt werden. Es gelingt, von einer bestimmten Zahl bis zu einer vorgegebenen Zahl zu zählen. Außerdem entwickelt sich die Fähigkeit, rückwärts zu zählen, wobei Fuson eine deutliche zeitliche Verzögerung zwischen dem Erwerb der Zahlwortreihe vorwärts und dem der Zahlwortreihe rückwärts feststellte (ca. zwei Jahre). Während Kinder das Rückwärtszählen von 10 gelegentlich isoliert z.B. durch einen Count-down lernen, geschieht das Rückwärtszählen von einer Zahl, die größer als zehn ist, in der Regel mit Rückgriff auf die Zahlwortreihe vorwärts. Diese anspruchsvolle Aufgabenstellung bedingt, dass sich Kinder beim Vorwärtszählen unter Umständen bereits auf einem höheren Level (z.B. numerable chain level) befinden als beim Rückwärtszählen (z.B. breakable chain level). Kinder erreichen dieses Niveau für den Anfang der Zahlwortreihe, auch wenn sie gerade erst die Zahlwörter für größere Zahlen lernen.

4. Numerable chain level (Flexible Zahlwortreihe)

Jedes Zahlwort in der Reihe wird als Einheit aufgefasst. Diese Einheiten können für additive und subtraktive Operationen verwendet werden, indem von einem bestimmten Zahlwort eine vorgegebene Anzahl an Schritten weitergezählt wird, um das Zahlwort zu ermitteln, das für das Ergebnis der Operation steht (5 + 3 wird ermittelt, durch Zählen bis 5 und ein Weiterzählen um 3 Schritte). Das Weiterzählen um eine vorgegebene Anzahl von Schritten erfordert das Durchdringen der Beziehungen zwischen Zahlwortreihe und kardinaler Bedeutung der einzelnen Zahlwörter.

5. Bidirectional chain level (Vollständig reversible Zahlwortreihe)

Auf diesem Niveau können Kinder von beliebigen Zahlwörtern beginnend zügig vorwärts und rückwärts zählen. Der Richtungswechsel beim Zählen gelingt ohne Probleme. Diese Zählfähigkeiten können eine solide Grundlage für das Erkennen von Zusammenhängen zwischen Addition und Subtraktion darstellen (Zählt man von 5 an drei Schritte weiter, erreicht man 8, von 8 drei Schritte zurück, erreicht man 5).

Die beschriebenen Niveaus gelten in erster Linie für die zwischen eins und zwölf unregelmäßige Zahlwortreihe bzw. für die Zahlwortreihe bis zwanzig. Im Anschluss daran bedienen sich Kinder der dekadischen Regelmäßigkeit unserer Zahlwortreihe (FUSON 1988, S. 58) und übertragen das Muster auf jeden neuen Zehner (vgl. Beispiele in SELTER, SPIEGEL 1997, S. 49; 80), was sich auch in dem oft beobachteten Phänomen zeigt, dass Kinder folgendermaßen zählen: 98, 99, hundert, ein-hundert, zwei-hundert, ...

Der Erwerb der Zahlwortreihe ist nicht abzugrenzen von der Bedeutung einzelner Zahlwörter. Dies wird bereits bei der Schilderung der Niveaus deutlich, wo immer wieder Bezüge zur kardinalen Bedeutung hergestellt werden. Um Zahlwörter mit Mengen in Verbindung zu bringen und infolgedessen zur Mengenbestimmung verwenden zu können, spielen zahlreiche Lernerfahrungen in Zählsituationen eine Rolle:

„... it seems reasonable to propose that it is through extensive practice with counting as a method of establishing quantity that the numerlog list is gradually transformed from a string of words into a representation of quantity in which each position (number name) in the list comes to stand for a quantity." (RESNICK 1983, S. 111)

Die Zahlwortreihe entwickelt sich durch vielfältige Zählsituationen. Dazu gehören das kontextfreie Aufsagen der Zahlwörter ebenso wie das Zählen beim Versteck-Spiel oder zur Bestimmung einer Anzahl (vgl. FUSON 1983, S. 53). Insofern geht diese Entwicklung zwangsläufig einher mit einem zunehmenden Verständnis für die kardinale Bedeutung (s. auch 1.4.3).

Einfluss der Muttersprache

Da das Beherrschen der Zahlwortreihe eine Voraussetzung für erfolgreiches Zählen und für die Anzahlbestimmung ist (vgl. 1.4.1), spielt diese Fähigkeit in der vorschulischen Entwicklung eine große Rolle. Die deutsche Zahlwortreihe weist größere Unregelmäßigkeiten auf als z.b. die türkische oder Zahlwortreihen vieler asiatischer Länder (vgl. PARK 2000). Insofern stellt sich gerade mit Blick auf die Kinder nicht-deutscher Muttersprache die Frage, welchen Einfluss die Sprache auf den Erwerb der Zahlwortreihe ausübt. Die Ergebnisse zahlreicher Schulleistungsuntersuchungen, in denen sich immer wieder die Benachteiligung von Kindern nichtdeutscher Muttersprache zeigt (Zusammenschau in HEINZE, HERWARTZ-EMDEN, REISS 2007), erfordern, Erkenntnisse zum Erwerb mathematischer Kompetenzen unter Berücksichtigung der Muttersprache einzubeziehen, wenn es um Diagnose und Förderung dieser Kinder geht.

MIURA, KIM, OKAMOTO u.a. (1988, 1993) untersuchten den Einfluss der Sprache auf die Zahlvorstellung mit Augenmerk auf das dezimale Stellenwertsystem. Dabei stellten sie in einer Pilotstudie fest, dass ein Großteil der untersuchten amerikanischen Kindergartenkinder nicht korrekt bis 50 zählen konnte. Koreanische Kindergartenkinder hingegen waren in der Lage, die Zahlen 11, 13, 28, 30 und 42 sowohl mit Einzelobjekten zu legen als auch mit Zehner-System-Material (vgl. MIURA u.a. 1988, S. 1447f.). Die koreanische Zahlwortreihe weist keinerlei Unregelmäßigkeiten auf und die Reihenfolge der gesprochenen Stellenwerte deckt sich mit der Zahlschreibweise (s. Tabelle 1.2).

Während sich deutschsprachige und auch englischsprachige Kinder nicht nur die Zahlwörter von eins bis zehn merken müssen, sondern auch die Ausnahmen im zweiten Zehner (elf, zwölf, eleven, thirteen, fifteen, ...) und die Wörter für die Zehnerzahlen, folgt die türkische Zahlwortreihe klaren Regeln und koreanischen Kindern genügt es, die Zahlwörter bis zehn abzuspeichern (vgl. Tabelle 1.2):

> „The Asian number system, in contrast, requires the memorization of the numbers from one to ten only. Beyond that, generation of number names follows an orderly set of rules that reflect the written numeral, and the sequence of counting numbers is easily learned and practiced." (MIURA u.a. 1988, S. 1449)

Die Sprache mit der damit einhergehenden Systematik der Zahlwörter scheint sich also auf das Erlernen der Zahlwortreihe auszuwirken. Die Untersuchungen von MIURA u.a. (1988, 1993) legen darüber hinaus die Vermutung nahe, dass die der Zahlwortreihe zugrunde liegende Systematik einen Einfluss auf die Zahlvorstellung hat, insbesondere bezüglich des Stellenwertverständnisses.

Zahl	deutsch	englisch	koreanisch	türkisch
1	eins	one	il	bir
2	zwei	two	ee	iki
3	drei	three	sam	üç
4	vier	four	sah	dört
5	fünf	five	oh	beş
6	sechs	six	yook	altı
7	sieben	seven	chil	yedi
8	acht	eight	pal	sekiz
9	neun	nine	goo	dokuz
10	zehn	ten	shib	on
11	elf	eleven	shib-il	on bir
12	zwölf	twelve	shib-ee	on iki
13	dreizehn	thirteen	shib-sam	on üç
14	vierzehn	fourteen	shib-sah	on dört
15	fünfzehn	fifteen	shib-oh	on beş
16	sechzehn	sixteen	shib-yook	on altı
17	siebzehn	seventeen	shib-chil	on yedi
18	achtzehn	eighteen	shib-pal	on sekiz
19	neunzehn	nineteen	shib-goo	on dokuz
20	zwanzig	twenty	ee-shib	yirmi
21	einundzwanzig	twenty-one	ee-shib-il	yirmi bir
22	zweiundzwanzig	twenty-two	ee-shib-ee	yirmi iki
30	dreißig	thirty	sam-shib	otuz
40	vierzig	fourty	sah-shib	kırk
50	fünfzig	fifty	oh-shib	elli
60	sechzig	sixty	yook-shib	altmış
70	siebzig	seventy	chil-shib	yetmiş
80	achtzig	eighty	pal-shib	seksen
90	neunzig	ninety	goo-shib	doksan

Tabelle 1.2: Zahlwörter in verschiedenen Sprachen (Koreanische Zahlwörter übernommen aus MIURA u.a. 1993, S. 25)

MOSER OPITZ (2008) untersuchte die Zählfähigkeit in Abhängigkeit von der Erstsprache bei deutschsprachigen und anderssprachigen Kindergartenkindern (Durchschnittsalter 5 Jahre 5 Monate) in der Schweiz. Deutschsprachige Kinder zählten dabei signifikant besser als mehrsprachige: Knapp 60% der deutschsprachigen Kinder konnten weiter als bis 20 zählen, wohingegen nur ca. 33% der anderssprachigen Kinder über 20 hinaus zählen konnten. Interessanterweise beherrschten die Kinder nichtdeutscher Muttersprache die Zahlwortreihe in der deutschen Sprache besser als die Zahlwortreihe in ihrer Herkunftssprache. Eine Ausnahme bildeten die türkischen Kinder, die in beiden Sprachen gleich gut vorwärts zählen konnten (vgl. MOSER OPITZ 2008, S. 12f.). Kinder nichtdeutscher Muttersprache hatten Schwierigkeiten mit der Aussprache von Zahlwörtern bzw. setzten diese teilweise falsch zusammen.

„Das weist darauf hin, dass die Konstruktionsprinzipien der deutschen Zahlwortreihe den anders- bzw. mehrsprachigen Kindern tatsächlich Schwierigkeiten zu bereiten scheinen." (MOSER OPITZ 2008, S. 14).

Obwohl die türkische Zahlwortreihe beispielsweise regelmäßiger ist als die deutsche, ist die Zählfähigkeit türkischsprachiger Kinder trotzdem schlechter – sowohl in der Muttersprache als auch auf deutsch. Offensichtlich haben also nicht nur die sprachlichen Besonderheiten der Zahlwortreihe einen Einfluss auf die Zählentwicklung, sondern auch die Tatsache, ob Kinder Deutsch als Erst- oder Zweitsprache erlernen.

1.4.3 Zusammenfassung

Die Rolle des Zählens beim Zahlbegriffserwerb wurde – nicht zuletzt aufgrund der Forschungsergebnisse von PIAGET – lange Zeit unterschätzt (vgl. z.B. SCHMIDT, WEISER 1982, S. 227ff.; FREUDENTHAL 1973, S. 171ff.). Mittlerweile ist man sich aufgrund weiterer Erkenntnisse der Bedeutung wohl bewusst (vgl. 1.3.2) und die Förderung der Zählkompetenz ist ein wichtiger Bestandteil des frühen mathematischen Lernens geworden (s. z.B. BAYERISCHES STAATSMINISTERIUM FÜR ARBEIT UND SOZIALORDNUNG, FAMILIE UND FRAUEN 2005, S. 254; STEINWEG 2007, S. 148; SENATSVERWALTUNG BERLIN 2004, S. 97; VAN DEN HEUVEL-PANHUIZEN 2001, S. 32ff.; NATIONAL ASSOCIATION FOR THE EDUCATION OF YOUNG CHILDREN 2002, S. 27). Die Entwicklung der Zählkompetenz ist gekennzeichnet durch eine Verflechtung einzelner Teilkompetenzen, wie z.B. Erwerb von Zahlwortreihe und Zählprinzipien. Die Untersuchungsergebnisse zur Zählentwicklung lassen sich in Entwicklungsphasen zusammenfassen, die für die Beobachtung individueller Zählkompetenzen hilfreich sein können und die die in Kapitel 1.4.1 und 1.4.2 beschriebenen Entwicklungsprozesse vereinen. VAN LUIT, VAN DE RIJT und HASEMANN (2001, vgl. S. 8f.) beschreiben diese Entwicklungsphasen wie folgt:

Zunächst beginnen die Kinder im Alter von ca. drei Jahren verbal zu zählen. Es folgt die Phase des asynchronen Zählens, in der die Kinder die Zahlwörter in der richtigen Reihenfolge verwenden, allerdings beim Zählen die Eins-zu-Eins-Zuordnung nicht immer erfolgreich bewältigen. Einzelne Objekte werden mehrfach gezählt oder auch übersehen. Im Alter von etwa viereinhalb Jahren beginnen Kinder, die Objekte beim Zählen zu ordnen, um die Menge der gezählten und der noch nicht gezählten Objekte zu trennen. Die Phase des resultativen Zählens, in der Kinder wissen, dass Zählprozesse mit dem Zahlwort eins beginnen, jedes Objekt nur einmal gezählt wird und dass das letztgenannte Zahlwort die Antwort auf die Frage ‚wie viele?‘ gibt, erreichen Kinder in etwa im Alter von fünf Jahren. Im Anschluss erfolgt das Erkennen von Strukturen in Mengen, welche wiederum zum abkürzenden Zählen genutzt werden können (im Alter von ca. fünfeinhalb bis sechs Jahren).

Erfolgreiches Zählen ist, wie sich auch in diesen Entwicklungsphasen zeigt, eine anspruchsvolle Tätigkeit, da viele einzelne Kompetenzen koordiniert werden müssen. Trotzdem weisen die Kinder im Vorschulalter bereits beträchtliche Fähigkeiten auf (vgl. CLARKE u.a., 2008, S. 279f.; HASEMANN 2003, S. 62; SCHMIDT, WEISER 1982, S. 239ff.; SCHMIDT, R. 1982a, S. 371f.), was auch FUSON (1988) konstatiert: „The counting of preschool children demonstrates considerable competence" (S. 402). Zu beachten ist jedoch, dass Vorkenntnisuntersuchungen auch die Heterogenität der Leistungen aufzeigen (vgl. SELTER 1995, S. 15). Während einige Kinder bereits weit über 20 hinaus zählen können, gibt es auch Kinder, die die Zahlwortreihe bis 10 oder die Eins-zu-Eins-Zuordnung beim Zählen noch nicht beherrschen (SCHMIDT 1982a, S. 371ff.). Diese Erkenntnisse fordern Lehrkräfte und Erzieherinnen bzw. Erzieher heraus, sich einen guten Überblick über die individuellen Kompetenzen der Kinder zu verschaffen, um gegebenenfalls geeignete Fördermaßnahmen zu planen und durchzuführen. Diesbezüglich muss auch ein besonderes Augenmerk auf Kinder mit nichtdeutscher Muttersprache gelegt werden:

„Es wurde gezeigt, dass anderssprachige Kinder bezüglich der verbalen Zählkompetenzen im Kindergarten gegenüber den deutschsprachigen Kindern einen deutlichen Leistungsrückstand aufwiesen." (MOSER OPITZ 2008, S. 18).

Da kardinales Verständnis und Zählfähigkeiten unter anderem die Grundlage für die Lösung einfacher Additions- und Subtraktionsaufgaben liefern (vgl. FUSON 1988, S. 252; BAROODY 1987, S. 129; PADBERG 2005, S. 82), spielt der Bereich der Zählentwicklung im Vorschulalter eine wichtige Rolle.

1.5 Elementare Rechenoperationen

Mengenveränderungen erkennen Kinder in Handlungssituationen bereits ab den ersten Lebensmonaten. Es ist zwar strittig, ob man darin bereits elementare Fähigkeiten für das Lösen und Verstehen einfacher Additions- und Subtraktionsaufgaben sehen kann, jedoch zeigen viele Untersuchungsergebnisse, dass Kinder bereits im Vorschulalter arithmetische Aufgabenstellungen vor allem im Rückgriff auf Zählstrategien und Handlungsvorstellungen lösen können. Es folgen ein Überblick über die Erkenntnisse zur Entwicklung eines Operationsverständnisses bei Addition und Subtraktion sowie eine Zusammenstellung informeller Strategien zum Lösen von einfachen arithmetischen Aufgabenstellungen und der Einfluss von Handlung und Kontext auf den Lösungserfolg.

1.5.1 Erwerb des Verständnisses für Addition und Subtraktion

In der Säuglingsforschung konnte nachgewiesen werden, dass Kinder im Alter von fünf Monaten auf Mengenveränderungen reagieren. WYNN (1992b) schlussfolgerte aus ihren vielfach erwähnten (auch in DEHAENE 1999, DEVLIN 2005) und replizierten (vgl. CAREY 2002, S. 202) Habituationsexperimenten, dass Säuglinge einfache arithmetische Operationen durchführen können. Sie zeigte 32 Kindern im Alter von durchschnittlich fünf Monaten ein oder mehrere Spielzeuge, bevor diese durch einen Wandschirm verdeckt wurden. Vor den Augen des Kindes wurde nun ein weiteres, identisches Objekt hinter den Schirm geschoben bzw. ein Objekt entfernt. Das Kind konnte die Handlung beobachten, nicht aber das Ergebnis der Veränderung sehen, da der Schirm die Sicht nicht freigab. Im Anschluss wurde der Schirm entfernt und die Fixationszeit des Kindes gemessen. Abb. 1.1 zeigt die Versuchsanordnung.

Die Kinder zeigten signifikant längere Fixationszeiten, wenn die präsentierten Figuren nicht mit dem korrekten Ergebnis der durchgeführten Additions- bzw. Subtraktionshandlung übereinstimmten. Wynn folgerte daraus, dass arithmetische Fähigkeiten angeboren sind:

> „The existence of these arithmetical abilities so early in infancy suggests that humans innately possess the capacity to perform simple arithmetical calculations, which may provide the foundations for the development of further arithmetical knowledge." (WYNN 1992b, S. 750).

Die Kinder sind offensichtlich in der Lage, Informationen über Mengen und Mengenveränderungen so zu verarbeiten, dass es für sie erwartete oder unerwartete Ergebnisse gibt. Ob diese Fähigkeit ein Zeichen für angeborene arithmetische Kompetenzen ist oder ob hier in erster Linie Wahrnehmungsprozesse im Sinne des ‚object file models' eine Rolle spielen (vgl. Kapitel 1.1 oder SIMON 1997, S. 353ff.; GRUBE 2006, S. 32), wird kontrovers diskutiert. Dass die Wahrnehmung von Mengenveränderungen aber eine Grundvoraussetzung für das Lernen der Rechenoperationen ist, darüber dürfte Einigkeit bestehen (vgl. CAREY 2002, S. 204). Stern spricht in diesem Zusammenhang von „implizitem Handlungswissen" (STERN 1998a, S. 59), das eventuell auch unbewusst zur Verfügung steht und das als

Grundlage für die Entwicklung elementarer mathematischer Kompetenzen gelten kann:

„Dieses Input-System, das in der visuellen Modalität angelegt ist, kann (...) auf höhere Explikationsebenen umgeschrieben werden. Deshalb können Kinder, die über das Kardinalitätsprinzip verfügen, ohne systematische Instruktion Additions- und Subtraktionsoperationen im kleinen Zahlenbereich durchführen." (STERN 1998a, S. 67)

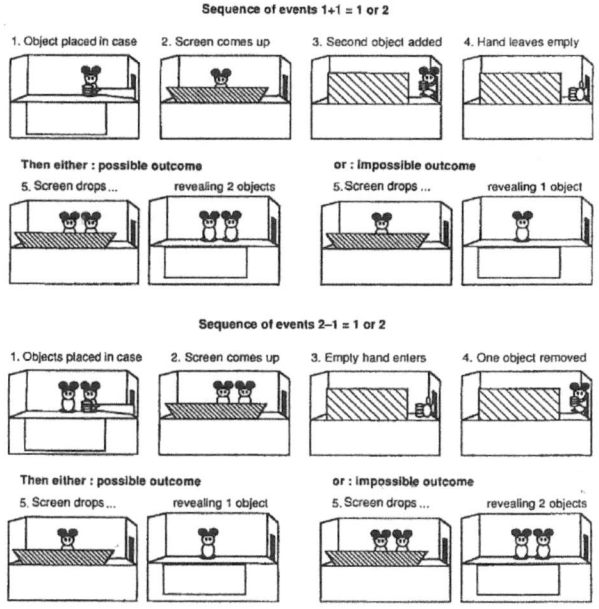

Abb. 1.1: Versuchsanordnung: Addition und Subtraktion bei Säuglingen (aus WYNN 1992b, S. 749)

Ob Kinder ein Verständnis für die Operation erworben haben, zeigt sich, wenn sie nicht allein die Mengenveränderungen wahrnehmen, sondern die Ausgangsmenge mit der Veränderung in Beziehung setzen. Man unterscheidet hier zwischen „immature" und „relatively mature strategies" (GINSBURG 1975, S. 91). Bei Ersterer wird allein aufgrund der Tatsache, dass zu einer von zwei Mengen etwas hinzugefügt wird, davon ausgegangen, diese Menge hätte nun mehr Elemente als die Vergleichsmenge, wohingegen das Urteil über die Mengen bei der ,relatively mature strategy' die Mächtigkeit der Ausgangsmengen berücksichtigt. Untersuchungen mit Kindern im Alter zwischen 4 und 6 zeigten, dass ein Großteil der Kinder bereits über ,relatively mature strategies' verfügt (vgl. GINSBURG 1975, S. 94f.). Offensichtlich existieren Grundvorstellungen zu einfachen Rechenoperationen, die ‚dazutun' und ‚wegnehmen' mit Vergrößerungen bzw. Verkleinerungen von Mengen in Verbindung bringen:

> „When young children confront an unexpected increase in numerosity, they postulate the intervention of addition. In other words, they state that something must have been added" (GELMAN, GALLISTEL 1986, S. 169).

Drei- bis vierjährige Kinder sind auch größtenteils in der Lage, die Veränderung einer Menge durch die inverse Handlung wieder rückgängig zu machen. Dabei gelingt ihnen das bei Veränderungen um ein Element gut, wird mehr als ein Element hinzugegeben oder weggenommen, fällt den Kindern die Wiederherstellung der Ausgangssituation deutlich schwerer:

> „Finally, although young children know, that subtraction and addition can undo each other, they do not necessarily know that the addition of X items is undone by the subtraction of exactly X items." (GELMAN, GALLISTEL 1986, S. 161f.)

1.5.2 Informelle Strategien

Für das Lösen einfacher arithmetischer Aufgabenstellungen stellt neben dem Vergleich von Mengen das Zählen eine wichtige Voraussetzung dar. Mit Hilfe des Zählens können viele Kinder im Vorschulalter bereits einfache Additions- und Subtraktionsaufgaben in Handlungszusammenhängen lösen. Hierbei unterscheidet man unterschiedliche informelle Strategien, die teils auf konkrete Handlungen mit Objekten zurückgreifen, auf dem Beherrschen der Zahlwortreihe basieren oder auch aufgrund auswendig gewusster Fakten funktionieren (vgl. z.B. GINSBURG 1975, S. 129f.; FUSON 1982; FUSON 1988, S. 248ff.; BAROODY 1987, S. 128ff.; STERN 1998a, S. 65f.; im Folgenden v.a. CARPENTER, MOSER 1984, S. 180ff., deutsche Begriffe: PADBERG 2005, S. 82f. und 102f.).

Addition

Die informellen Strategien der Addition lassen sich wie folgt gruppieren:

1. Counting-all (vollständiges Auszählen)

Beide Summanden werden durch Auszählen mit Objekten gelegt oder mit Fingern repräsentiert. Im Anschluss daran wird das Ergebnis ermittelt, indem erneut alle Elemente gezählt werden.

2. Counting-on from first (Weiterzählen vom ersten Summanden)

Ausgangspunkt ist der erste Summand. Der zweite Summand bestimmt die Anzahl der Schritte, die vom ersten Summanden noch weitergezählt werden müssen. Das letztgenannte Zahlwort ist das Ergebnis. Voraussetzung dafür ist, dass die Kinder beim Erwerb der Zahlwortreihe das ‚numerable chain level' (vgl. 1.4.2) erreicht haben. Diese Strategie kann mit Objekten oder nur aufgrund der Zahlwortreihe erfolgen.

3. Counting-on from larger (Weiterzählen vom größeren Summanden aus)

Der größere der beiden Summanden wird als Ausgangspunkt genommen. Von diesem Startpunkt werden so viele Schritte weitergezählt, wie der kleinere Summand vorgibt. Das letztgenannte Zahlwort liefert wieder das Ergebnis.

4. Recall

Das Ergebnis wird auswendig gewusst.

5. Derived facts

Das Ergebnis kann über eine andere, auswendig gewusste Aufgabe abgeleitet werden.

Während PADBERG (2005) lediglich die Strategien 1 bis 3 und zusätzlich noch das „Weiterzählen vom größeren Summanden aus in größeren Schritten" (S. 83) als informelle Lösungswege von Schulanfängern nennt, verweisen CARPENTER und MOSER (1984, S. 181) darauf, dass das Auswendiglernen oder Wissen einzelner Aufgaben nicht der Schule vorbehalten ist.

Subtraktion

Die Strategien zur Subtraktion ähneln denen zur Addition, jedoch spielt bei der Wahl der Strategie unter Umständen auch die gegebene Situation eine Rolle (vgl. auch 1.5.3). Situationen des Veränderns im Sinne von Wegnehmen, legen eine Lösung der Aufgabe über die Subtraktion nahe, wohingegen Situationen des Ausgleichens auch über Ergänzen gelöst werden.

1. Separating from (Wegnehmen)

Der Minuend gibt an, wie viele Objekte gelegt oder Finger gezeigt werden müssen. Im Anschluss werden so viele Elemente weggenommen, wie der Subtrahend vorgibt. Die übrigen Elemente werden erneut gezählt und die ermittelte Anzahl gibt das Ergebnis an.

2. Adding on (Ergänzen)

Eine Menge an Objekten wird gelegt (Subtrahend). Nun werden so viele Elemente dazugelegt, bis die Gesamtzahl dem Minuenden entspricht. Die Anzahl der hinzu gegebenen Elemente liefert das Ergebnis.

3. Matching

Für Minuend und Subtrahend werden Objekte gelegt. Nun werden mit Hilfe von Eins-zu-Eins-Zuordnung die Elemente dieser beiden Mengen gegenübergestellt. Die Anzahl der übrigen Elemente einer der beiden Ausgangsmengen bestimmt die Differenz. Diese Strategie bietet sich in erster Linie beim Vergleich zweier Mengen an.

4. Counting down from (Rückwärtszählen)

Der Ausgangspunkt ist durch den Minuenden gegeben. Es wird um die Anzahl an Schritten rückwärts gezählt, die der Subtrahend vorgibt. Das letztgenannte Zahlwort gibt das Ergebnis an.

5. Counting up from given (Vorwärtszählen)

Vom Subtrahenden wird so lange vorwärts gezählt, bis der Minuend erreicht wird. Die Anzahl der Schritte gibt das Ergebnis an.

Entwicklung der Strategien

Erste Zählstrategien konnten bereits im Alter von drei bis vier Jahren beobachtet werden (z.B. HUGHES 1986, S. 26ff.), wobei die Counting-all-Strategie bzw. die Separating-from-Strategie vor allem in Verbindung mit zählbaren Elementen an-fänglich offensichtlich vorherrschend sind. CARPENTER und MOSER (1984) unter-suchten im Rahmen einer Längsschnittstudie 144 Schulanfänger hinsichtlich Stra-tegieverwendung bei unterschiedlichen arithmetischen Problemstellungen. Mehr als die Hälfte dieser Kinder verwendeten Zählstrategien wie counting-all oder adding on in Verbindung mit Modellhandlungen. Etwa ein Drittel setzte bereits reine Zähl-strategien ohne Rückgriff auf Materialien ein. Im Verlauf der Entwicklung in den ersten Schuljahren wird bei Additionsaufgaben die Counting-all-Strategie durch Counting-on-Strategie und durch recall und derived facts abgelöst (vgl. auch FU-SON 1982, S. 79). Bei Subtraktionsaufgaben zeigte sich eine Tendenz zur Vermei-dung der Counting-down-Strategie, wobei auch hier beobachtet werden konnte, dass die Separating-from-Strategie zunehmend durch reine Zählstrategien und durch number facts abgelöst wurde (CARPENTER, MOSER 1984).

1.5.3 Abhängigkeit von Handlung und Kontext

Ob Kinder Additions- und Subtraktionsaufgaben im Vorschulalter lösen können, hängt maßgeblich von der Art der Aufgabenstellung ab. Dabei sind in erster Linie formale und in einen Handlungskontext eingebettete Aufgabenstellungen zu unter-scheiden – aber auch der Kontext an sich hat Auswirkungen auf den Lösungserfolg.

Vergleich: Handlungskontext – formale Aufgabenstellung

Schreibt man Kindern die Fähigkeit, Addition und Subtraktion zu verstehen, nur zu, sobald formale Aufgabenstellungen berechnet werden können, so wird man ih-nen im Vorschulalter auf diesem Gebiet geringe Kompetenzen aussprechen. PIA-GET und SZEMINSKA (1969) bezweifeln, ob ein Verständnis für die Operationen erreicht werden kann, bevor ein elaboriertes Verständnis des Teil-Ganzen besteht:

„Man kann sicher selbst die Kinder der vorhergehenden Stadien veranlassen, fer-tige Formeln aus Additions-Tabellen verbal zu wiederholen, wie z.B. 2 + 2 = 4, 2 + 3 = 5; 2 + 4 = 6 usw. Aber eine wirkliche Assimilierung erreicht man nur dann, wenn die Versuchsperson imstande ist zu begreifen, dass eine Summe wie

6 eine Ganzheit ist, die die zu addierenden Elemente 2 und 4 umfasst, und zwar als Teile, und wenn sie die verschiedenen möglichen Kombinationen in einer Gruppe additiver Kompositionen einzuordnen vermag." (PIAGET, SZEMINSKA 1969, S. 249)

Das zu verstehen ist deutlich einfacher, wenn die Addition oder Subtraktion im Rahmen eines nachvollziehbaren Kontextes geschieht. HUGHES (1986) untersuchte mit 60 Kindern im Alter von drei bis fünf Jahren die Abhängigkeit des Erfolgs beim Lösen arithmetischer Aufgabenstellungen davon, ob diese in einen Kontext gebettet sind, oder nicht. Dazu verwendete er unter anderem so genannte „box tasks" (vgl. HUGHES 1986, S. 30ff.): In einer Schachtel lagen Bausteine, die das Kind zählen konnte. Im Anschluss wurden vor den Augen des Kindes und unter Kommentierung Bausteine hinzugefügt oder weggenommen („Ich lege drei dazu'). Die Kinder sollten – ohne einen Einblick in die Schachtel nehmen zu können – ermitteln, wie viele Steine sich darin befinden. Im Anschluss durften sie ihr Ergebnis überprüfen. Vier verschiedene Aufgabenstellungen wurden verglichen: ‚box tasks', hypothetische ‚box tasks', in denen die Handlungssituation nur geschildert wurde („Stell dir vor, in der Schachtel lag ein Stein, ich lege zwei dazu. Wie viele Steine sind jetzt in der Schachtel?'), hypothetische Handlungssituationen mit bekanntem Kontext („Wenn ein Kind im Geschäft ist und zwei weitere hereinkommen, wie viele Kinder sind dann im Geschäft?') und formal-sprachliche Aufgabenstellungen („Was macht eins und zwei?'). Bei kleinem Zahlenmaterial (Veränderungen um eins oder zwei) wurden die ‚box tasks' signifikant besser gelöst als die hypothetischen Fragestellungen, bei größeren Zahlen war dieser Unterschied nicht mehr so deutlich, jedoch wurden formale Aufgaben sowohl bei kleinem als auch bei großem Zahlenmaterial deutlich seltener gelöst als solche, die auf konkreten oder hypothetischen Situationen beruhen. Es scheint ein Übersetzungsprozess zwischen der formalen Sprache und konkreten Vorstellungen nötig zu sein, der im Vorschulalter noch nicht von allen Kindern geleistet werden kann:

„Children need to develop links – or ways of translating – between this new language and their own concrete knowledge. These translations are of fundamental importance in understanding mathematics." (HUGHES 1986, S. 51f.)

Die Aufgabenstellungen wurden in ähnlicher Form in einer kleinen qualitativen Studie bei deutschen Schulanfängern wiederholt (SPIEGEL 1992). Dabei konnten drei Viertel aller gestellten ‚Schachtelaufgaben' und etwa drei Viertel einfacher Textaufgaben, wie z.B. „Toni hat 5 Autos, der Papa schenkt ihm noch 2 dazu, wie viele hat er dann?" (SPIEGEL 1992, S. 22), gelöst werden. Weitere Vorkenntnisermittlungen bei Schulanfängern konnten zeigen, dass arithmetische Aufgabenstellungen, die Zählstrategien ermöglichen bzw. nahe legen, in der Regel besser gelöst werden, als Aufgaben, die zwar in kindgemäßen Kontexten gestellt waren, aber keine zählbaren Elemente aufwiesen (VAN DEN HEUVEL-PANHUIZEN 1996, S. 202; GRASSMANN, KLUNTER, u.a. 2002, S. 22ff.).

Abhängigkeit vom Situationsmodell
Betrachtet man den Kontext von Aufgabenstellungen zur Addition und Subtraktion näher, ergeben sich erneut Unterschiede im Lösungsverhalten der Kinder. Die Aufgabenstellungen lassen sich gemäß dem zu verwendenden Situationsmodell wie folgt klassifizieren (vgl. dazu RILEY, GREENO, HELLER 1983, S. 159ff.; STERN 1998a, S. 88f.; CARPENTER, MOSER 1984, S. 180; RADATZ, SCHIPPER, DRÖGE, EBELING 1996, S. 78):

1. Kombinationsaufgaben (Combine):
Hierbei geht es um Mengenvereinigungen, bei denen entweder die Gesamtmenge oder eine Teilmenge unbekannt ist.

2. Austauschaufgaben (Change, Join/Separate):
Bei diesen Aufgabenstellungen findet z.B. durch Hinzugeben oder Wegnehmen eine Mengenveränderung statt. Die Ausgangsmenge, die Veränderung oder die Endmenge können unbekannt sein.

3. Vergleichsaufgaben (Compare):
Es findet ein Vergleich zweier disjunkter Mengen statt. Dabei werden meist Vergleichswörter wie ‚mehr‘ oder ‚weniger‘ verwendet. Die gesuchte Größe kann die Differenz oder jede der beiden zu vergleichenden Mengen sein.

4. Angleichungsaufgaben (Equalizing, Join missing addend):
Auch hier geht es um zwei disjunkte Mengen, die durch eine Handlung aneinander angeglichen werden sollen. Beide Mengen oder die Veränderung können unbekannt sein.

Austausch- und Kombinationsaufgaben sind vor allem für Kinder im Vorschulalter offensichtlich leichter zu lösen als Vergleichsaufgaben. Dies zeigt ein Vergleich von Untersuchungsergebnissen amerikanischer Kindergartenkinder mit Ergebnissen deutscher und amerikanischer Schulkinder (vgl. STERN 1998a, S. 89). Entscheidend für den Lösungserfolg ist zudem auch, ob die Ausgangsmenge, die Veränderung oder das Gesamtergebnis gesucht wird (RILEY, GREENO, HELLER 1983, S. 163, 165). Die bereits erwähnte Studie von CARPENTER und MOSER (1984) lieferte ähnliche Ergebnisse. Während mehr als 70% der Kinder für Join- und Separate-Aufgabenstellungen bei Schuleintritt erfolgreiche Strategien zeigten, konnten nur etwa die Hälfte der Kinder zielführende Strategien zur Lösung von Join-missing-addend- und Compare-Aufgaben anwenden (CARPENTER, MOSER 1984, S. 191ff.).

1.5.4 Zusammenfassung

Maßgebliche Grundlagen für das Verständnis elementarer Rechenoperationen sind Wahrnehmungsprozesse im Zusammenhang mit Mengenveränderungen. Diese konnten bereits bei Säuglingen beobachtet werden. Darauf aufbauend entwickelt sich ein Verständnis für Addition und Subtraktion, das mit Handlungssituationen, wie z.b. Dazulegen und Wegnehmen in Verbindung gebracht wird. Zur Lösung von einfachen arithmetischen Problemstellungen wenden Kinder ihre Zählfähigkeiten und ihr Wissen um die kardinale Bedeutung von Zahlwörtern an, wobei sich die informellen Lösungsstrategien von den aufwändigen Counting-all- bzw. Separating-from-Strategien zu effektiveren Strategien hin entwickeln. Ob und wie gut Kinder im Vorschulalter Additions- und Subtraktionsaufgaben lösen können, hängt maßgeblich davon ab, ob die Aufgaben Zählstrategien ermöglichen, kontextgebunden oder formal gestellt sind und welches Situationsmodell für die Lösung erforderlich ist.

Vor allem die informellen Zählstrategien zur Lösung kontextgebundener Aufgabenstellungen dürfen jedoch als arithmetische Leistungen nicht überschätzt werden:

> „Although these performances are often used to argue that children already know important concepts of mathematics before school begins, in fact such performances require only a primitive representation of number compared to what will develop subsequently." (RESNICK 1983, S. 114)

Auch hier muss auf die große Heterogenität der Leistungen verwiesen werden. SCHIPPER reflektiert die Ergebnisse von verschiedenen Vorkenntniserhebungen bei Schulanfängern und zeigt an einem Beispiel auf, dass zwar etwa die Hälfte aller untersuchten Kinder eine Additionsaufgabe, die konkretes Abzählen nicht ermöglichte, lösen konnten, betrachtet man die Ergebnisse aber klassenweise, so zeigt sich, dass es Schulklassen mit 93% Lösungsquoten gibt, aber auch eine ganze Schulklasse, in der kein einziges Kind die Aufgabe bewältigen konnte (SCHIPPER 2002, S. 131). Er warnt davor, diese Leistungen überzuinterpretieren, sieht in den informellen, zumeist zählenden Verfahren aber einen guten Anknüpfungspunkt, „die Kinder im Sinne von fortschreitender Schematisierung zu befähigen, solche Aufgaben auch auf abstraktere ‚schulmathematische' Weise zu lösen" (SCHIPPER 2002, S. 138).

1.6 Geometrie, Größen und Messen

Während es zur Entwicklung des Zahlbegriffs, der Zählfähigkeit, des Operationsverständnisses und erster Rechenstrategien im Vorschulalter eine Vielzahl an Forschungsergebnissen gibt, ist die vorschulische Entwicklung mathematischer Kompetenzen in den Bereichen Geometrie und Größen/Messen bislang weniger bzw.

weniger systematisch erforscht. Zu einzelnen Aspekten gibt es aber Erkenntnisse zur Entwicklung und aus Vorkenntnisermittlungen zum Schulanfang kann man sich einen Überblick über punktuelle Kenntnisse der Kinder verschaffen. Es folgt ein kurzer Einblick in vorschulische Kompetenzen und Entwicklungsprozesse in diesen beiden Bereichen.

1.6.1 Größen und Messen

Maßzahlaspekt/Messen

Im Alltag begegnen Kindern bereits früh Zahlen in verschiedenen Bedeutungszusammenhängen, so auch in der Bedeutung als Maßzahlen. Obwohl das gesprochene Zahlwort in kardinalen Situationen und in Messsituationen gleich klingt, ist die Bedeutung der Zahl eine andere. Dies zeigt sich in erster Linie in Vergleichssituationen, z.B. sind fünf Elemente immer mehr als drei Elemente, aber eine Strecke von fünf Zentimetern ist weniger lang als eine von drei Metern. Ein Verständnis dafür setzt voraus, dass der Zusammenhang von Maßeinheit und Maßzahl und der Prozess des Messens durchdrungen sind (vgl. CLEMENTS, STEPHAN 2004, S. 303). Zum Messen gehören das Festlegen einer Messeinheit, das wiederholte Anlegen dieser Einheit und das Auszählen der Einheiten zur Bestimmung des Messergebnisses (vgl. NÜHRENBÖRGER 2004, S. 96). Auf dieser Grundlage funktioniert auch das Messen mit Messinstrumenten. Das Messergebnis wird dabei von einer Skala abgelesen, die das Zählen der Messeinheiten überflüssig macht.

Durch einen frühen Umgang mit Messsituationen und -handlungen besteht die Chance, Zahlen auch im vorschulischen Bereich nicht nur in ihrer kardinalen Bedeutung zu erfahren, sondern im Sinne eines „transfer within" (SCHMIDT, WEISER 1986, S. 125) über Maßsysteme das Verständnis für die natürlichen Zahlen zu vertiefen (vgl. auch FUSON, HALL 1983, S. 84; VAN DEN HEUVEL-PANHUIZEN, BUYS 2005, S. 21):

> „Wenn das Kind z.B. etwas über die Relation ,ist länger als' lernt, könnte es damit etwas über die Größer-Relation bei Zahlen lernen, aber auch umgekehrt. (SCHMIDT, WEISER 1986, S. 125)

PIAGET und SZEMINSKA (1974) untersuchten neben der Entwicklung des Zahlbegriffs auch Messfähigkeiten beim Kind und kamen zu dem Schluss, dass das Messen erst dann beherrscht werden kann, wenn eine Länge verstanden wird als „eine Größe, die in eine Folge gleicher Intervalle zerlegbar ist, und zwar dadurch, dass jedes dieser Intervalle nacheinander auf jedes andere verlagert werden kann" (PIAGET, SZEMINSKA 1974, S. 186). Sie identifizierten auch bei diesen Untersuchungen drei Stadien der Entwicklung und betont, dass Messen ohne Verständnis für die zu Grunde liegenden Operationen und Prinzipien (Längenerhaltung, Transitivität, Verständnis für und wiederholte Verwendung von Messeinheiten) lediglich gelernte Routinen sind.

Untersuchungen mit Schulanfängern (SCHMIDT, WEISER 1986; vgl. FUSON, HALL 1983, S. 80, s. auch Erfahrungsbericht REGGIO CHILDREN 2002) zeigten, dass zwar vor allem bei Längen ein Verständnis für das komplette Auslegen, Abtragen oder Ausschöpfen der zu messenden Größe mit der Maßeinheit vorhanden ist, die Maßeinheit als solche allerdings nicht immer im Sinne einer gleich bleibenden Einheit verwendet wird. So füllten Kinder z.B. beim Ausmessen von Volumina das Einheitsgefäß nicht immer vollständig oder sie benutzten beim wiederholten Anlegen einer Längeneinheit den Finger als Merkhilfe, wie weit angelegt wurde, und missachteten, dass dadurch die Einheiten nicht unmittelbar aneinander lagen: „they assume, that the whole length must be covered, but not that it must be covered by units" (FUSON, HALL 1983, S. 80).

Während ein Großteil der 24 von SCHMIDT und WEISER (1986) untersuchten Schulanfänger bei Längen über eine Idee des Messens im Sinne des Auslegens mit Einheiten verfügt, bzw. diese schnell erlernen konnten (vgl. SCHMIDT, WEISER 1986, S. 129), wurde z.B. bei Zeitspannen das Zählen als Messidee nicht spontan verwendet (vgl. SCHMIDT, WEISER 1986, S. 137).

Um Messinstrumente nutzen zu können, muss der Umgang mit Skalen gelernt und verstanden werden. Die Messhandlung entspricht nun nicht mehr dem Aneinanderreihen und Auszählen von Einheiten, sondern beschränkt sich auf das Ablesen der Maßzahl von einer Skala. Damit haben selbst Kinder im Grundschulalter noch Schwierigkeiten. Sie beachten beispielsweise nicht den Anfangspunkt der Skala, sondern lesen lediglich am Endpunkt ab (BRAGG, OUTHRED 2004, S. 161) oder betrachten die erste Einheit einer Skala nicht als Nullpunkt, sondern beginnen dort bereits mit der Zählzahl eins (vgl. BRAGG, OUTHRED 2004, S. 162; FUSON, HALL 1983, S. 81). Das Verwenden von Messinstrumenten hat jedoch offensichtlich einen hohen Aufforderungscharakter für Kinder und es gelingt ihnen teilweise, damit erfolgreich zu messen, obwohl sie Schwierigkeiten beim Messen mit willkürlichen Einheiten haben (vgl. NÜHRENBÖRGER 2002, S. 77f.).

Relationsbegriffe
Alle Aufgabenstellungen zum Vergleich von Maßen oder Repräsentanten der verschiedenen Größenbereiche setzen voraus, dass Relationsbegriffe wie leichter, schwerer, länger, kürzer, größer, kleiner, gleich lang, etc. richtig verwendet werden können.

Während Kinder sprachlich zunächst kaum zwischen unterschiedlichen Größenbereichen unterscheiden – groß und klein werden unabhängig vom jeweiligen Größenbereich z.B. auch für lang und kurz verwendet (vgl. VAN DEN HEUVEL-PANHUIZEN, BUYS 2005, S. 19) –, zeigt sich das Bewusstwerden der verschiedenen physikalischen Größen zunehmend auch in der Wortwahl (vgl. RESNICK 1989, S. 163).

Im Vorschulalter gelingt es Kindern, Gegenstände und Mengen, die allein aufgrund der Wahrnehmung verglichen werden, mit den entsprechenden Relationsbegriffen zu beschreiben. Diese Fähigkeit bezeichnet RESNICK (1989) als „protoquantitative comparison schema" (S. 163). Kindergartenkinder und Schulanfänger verwenden die Begriffe auch richtig bei Aufgabenstellungen zum Vergleich von zwei Größen, deren Maßzahlen angegeben sind (vgl. FUSON, HALL 1983, S. 82; SCHMIDT, WEISER 1986, S. 145). Fragen wie: ‚Was ist schwerer: 4 Pfund oder 5 Pfund?‘ konnten von Kindern beantwortet werden, auch wenn sie nicht über die entsprechende Messidee verfügten. Offensichtlich waren sie in der Lage, ihr Wissen über die Zahlen oder auch über andere Maßsysteme auf die Aufgabenstellung zu übertragen, im Sinne von, je schwerer, länger, ... umso größer muss die verwendete Maßzahl sein:

> „Die Relationen ‚ist länger als‘, ‚ist schwerer als‘, ‚ist mehr (wert) als‘ und ‚dauert länger als‘ werden zumindest auf der sprachlichen Ebene in der richtigen Weise auf die Größer-Relation zwischen Zahlen (‚ist eine größere Zahl als‘, ‚ist mehr als‘, ‚ist größer als‘) bezogen." (SCHMIDT, WEISER 1986, S. 145)

Vor allem die Anwendung von Relationsbegriffen zum konkreten Längenvergleich bereitet Schulanfängern offenbar kaum Schwierigkeiten, wie eine Untersuchung mit 830 Kindern zeigen konnte (GRASSMANN u.a. 2002).

Größen

Aufgrund von Alltagserfahrungen verfügen Kinder bereits im Vorschulalter über konkrete Vorstellungen zu einigen Größenbereichen, was sich auch in der oben geschilderten Verwendung der Relationsbegriffe zeigt. Vor allem zu den Bereichen Länge und Gewicht machen sie zahlreiche Erfahrungen im Zusammenhang mit der eigenen körperlichen Entwicklung (vgl. VAN DEN HEUVEL-PANHUIZEN, BUYS 2005, S. 43, 59). Exemplarisch werden im Folgenden Ergebnisse aus Vorkenntnisermittlungen zum Thema Geld geschildert, da Geldwerte bereits im Unterricht der ersten Jahrgangsstufe beim Sachrechnen thematisiert werden und dieser Größenbereich einige Besonderheiten aufzuweisen hat. Der Größenbereich Geldwerte unterscheidet sich von den physikalischen Größen Längen, Gewichte, Hohlmaße und Zeit, da Geldwerte nicht objektiv messbar sind (vgl. FRANKE 2003, S. 243f.). Wertvergleiche sind in der Regel von subjektiven Vorstellungen beeinflusst und können insofern bei verschiedenen Personen sehr unterschiedlich ausfallen. Konkrete Messerfahrungen im Sinne des wiederholten „Ausschöpfens" (SCHMIDT, WEISER 1986, S.126) eines Repräsentanten des Größenbereichs mit Einheitsrepräsentanten und das Ermitteln der Maßzahl auf diesem Weg können die Kinder im

Umgang mit Geldwerten eher weniger machen. Sie sammeln aber vor Schuleintritt in alltäglichen Situationen durchaus Erfahrungen in diesem Größenbereich.

GRASSMANN u.a. (2005) interviewten 87 Schulanfänger zum Größenbereich Geld mit Fragen, die sich mit dem Wert des Geldes, mit Wechseln, Rechnen und dem alltäglichen Umgang mit Geld beschäftigten. Auffällig war, dass Jungen eine Vielzahl dieser Aufgaben deutlich besser bearbeiteten als Mädchen (vgl. GRASS-MANN u.a. 2005, S. 30). Etwa ein Drittel der Kinder konnte alle Münzen und Scheine im Wert von 1 ct bis 20 € benennen. Fünf verschiedene Cent-Münzen nach dem Wert zu sortieren gelang knapp dreiviertel aller Kinder, wohingegen das Sortieren deutlich schwerer fiel, wenn Euro- und Cent-Münzen gleichzeitig vorgelegt wurden. Einfache Additions- und Subtraktionsaufgaben, z.T. auch mit Präsentation oder Abbildung von Scheinen und Münzen lösten zwischen 40 und 64% der Kinder. Ähnliche Ergebnisse zeigen auch die Vorkenntnisermittlungen von SELTER (1995) und VAN DEN HEUVEL-PANHUIZEN (1996). Die Kinder hatten zwar bereits Erfahrungen mit dem Einkaufen und konnten Beispiele für den Umgang mit Geld nennen, aber „für viele Kinder war die Anzahl der vorliegenden Münzen und Scheine das Entscheidende bei Bestimmung des Wertes, sie konnten also nicht sicher zwischen Anzahl und Wert unterscheiden" (GRASSMANN u.a. 2005, S. 57; vgl. auch SCHMIDT, WEISER 1986, S. 151).

Die Ergebnisse der geschilderten Untersuchungen zeigen, dass zu Schulbeginn unterschiedliche Vorerfahrungen vorliegen. Gerade die Probleme, Wert und Anzahl voneinander zu trennen, stützen die Forderung, Lernerfahrungen mit Geld zu einem konkreten Inhaltsbereich früher mathematischer Bildung zu machen.

1.6.2 Geometrische Kompetenzen

Mit der Entwicklung der räumlichen Vorstellung und des geometrischen Wissens tragen geometrische Grunderfahrungen zur Entwicklung des Denkens und zur Erschließung der Umwelt bei (vgl. VAN DEN HEUVEL-PANHUIZEN, BUYS 2005, S. 118ff.). Bereits im ersten Lebensjahr sammeln Kinder zahlreiche geometrische Erfahrungen:

„The very first experiences of a baby are based on looking and touching. Looking at all kind of shapes and phenomena in the surrounding space is one of its first activities." (VAN DEN HEUVEL-PANHUIZEN, BUYS 2005, S. 117)

Sie haben bereits früh Vorstellungen über die Bewegungen von Körpern und den damit verbundenen physikalischen Konsequenzen. Zum Beispiel erwarten sie, dass ein Ball rollt oder sich ein Spielzeug in Bewegung setzt, wenn es durch ein anderes angestoßen wird (vgl. BAILLARGEON 1994).

Im Folgenden werden einige Erkenntnisse zur Entwicklung der räumlichen Vorstellung, über das Begriffswissen zu Formen und zum Symmetrieverständnis betrachtet.

Räumliche Vorstellung

Räumlichen Fähigkeiten wie z.B. Veranschaulichung oder dem Erfassen räumlicher Beziehungen wird als grundlegenden Fähigkeiten ein Einfluss auf mathematische Leistungen zugeschrieben (vgl. MAIER 1999, S. 27ff.; CLEMENTS 2004, S. 278). Insofern ist der Entwicklung in diesem Bereich besondere Aufmerksamkeit zu schenken.

Ausgehend vom eigenen Körper lernen Kinder Lagebeziehungen, wie z.B. oben, unten, vorne, hinten, links, rechts (vgl. MAIER 1999, S. 73ff.; VAN DEN HEUVEL-PANHUIZEN, BUYS 2005, S. 122). Vorkenntniserhebungen mit Schulanfängern zeigen, dass die Begriffe der räumlichen Lage noch nicht sicher verwendet werden können (GRASSMANN 1996, GRASSMANN u.a. 2002; CLARKE u.a. 2008), wobei zwischen den einzelnen Begriffen unterschieden werden muss. Während die Begriffe ‚daneben/neben‘, ‚hinter‘, ‚vor‘, ‚das mittlere Kästchen‘, ‚darüber‘ von einem Großteil der Kinder bereits ein Jahr bzw. unmittelbar vor Schuleintritt verstanden und richtig angewandt werden können, gelingt dies bei ‚rechts‘ und ‚links‘ lediglich etwa der Hälfte der untersuchten Kinder. Bei der Interpretation von Aufgabenstellungen zur Überprüfung des Verständnisses von rechts und links ist jedoch zu beachten, dass auch aufgrund von reinem Raten mit einer Wahrscheinlichkeit von 50% richtig geantwortet werden kann.

Weitere Komponenten der Raumvorstellung sind das Erfassen räumlicher Beziehungen und die räumliche Orientierung (vgl. FRANKE 2000, S. 32ff.; MAIER 1999, S. 38ff.). Diese Fähigkeiten zeigen sich, wenn Objekte aus verschiedenen Blickwinkeln erkannt werden, bzw. wenn es gelingt, sich mental in eine räumliche Situation hineinzuversetzen. Mit Aufgabenstellungen, die diese Komponenten überprüfen, haben Kinder zu Schulbeginn Schwierigkeiten (GRASSMANN, u.a. 2002; WALDOW, WITTMANN 2001). Nur etwa 20% der 830 von GRASSMANN und anderen untersuchten Kinder konnten richtig entscheiden, aus welcher von vier angegebenen Perspektiven ein Bus abgebildet war. Die Verbindung zwischen der bildlich präsentierten Sitzordnung einer Klasse und dem zweidimensionalen Sitzplan gelang nur 8% der 83 von WALDOW und WITTMANN (2001) untersuchten Kinder. Auch Aufgabenstellungen zu Würfelkörpern bereiten Schulanfängern Schwierigkeiten, wenn in einer Abbildung auf nicht sichtbare Würfel geschlossen werden muss (GRASSMANN u.a. 2002). Können die Würfel aufgrund der Perspektive in der Abbildung nicht alle gezählt werden, erfordert diese Aufgabe ebenfalls das mentale Betrachten des Würfelbauwerks aus verschiedenen Blickwinkeln bzw. das Vorstellen der Konstruktionshandlung. Generell werden Handlungserfahrungen und allgemeine Raumerfahrungen als Basis für die Entwicklung der räumlichen Vorstellungen genannt (MAIER 1999, S. 73ff.; CLEMENTS 2004, S. 280; PIAGET, INHELDER 1971):

> „Die Motorik, die schon bei der Wahrnehmungsaktivität mitwirkt und daher schon bei der Wahrnehmung in die Konstruktion des Raumes eingreift, erscheint von neuem als wesentliche Komponente beim Erarbeiten des vorgestellten Bildes und folglich auch der anschaulichen Raumvorstellungen." (PIAGET, INHELDER 1971, S. 67)

Formenkenntnis

Die Begriffsbildung über geometrische Formen und Figuren beginnt im Kleinkindalter. Die „Unterscheidung zwischen geometrischen Formen gelingt schon Kleinkindern, selbst wenn sie die Begriffswörter dafür noch nicht kennen" (FRANKE 2000, S. 73). In der Regel kennen die Kinder zunächst typische Repräsentanten, mit deren Hilfe sie andere Formen einordnen können. CLEMENTS (2004, S. 269ff.) beschreibt eine Untersuchung zur Formenkenntnis mit Kindern zwischen 3 und 6 Jahren. Kreise erkennen Kinder im Alter von vier Jahren beispielsweise sehr zuverlässig und auch die Identifizierung von Quadraten gelingt 82% der vierjährigen Kinder, wobei auch Quadrate, die auf der Spitze stehen, identifiziert werden. Verschiedene Rechtecke und Dreiecke werden weniger zuverlässig als solche erkannt. Offensichtlich scheinen Kinder den Begriff ‚Dreieck' mit einem gleichschenkligen Prototypen zu verbinden und den Begriff ‚Rechteck' mit einer vierseitigen Figur, die zwei lange parallele Seiten und annähernd rechte Winkel hat (vgl. CLEMENTS 2004, S. 270). Diese Erkenntnisse bestätigen sich bei Vorkenntnisermittlungen mit Schulanfängern von HÖGLINGER und SENFTLEBEN (1997) und REEMER und EICHLER (2005). Verschiedene Kreise, gleichseitige und gleichschenklige Dreiecke konnten ihren Formen entsprechend richtig sortiert werden. Die meisten Sortierfehler passierten bei Rauten bzw. rautenähnlichen Parallelogrammen, lang gestreckten Rechtecken sowie stumpfwinkligen Dreiecken. Mit dem Begriff Viereck verbinden Kinder spontan teilweise nur Quadrate oder darüber hinaus Rechtecke (REEMER, EICHLER 2005; vgl. auch GRASSMANN u.a. 2002, S. 29). Zwischen 20 und 30% der von WALDOW und WITTMANN (2001) untersuchten Kinder konnten bereits Aussagen zur Ähnlichkeit treffen. Sie erkannten aus 13 verschiedenen Formen alle zu einem gegebenen gleichseitigen Dreieck und einem Rechteck (Seitenverhältnis 2:1) ähnliche Formen.

Die Bezeichnung von Körpern scheint Kindern deutlich schwerer zu fallen (CLEMENTS 2001, S. 274), wenngleich es ihnen gut gelingt, Zylinder, Kugeln und Quader als Formen in der Umwelt zu identifizieren (vgl. WALDOW, WITTMANN 2001, S. 258).

Symmetrie

Symmetrische Eigenschaften werden bereits früh zur Wahrnehmung und Auffassung genutzt:

> The „past century of psychological research has repeatedly demonstrated that symmetrical stimuli are not only preferred but are consistently detected faster, discriminated more accurately, and often remembered better than asymmetrical ones." (BORNSTEIN, FERDINANDSEN, GROSS 1981, S. 82; vgl. auch FRANKE 2000, S. 199f.)

Zeigt man Kindern im ersten Lebensjahr symmetrische Figuren mit vertikaler und horizontaler Achse bzw. nicht symmetrische Figuren, so betrachten sie Figuren mit vertikaler Achse weniger lang als die anderen beiden (BORNSTEIN u.a. 1981, S. 84). Sie scheinen diese Figuren schneller zu verarbeiten. Die besondere Rolle vertikaler Achsen spiegelt sich bei Untersuchungen zum Symmetrieverständnis von Schulanfängern und auch noch bei Grundschulkindern wider: Schwierigkeiten zeigen sich vor allem bei horizontalen oder schrägen Symmetrieachsen (vgl. FRANKE 2000, S. 210).

Die Fähigkeit, Figuren symmetrisch zu ergänzen, hängt bei Schulanfängern vermutlich auch davon ab, ob die Gesamtfigur bereits erahnt wird, wenn nur eine Hälfte gegeben ist (vgl. FRANKE 2000, S. 208; HÖGLINGER, SENFTLEBEN 1997, S. 38). So konnten 70% der von HÖGLINGER und SENFTLEBEN (1997) untersuchten 50 Schulanfänger die Hälfte eines Herzes oder eines Dreiecks symmetrisch ergänzen und 88% von 1010 tschechischen Schulanfängern komplettierten ein Strichmännchen symmetrisch oder fast symmetrisch. Die Hälfte einer Leiter hingegen, die in sich bereits symmetrisch ist, vervollständigten nur noch 25% richtig (HÖGLINGER, SENFTLEBEN 1997). Typische Fehler beim symmetrischen Vervollständigen in der Untersuchung von HÖGLINGER und SENFTLEBEN (1997) waren Verschiebungen, Drehungen oder halbkreisartige Ergänzungen.

1.6.3 Zusammenfassung

Die Entwicklung in den Bereichen Geometrie und Größen und Messen kann nicht losgelöst von der des Zahlbegriffs betrachtet werden. Gerade für die frühkindliche Entwicklung wird dem Bereich Geometrie und vor allem der räumlichen Vorstellung eine Basisfunktion zugeschrieben (z.B. CLEMENTS 2004, S. 267; VAN DEN HEUVEL-PANHUIZEN 2005, S. 115ff.). Defizite im Bereich der räumlichen-visuellen Fähigkeiten werden immer wieder als mögliche Ursachen für Rechenstörungen genannt (z.B. KAUFMANN 2003; MAIER 1999, S. 77, 137ff.; LORENZ 2003a) bzw. wird der räumlichen Intelligenz-Komponente Vorhersagekraft für das vorschulische Zahlen-Wissen zugeschrieben, welches wiederum als Prädiktor für Rechenleistung gilt (DORNHEIM 2008, S. 526).

Auch die Entwicklung des Maßverständnisses liefert einen wichtigen Beitrag zur Zahlbegriffsentwicklung und zum Operationsverständnis (s. auch CLEMENTS, STEPHAN 2004; SCHMIDT, WEISER 1986; VAN DEN HEUVEL-PANHUIZEN 2005):

„... an early curriculum in which young children measure all sorts of entities with a variety of nonstandard as well as standard units led to an avoidance of common errors in understanding measurement and provided a good foundation for understanding relations and operations on cardinal numbers." (FUSON, HALL 1983, S. 84)

Davon losgelöst zeigen Kinder im Vorschulalter unterschiedliche bereichsspezifische Fähigkeiten, wie z.B. Begriffswissen beim Vergleichen, in einzelnen Größenbereichen oder bei der Bezeichnung geometrischer Formen, die sie wiederum bei grundlegenden mathematischen Tätigkeiten, wie z.B. Sortieren und Ordnen, anwenden.

Die in diesem Kapitel geschilderten Erkenntnisse können eine Basis für Überlegungen zur Förderung und Unterstützung mathematischer Entwicklungsprozesse im vorschulischen Bereich über die Zahlbegriffsentwicklung, das Zählen und das erste informelle Rechnen hinaus liefern.

1.7 Positionierung

Kinder entwickeln in den ersten Lebensjahren bis zum Zeitpunkt der Einschulung beträchtliche mathematische Fähigkeiten. Sie können früh verschiedene Mengen unterscheiden und reagieren auf Mengenveränderungen. Dabei scheinen sie verschiedene Vorstellungsmodelle von Zahlen zu nutzen, was ihnen erlaubt, bei kleinen Mengen genaue Unterschiede ebenso wahrzunehmen, wie Mengen mit größeren Anzahlen eher aufgrund einer Abschätzung zu vergleichen. Die komplexe Tätigkeit des Zählens lernen sie spontan – auch ohne Unterweisung –, wobei ihnen in der Regel aufgrund vielfältiger Handlungssituationen die kardinale Bedeutung der Zahlwörter bewusst wird und sie ihre Zählhandlungen zunehmend perfektionieren. Dadurch verfügen sie über die Grundlage, ein Verständnis für Addition und Subtraktion im Zusammenhang mit Handlungen, z.B. des Dazulegens oder Wegnehmens, aufzubauen und mit Hilfe des Zählens einfache Additions- und Subtraktionsaufgaben in ihnen bekannten Kontexten zu lösen. Sie erwerben grundlegende mathematische Kompetenzen nicht nur im numerischen Bereich, sondern z.B. auch im Vergleichen, Ordnen und Sortieren geometrischer Figuren oder von Repräsentanten verschiedener Größenbereiche. Vor allem im Größenbereich Längen verfügen sie bereits über Vorstellungen zum Messen und sind in der Lage, Maßzahlen zu interpretieren. Ihr geometrisches Begriffswissen und auch das Verständnis geometrischer Abbildungen, wie z.B. der Spiegelung, differenziert sich von typischen Repräsentanten bzw. von der intuitiven Wahrnehmung ausgehend zunehmend weiter.

Die im Kapitel 1 geschilderten Entwicklungen und Kompetenzen der Kinder können jedoch zum Schuleintritt nicht bei allen Kindern vorausgesetzt werden. Wie bereits mehrfach erwähnt, sind die Leistungen zu Schulbeginn in verschiedenen Bereichen der Mathematik sehr heterogen. Die Gründe dafür sind vielfältig (vgl. OPP, SPECK-HAMDAN 2001). Sie können im Elternhaus ebenso gesucht werden (z.B. SIEGLER, RAMANI 2008; HUGHES 1986), wie im Migrationshintergrund (z.B. HEINZE, HERWARTZ-EMDEN, REISS 2007; MOSER OPITZ 2008) oder auch in individuellen Dispositionen. Diese Tatsache gewinnt durch die Erkenntnisse an Bedeutung, dass Leistungsunterschiede in mathematikspezifischen Anforderungen, die bereits in der Vorschulzeit auftreten, einen deutlicheren Einfluss auf die Leistungen in der Grundschulzeit zeigen als z.B. Intelligenz (z.B. STERN 1998a; KRAJEWSKI 2003; WEISSHAUPT, PEUCKER, WIRTZ 2006; DORNHEIM 2008). Daraus resultiert die Forderung, Kinder in vorschulischen Institutionen bestmöglich zu fördern und vor allem individuelle Lernrückstände – unabhängig von den dafür vermuteten Gründen – so gut wie möglich aufzuholen. Der Anspruch an die Lehrkräfte und Erzieherinnen bzw. Erzieher ist dabei hoch. Sie müssen sich zunächst einen Überblick über die individuellen Kompetenzen der Kinder verschaffen. Wenn Gründe für etwaige Entwicklungsverzögerungen oder Rückstände in der Herkunft oder im sozialen Umfeld liegen, ist der Einflussbereich der Erziehenden sehr begrenzt. Umso wichtiger ist es, dass sie mit Rückgriff auf entwicklungspsychologisches, mathematikdidaktisches und pädagogisches Fachwissen Fördermaßnahmen ergreifen können, die eine möglichst optimale Passung zum Entwicklungsstand des jeweiligen Kindes haben. So kann die Ausgangslage für das mathematische Weiterlernen für alle Kinder verbessert werden. Welche Unterstützungsmöglichkeiten es gibt, elementares mathematisches Lernen sinnvoll zu begleiten, darauf soll im Folgenden eingegangen werden, bevor in Kapitel 3 Maßnahmen zur Diagnose diskutiert werden.

2. Bedeutung und Konzeption mathematischer Bildung im vorschulischen Bereich

> *„The child's experience includes an everyday mathematics that is more substantial and enjoyable than much of what is typically taught in school. ... We therefore choose to engage in early mathematics education to help children achieve the fulfilment and enjoyment of their intellectual interests."*
> *Herbert P. Ginsburg 2002, S. 7*

Das Bewusstsein dafür, dass frühe mathematische Förderung notwendig und sinnvoll ist, um den Kindern gute Ausgangsbedingungen für das weitere Lernen zu ermöglichen, schärfte sich in den letzten Jahren immer mehr. Die in erster Linie durch die TIMS- und PISA-Studien ausgelöste Bildungsdiskussion in der gesamten Gesellschaft und die Entwicklung von Bildungsplänen für den vorschulischen Bereich trugen ihren wesentlichen Teil dazu bei. Inhaltlich gab es im Verlauf der Zeit – und gibt es auch heute – unterschiedliche konzeptionelle Vorstellungen zu elementarer mathematischer Bildung. Es ist davon auszugehen, dass die frühe Anregung mathematischen Lernens die Entwicklung mathematischer Kompetenzen beim Kind maßgeblich beeinflussen kann. Insofern ist ein Überblick über die konzeptionellen Ideen früher mathematischer Bildung wichtig. Deshalb folgt zunächst ein Blick auf die historische Entwicklung, bevor aktuelle Bildungspläne und Konzeptionen zum frühen Mathematiklernen verglichen und diskutiert werden.

2.1 Historie

Während mathematische Elemente in der vorschulischen Bildung z.B. bereits Mitte des 19. Jahrhunderts erkennbar waren, gab es Ende des 20. Jahrhunderts eine Zeit, in der die *fachliche* Bildung in Kindergärten und Kindertagesstätten keine erste Priorität hatte. Über die Zeit betrachtet kann man immer wieder beobachten, dass Frühpädagogik zwischen den beiden Polen Fach- und Kindorientierung hin- und herschwingt (vgl. BALFANZ 1999; ROUX 2008). Es folgt ein Überblick über wesentliche Etappen der mathematischen Früherziehung in den letzten beiden Jahrhunderten. Dabei soll es nicht um lückenlose Vollständigkeit gehen, sondern darum, mathematische Früherziehung heute aufgrund historischer Grundlagen reflektieren zu können.

2.1.1 Die Spielgaben Friedrich Fröbels

Der deutsche Pädagoge und Begründer des Kindergartens Friedrich FRÖBEL (1782–1852) stellte bereits Mitte des 19. Jahrhunderts mit seinen ‚Spielgaben' Elemente mathematischer Bildung in den Mittelpunkt seines pädagogischen Konzepts (BER-GER 2000). Er macht dazu konkrete inhaltliche Vorschläge, die er in seine Philosophie des frühen Lernens einbettet. FRÖBEL sieht in den ersten Tätigkeiten des Kindes bereits Lernerfahrungen, die dem Kind ein inneres Bedürfnis sind. Durch „Darstellung seiner Innenwelt, durch lebenvolle Aufnahme der Außenwelt und durch prüfende Vergleichung beider" gelangt das Kind „zu der Erkennung der Einheit, zu der Erkenntnis des Lebens an sich und zum treuen Nachleben nach den Forderungen desselben" (FRÖBEL 1838, S. 21). In diesen Äußerungen lässt sich bereits die auch heute vorherrschende Grundidee des Lernens durch aktives, selbständiges Konstruieren erkennen.

Er schlägt eine Reihe von Spielen zu bestimmten Materialien – seinen ‚Spielgaben' – vor, durch die die kindliche Entwicklung und das Lernen von den ersten Lebensmonaten an gelenkt werden kann. Als ‚Spielgaben' wählt er – wie im Folgenden ausgeführt wird – geometrische Körper mit spezifischen Eigenschaften, welche im Spiel für die Kinder erfahrbar werden. FRÖBEL (o.J.) begründet die Auswahl dieser Gaben sowohl durch die klaren, deutlich voneinander abzugrenzenden Formeigenschaften als auch durch damit verbundenen Bezüge zu Lebenserfahrungen des Kindes. Die erste Spielgabe ist der Ball. Mit diesem Gegenstand werden elementare Erfahrungen des Verschwindens, Rollens, Drehens, Stehens oder Fallens gemacht, die auf andere Gegenstände übertragen werden können (vgl. FRÖBEL 1838, S. 34, s. Abb. 2.1). Für die Erziehenden nennt er eine Reihe von Aktivitäten, die das Lernpotenzial der ersten Spielgabe aufzeigen:

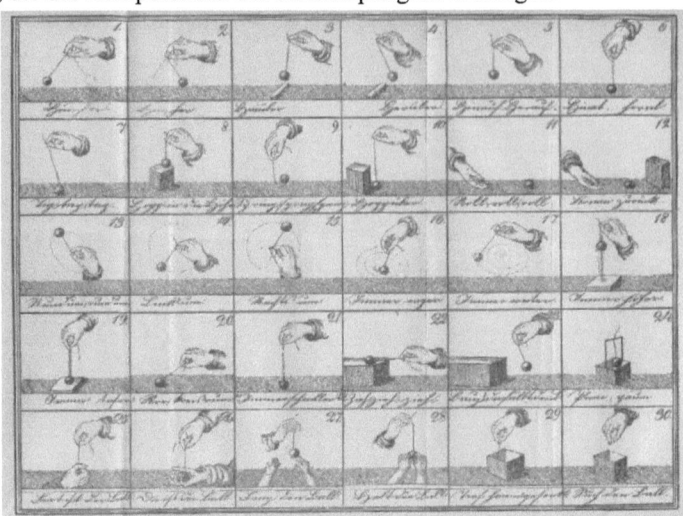

Abb. 2.1: Spielvorschläge FRÖBELs zur ersten Spielgabe, dem Ball (entnommen aus FRÖBEL 1838, Begleittafel)

Ergänzend zum Ball schlägt FRÖBEL (o.J.) als zweite Spielgabe die Kugel und den Würfel sowie später auch die Walze vor. Das Kind gewinnt erste Einsichten über die Eigenschaften der verschiedenen Körper. Während die Kugel in alle Richtungen rollen kann, lässt sich der Würfel nur durch Schieben oder durch Werfen fortbewegen, bis er wieder zur Ruhe kommt. Die Walze rollt in eine Hauptrichtung und wird in der Regel erst durch eine Wand oder ein Hindernis gestoppt. Auch zum Umgang mit diesen Spielgaben gibt FRÖBEL (o.J.) Hinweise für die Erziehenden, wie z.B. das Schieben des Würfels, das Auf-die-Kante-oder-Spitze-Stellen, das Rotieren und vieles mehr. Die Auseinandersetzung mit den Körpereigenschaften hat bis in die Schulzeit hinein große Bedeutung, wobei Handlungserfahrungen, eigenständige Entdeckungen und die Verbalisierung eine große Rolle spielen:

> „Das Besondere der an Fröbel orientierten Gestaltung eines solchen Unterrichts liegt in der beständigen Wechselwirkung von Tun und Erkennen, von erfahrungsmäßiger Entdeckung allgemeingültiger Gesetze und ihrer Erhebung ins Bewusstsein durch das gegenständlich belebte Wort." (KLOSTERMANN 1947, S. 6)

Die Spielgaben 3 bis 6 sind vier große Würfel, die in unterschiedliche Formen zerteilt sind. Beispielsweise besteht die dritte Spielgabe aus acht kleineren Würfeln, die sich zum großen Würfel zusammensetzen lassen, die vierte aus acht flachen Quadern und die fünfte und sechste aus verschiedenen zum Teil noch einmal unterteilten Würfeln bzw. Quadern. Mit den Einzelteilen dieser Spielgaben können die Kinder Gegenstände bauen bzw. nachbauen, die sie aus ihrer Umwelt kennen (z.B. Turm, Haus, Bett, ...) – in aktuellen Veröffentlichungen findet man ähnliche Aufgabenstellungen, bei denen es um das Nachbauen oder Verändern von Würfelgebäuden geht. Die Kinder können schöne Muster legen oder aber auch mathematische Erkenntnisse über die Eigenschaften der verschiedenen Körper und Zahlbeziehungen sammeln. FRÖBEL (1844) verwendet dafür die Bezeichnungen „Lebensformen", „Schönheitsformen", und „Erkenntnisformen" (S. 24f.), welche im Folgenden mit Beispielen näher erläutert werden.

Freies Bauen, Verändern von Bauwerken, Nachbauen nach Bildvorlagen oder Nachbauen aus dem Gedächtnis kennzeichnen den Umgang mit der Spielgabe im Sinne der „Lebensformen".

Die Erziehenden bekommen darüber hinaus Hinweise, wie z.B. mit den acht Würfeln der dritten Gabe durch Verschieben von jeweils vier Würfeln eine Vielzahl an Mustern entstehen kann („Schönheitsformen") (s. Abb. 2.2). Entscheidend ist für FRÖBEL (1844) hier, dass die Erziehenden die Regelmäßigkeiten und Strukturen erkennen – z.B. gleichen sich jeweils die erste und die 5. bzw. die 6. und die 10. Figur –, damit sie den Kindern im Spiel wertvolle Impulse geben und deren Lernen unterstützen können:

„Du lässt dein Kind bilden, was es will; trittst, da Du nun einen Überblick des
Ganzen in Dir trägst, nur einen Augenblick ordnend hinzu, bezeichnest es nach
seinem Eindrucke, hier bloß ‚hübsch‘, ‚schön‘." (FRÖBEL 1844, S. 44)

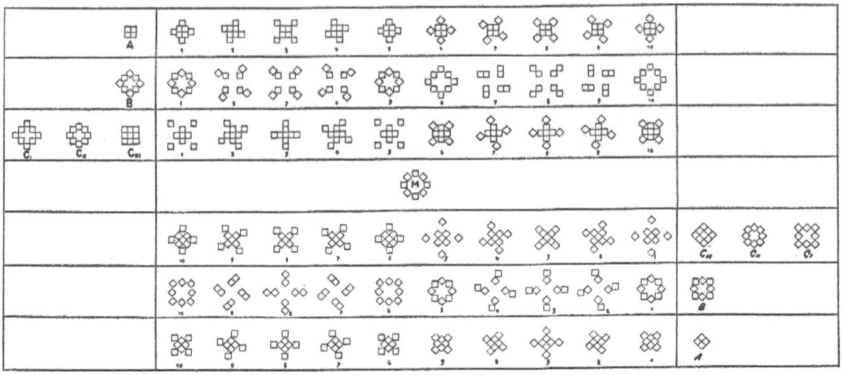

Abb. 2.2: „Schönheitsformen" zur dritten Spielgabe FRÖBELS (entnommen aus FRÖBEL 1844,
Begleittafel)

Die freie Tätigkeit des Kindes behält für FRÖBEL (1982) trotz seiner zahlreichen
Vorschläge für die Erziehenden große Bedeutung (vgl. FRÖBEL 1982, S. 95).

Erkenntnisse – unter anderem über Zahlbeziehungen – kann das Kind durch
verschiedene Teilungshandlungen am Würfel gewinnen: Wie lässt sich der Würfel
in zwei Hälften teilen?, Wie sieht eine Hälfte aus?, Sieht sie immer gleich aus? und
vieles mehr. Diese Betrachtungen an den Spielgaben führen unbewusst oder auch
durch gezielte Impulse ins Bewusstsein gerückt zu mathematischen Erkenntnissen
(„Erkenntnisformen").

Allgemein gilt die Auseinandersetzung mit den Spielgaben als Grundlage dafür,
bedeutsame Zusammenhänge zu erkennen und die Umwelt zu durchdringen. Für
FRÖBEL ist dabei die spielerische Auseinandersetzung von großer Bedeutung:

„So sind denn die ersten Spiel-Gaben, die ja das Erfassen des Unsichtbaren, des
sinnvollen inneren Zusammenhangs auf der den geistige Instinkt des Menschen
gerichtet ist, anbahnen und stärken sollen, in ihrem Aufbau ‚mathematisch‘ gedacht. Aber die Einheit des Sinns, die das Kind im Spiel erahnt, ist doch für Fröbel selber in der Spielpraxis nicht nur diese mathematische, sondern viel mehr
eine philosophische oder besser noch künstlerische, das innerste Geheimnis jeder
Gestaltung, die ... immer eine Spiegelung des Lebens selber ist." (BLOCHMANN
1947, S. 5)

Deshalb ist FRÖBELS Theorie des Lernens durch die Spielgaben (1838, o.J., 1844,
1982) eingebettet in ganzheitliche Überlegungen zur Arbeit mit dem Kind. Diese
zeigt sich unter anderem auch in Versen und Liedern zur Unterstützung der Er-
kenntnisgewinnung durch die Beschäftigung mit den Spielgaben. Letzteres könnte

der Grund sein, weshalb der mathematische Gehalt von FRÖBELs Gedankengut –
obwohl es über die Grenzen Deutschlands hinaus die Arbeit in Kindergärten beein-
flusste (vgl. z.B. SARACHO, SPODEK 2008, S. 10ff.; BALFANZ 1999, S. 5f.) – vielfach nicht gesehen wurde:

> „... wer das exakte, das mathematische Moment aus ihnen (den Beschäftigungs-
> mitteln. Anm. d. V.) entfernt, der beraubt sie des eigentlich Bildenden: Es bleibt
> nur noch ein Spielzeug der landläufigen Art, ohne den tieferen Geist, den Fröbel
> hineinlegen wollte." (SPRANGER 1918, S. 96)

Allerdings zeigt gerade dieses Zitat, dass hinter den Spielgaben FRÖBELs substan-
zielle Überlegungen zu früher mathematischer Bildung stehen, die der Beschäftigung mit den Materialien die eigentliche Bedeutung verleihen.

2.1.2 Piaget und Konsequenzen aus seiner Arbeit

Ab Mitte des 20. Jahrhunderts hatten – wie bereits in Kapitel 1.3 erwähnt – die Untersuchungen PIAGETs großen Einfluss auf die Gestaltung mathematischen Lernens
im vorschulischen Bereich. Seine Versuche wurden als Grundlage für Überlegungen zu früher mathematischer Bildung herangezogen und dienten als Ausgangspunkt für die Entwicklung von unterrichtspraktischen Konzepten, die ‚pränumerisch' angelegt sind, das heißt zunächst nicht die Arbeit mit Zahlen und das Zählen
in den Mittelpunkt stellten, sondern in erster Linie versuchten, ein Verständnis für
Äquivalenz- und Ordnungsrelationen anzubahnen (vgl. BRINKMANN 1967; DIENES
1968, 1970; GLAUS, SENFT 1971; ZEISSNER 1979; STELLJES 1981; für einen Überblick: STEINER 1973). Die Beschäftigung mit Zahlen wurde bisweilen sogar als
kontraproduktiv bezeichnet:

> „Many educators warn that early instruction on number skills may be useless or
> even harmful." (CLEMENTS 1984, S. 767)

Es entstanden demzufolge zahlreiche konzeptionelle Vorschläge zur Mengenlehre
für den vorschulischen Bereich bzw. den Anfangsunterricht. Zusätzlich zum Einfluss der Untersuchungen PIAGETs spielte hier auch eine generelle Neuorientierung
des Mathematikunterrichts eine Rolle (vgl. DIENES 1968; NEUNZIG, SORGER 1971;
BRAINERD 1973, S. 109), deren Ursache unter anderem im so genannten ‚Sputnik-
schock' gesehen wurde (vgl. SARACHO, SPODEK 2008, S. 14f.; BAROODY 1987, S.
46). Anstelle einer Vermittlung des *Rechnens* rückte *mathematische Bildung*, die
schon in der Grundschule oder vorher beginnen sollte, in den Fokus des Interesses,
um in Hinblick auf zukünftige Forschung und Wissenschaft für qualifiziert ausge-
bildete junge Menschen zu sorgen:

> „Schon jetzt wird offenkundig, dass die Welt von morgen ‚mathematisch ge-
> schulte' Menschen verlangt, selbst wenn sie über eine Volksschulausbildung
> nicht hinausgekommen sind." (DIENES 1968, S. 10)

Die Schulung logischen Denkens mithilfe von Aufgabenstellungen z.B. zum Klassifizieren, Ordnen, Vergleichen, zur Mengeninvarianz oder zur Reihenbildung (Seriation) prägten die elementare mathematische Erziehung lange Zeit. Dabei wurden diese Aufgaben unter anderem mit den Erkenntnissen PIAGETs und der Überlegung begründet, dass Zahlbegriffserwerb nur möglich ist, wenn Fähigkeiten zum Klassifizieren oder zur Seriation bereits vorhanden sind (z.B. ZEISSNER 1979, S. 118; STELLJES 1981, S. 25ff.). Vor allem bei Testinstrumenten zur frühen Diagnostik im Bereich Zahlbegriffsentwicklung und Rechenschwäche-Prävention finden sich heute noch Aufgabenstellungen zur Klassifikation, Seriation und Invarianz (LORENZ 2003b, 2006; VAN LUIT, VAN DE RIJT, HASEMANN 2001; KRAJEWSKI 2003).

Die oben angesprochenen Kausalzusammenhänge zwischen so genannten pränumerischen Aufgabenstellungen und der Entwicklung des Zahlbegriffs wurden empirisch widerlegt bzw. relativiert (vgl. 1.3.2; DORNHEIM 2008, S. 383) und sogar von PIAGET (1958) selbst negiert. Obwohl er sich durchaus dahingehend äußert, dass das Kind offensichtlich „für die Zahl vor der Logik nicht zugänglich" zu sein scheint (PIAGET 1958, S. 363; zitiert auch in Kapitel 1.3.1), so warnt er auch davor, so verstanden zu werden, dass allein Klassenbildung und Relationen den Zahlbegriff ausmachen:

„Einem solchen Missverständnis vorzubeugen ist um so notwendiger, als wir ... sehen werden, dass die Klasse der Zahl nicht vorausgeht, sondern sich zur selben Zeit wie diese vollendet und sich ebenso auf diese stützt wie umgekehrt." (PIAGET, SZEMINSKA 1969, S. 208)

Einige Mathematiker, Mathematikdidaktiker und Erziehungswissenschaftler wiesen bereits frühzeitig darauf hin, dass PIAGET in dieser Hinsicht oft falsch interpretiert wurde (vgl. HEMMER 1972, S. 14; FREUDENTHAL 1973; GROEN, KIERAN 1983, S. 353) bzw. plädieren für eine Synthese zwischen der Schulung logischen Denkens und der Bearbeitung arithmetischer Problemstellungen:

„Ein Verzicht auf das Zahlenrechnen im Anfangsunterricht heißt, den geeignetsten Teil für eine effektive operative Denkschulung aufzugeben. Solches ist nicht zu verantworten. Aber auch wer kurzerhand die Mengentheorie ins Zentrum der Grundschulmathematik rückt, läuft Gefahr, insbesondere dann, wenn er sich von der Neuartigkeit des Stoffes als solcher eine Förderung der Denkleistungen beim Kinde verspricht, wesentliche Möglichkeiten einer Erziehung zu beweglichem und divergierendem Denken zu übersehen." (STEINER 1973, S. 403)

Die Untersuchungen PIAGETs und sich anschließende Fehlinterpretationen beeinflussten dennoch die elementare mathematische Bildung über einen langen Zeitraum bis heute.

2.1.3 Elementare mathematische Bildung nach PISA[1]

Während im ausklingenden 20. Jahrhundert der sozialen Erziehung gegenüber der kognitiven Förderung im Kindergarten Vorrang eingeräumt wurde (vgl. ROUX 2008; HACKER 2008, S. 48) und mathematische Frühförderung infolgedessen keine vorherrschende Rolle mehr spielte, wurde spätestens durch die Veröffentlichung der Ergebnisse der ersten PISA-Studie eine Trendwende eingeläutet (vgl. z.B. KUNZE, GISBERT 2007, S. 20f.; ROUX 2008, S. 19; ROßBACH, FRANK, SECHTIG 2007, S. 24). Die nachgewiesenen Bildungsdefizite 15-jähriger Jugendlicher in Deutschland im internationalen Vergleich regten die Bildungsdiskussion auf breiter Ebene an und obwohl „die PISA-Studie aufgrund ihres Ansatzes keine Aussagen über die Einflüsse der Bildung in der Elementarstufe treffen konnte, wurde in der öffentlichen Diskussion sehr bald kritisiert, dass bereits der Kindergarten seinem Bildungsauftrag nicht adäquat gerecht werde" (KUNZE, GISBERT 2007, S. 20; vgl. auch FTHENAKIS 2003).

Erst in der zweiten PISA-Erhebung konnten Zusammenhänge zwischen der mathematischen Kompetenz der 15-jährigen Jugendlichen und der frühkindlichen Bildung explizit nachgewiesen werden. Die Dauer des Kindergartenbesuchs liefert einen „geringen, aber dennoch nennenswerten Beitrag ... zur Vorhersage von Unterschieden in der mathematischen Kompetenz" (PRENZEL, HEIDEMEIER, RAMM, HOHENSEE, EHMKE 2004, S. 275).

In Konsequenz dieser Diskussionen verständigten sich die Bundesländer auf einen gemeinsamen Rahmen zur frühen Bildung in Kindertageseinrichtungen, der zur Erstellung von Rahmenplänen für den Elementarbereich verpflichtet und die fachliche Bildung – und damit auch die mathematische Bildung – als klaren Aufgabenbereich der Bildungsarbeit festhält (JUGENDMINISTERKONFERENZ 2004). Darin wird zwar betont, dass Lernen in Kindertageseinrichtungen im ganzheitlichen Sinne und nicht orientiert an Wissenschaftsdisziplinen erfolgen soll, aber es ergeht der Auftrag, die Bildungsmöglichkeiten des Kindes in den einzelnen Fachbereichen zu beachten und zu fördern (vgl. JUGENDMINISTERKONFERENZ 2004, S. 4). Für die Mathematik gibt der gemeinsame Rahmen konkret vor, „den entwicklungsgemäßen Umgang mit Zahlen, Mengen und geometrischen Formen" zu nutzen, um „mathematische Vorläuferkenntnisse und -fähigkeiten zu erwerben" (JUGENDMINISTERKONFERENZ 2004, S. 4).

Infolgedessen gibt es inzwischen in allen Bundesländern Bildungs- und Orientierungspläne, die Grundsätze inhaltlicher Bildungsarbeit festschreiben und sich mehr oder weniger intensiv auch dem Bereich Mathematik widmen (vgl.

---

1 Programme for International Student Assessment

DISKOWSKI 2008; PETER-KOOP 2009; Kapitel 2.2). Eine exemplarische Analyse einzelner Bildungspläne folgt im Anschluss.

Mathematische Bildung im vorschulischen Bereich rückte somit zu Beginn des 21. Jahrhunderts wieder zunehmend in den Fokus des Interesses, was sich auch in zahlreichen Veröffentlichungen mathematischer Förderprogramme und Praxishandreichungen zeigt (vgl. Kapitel 2.3 und Kapitel 2.4).

2.2 Bildungspläne in Deutschland

Die aufkommende Diskussion um den Stellenwert früher Bildung und die Verpflichtung der Bundesländer, Bildungsarbeit im vorschulischen Bereich zu konkretisieren, führte zur Entwicklung von Bildungsplänen für den Elementarbereich. Während Lehrpläne und Curricula für die Arbeit an Schulen bereits eine lange Tradition haben, gilt dies vor allem in Westdeutschland nicht für die Bildungsarbeit in Kindertagesstätten (vgl. DISKOWSKI 2008, S. 48). Daraus ergeben sich Notwendigkeiten für die inhaltliche Ausarbeitung der Bildungspläne und vor allem auch Konsequenzen für ihre Umsetzung. Es folgt zunächst ein Überblick über Bildungspläne in Deutschland, bevor exemplarisch die Bildungspläne der Bundesländer Bayern und Berlin detaillierter betrachtet werden, da auf diese beiden Bundesländer in Kapitel 6 im Rahmen der Evaluation konkreter Aktivitäten in Kindertagesstätten Bezug genommen wird. Im Anschluss wird kritisch hinterfragt, ob und inwieweit Bildungspläne mathematische Bildung im vorschulischen Bereich beeinflussen können.

2.2.1 Ein Überblick unter dem Fokus der mathematischen Bildung

Die Bildungspläne der einzelnen Bundesländer entstanden in den Jahren 2002 bis 2006 (vgl. DISKOWSKI, S. 48), wurden in vielen Ländern über einen längeren Zeitraum in der Praxis erprobt und liegen nun in der Regel in Endfassungen vor. Sie unterscheiden sich inhaltlich zum Teil stark voneinander, aber auch bereits die verwendeten Begriffe geben Hinweise auf Unterschiede bis hinein in die Verbindlichkeit: So gibt es z.B. ‚Orientierungspläne‘, ‚Bildungsprogramme‘, ‚Grundsätze‘, ‚Rahmenpläne‘ oder ‚Bildungsempfehlungen‘. Vermutlich auch aufgrund der Vorgaben in der gemeinsamen Rahmenvereinbarung der JUGENDMINISTERKONFERENZ (2004) weisen nicht alle Länder explizit einen mathematischen Lernbereich aus, denn dort werden Mathematik, Naturwissenschaft und (Informations-)Technik zu einem Bildungsbereich zusammengefasst (vgl. JUGENDMINISTERKONFERENZ 2004, S. 4).

Während die Bildungspläne von Bremen und Nordrhein-Westfalen keine konkreten Hinweise zur mathematischen Bildung geben, wird sie im Plan des Landes Baden-Württemberg im „Bildungs- und Entwicklungsfeld Denken" und in Brandenburg und Rheinland-Pfalz zusammen mit den Naturwissenschaften in einem Bildungsbereich aufgeführt (s. SENATOR FÜR ARBEIT, FRAUEN, GESUNDHEIT, JUGEND UND SOZIALES, FREIE HANSESTADT BREMEN 2004; MINISTERIUM FÜR SCHULE, JUGEND UND KINDER, NORDRHEIN-WESTFALEN 2003; MINISTERIUM FÜR KULTUS, JUGEND UND SPORT, BADEN-WÜRTTEMBERG 2006; MINISTERIUM FÜR BILDUNG, JUGEND UND SPORT, BRANDENBURG 2004; MINISTERIUM FÜR BILDUNG, FRAUEN UND JUGEND, RHEINLAND-PFALZ 2004).

In den Plänen aller anderen Bundesländer werden spezifische, von anderen Bildungsbereichen unabhängige Hinweise für Mathematik gegeben (s. MINISTERIUM FÜR BILDUNG UND FRAUEN, SCHLESWIG-HOLSTEIN 2008) bzw. ist Mathematik ein eigenständiger Bildungsbereich (s. BAYERISCHES STAATSMINISTERIUM FÜR ARBEIT UND SOZIALORDNUNG, FAMILIE UND FRAUEN 2005; SENATSVERWALTUNG FÜR BILDUNG, JUGEND UND SPORT, BERLIN 2004; BEHÖRDE FÜR SOZIALES, FAMILIE, GESUNDHEIT UND VERBRAUCHERSCHUTZ, HAMBURG 2008; SOZIALMINISTERIUM, KULTUSMINISTERIUM, HESSEN 2007; SOZIALMINISTERIUM MECKLENBURG-VORPOMMERN 2005; KULTUSMINISTERIUM NIEDERSACHSEN 2005; MINISTERIUM FÜR BILDUNG, KULTUR UND WISSENSCHAFT, SAARLAND 2006; MINISTERIUM FÜR GESUNDHEIT UND SOZIALES, SACHSEN-ANHALT 2004; STAATSMINISTERIUM FÜR SOZIALES, SACHSEN 2007; KULTUSMINISTERIUM THÜRINGEN 2008).

Vom Umfang her reichen die Aussagen zur Mathematik von wenigen Sätzen im Zusammenhang mit Messen und räumlicher Orientierung (s. SENATOR FÜR ARBEIT, FRAUEN, GESUNDHEIT, JUGEND UND SOZIALES, FREIE HANSESTADT BREMEN 2004, S. 30) bis hin zu Ausführungen über Leitgedanken, Ziele und Anregungen zur Umsetzung über zwanzig Seiten (s. BAYERISCHES STAATSMINISTERIUM FÜR ARBEIT UND SOZIALORDNUNG, FAMILIE UND FRAUEN 2005, S. 251–271).

Inhaltlich zeigen sich ebenfalls große Unterschiede. Der Rahmenplan von Mecklenburg-Vorpommern orientiert sich beispielsweise an fundamentalen Ideen der Mathematik wie z.B. räumliche Strukturierung, Teil-Ganzes, Zahl, Form, Messen, Gesetzmäßigkeiten und Muster, Symmetrie. Auffällig ist dabei, dass dem Zählen als bedeutsame Aktivität in der frühen mathematischen Entwicklung (vgl. Kapitel 1.4) relativ wenig Raum gegeben wird (s. SOZIALMINISTERIUM MECKLENBURG-VORPOMMERN 2005, S. 69ff.). Die Bildungsempfehlungen von Hamburg, das Bildungsprogramm von Berlin und die Handreichungen für die Praxis zum saarländischen Bildungsprogramm, die sich aufgrund eines teilweise identischen Autorenteams sehr ähneln, gehen nicht in erster Linie vom Fach Mathematik aus, sondern stellen das Kind in den Mittelpunkt. Es werden Vorschläge für Erkundungsfragen zu den Themenfeldern „Das Kind in seiner Welt", „Das Kind in der Kindergemeinschaft", „Weltgeschehen erleben, Welt erkunden" und „Kita-Kultur" gemacht (vgl.

Z.B. BEHÖRDE FÜR SOZIALES, FAMILIE, GESUNDHEIT UND VERBRAUCHERSCHUTZ, HAMBURG 2008, S. 60ff.).

Die großen Unterschiede in der Ausgestaltung der Bildungspläne haben vermutlich verschiedene Ursachen. Die Tatsache, dass Bildungspläne für den vorschulischen Bereich für viele Bundesländer ein Novum waren bzw. vor allem hinsichtlich des aktuellen Verständnisses von Lernen als eigenaktive Tätigkeit eine Neuorientierung erforderten (vgl. MINISTERIUM FÜR GESUNDHEIT UND SOZIALES, SACHSEN-ANHALT 2004, S. 14f.), hat zur Folge, dass es – mit Ausnahme der gemeinsamen Rahmenvereinbarung der JUGENDMINISTERKONFERENZ (2004) – keine Vorgaben, kaum Orientierungsmöglichkeiten und auch kaum verlässliche Erfahrungswerte gab.

Auch die Zusammensetzung der Autorengruppen scheint sehr unterschiedlich zu sein. So gibt es neben Plänen, die in erster Linie von Trägern und Elternvertretern erarbeitet wurden (vgl. DISKOWSKI 2008, S. 51), auch Pläne, deren Erstellung elementarpädagogisch wissenschaftlich begleitet wurde. Allerdings waren nur in einigen Bundesländern Vertreter der Fachdidaktik Mathematik eingebunden.

2.2.2 Vergleich der Bildungspläne Bayern – Berlin

Nachdem im vorangehenden Abschnitt nur ein grober Überblick über verschiedene Bildungspläne gegeben wurde, folgt nun exemplarisch ein detaillierter Vergleich der Pläne der Bundesländer Bayern und Berlin.

Dabei werden Grundaussagen über den Bildungsbereich Mathematik, Ziele und Anregungen bzw. Hinweise für die Erziehenden analysiert.[2]

Grundaussagen über Mathematik

Der Bayerische Bildungs- und Erziehungsplan formuliert so genannte „Leitgedanken" zum Bildungsbereich Mathematik (vgl. BY 2005, S. 251ff.). Ausgangspunkt ist dabei die Mathematik in der Welt, die die Kinder umgibt. Es werden mathematische Kategorien beschrieben, die helfen, die Umwelt intensiver wahrzunehmen und schneller zu erfassen (wie z.B. Symmetrie oder Muster), mathematische Methoden zum Ordnen und Strukturieren der Welt bzw. zum Problemlösen sowie mathematische Inhalte und Gesetzmäßigkeiten, die zu Erfahrungen von „Beständigkeit, Verlässlichkeit und Wiederholbarkeit" verhelfen. Zudem wird ein „Wohlempfinden" erwähnt, das durch das Entdecken von Regelmäßigkeiten und der Schönheit der Welt ausgelöst werden kann.

---

2 Um die Lesbarkeit zu vereinfachen, wird in diesem Abschnitt wie folgt zitiert: BY 2005 steht für: BAYERISCHES STAATSMINISTERIUM FÜR ARBEIT UND SOZIALORDNUNG, FAMILIE UND FRAUEN 2005; BE 2004 steht für SENATSVERWALTUNG FÜR BILDUNG, JUGEND UND SPORT, BERLIN 2004

Das Berliner Bildungsprogramm bezieht sich zunächst auf die Mathematik als traditionelle Wissenschaft, die aus praktischen Problemen des Zählens, Messens, Rechnens und aus geometrischen Problemen heraus entstand (vgl. BE 2004, S. 89f.), erwähnt dann aber ebenfalls den „faszinierenden Reiz", der bei der Beschäftigung mit Ordnungsstrukturen und beim „Erkunden von Regelmäßigkeiten und Mustern" entstehen kann. Der Nutzen mathematischen Wissens für das Zurechtfinden im Umfeld sowie die Orientierung und das Erfahren von „Verlässlichkeit" wird – wie auch im bayerischen Plan – herausgestellt.

Beide Bildungspläne erwähnen die Bedeutsamkeit der Auseinandersetzung mit Materialien und der Interaktion für das mathematische Lernen. Das Berliner Bildungsprogramm spricht mit Zahlen, Messen und Vergleichen, Zeit, Geometrie und graphischen Darstellungen mathematische Erfahrungsbereiche direkt an. Der Bayerische Bildungs- und Erziehungsplan betont hingegen noch deutlicher die Notwendigkeit des kommunikativen Austauschs mit Erwachsenen zur Entwicklung mathematischen Denkens.

Ebenfalls in beiden Bildungsplänen wird hervorgehoben, wie wichtig es ist, die Freude an der Mathematik für das spätere Lernen zu erhalten und Chancengerechtigkeit zu wahren, indem keine geschlechtsspezifischen Unterschiede unterstellt werden.

Insgesamt lässt sich feststellen, dass die Grundaussagen zum Fach Mathematik und zum mathematischen Lernen im vorschulischen Bereich in den Plänen beider Bundesländer große Ähnlichkeiten aufweisen.

Ziele
In der Systematisierung und Formulierung der Ziele unterscheiden sich die beiden Bildungspläne allerdings deutlich. Während der bayerische Bildungs- und Erziehungsplan unter den Punkten „pränumerischer Bereich", „numerischer Bereich" und „sprachlicher und symbolischer Ausdruck mathematischer Inhalte" (vgl. BY 2005, S. 253f.) jeweils inhaltliche mathematische Bildungsziele nennt, werden die Ziele im Berliner Bildungsprogramm nach den bereits unter 2.2.1 erwähnten Kategorien „Das Kind in seiner Welt", „Das Kind in der Kindergemeinschaft" und „Weltgeschehen erleben, Welt erkunden" aufgelistet (BE 2004, S. 93ff.). Es werden jeweils Ich-Kompetenzen, soziale Kompetenzen, Sachkompetenzen und lernmethodische Kompetenzen, die das Kind erwerben soll, aufgeführt. Durch diese unterschiedliche Systematisierung werden in den beiden Plänen auch verschiedene Schwerpunkte gesetzt. Das Berliner Bildungsprogramm nimmt das Kind und zu erwerbende Kompetenzen als Bezugspunkt, wohingegen der bayerische Bildungs- und Erziehungsplan eher Lerninhalte in den Mittelpunkt rückt. Die Formulierung der Ziele im bayerischen Bildungs- und Erziehungsplan folgt tendenziell der Tradition input-steuernder Curricula, wohingegen der Aufbau des Berliner Bildungspro-

gramms eher als Orientierungsrahmen für den erwarteten Output oder Outcome verstanden werden kann (zu den Begriffen Input-, Output- bzw. Outcome-Steuerung vgl. KLIEME u.a. 2007, S. 92ff.; REISS 2004, S. 636).

Trotz der Unterschiede in Gliederung und Ausrichtung gibt es in vielen Punkten inhaltliche Überschneidungen. Eine detaillierte Analyse zeigt, dass beide Bildungspläne Ziele zum Bereich Zahl und Zählen, zu den Operationen und Anwendungen im Alltag, zur räumlichen Orientierung, zur Formenkenntnis und zu Größen und Messen formulieren. Aufgrund der Zuordnung zu den drei kindbezogenen Kategorien im Berliner Bildungsprogramm ist die Fachsystematik nicht zwangsläufig zu erkennen. Beispielsweise finden sich Ziele zu den Zahlaspekten (vgl. Kapitel 1) im Bereich „Das Kind in seiner Welt" unter „Ich-Kompetenzen" („Sein Alter kennen", „Anzahl von Augen und Ohren, Beinen und Armen, Fingern und Zehen, Kopf und Nase am eigenen Körper kennen") und unter „Sachkompetenzen" („Zahlen kennen als Ordnungs- und Kardinalzahlen") (BE 2004, S. 93). Im Themenfeld „Weltgeschehen erleben, Welt erkunden" ist dazu explizit als „Sachkompetenz" formuliert: „Zahlen in ihrer Funktion zur Kennzeichnung und zum Zählen erkennen (Wie viele? Der Wievielte? Wie oft?)" (BE 2004, S. 97).

Im bayerischen Bildungs- und Erziehungsplan findet man auch mehrere inhaltlich zusammengehörige Ziele unter zwei verschiedenen Themenfeldern, da der Bereich „sprachlicher und symbolischer Ausdruck" übergreifend ist. So sind Ziele zu den Zahlaspekten im „Numerischen Bereich" formuliert („Verständnis von Zahlen als Ausdruck von Menge, Länge, Gewicht, Zeit oder Geld") und unter „Sprachlicher und symbolischer Ausdruck mathematischer Inhalte" („Gebrauch von Zahlwörtern, Ab- und Auszählen von Objekten" und „Die Funktion der Zahlen als Ziffern zur Codierung und Unterscheidung kennen") (BY 2005, S. 254).

Während der bayerische Bildungs- und Erziehungsplan mathematische Ziele teils detaillierter beschreibt – so werden dort z.B. Grundlagen der räumlichen Orientierung und des räumlichen Vorstellungsvermögens explizit als Ziele benannt –, erwähnt das Berliner Bildungsprogramm zusätzlich lernmethodische und Medien-Kompetenzen, wie z.B. „im ‚Team' zu neuen Lösungen kommen" oder „Grundlegende Kenntnisse über Gebrauch und Benutzung eines Computers" (BE 2005, S. 97). Die lernmethodischen Kompetenzen geben Hinweise auf die bedeutsame Rolle von Forschen und Entdecken sowie Kommunikation und Kooperation im mathematischen Lernprozess, wie sie in ähnlicher Form auch in den nationalen Bildungsstandards für den Primarbereich (vgl. auch KULTUSMINISTERKONFERENZ 2005) unter „Allgemeine mathematische Kompetenzen" formuliert sind. Einige Hinweise dazu finden sich im bayerischen Bildungs- und Erziehungsplan nicht unter den Bildungs- und Erziehungszielen, sondern unter „Anregungen und Beispiele zur Umsetzung" (BY 2005, S. 255ff.).

Anregungen für die praktische Umsetzung

Zur Konkretisierung der formulierten Ziele geben beide Bildungspläne Hinweise für die praktische Umsetzung. Auch darin unterscheiden sich die Pläne beider Länder deutlich.

Der bayerische Bildungs- und Erziehungsplan führt zunächst einige Grundlagen für die elementare mathematische Arbeit auf (BY 2005, S. 255ff.). Im Anschluss daran folgen Beschreibungen von Alltagssituationen, die mathematische Erfahrungen ermöglichen, von Mathematikspielen, von ganzheitlichen spielerischen Lernangeboten und von mathematischen Projekten. Den Abschluss der Praxisbeispiele bildet eine ausführliche Schilderung des Förderprogramms ‚Entdeckungen im Zahlenland' (vgl. Kapitel 2.3).

Das Berliner Bildungsprogramm verfolgt einen anderen Ansatz (BE 2004, S. 92ff.). Zu jeder der drei oben genannten Kategorien gibt es eine Reihe von Analysefragen, die diagnostischen Charakter haben (z.B. „Zeigt das Kind Interesse an seinem Alter, an Zahlen, Telefonnummern oder ähnlichen Symbolen?" (BE 2004, S. 92)), die aber den Erziehenden auch als Impulse für Anregungssituationen dienen können. Noch konkretere Hinweise bezogen auf die zu fördernden Kompetenzen werden unter der Überschrift „Bildungsaufgaben für die Erzieherinnen und Erzieher" (BE 2005, S. 93ff.) gegeben. Es werden Alltagssituationen, Spielanregungen, mögliche Projektthemen und geeignete Materialien sowie eine angemessene Raumgestaltung aufgelistet.

Eine kritische Betrachtung der gegebenen Anregungen in beiden Plänen lässt Zweifel aufkommen, inwieweit diese Hinweise für die Erziehenden wirklich eine Hilfestellung darstellen. Während der bayerische Bildungsplan diesbezüglich eher fragmentarisch bleibt, erscheint es beim Berliner Bildungsprogramm problematisch, den Überblick zu bewahren, da sowohl Analysefragen als auch Kompetenzen und Bildungsaufgaben nebeneinander in Aufzählungen notiert sind und die Vernetzung teilweise kaum ersichtlich wird.

2.2.3 Kritische Anmerkungen zur Steuerungsfunktion der Bildungspläne

Nach den gemeinsamen Rahmenrichtlinien der Länder ist es Aufgabe der Bildungspläne, den Bildungsauftrag der Kindertageseinrichtungen zu beschreiben, eine Orientierung für Fachkräfte, Eltern und Lehrkräfte zu geben und die Grundlage für eine frühe und individuelle Förderung der Kinder zu schaffen (vgl. JUGENDMINISTERKONFERENZ 2004, S. 2). Wie in Kapitel 2.1.3 geschildert, wurde anlässlich der Erarbeitung von Bildungsplänen – wenn auch in den einzelnen Bundesländern sehr unterschiedlich – mathematische Bildung im vorschulischen Bereich wieder thematisiert. Dies ist in jedem Fall positiv zu sehen (vgl. PETER-KOOP 2009, S. 51).

Durch die Verpflichtung auf einen fachlichen Bildungsauftrag scheint der „Abschied von der Unverbindlichkeit" eingeleitet zu sein (vgl. DISKOWSKI 2008, S. 50). Eine offene Frage ist jedoch nach wie vor, inwieweit die Bildungspläne in Hinblick auf fachliche Bildung wirklich Steuerungsfunktion einnehmen und ob sie den Erziehenden wie beabsichtigt Orientierung für die Gestaltung der Bildungsarbeit geben. Die Analyse der Bildungspläne im Bereich Mathematik zeigt diesbezüglich einige Problemfelder auf.

Die großen Unterschiede der Bildungspläne in Anspruch, Umfang und Praxisorientierung in den verschiedenen Ländern weisen bereits darauf hin, dass es zur elementaren mathematischen Bildung in Deutschland nach wie vor keinen Konsens gibt.

Außerdem wirft die Tatsache, dass Bildungspläne im vorschulischen Bereich kaum Tradition haben, die Frage nach der Implementation auf. Ob die formulierten Bildungs- und Erziehungsziele durch die Arbeit in der Praxis erreicht werden können, hängt maßgeblich davon ab, inwieweit die Erziehenden in der Lage sind, den Transfer von den formulierten Anforderungen hin zu Konzeptionen für die tägliche Bildungsarbeit zu leisten. Der grobe Überblick über die verschiedenen Pläne zeigt, dass gerade bezüglich praxisbezogener Konkretisierung und fachlicher Systematisierung bzw. auch Fundierung Lücken zu erkennen sind, die die Implementation deutlich erschweren (vgl. auch FTHENAKIS; SCHMITT, DAUT, EITEL, WENDELL 2009, S. 13). Fehlende Handlungskonzepte und eine teilweise große Offenheit in der Formulierung von Inhalten erfordern ein beträchtliches Maß an mathematikdidaktischem Hintergrundwissen über die inhaltlichen Zusammenhänge, um dem fachlichen Bildungsauftrag gerecht werden zu können. FTHENAKIS (2007) weist auf diese Problematik hin:

„Was jedoch vielfach fehlt, ist (a) eine fachliche Grundlage zur Fundierung dieser Pläne, sind (b) Handlungskonzepte für deren Umsetzung auf Einrichtungsebene und (c) das methodische Instrumentarium, z.B. Beobachtungs- und Dokumentationsverfahren und vielfach auch geeignete, den Bildungsplänen angemessene, Selbst- und Fremd-Evaluationsverfahren." (FTHENAKIS 2007, S. 4)

Diese Tatsache kann zu Unsicherheiten und Problemen in der konkreten Umsetzung in der Praxis führen.

2.3 Trainingsprogramme

Das Bewusstsein, dass vorschulische mathematische Bildung zum Aufgabenbereich der Erziehenden gehört, ist unter anderem in Folge der Diskussion um PISA und die Bildungspläne bei den verantwortlichen Erziehenden durchaus vorhanden. Aufgrund der geschilderten Problematik, dass Arbeit mit Bildungsplänen für den Elementarbereich für viele Erziehende eine neue Herausforderung ist und weil die konkreten Handlungskonzepte in den Bildungsplänen fehlen, ist der Bedarf an zusätzlichen Materialien für die Erziehenden groß. So wurden im beginnenden 21. Jahrhundert zahlreiche Konzeptionen, Trainingsprogramme und offene Konzepte für elementare mathematische Bildung veröffentlicht.

Im Wesentlichen lassen sich hier zwei verschiedene Ansätze unterscheiden. Neben auf mathematischem Hintergrund konzipierten Ideen zur elementaren mathematischen Bildung mit dem Ziel, Lerngelegenheiten zu schaffen und zu nutzen (vgl. Kapitel 2.4), gibt es Förderprogramme, die in Form von kleinen Lerneinheiten mathematisches Lernen eher lehrgangsartig andenken. Hier gibt es einige Konzeptionen, die im Rahmen von Forschungsarbeiten entstanden und evaluiert worden sind (z.B. PEUCKER, WEISSHAUPT 2005; QUAISER-POHL 2008; FISCHER 1990), sowie Konzeptionen, die von Beginn an für einen breiten Einsatz angedacht wurden (z.B. GRIFFIN 2004; PREISS 2007; FRIEDRICH, DE GALGÓCZY 2004; KRAJEWSKI, NIEDING, SCHNEIDER 2007a). Im Folgenden werden drei Trainingsprogramme ausführlicher vorgestellt und diskutiert. Das Auswahlkriterium für die intensivere Betrachtung dieser Programme war in erster Linie die professionelle, kommerzielle Vermarktung und die Tatsache, dass diese Trainingsprogramme in zahlreichen deutschen Kindertagesstätten eingesetzt werden.[3]

2.3.1 „Entdeckungen im Zahlenland" – „Komm mit ins Zahlenland"

Die Trainingsprogramme „Entdeckungen im Zahlenland" (PREISS 2007, PREISS 2006a) und „Komm mit ins Zahlenland" (FRIEDRICH, DE GALGÓCZY 2004) weisen große Ähnlichkeiten auf und werden deshalb gemeinsam analysiert. Es handelt sich dabei um Konzeptionen, die für die Durchführung in der gesamten Kindergruppe erarbeitet wurden und nicht eine spezielle Vorauswahl von besonders förderbedürftigen Kindern voraussetzen. Zunächst folgt eine Beschreibung der fachliche Begründung der Konzeption, wie sie die Autoren vornehmen, sowie eine Schilderung des konkreten Aufbaus der Trainingsprogramme, bevor diese kritisch reflektiert werden.

Fachliche Begründung

Die Autoren der beiden Konzeptionen, PREISS und FRIEDRICH, prägten gemeinsam den Begriff der „Neurodidaktik" (vgl. FRIEDRICH, PREISS 2002, S. 64), worunter sie eine Verbindung aus Mathematikdidaktik und Hirnforschung verstehen (vgl. PREISS 2006a, S. 3). Wesentliche Erkenntnisse aus der Neurowissenschaft zu nutzen, um Lehr- und Lernprozesse zu optimieren, ist die Grundüberlegung dieser Idee, eine neue Forschungsdisziplin zu begründen. Schlussfolgerungen, die PREISS

---

3   Erfahrungswerte der Verfasserin aus zahlreichen Gesprächen mit Erziehenden und Lehrkräften bei Vorträgen im Rahmen von Fortbildungsveranstaltungen in den Jahren 2003-2009.

und FRIEDRICH (2002) aus der Hirnforschung für das Lernen ziehen, sind beispielsweise die Notwendigkeit, Kinder früh in verschiedenen Disziplinen zu fördern und vorhandene Fähigkeiten auszubauen, Lernen mit positiven Emotionen zu verbinden, das Ansprechen verschiedener Sinneskanäle und das Lernen nach den individuellen Begabungen der Kinder. Dies allein auf Erkenntnisse aus der Neurowissenschaft zu begründen, erscheint etwas kurz gegriffen (vgl. unten: Kritische Reflexion). Auf dieser Grundlage konzipierten sie ihre Programme zur frühen mathematischen Förderung. Bei beiden Konzeptionen ist zusätzlich der Gedanke bestimmend, dass Zahlen und Mathematik Kindern aber auch Erwachsenen Angst machen, was sie durch eine geeignete Gestaltung der mathematischen Lerneinheiten zu verhindern versuchen. Während FRIEDRICH und DE GALGÓCZY (2004) Mathematik mit den Worten kühle Rationalität, strenge Logik, Emotionslosigkeit beschreiben und das Bild eines humorlosen, weltfremden, ergrauten Mathematikers zeichnen (vgl. FRIEDRICH, DE GALGÓCZY 2004, S. 8), verwendet PREISS (2006a) den Slogan „Seid freundlich zu den Zahlen, dann sind die Zahlen auch freundlich zu euch" (S. 3). Mathematik soll „Spaß" machen (FRIEDRICH, DE GALGÓCZY 2004, S. 9) bzw. „mit fröhlichen Erlebnissen verbunden" werden (PREISS 2006a, S. 4) und deshalb beruhen die Programme auf dem Prinzip der Ganzheitlichkeit, auf der Verbindung von Sprache und Musik und einem spielerischen, „altersgemäßen Zugang zur Welt der Zahlen" (FRIEDRICH, DE GALGÓCZY 2004, S. 10; vgl. PREISS 2006b, S. 70ff.).

Mathematikdidaktisch nehmen die Autoren beider Programme Bezug auf die Zahlaspekte. PREISS (2006b, 2007) bezieht sich direkt auf die Zahlaspekte, die in der Mathematikdidaktik gemeinhin zur Beschreibung der verschiedenen Bedeutungszusammenhänge von Zahlen verwendet werden (vgl. z.B. PADBERG 2005, S. 13ff.; KRAUTHAUSEN, SCHERER 2007, S. 9; FUSON, HALL 1983; MOSER OPITZ 2002, S. 62): kardinaler Aspekt, ordinaler Aspekt, Operatoraspekt, Maßzahlaspekt, Rechenzahlaspekt und Codierungsaspekt. Er ergänzt die Zahlaspekte allerdings durch einen geometrischen und einen narrativen Aspekt (PREISS 2006b, S. 68; 2007, S. 3). Diese beschreibt er wie folgt:

„Zahlen begegnen uns in geometrischen (ebenen oder räumlichen) Zusammenhängen. ... Zahlen besitzen eine emotionale oder symbolische Bedeutung, z.B. in Erzählungen, Märchen, Liedern, in Kulturen und Religionen." (PREISS 2006b, S. 68)

Gerade diese beiden Aspekte bilden „ein zentrales Anliegen der ‚Entdeckungen im Zahlenland'" (PREISS 2006b, S. 69), was wie folgt begründet wird:

„Je jünger Kinder sind, desto wichtiger ist der Bezug zu einem vertrauten Raum und zu markanten geometrischen Formen. ... Geometrische Figuren sind eine bedeutende Grundlage für unsere Vorstellung von Zahlen und sollten deshalb den Kindern vertraut gemacht werden." Der „narrative Aspekt entspricht dem

Bedürfnis, den abstrakten Zahlen eine Bedeutung zu geben, die mit uns und der Welt zu tun hat. Deshalb werden die Zahlen im Zahlenhaus als Freunde begrüßt und besitzen dort eine Wohnung." (PREISS 2006b, S. 69)

Das Konzept von FRIEDRICH und DE GALGÓCZY (2004) weist auf dieselben Grundlagen hin. Auch hier werden ein geometrischer Aspekt und Zusammenhänge zwischen „narrativen Formen" und „musikalischen Strukturen" erwähnt (FRIEDRICH 2006, S. 7f.). Die konkrete Verwirklichung dieser Grundgedanken wird im Anschluss beschrieben.

Die Zielbeschreibung der beiden Programme unterscheidet sich insofern, als das Programm ‚Entdeckungen im Zahlenland' die Einführung der Kinder in die Welt der Mathematik unter Berücksichtigung fachübergreifender Zusammenhänge und der Förderung allgemeiner Fähigkeiten beabsichtigt (PREISS 2006b, S. 70), wohingegen in der Konzeption ‚Komm mit ins Zahlenland' betont wird, dass die Kinder „viel Spaß bei den verschiedenen Aktivitäten" haben und „ganz nebenbei wichtige Grundlagen der Mathematik" lernen (FRIEDRICH, DE GALGÓCZY 2004, S. 11).

Aufbau der Trainingsprogramme

Die beiden Trainingsprogramme sind als Lerneinheiten konzipiert, die jeweils nach einem vorgegebenen Schema ablaufen. Die Durchführung wird einmal pro Woche empfohlen und dauert etwa eine Stunde. Eine zentrale Rolle spielen dabei verschiedene „Erfahrungs- und Handlungsfelder" (PREISS 2007, S. 4). Im Programm ‚Entdeckungen im Zahlenland' sind das das „Zahlenhaus", der „Zahlenweg" und die „Zahlenländer", im Programm ‚Komm mit ins Zahlenland' gibt es eine „Zahlenstadt" und „Zahlengärten", einen „Zahlenweg" und „Zahlenhäuser" bzw. „Zahlentürme" (PREISS 2007; FRIEDRICH, DE GALGÓCZY 2004).

Die Lerneinheiten laufen nach folgendem Schema ab: Zu Beginn wird beispielsweise im Programm ‚Komm mit ins Zahlenland' die Zahlenstadt aufgebaut. Dazu richten die Kinder die Zahlengärten ein. Die kreisförmige Anordnung der Zahlengärten im Uhrzeigersinn (links beginnend mit der Zahl 1) ist vorgeschrieben. Jeder Zahlengarten hat eine geometrische Form, die „der Zahl entspricht: Der Garten der ‚Eins' ist ein Kreis, der der ‚Zwei' eine Ellipse (welche ja zwei ‚Brennpunkte' besitzt), die ‚Drei' hat einen dreieckigen Garten, der Garten der ‚Vier' ist quadratisch usw." (FRIEDRICH, DE GALGÓCZY 2004, S. 12). Die Fläche der Gärten sollte im Verhältnis zu den jeweiligen Zahlen stehen: So sollte die Fläche des Gartens der Vier in etwa doppelt so groß sein wie die der Zwei und halb so groß wie die der Acht. In dieser Argumentation zeigt sich eine Ausrichtung, die auf den ersten Blick mathematisch scheinen kann, die es jedoch sehr kritisch zu reflektieren gilt (vgl. unten). Die Zahlengärten werden nun mit „Einrichtungsgegenständen" (FRIEDRICH, DE GALGÓCZY 2004, S. 17) gefüllt, die passend zur Anzahl in den jeweiligen Garten gelegt werden (z.B. eine Brille in den Zahlengarten der Zwei). In jeden Garten wird ein Zahlenhaus (Holzwürfel mit Bohrlöchern in Würfelstruktur) gestellt. Zahlen, die größer als fünf sind, werden mit zwei Zahlenhäusern dargestellt, z.b. die Acht mit einem Zahlenhaus mit fünf Bohrungen und einem mit drei Bohrungen. Jedes Zahlenhaus wird mit einem Fähnchen versehen, auf dem die Ziffer abgebildet ist. Die Ecken der Zahlengärten werden z.B. mit Holzwürfeln belegt, um den Kardinalzahlaspekt erneut zu betonen. Werden die Holzwürfel aufeinander gesteckt, so entstehen die Zahlentürme. Mit den Zahlentürmen können Größenvergleiche angestellt werden oder erste Zahlzerlegungen handelnd durchgeführt werden. Der Zahlenweg wird durch Platten, die mit den Ziffern beschriftet sind, ausgelegt und führt zur Zahlenstadt. Auf dem Zahlenweg sollen die Kinder gehen, dabei still zählen und überlegen, welche Zahl vor einem bzw. hinter einem liegt. Ist die Zahlenstadt aufgebaut, werden verschiedene Spiele gemacht, z.B. können die Zahlenpuppen auftreten, die das Aussehen der jeweiligen Ziffern haben und die dazu dienen, dass „jede Zahl von 1 bis 10 eine eigene Persönlichkeit" erhält (FRIEDRICH, DE GALGÓCZY 2004, S. 14). Es ist vorgesehen, dass jede Woche eine bestimmte Zahl in den Mittelpunkt rückt. Außerdem gibt es einen Zahlenkobold, der in den Zahlengärten Veränderungen vornimmt, die von den Kindern erkannt werden sollen, und eine Zahlenfee, die Rechenspiele anleitet. Zur Zahl der Woche werden Geschichten erzählt, Lieder gesungen und es gibt zu jeder Einheit einige Spielvorschläge, die sich mit der jeweiligen Zahl beschäftigen.

Die Lerneinheiten des Programms ‚Entdeckungen im Zahlenland' weisen große Ähnlichkeiten zur Vorgehensweise bei ‚Komm mit ins Zahlenland' auf, allerdings betont der Leitfaden starre Rituale (z.B. Begrüßung und Verabschiedung der Zahlen), bis hin zu vorgegebenen Sätzen und Bewegungen. Anstelle der Zahlenpuppen werden in diesem Programm die einzelnen Zahlen durch Kinder personifiziert. Sie werden mit einem Stirnband mit der entsprechenden Ziffer gekennzeichnet und für die Dauer der Lerneinheit mit dem Zahlwort anstelle des Vornamens angesprochen. Auch in diesem Programm wird in jeder Einheit eine Zahl in den Mittelpunkt gestellt. Zusätzlich werden jeweils noch weitere Materialien eingeführt, so genannte „neue Möbel" (PREISS 2007, S. 43) für die Zahlenhäuser, z.B. Würfel mit unterschiedlichem Gewicht, kleine Zahlengärten (s. ‚Komm mit ins Zahlenland') oder Stäbe, aus denen Polygone hergestellt werden können (PREISS 2007). Durch die genaue Beschreibung der einzelnen Lerneinheiten bis hin zu Formulierungen wird der Lehrgangscharakter dieses Programms noch mehr betont als bei ‚Komm mit ins Zahlenland'.

Kritische Reflexion
Betrachtet man die beiden Trainingsprogramme auf der Grundlage verschiedener Forschungsergebnisse, so lassen sich einige Punkte kritisch reflektieren.

Die Autoren beider Programme betonen mehrfach die neurodidaktische Fundierung ihrer Konzeptionen für mathematisches Lernen mit den zentralen Schlussfolgerungen, dass es im Vorschulalter ein kritisches, sensibles oder optimales Zeitfenster für den Erwerb eines mathematischen Grundverständnisses gibt, dass Lernen auf die individuellen Begabungen und Erfahrungen der Kinder aufbauen soll und dass Motivation und positive Gefühle förderlich für Lernprozesse sind (vgl. PREISS 2006a, S. 9; FRIEDRICH 2006, S. 5f.). Da diese Erkenntnisse zu den aktuellen Grundannahmen der Lehr- und Lernforschung auch aus Sicht der Psychologie, Pädagogik und Didaktik gehören, erschließt sich die Notwendigkeit, elementare mathematische Bildung durch eine neue Forschungsdisziplin ‚Neurodidaktik' zu begründen nicht zwangsläufig (vgl. STERN, GRABNER, SCHUMACHER 2007, S. 116). In den Kapiteln 1 und 2.1.3 wurden mit Bezug zur Entwicklungspsychologie, zur Mathematikdidaktik und zur Bildungsforschung zahlreiche Gründe dafür dargestellt.

Problematisch erscheinen aus mathematikdidaktischer Perspektive vor allem die aus einem negativen Mathematikbild resultierende Notwendigkeit der künstlichen Verpackung mathematischer Inhalte (vgl. WITTMANN 2006b, S. 210) und die Personifizierung der Zahlen. Von einem fundierten Zahlverständnis bzw. einem tragfähigen Zahlbegriff geht man aus, wenn Zahlen aufgrund des Kardinalzahlbegriffs und einem Verständnis des Teil-Ganzen flexibel verwendet werden können (vgl. Kapitel 1; DORNHEIM 2008, S. 124f.; MOSER OPITZ 2002, S. 61f.). Auch auf die Rolle von mentalen, kardinalen Vorstellungsbildern zu Zahlen und Operationen wird vor allem im Zusammenhang mit Rechenschwierigkeiten immer wieder hingewiesen (RADATZ, SCHIPPER, DRÖGE, EBELING 1999, S. 43f.; KAUFMANN, WESSOLOWSKI 2006, S. 21; DORNHEIM 2008, S. 125). Problematisch für das mathematische Lernen ist vor allem eine einseitige Zahlvorstellung, z.B. rein ordinal (vgl. GAIDOSCHIK 2003, S. 27ff.) oder die Vorstellung der Zahl als Ziffer (vgl. RADATZ, SCHIPPER, DRÖGE, EBELING 1999, S. 44). Nicht tragfähige Zahlvorstellungen werden durch Rahmenhandlungen, wie z.B. durch das Agieren mit den personifizierten Zahlen in ihren Häusern, das Spiel mit den Zahlpuppen oder durch die Zahlengeschichten (z.B. die Geschichte der Zwei, die alles zweimal sagt; FRIEDRICH, DE GALGÓCZY 2004, S. 24) in den oben vorgestellten Trainingsprogrammen unterstützt.

„Offensichtlich können solche kindertümelnden Einkleidungen ... die Zahlvorstellungen von Kindern nachhaltiger prägen als alle Bemühungen um den Aufbau einer quantitativen Zahlvorstellung." (RADATZ, SCHIPPER, DRÖGE, EBELING 1999, S. 44)

Auch die Definition von ‚Zahlenraum' im Programm ‚Komm mit ins Zahlenland' ist sehr kritisch zu sehen. Das „Zahlenland" wird als „pädagogisches Äquivalent" für den fachdidaktischen Begriff des Zahlenraums gesehen und für den Zahlenraum von 1 bis 10 „wurde nach einer streng mathematischen Systematik" – damit ist die Verbindung mit den geometrischen Formen gemeint – „ein Ort geschaffen, in welchem die Zahlen ‚zu Hause sind'" (FRIEDRICH, MUNZ 2006, S. 136). Nimmt man auch hier wieder Bezug auf die Erkenntnisse zur Entwicklung mathematischen Verständnisses und die Schwierigkeiten rechenschwacher Kinder, so weiß man um die Bedeutung der Zählfähigkeiten, der Beziehungen zwischen den Zahlen, der Mengenerfassung und des Verstehens von relationalen Zusammenhängen (vgl. Kapitel 1, Kapitel 3.1; DORNHEIM 2008, S. 213; LORENZ 2005a, S. 171; STERN 2005, S. 140). Infolgedessen gilt es, eine fundierte Vorstellung des Zahlenraums aufzubauen, die nach den geschilderten und zitierten Forschungsergebnissen allerdings nicht im Zusammenhang steht mit einer kreisförmigen Anordnung der Zahlen im Uhrzeigersinn in einer Phantasieumgebung, wie sie von beiden Programmen vorgeschrieben wird.

Darüber hinaus ist auch die Zuordnung des Kreises zur Zahl Eins und der Ellipse zur Zahl Zwei gerade unter dem Blickwinkel des Aufbaus von geometrischen Grundvorstellungen sehr kritisch zu betrachten. In der Fortsetzung der Systematik Fünfeck, Viereck, Dreieck würde die Ellipse einem ‚Zweieck' und der Kreis einem ‚Einseck' entsprechen, was mathematisch falsch und gerade in Hinblick auf die geometrische Begriffsbildung höchst problematisch ist (s. FRANKE 2000, S. 71ff.).

2.3.2 „Mengen, zählen, Zahlen"
Ein weiteres Trainingsprogramm ist das Förderkonzept „Mengen, zählen, Zahlen" (KRAJEWSKI, NIEDING, SCHNEIDER 2007a, 2007b), das für eine Durchführung in Gruppen mit vier bis sechs Kindern über einen Zeitraum von acht Wochen angelegt ist, aber auch zur Verwendung in der Einzelförderung vorgeschlagen wird. Wie in Kapitel 2.3.1 folgt die kritische Reflexion im Anschluss an die Erläuterung des Konzepts und der Darstellung des fachlichen Hintergrunds, wie ihn die Autoren des Programms vornehmen.

Fachliche Begründung
Dem Programm liegt ein Entwicklungsmodell früher mathematischer Kompetenzen zugrunde (KRAJEWSKI 2008a, S. 363ff.; KRAJEWSKI, SCHNEIDER 2006, S. 249ff.), das im Wesentlichen die Arbeit von RESNICK (1989) wiedergibt. Demnach entwickeln sich mathematische Kompetenzen auf den drei Ebenen, die im Folgenden beschrieben werden.

Zunächst erwirbt das Kind numerische Basisfertigkeiten. Dazu gehören z.B. Mengenvergleiche, die noch nicht aufgrund von Zählergebnissen gezogen werden (viel, wenig), und das Erlernen der Zahlwortreihe sowie der Zählprozedur. Allerdings findet auf der ersten Ebene noch keine Verbindung zwischen den Zahlworten und Mengen im Sinne des resultativen Zählens statt. Die Zählprinzipien (vgl. Kapitel 1.4.1) werden mit Ausnahme des Kardinalprinzips nach diesem Modell auf der Ebene der Basisfertigkeiten erworben.

Die zweite Ebene wird als ‚Anzahlkonzept' bezeichnet. Mengen werden mit dem Zählen und somit mit den Zahlworten in Verbindung gebracht. Dies geschieht zunächst unpräzise, so dass das Zahlwort ‚acht' ebenso wie das Zahlwort ‚zwanzig' mit ‚viel' in Verbindung gebracht werden kann. Kardinales Verständnis wird schließlich erworben durch die Erkenntnis, dass „die *Länge* des Zählens *exakt* mit der *ausgezählten Menge* korrespondiert" (KRAJEWSKI 2008a, S. 364, Hervorhebung im Original). Diese Formulierung lässt sich vermutlich so interpretieren, dass das Kind auf die Frage ‚wie viel?' das Zahlwort angibt, welches beim Zählen unter Berücksichtigung der Eins-zu-Eins-Zuordnung und einer Anwendung der Zahlwörter in der richtigen Reihenfolge als Letztes genannt wurde. Außerdem entwickelt sich nach dem Entwicklungsmodell, das diesem Trainingprogramm zugrunde liegt, auf dieser Ebene das Verständnis dafür, dass man Mengen in Teilmengen zerlegen kann und dass Mengenveränderungen mit Wegnehmen oder Hinzufügen zu tun haben.

Letzteres wird allerdings erst auf der dritten Ebene (‚Anzahlrelationen') mit Zahlen verknüpft. Dazu gehört das Verständnis für die „Anzahlzerlegung" und die „Anzahldifferenz" (KRAJEWSKI 2008a, S. 365). Diese Ebene ist erreicht, wenn Kinder z.B. erkennen, dass sich eine Menge mit fünf Elementen in zwei Mengen mit drei bzw. zwei Elementen aufteilen lässt und dass fünf um zwei mehr sind als drei. RESNICK (1989) beschreibt diese Entwicklungsphase folgendermaßen:

„... counting as a means of quantifying sets is integrated with the protoquantitative part-whole and increase-decrease schemas." (RESNICK 1989, S. 164)

Der Aufbau des Förderprogramms beruht neben dem Entwicklungsmodell auf einigen grundsätzlichen Überlegungen. Zum einen wird darauf geachtet, alle Zahlen durch gleiche Materialien bzw. Objekte zu veranschaulichen und von Anfang an als abstrakte Symbole zu behandeln (vgl. KRAJEWSKI, NIEDING, SCHNEIDER 2007a, S. 10).

„Um den Anzahlaspekt gerade für schwächere Kinder klar herauszuheben und ihn von unwichtigen Merkmalen wie Material, Funktion, Farbe der Veranschaulichungsmittel oder damit assoziierten Geschichten zu isolieren, werden hierfür jeweils Dinge verwendet, die immer von gleicher Art sind." (KRAJEWSKI, RENNER, NIEDING, SCHNEIDER 2008, S. 95)

Die Verfasser des Programms beziehen sich darauf, dass Kinder über beschränkte Gedächtnisressourcen verfügen, und betonen, dass das Verwenden abstrakter Dinge zur Veranschaulichung der Zahlen dieser Tatsache Rechnung trägt. Die Kinder „sollen keine Gedächtnisressourcen aufbringen, um die unterschiedlichen Zahlen mit unterschiedlichen Dingen zu verankern" (KRAJEWSKI, NIEDING, SCHNEIDER 2007a, S. 10). Diese Äußerung kann auch als Abgrenzung von den Zahlenland-Programmen verstanden werden, in denen z.B. jede Zahl mit einer anderen geometrischen Form dargestellt wird.

Bei der Auswahl der Darstellungsmittel wird berücksichtigt, dass diese klar strukturiert sind und „das numerisch Wesentliche ... *sichtbar"* machen (KRAJEWSKI, NIEDING, SCHNEIDER 2007a, S. 10). Mit Bezug auf die „begrenzten Gedächtnisressourcen" der Kinder sollen die im Förderkonzept verwendeten Darstellungsmittel dazu dienen, dass sich die Kinder „das Numerische an Situationen nicht im Kopf vorstellen und merken müssen, sondern es sichtbar vor Augen haben" (KRAJEWSKI, NIEDING, SCHNEIDER 2007a, S. 10). Als Materialien werden in erster Linie eine Zahlenstraße (die in richtiger Reihenfolge ausgelegten Zahlenkärtchen von eins bis zehn) und eine Zahlentreppe verwendet. Bei der Zahlentreppe steht jede Stufe für eine Zahl. Die einzelnen Stufen bestehen aus Holzquadern mit zunehmender Länge. Die Seitenflächen der Stufen sind mit der Ziffer, dem passenden Fingerbild, dem in Fünferstruktur gegliederten Punktebild, dem entsprechenden Ausschnitt aus dem Zahlenstrahl, dem Würfelbild und so genannten ‚Uhrenstücken' (Bruchkreisdarstellung mit Zwölfteln) bedruckt (ähnlich auch im Programm „Number Worlds", Griffin 2004, S. 331). Die einzelnen Treppenstufen können auch zur Veranschaulichung der Beziehungen zwischen Zahlen verwendet werden. Sie können aufeinander gestellt werden, um z.B. zu zeigen, dass die Stufe 5 genauso hoch ist wie die Stufe 2 und die Stufe 3 zusammen (vgl. Abb. 2.3).

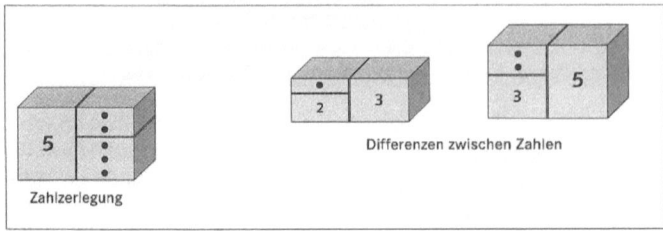

Abb. 2.3: Veranschaulichung zu Zahlzerlegungen (entnommen aus KRAJEWSKI, NIEDING, SCHNEIDER 2007a, S. 8)

Ein weiterer Grundsatz dieses Trainingsprogramms ist die Verbalisierung bzw. das „Modellverhalten der Erzieherin" (KRAJEWSKI 2008a, S. 368):

> „Damit die Kinder eine Vorstellung von der Aufgabe erhalten, führt die Erzieherin die Übung vor und verbalisiert dabei laut den numerischen Inhalt der Handlung. Mithilfe von Leitfragen ... regt sie die Kinder zur Nachahmung und schließlich zur Reflexion über die zu Grunde liegende Zahlenstruktur an." (KRAJEWSKI 2008a, S. 368)

Wie dies konkret aussehen kann, zeigt sich in der Schilderung des Aufbaus von einzelnen Trainingseinheiten im Folgenden.

Aufbau des Trainingsprogramms

Das Trainingsprogramm ‚Mengen, zählen, Zahlen' ist ein systematisch aufgebauter Lehrgang auf Grundlage des oben geschilderten Modells, der in drei Förderschwerpunkte gegliedert ist. Der erste Förderschwerpunkt übt und verknüpft die numerischen Basisfertigkeiten Mengenunterscheidung und Zählen, wobei auch die Ziffern mit einbezogen werden. Der zweite Förderschwerpunkt mit dem Ziel, „das Verständnis der Zahlen als Folge aufsteigender Anzahlen" (KRAJEWSKI, NIEDING, SCHNEIDER 2007a, S. 10) zu erreichen, nimmt vier Wochen des achtwöchigen Programms in Anspruch. In den letzten beiden Wochen stehen mit dem dritten Förderschwerpunkt die Beziehungen von Zahlen im Mittelpunkt.

Für die Arbeit liegt ein genauer Zeitplan vor, der die Reihenfolge der Einheiten und Wiederholungsphasen vorgibt und der genau eingehalten werden soll. Das Programm ist für 24 Sitzungen mit je einer halben Stunde und drei Übungseinheiten pro Woche geplant.

Die Arbeit zum ersten Förderschwerpunkt beginnt mit der Erarbeitung der Zahlen von eins bis zehn, wobei in jeder Einheit zwei Zahlen erarbeitet werden. Die Einheiten laufen alle nach dem gleichen Schema ab. Zunächst werden die Ziffern der beiden zu erarbeitenden Zahlen präsentiert und mit den Worten „Zur Zahl 1 gehören alle Dinge, die einmal da sind. Zur Zahl 2 gehören alle Dinge, die zweimal da sind" an verschiedene Orte gelegt (KRAJEWSKI, NIEDING, SCHNEIDER 2007b, S. 7). Dabei ist genau vorgegeben, wie die Erziehenden bzw. die Kinder sprechen sollen. Den einzelnen Ziffern werden nun verschiedene Gegenstände im Raum und die vorgegebenen Materialien des Programms (Zahlenstufe, Kärtchen mit Würfelbild, Mengenbild, Fingerbild, Uhrenstück, Zahlenstrahl, Ziffer) zugeordnet, wobei die einzelnen Elemente jeweils laut gezählt werden. Im Anschluss daran werden die Dinge, die bei der Eins liegen, den identischen Dingen, die bei der Zwei liegen, zugeordnet und es wird verglichen. Dazu verbalisieren die Kinder: „Auf unserem Tisch liegen mehr Bausteine, weil zwei Bausteine mehr sind als ein Baustein" und „2 ist größer als 1. Denn zur 2 gehören mehr Dinge als zur 1" (KRAJEWSKI, NIEDING, SCHNEIDER 2007b, S. 9). Letzteres erfolgt beim Nebeneinanderstellen der beiden Zahlenstufen. Nachdem die Zahlen von eins bis zehn auf diese Art erarbeitet sind, folgt die letzte Einheit des ersten Förderschwerpunktes. Beim Memoryspiel werden je zwei zusammengehörige Karten gesucht. Dabei werden die Karten mit den Bruchdarstellungen und Punktekarten bzw. Finger- und Würfelkarten in jeweils einem Spiel verwendet. Im Anschluss an das Spiel wird die Zahlentreppe aufgebaut und alle Karten werden der entsprechenden Zahlenstufe zugeordnet. Außerdem wird das so genannte „Zahlenhaus" (KRAJEWSKI, NIEDING, SCHNEIDER

2007b, S. 9) gefüllt. Dieses besteht aus einer Tabelle mit zehn Zeilen. Die Kinder ordnen die Ziffern in aufsteigender Reihenfolge von unten nach oben ein sowie Kärtchen, auf denen die entsprechende Anzahl Kinder abgebildet ist. Dabei wird nicht systematisch vorgegangen, sondern die Kärtchen werden gezogen und im Anschluss wird vermutet, an welchen Platz im Zahlenhaus das Kärtchen gehört. Gegebenenfalls muss korrigiert werden, wenn ein weiteres Kärtchen platziert wird. Das Hauptziel des zweiten Förderschwerpunkts wird wie folgt beschrieben:

„Als Grundprinzip erkennen: Zahlen können auf Grund ihrer Mächtigkeit (Größe) miteinander verglichen werden, z.B.: *Acht* sind *mehr* als *sieben* und *weniger* als *neun*." (KRAJEWSKI, NIEDING, SCHNEIDER 2007b, S. 29, Hervorhebung im Original)

Es werden die Begriffe ‚mehr‘, ‚weniger‘, ‚größer‘, ‚kleiner‘, ‚kürzer‘, ‚länger‘ mithilfe des Materials erarbeitet. Die erste Einheit beschäftigt sich mit Invarianz. Durch Zählen und Eins-zu-Eins-Zuordnung soll die Erkenntnis aufgebaut werden, dass es nur dann „gleich viele" Elemente sind, „wenn sie zur gleichen Zahl gehören" (KRAJEWSKI, NIEDING, SCHNEIDER 2007b, S. 33). Im Anschluss an diese Einheit werden Mengen in aufsteigender Folge sortiert, die Zahlenstraße aufgebaut und Nachfolger gesucht. Dazu gibt es den Hinweis: „Ich verrate euch einen Trick: Wenn man ein Feld weitergeht, kommt immer *eins* dazu" (KRAJEWSKI, NIEDING, SCHNEIDER 2007b, S. 40, Hervorhebung im Original). Ausgehend von der Zahlentreppe erfolgt die Erarbeitung der Relationsbegriffe zum Vergleichen. Zunächst geht es um ‚kleiner‘ und ‚größer‘. Diese Begriffe werden den Kindern vorgegeben in Verbindung mit den Worten „Zur 10 gehören die *meisten* Dinge ... Deshalb bekommt die 10 die *größte* Stufe" (KRAJEWSKI, NIEDING, SCHNEIDER 2007b, S. 43, Hervorhebung im Original). Im Anschluss sollen die Kinder selbst Zahlen benennen, die größer bzw. kleiner als bestimmte Zahlen sind. Auf ähnliche Art und Weise werden die Begriffe ‚weniger‘ und ‚mehr‘ vorgegeben: „7 ist *weniger* als 8 ..., weil zur 7 *ein* Ding *weniger* gehört als zur 8" (KRAJEWSKI, NIEDING, SCHNEIDER 2007b, S. 47, Hervorhebung im Original). Mithilfe der Zahlentreppe werden die Begriffe eingeübt, wobei stets auf die Formulierung im oben angegebenen Sinn geachtet wird. Die Mengen werden dann unter Verwendung der verschiedenen Relationsbegriffe in eine lineare Ordnung gebracht oder in Form von gebauten Türmen verglichen. Mithilfe von Streifenanordnungen oder den Zahlenstufen werden benachbarte Zahlen betrachtet und es wird verbalisiert, wie man von einer Stufe zur nächsten kommt, nämlich durch Hinzufügen eines Elements.

Der dritte Förderschwerpunkt hat zum Ziel, die Beziehungen zwischen Mengen mit Zahlen zu beschreiben. Im Wesentlichen werden mit Anzahlstreifen und den Zahlenstufen additive Aufgabenstellungen dargestellt (s. Abb. 2.3). Dabei werden die beiden Teilmengen und die Gesamtmenge immer vollständig ausgezählt. Auch die Differenzbestimmung erfolgt mithilfe des Materials: z.B. wird zur Zahlenstufe

4 eine passende Zahlenstufe gesucht, so dass beide Stufen miteinander so groß sind wie die Zahlenstufe 6.

Kritische Reflexion

Auch dieses Förderprogramm gibt Anlass, einige Punkte kritisch zu reflektieren. Bewusst werden für die Arbeit im Programm abstrakte Materialien verwendet (s.o.), um den Aufbau des Zahlenraums zu veranschaulichen. Dies wird unter anderem mit den beschränkten Gedächtnisressourcen der Kinder begründet, wobei der Vorteil herausgestellt wird, dass sich die Kinder durch die Materialien numerische Aspekte nicht im Kopf vorstellen müssen, sondern es unmittelbar am Material sehen können (s.o.). Die Notwendigkeit von mentalen Vorstellungen und mentalem Operieren im Zusammenhang mit Verständnisprozessen beim Mathematiklernen (und auch in anderen Fachbereichen) wird allerdings immer wieder betont. Die konkrete Handlung mit Gegenständen ist zwar Voraussetzung dafür, dass Operationen verinnerlicht werden können, die Fähigkeit, Schlussfolgerungen ziehen zu können bzw. mit Zahlen-Wissen und Zahlbeziehungen flexibel umgehen zu können, hängt aber eng damit zusammen, ob mit mentalen Modellen operiert werden kann (z.B. PIAGET 1958; JOHNSON-LAIRD 1980; FLEXER 1989; GERSTER 1994; LORENZ 1998; MARTSCHINKE 2001; DORNHEIM 2008). In diesem Zusammenhang ist ein flexibler Umgang mit Anschauungsmitteln wichtig, der sich die individuellen Strukturierungen und Deutungen der Kinder nutzbar macht (vgl. STEINBRING 1997, SÖBBEKE 2005):

> „Nur ein solcher Umgang, und nicht eine durch die Lehrerin oder den Lehrer *festgelegte, schematische* Deutungsweise, kann langfristig eine Flexibilisierung der kindlichen Deutungen und umfassende Sinngenerierung von Anschauungsmitteln ... fördern." (SÖBBEKE 2005, S. 378, Hervorhebung im Original)

Die Nutzung der Materialien im Förderkonzept ‚Mengen, zählen, Zahlen‘ wird dieser Forderung kaum gerecht, wie auch später noch gezeigt wird.

Bei der genauen Durchsicht vor allem der Handreichung zur Durchführung der Förderung fallen immer wieder mathematische Unsauberkeiten auf. Beispielsweise ist die Begründung, weshalb der Zahl Null keine Bedeutung geschenkt wird, gerade für das Verständnis der Zahlen problematisch zu sehen:

> „Das vorliegende Konzept möchte Kindern einerseits die Bewusstheit vermitteln, dass hinter Zahlen Anzahlen bzw. Mengen stehen. Zur Null gehört aber keine ‚wahrnehmbare‘ Menge. Andererseits sollen Kinder zu der Erkenntnis gelangen, dass der Unterschied zwischen zwei Zahlen wieder eine – neue – Zahl ist. Der Unterschied zwischen Null (kein Ding) und einer anderen Zahl (z.B. vier Dinge) ist aber keine ‚neue‘ Zahl, sondern wieder dieselbe andere Zahl (vier Dinge). Die Zahl Null stellt somit einen Spezialfall dar, an dem die Gesetzmäßigkeiten der Zahlen nicht so deutlich werden wie bei den anderen Zahlen." (KRAJEWSKI, NIEDING, SCHNEIDER 2007a, S. 14)

Auf die Notwendigkeit, die Null als Zahlsymbol für die leere Menge gründlich zu thematisieren, wird in der mathematikdidaktischen Literatur hingewiesen (PADBERG 2005, S. 39f.; HEFENDEHL-HEBEKER 1982, S. 63) und es gibt diesbezüglich bereits Erfahrungen im vorschulischen Bereich (GREENES 1999, S. 40f.). Zudem scheinen Kinder im Vorschulalter durchaus tragfähige Vorstellungen zur Zahl Null zu haben, wie eine Untersuchung von HUGHES zeigt:

> „... most children of this age can also represent zero. Despite frequent claims that the concept of zero is inherently difficult, the children studied here do not appear to have particular difficulty with the idea. ... zero was no harder to represent than the quantities one, two, three." (HUGHES 1986, S. 77f.)

Die oben genannte Aussage, dass der Unterschied zwischen zwei Zahlen wieder eine neue Zahl ist, ist mathematisch nicht richtig, wie in dem Beispiel selbst erläutert wird. In einer Handreichung für Erziehende und Lehrkräfte, die oftmals keine explizite mathematische Ausbildung haben, sind fachliche Unsauberkeiten oder Fehler sehr problematisch.

An vielen Stellen der Veröffentlichungen zum Förderprogramm wird zudem ersichtlich, dass Erkenntnisse über kardinale und ordinale Zahlvorstellungen stark an dem verwendeten Material und den durch die Struktur des Materials geprägten Handlungen festgemacht werden. Dies ist problematisch zu sehen, da für den Erwerb eines tragfähigen Zahlbegriffs Verständnis für die vielfältigen Beziehungen der Zahlaspekte geweckt werden muss und die Anwendung des Wissens im Alltag notwendig ist (vgl. z.B. Kapitel 1.3.3; MOSER OPITZ S. 61f.):

> „Die Entwicklung des Zahlen-Verständnisses setzt ... die Fähigkeit zur Umstrukturierung von Zahlen-Wissen und zur Anwendung von Zahlen-Wissen in neuen Situationen voraus." (DORNHEIM 2008, S. 94).

So soll z.B. durch die Arbeit im Zahlenhaus und mit der Zahlentreppe „die genaue Position einzelner Anzahlen *eins* bis *zehn* in der Zahlenfolge (durch Zählen)" bestimmt werden (KRAJEWSKI, NIEDING, SCHNEIDER 2007b, S. 29, Hervorhebung im Original). Die Position von Anzahlen so stark zu betonen, wie dies im Förderkonzept an vielen Stellen geschieht, ist jedoch für den Aufbau des Mengenkonzeptes nicht ganz unproblematisch. Die kardinale Bedeutung einer Zahl als Bezeichnung der Klasse aller gleichmächtigen Mengen gilt unabhängig von der Art der einzelnen Elemente der betreffenden Mengen und beinhaltet keine Information über eine bestimmte Position. *Jede* Menge mit z.B. vier Elementen wird mit der Zahl ‚vier' bezeichnet. Dabei können die Elemente alle unterschiedlich, aber auch gleichartig sein. Es ist eine Ordnung der Mengen verschiedener Mächtigkeit in aufsteigender oder abfallender Reihenfolge möglich, aber nicht notwendig. Im Programm ‚Mengen, zählen, Zahlen' wird mehrfach darauf verwiesen, dass zu einer bestehenden Anzahl von Dingen ein bestimmtes Element hinzukommt: „Die Dinge der Zahl 3 finden sich in der Zahl 4 wieder", „Welcher Punkt, Streifen, Finger ... ist von der vorherigen Zahl zu dieser Zahl hinzugekommen?" (vgl. KRAJEWSKI, NIEDING, SCHNEIDER 2007a, S. 13; 2007b, S. 29). Bezeichnet man in der kardinalen Vorstellung eine Menge mit drei und die andere Menge mit vier, so müssen die beiden Mengen keine gemeinsame Schnittmenge haben. Auch GELMAN und GALLISTEL (1986) weisen bei der Beschreibung der Zählprinzipien auf die Problematik hin, dass Verständnis für Zählprozesse erst erreicht ist, wenn Kinder erkennen, dass Zählen unabhängig von der Art der Elemente stattfinden und das Zählergebnis auch bei unterschiedlichen Elementen durch Berücksichtigung der ersten drei Zählprinzipien ermittelt werden kann (vgl. Kapitel 1.4.1).

Problematisch erscheint außerdem die geschilderte Vorgehensweise der Erziehenden/Lehrkräfte-Kind-Interaktion. Die streng vorformulierten Äußerungen für die Lehrperson und die Kinder (ersichtlich in den Zitaten aus dem Förderkonzept in diesem Kapitel) lassen auf einen fragend-entwickelnden Unterrichtsstil schließen, der den Kindern nahezu keinen Raum für eigene Entdeckungen lässt. Zwar wird betont, dass „metakognitive und selbstinstruierende Elemente" eine wichtige Rolle spielen und infolgedessen Wert darauf gelegt wird, die numerischen Beziehungen zu verbalisieren (KRAJEWSKI 2008b, S. 299), die in der Handreichung zur Durchführung gegebenen Hinweise zur Verbalisierung verweisen aber eher auf ein Nachsprechen und nicht auf einen Ausdruck der individuellen Erkenntnisse der Kinder. Das derzeit als Konsens betrachtete Grundverständnis von Lernen als aktiven, konstruktiven Prozess und die damit verbundene Vorstellung von Lehren (z.B. REUSSER 2006; OSER, BAERISWYL 2001; MÜLLER, STEINBRING, WITTMANN 2004) ist in der Ablaufschilderung des Förderkonzepts nicht erkennbar. So ist unter anderem von ‚Tricks' die Rede, die den Kindern verraten werden (s.o.), wie sie von einer Zahl zur nächsten gelangen, oder es wird explizit vorgegeben, was eigentlich von den Kindern selbst erkannt werden könnte und sollte:

„Heute wollen wir sehen, was passiert, wenn wir die Dinge von zwei Zahlen zusammenzählen. Ihr werdet sehen: Wenn man zwei Zahlen zusammenzählt, erhält man eine größere Zahl." (KRAJEWSKI, NIEDING, SCHNEIDER 2007b, S. 65)

Besonders problematisch ist die gelenkte Vorgehensweise bei der Erarbeitung der Begriffe ‚größer', ‚kleiner', ‚weniger', ‚mehr'. Es findet keine Begriffsbildung im eigentlichen Sinne statt (vgl. SKEMP 1971; WINTER 1983; STEINBRING 1997, 2000; HASEMANN 2004, S. 70ff.; FRANKE 2000). Die Worte werden als Bezeichnungen eingeführt („Zur 1 gehören die *wenigsten* Dinge ... Deshalb ist 1 auch die *kleinste* Zahl und sie bekommt die *kleinste* Stufe" (KRAJEWSKI, NIEDING, SCHNEIDER 2007b, S. 42; s. auch Schilderung des Aufbaus des Trainingsprogramms)) und in sich wiederholenden Sätzen angewandt. Die Worte ‚größer' und ‚kleiner' beschreiben lediglich die Zahlenstufen, es erfolgt aber keine Erarbeitung des Konzepts, das dahinter steht, wie z.B. bei HASEMANN 2003 (S. 87ff.) beschrieben. Deutlich ersichtlich ist dieses Manko z.B. bei der Lerneinheit 2.5 (vgl. KRAJEWSKI, NIEDING, SCHNEIDER 2007b, S. 46f.), wenn die Kinder gefragt werden: „Was sind weniger, 5 oder 4?" Anstelle auf die Vorerfahrungen der Kinder zu den Begriffen ‚mehr‘, ‚weniger‘ zurückzugreifen, die ja unter anderem auch in der ersten Ebene des diesem Programm zugrunde liegenden Entwicklungsmodells beschrieben werden, wird den Kindern die vermeintliche Hilfestellung gegeben: „Welche Zahl ist denn kleiner? Warum ist sie kleiner?" Die Frage nach dem ‚Warum?‘ kann an dieser Stelle lediglich beantwortet werden, wenn sich das Kind daran erinnert, dass im Vorfeld immer wieder formuliert wurde „Eine Zahl ist kleiner als eine andere, wenn zu ihr weniger Dinge gehören." Es wird sogar konkret formuliert, dass „die Begriffe (Zahl ist) größer/kleiner als durch die Begriffe (Zahl ist) mehr/weniger als *ersetzt*" werden (KRAJEWSKI, NIEDING, SCHNEIDER 2007b, S. 47, Hervorhebung durch die Verfasserin. ‚Begriff‘ wird im Zitat nicht im Sinne der oben zitierten Literatur zur Begriffsbildung verwendet), und nicht etwa, dass die *Zusammenhänge verstanden* werden. Verständnis und Begriffsgewinnung können auf diese Art und Weise kaum erreicht werden:

> „Concepts of a higher order than those which people already have cannot be communicated to them by a definition, but only by arranging for them to encounter a suitable collection of examples." (SKEMP 1971, S. 18)

Geeignete Beispiele, die verschiedene Relationen veranschaulichen und in Bezug zueinander setzen, fehlen.

Das Förderkonzept ‚Mengen, zählen Zahlen‘ ist ein sehr systematisch aufgebauter Lehrgang nach dem zugrunde liegenden Entwicklungsmodell, der in den hier geschilderten Punkten kritisch gesehen werden muss. Die in Kapitel 1 dargestellten Erkenntnisse zur Entwicklung mathematischer Kompetenzen von Kindern vor Schuleintritt zeigen, dass ein isoliertes Programm wie dieses die Vielfalt der mathematischen Grunderfahrungen nicht abdecken kann.

2.4 Nutzen und Schaffen mathematischer Lerngelegenheiten

Mathematische Förderung in Trainingsprogrammen, wie sie oben geschildert wurden, stellt in der Regel das Einüben einzelner Fähigkeiten und Fertigkeiten in den Mittelpunkt (dies wird z.B. durch die parallel konzipierten Lerneinheiten deutlich), ist aufgrund der lehrgangsartigen Organisation eher in sich geschlossen und bietet demzufolge das gleiche, festgelegte Lernprogramm für alle Kinder.

Eine Reihe weiterer konzeptioneller Vorschläge zur frühen mathematischen Bildung, die sich von den oben geschilderten Trainingsprogrammen abgrenzen, bezieht sich auf fundamentale Ideen der Mathematik und darauf, Kinder zu mathematischem Lernen anzuregen, sie in ihrem natürlichen Lernprozess zu unterstützen und sie gemäß ihrer eigenen Entwicklung zu fördern und zu fordern (z.B. COPLEY

2004b, 2006; HOENISCH, NIGGEMEYER 2004; KELLER, NOELLE MÜLLER 2007; MONTAGUE-SMITH 2002; MÜLLER, WITTMANN 2002, 2004, 2006, 2007, 2008, 2009; NAEYC, NCTM 2002; PETER-KOOP, HASEMANN, KLEP 2006; CLEMENTS, SARAMA 2009; STEINWEG 2007; VAN DEN HEUVEL-PANHUIZEN 2001; VAN OERS 2004). Dabei ist nicht an ein lehrgangsartiges Vorgehen gedacht, sondern daran, „eine zwanglose, natürliche, durch den Kontext nahe liegende Auseinandersetzung mit Mathematik anzuregen" (SELTER 2008, S. 48). Im Wesentlichen geht es darum, mathematische Lerngelegenheiten, die sich im Alltag immer wieder bieten, zu nutzen und darüber hinaus auch bewusst für mathematische Lerngelegenheiten zu sorgen.

Mathematische Förderung dieser Ausrichtung bezieht sich auf Grundideen des Fachs Mathematik, auf das natürliche Interesse des Kindes und auf das Lernen in sinnvollen Kontexten. Zunächst folgt eine Einordnung dieser konzeptionellen Sichtweise früher mathematischer Bildung, bevor die beiden zentralen Säulen, Mathematik im Alltag und Mathematik im Spiel, mit Beispielen illustriert werden.

2.4.1 Grundlagen und Einordnung

Orientierung am Fach

Für elementare mathematische Bildung, die es sich zur Aufgabe macht, mathematische Lerngelegenheiten zu nutzen und zu schaffen, ist der Bezug auf das Fach Mathematik von großer Bedeutung. Bereits in den Ansätzen von Friedrich FRÖBEL ist dies klar zu erkennen (vgl. Kapitel 2.1.1). Seinen Überlegungen liegen zentrale mathematische Ideen zugrunde, die durch die Einbindung in das kindliche Spiel dem Anspruch ganzheitlichen Lernens Rechnung tragen.

Aktuelle konzeptionelle Überlegungen für mathematische Frühförderung betonen die Notwendigkeit, sich an den „fundamentalen Ideen der Mathematik" (STEINWEG 2007, S. 141) oder an Prinzipien, die sich auf die ‚wohlverstandene' Mathematik beziehen (vgl. WITTMANN 2006a, S. 558; 2006b, S. 209), auszurichten. Im amerikanischen Raum spricht man von den so genannten „big ideas of mathematics" (NAEYC, NCTM 2002, S. 6; SARAMA, CLEMENTS 2009, S. 16; GREENES 1999, S. 40ff.)

„The big ideas or vital understandings in early childhood mathematics are those that are mathematically central, accessible to children at their present level of understanding, and generative of future learning." (NAEYC, NCTM 2002, S. 6)

Diese Ausrichtung ist unumgänglich, wenn frühes mathematisches Lernen anschlussfähig sein soll. BRUNER (1965) weist darauf hin, dass Lernen und Lehren spezifischer Sachverhalte oder Fertigkeiten nicht erfolgreich sein kann, wenn deren Bedeutung im Kontext der umfassenden, fundamentalen Struktur des entsprechenden Wissensgebietes (vgl. S. 31) nicht verdeutlicht wird:

„In the first place, such teaching makes it exceedingly difficult for the student to generalize from what he has learned to what he will encounter later. In the second place, learning that has fallen short of a grasp of general principles has little reward in terms of intellectual excitement. ... Third, knowledge one has acquired without sufficient structure to tie it together is knowledge that is likely to be forgotten." (BRUNER 1965, S. 31)

Die ‚fundamentalen Ideen' oder „durchlaufenden Themen, die von der Erstbegegnung bis hin zur formalen Durchdringung immer wieder im mathematischen Lernen auftreten" (STEINWEG 2008, S. 146), zeigen sich in allen inhaltlichen Leitideen oder Themenbereichen der Mathematik und lassen sich auf dieser Basis strukturieren. STEINWEG (2007, 2008) nennt als inhaltliche mathematische Themen- oder Erfahrungsbereiche Zahl und Struktur, Raum und Form, Maße und Zeit sowie Daten und Zufall, die bei konkreten mathematischen Aktivitäten oft auch vernetzt sind.

WITTMANN (2004) beschreibt Grundideen in den klassischen Lernbereichen Arithmetik, Geometrie und Sachrechnen, die konzeptionell für die verschiedenen Bildungsinstitutionen ausgearbeitet wurden bzw. werden sollen (WITTMANN 2004, S. 53f.; WALDOW, WITTMANN 2001, S. 249; s. Abb. 2.4).

Grundideen der Arithmetik		Grundideen der Geometrie	
1	Zahlenreihe	1	Formen und ihre Konstruktion
2	Rechnen, Rechengesetze, -vorteile	2	Operieren mit Formen
3	Zehnersystem	3	Koordinaten
4	Rechenverfahren	4	Maße und Formeln
5	Arithmetische Muster	5	Geometrische Muster
6	Zahlen in der Umwelt	6	Formen in der Umwelt
7	Übersetzung realer Situationen in die Sprache der Arithmetik	7	Übersetzung realer Situationen in die Sprache der Geometrie
Grundideen des Sachrechnens			

Abb. 2.4: Grundideen in den mathematischen Inhaltsbereichen bei WITTMANN (2004, S. 54)

Für die vorschulische mathematische Bildung bieten sich nach WITTMANN (2004) nicht alle 7 Grundideen gleichermaßen an. Im arithmetischen Bereich sieht er allerdings gute Anknüpfungspunkte bei den Grundideen „Zahlenreihe", „Rechnen, Rechengesetze und Rechenvorteile", „Arithmetische Muster" und „Zahlen in der Umwelt" (vgl. WITTMANN 2004, S. 54). Zentrale Schwerpunkte für die mathematische Frühförderung sieht er somit in der Förderung der „Numerischen Bewusstheit" (WITTMANN, MÜLLER 2009, S. 14), die sich im Wesentlichen auf die oben genannten ausgewählten Grundideen der Arithmetik bezieht und der „Formbewusstheit", worunter die „Kenntnis der Grundformen unterschiedlicher Dimension und die Schulung der Feinmotorik" gefasst wird (WITTMANN, MÜLLER 2009, S. 14). Die Orientierung am Fach bei Konzeptionen zu vorschulischem mathematischen Lernen zeigt sich jedoch nicht allein in der Beschreibung von Inhalten. Mathematische Denk- und Handlungsprozesse sind von ebenso großer Relevanz. So lassen sich folgende Aussagen zu den allgemeinen mathematischen Kompetenzen in den Bildungsstandards Mathematik für den Primarbereich durchaus auch auf den vorschulischen Bereich übertragen:

> „Das Ziel" von Mathematiklernen in der Grundschule „ist die Entwicklung eines gesicherten *Verständnisses* mathematischer Inhalte. Die allgemeinen mathematischen Kompetenzen verdeutlichen, dass die Art und Weise der Auseinandersetzung mit mathematischen Fragen ein wesentlicher Teil der Entwicklung mathematischer Grundbildung ist." (KULTUSMINISTERKONFERENZ 2005, S. 6, Hervorhebung im Original)

Elementares mathematisches Lernen mit Bezug zum Fach zeichnet sich durch entdeckende problemlösende Aktivitäten aus, die die Kommunikation zwischen den Kindern und mit Erwachsenen anregen und erste mathematische Argumentationen sowie mathematische Kreativität erfordern (z.B. COPLEY 2006, 2004b; PETER-KOOP, HASEMANN, KLEP 2006; HOENISCH, NIGGEMEYER 2004; STEINWEG 2007; VAN DEN HEUVEL-PANHUIZEN 2001; VAN OERS 2004; WITTMANN 2004; WITTMANN, MÜLLER 2009). Die Beschreibung der prozessbezogenen Kompetenzen, welche letztendlich mathematisches *Denken* ausmachen, unterscheidet sich in den einzelnen konzeptionellen Vorschlägen und Veröffentlichungen, die Grundgedanken einer Orientierung am Fach über die Inhalte hinaus zu prozessorientiertem Arbeiten sind jedoch deutlich in allen in diesem Abschnitt zitierten Veröffentlichungen zu elementarer mathematischer Bildung zu erkennen.

Somit ist mit der Orientierung an fundamentalen Ideen der Mathematik und dem Fokus auf prozessbezogene mathematische Kompetenzen eine wesentliche Grundlage für das Nutzen und Schaffen mathematischer Lerngelegenheiten im Kindergarten ohne festgelegte, eng regulierte Programmabläufe gegeben.

Konstruktives Verständnis von Lernen
Konzeptionen früher mathematischer Bildung, die gehaltvolle Lerngelegenheiten in den Mittelpunkt stellen, zeichnen sich neben der fachlichen Orientierung durch eine Orientierung am Kind und seinen Lernprozessen aus. Dabei zeigt sich ein konstruktivistisches Verständnis des Lernens als kumulativer, selbsttätiger und situativer Prozess, der eigenständiges Problemlösen unter Berücksichtigung des Vorwissens für den Aufbau flexiblen Denkens und transferfähigen Wissens als zwingend notwendig erachtet (Aussagen zum Konstruktivismus zusammengefasst und kritisch reflektiert in REUSSER 2006, S. 154). Dieses Verständnis entspricht den Vorstellungen von Lernen in Schule und Kindergarten gleichermaßen (vgl. SPECK-HAMDAN 2006, S. 26).

Betont wird, dass „der Lernprozess nicht klein- und gleichschrittig gesteuert werden" kann (WITTMANN 2006c, S. 86), sondern „dem natürlichen Lernen der Kinder Rechnung" getragen werden soll (Steinweg 2007, S. 139ff.):

„Learning is, after all, a process that occurs primarily ‚from inside' and is driven by the child's own natural curiosity, its urge to find out how things fit together, and through its need to imitate what grown-ups are doing." (VAN DEN HEUVEL-PANHUIZEN 2001, S. 25)

Die Aufgabe der Erziehenden ist dabei, das Lernen durch geeignete Impulse, wie z.b. ‚Könnt ihr die Bausteine zwischen euch aufteilen?' (ähnlich in MONTAGUE-SMITH 2002, S.49), ‚Welches Teil kommt als Nächstes? Kannst du deinem Freund das Muster beschreiben?' (ähnlich in COPLEY 2006, S. 96), „Bist du dir sicher?" (VAN OERS 2004, S. 326) zu unterstützen und die Lernumgebung so zu gestalten, dass mathematisches Lernen und eigenständiges Problemlösen provoziert wird:

„They must load the environments so that children bump into interesting mathematics at every turn." (GREENES 1999, S. 46)

Um für geeignete Lerngelegenheiten sorgen zu können, spielt wiederum das Wissen um die Vorerfahrungen der Kinder eine Rolle, denn davon hängen zahlreiche Entscheidungen im alltäglichen pädagogischen Tun ab (z.B. SARAMA, DOUGLAS 2009, S. 6ff.; STEINWEG 2007, S. 138f.; WITTMANN 2004, S. 51; KELLER, NOELLE MÜLLER 2007):

„Teachers should base all decisions regarding the mathematics curriculum on their knowledge of children and their more specific knowledge of the children in the class." (COPLEY 2006, S. 16)

Rolle der Sprache und Kommunikation

Das „kognitiv-konstruktivistische Lernverständnis" (REUSSER 2006, S. 154) wird oftmals erweitert durch eine soziale Komponente. Erkenntnisse sind nicht allein das Resultat individueller Konstruktionsprozesse, sondern werden durch dialogische Auseinandersetzung und kollektives Aushandeln gewonnen. Der Austausch mit anderen und das soziale und kulturelle Umfeld haben einen nicht zu unterschätzenden Einfluss auf den Aufbau von Wissensstrukturen. Man spricht in diesem Zusammenhang von Ko-Konstruktion, weil für viele konstruktive Lernprozesse Kommunikation mit anderen förderlich oder sogar notwendig ist (vgl. REUSSER 2006, S. 154f.; FTHENAKIS, SCHMITT, DAUT, EITEL, WENDELL 2009, S. 22ff.; KUNZE, GISBERT 2007, S. 34; s. auch RUF 2008 zu dialogischem Lernen). Die Kommunikation zwischen Kindern, aber auch mit Erwachsenen trägt wesentlich zu mathematischem Lernen bei. Trotz konstruktivistischem Lernverständnis ist nicht davon auszugehen, dass Mathematik in vollkommen freien Situationen, unabhängig von geeigneten Aktivitäten oder Kommunikationsprozessen gelernt werden kann (vgl. REUSSER 2006, S. 157f.):

„Daraus folgt, dass das Individuum niemals selbst ‚Mathematik' erfindet. Stattdessen werden Handlungen, die sich aus bestimmten Situationen oder Aktivitäten ergeben, von Pädagoginnen oder Eltern als ‚mathematisch' bezeichnet. Diese Handlungen erlangen dann wiederum im Verständnis des Individuums eine bestimmte Bedeutung. Dieser Vorgang der Auslese, Bezeichnung und Einschätzung bestimmter Handlungen als ‚mathematisch' ist im Grunde ein soziokultureller Prozess. ... Folglich wird Mathematik in Interaktion gelernt und zwar im Kontext bedeutsamer Aktivitäten." (VAN OERS 2004, S. 317)

Die Bedeutung der Sprache, der Interaktion und Kommunikation wird von den Konzeptionen, die den Ansatz vertreten, mathematische Lerngelegenheiten zu nutzen und zu schaffen, immer wieder hervorgehoben (z.B. COPLEY 2006, S. 6ff.; GREENES 1999, S. 46f.; HOENISCH, NIGGEMEYER 2004, S. 23ff.; KELLER, NOELLE MÜLLER 2007; MONTAGUE-SMITH 2002; NAEYC, NCTM 2002, S. 8ff.; STEINWEG 2007, S. 141; VAN DEN HEUVEL-PANHUIZEN 2001, S. 20; WITTMANN 2004, S. 51). Sie zeigt sich konkret bei Vorschlägen für mathematische Aktivitäten in Spielsituationen oder im Alltag in Verweisen auf Impulsfragen und Gesprächsanregungen. Beispiele dazu folgen in den nächsten beiden Abschnitten.

2.4.2 Mathematik im Alltag

Wie elementare mathematische Bildung aussehen kann, die sich am Fach orientiert und die Kinder als aktiv-entdeckende Lerner mit individuell unterschiedlichem Vorwissen betrachtet, wird im Folgenden in zwei Bereichen betrachtet: Lerngelegenheiten für mathematisches Lernen bieten sich im Alltag und in Spielsituationen. Aufgabe der Erziehenden ist es, diese Gelegenheiten als gewinnbringend für mathematisches Lernen zu erkennen und zu nutzen bzw. gegebenenfalls sowohl im Alltag als auch im Spiel (s. Kapitel 2.4.3) gezielt für mathematische Lernanregungen zu sorgen (vgl. VAN OERS 2004; GINSBURG, ERTLE 2008; Kapitel 2.4.1).

‚Mathematik im Alltag' meint dabei nicht, lediglich die Situationen im Mittelpunkt des Lernens zu sehen, die sich das Kind mehr oder weniger zufällig in natürlichen Lernprozessen selbst erschließt, sondern im Sinne DEWEYS (1938) ganz bewusst die natürlichen Lerngelegenheiten des Kindes weiterzuentwickeln:

„... finding the material for learning within experience is only the first step. The next step is the progressive development of what is already experienced into a fuller and richer and also more organized form, a form that gradually approximates that in which subject-matter is presented to the skilled, mature person." (DEWEY 1938, S. 48)

VAN OERS (2004) betont in diesem Zusammenhang die Notwendigkeit, „angemessene Hilfsmittel für Kinder bereitzustellen, die ihnen eine optimale Teilnahme an kulturellen Aktivitäten ermöglichen" (S. 318). Um anschlussfähiges Lernen garantieren zu können, ist es darüber hinaus von großer Bedeutung, „bis zu einem gewissen Grad über die Grenzen des Alltagsverständnisses" hinauszugehen, um folgerichtiges Denken und Handeln auch „ohne den stützenden Rahmen vertrauter Ereignisse" anzubahnen (DONALDSON 1991, S. 91; vgl. auch NAEYC, NCTM 2002).

Im Folgenden werden – aufgegliedert nach den von STEINWEG beschriebenen Erfahrungsbereichen Zahl und Struktur, Raum und Form, Maße und Zeit sowie Daten und Zufall (STEINWEG 2008, S. 147; 2007) – einige Beispiele für mathematisches Lernen im Alltag von Kindertagesstätten im oben beschriebenen Sinne genannt. Gerade das Verknüpfen von Alltagserfahrungen mit Erfahrungen, die in Bildungsinstitutionen gesammelt werden, und das Aufgreifen von Kompetenzen, die Kinder außerhalb der Bildungseinrichtung erwerben, können zur Qualitätssteigerung von institutioneller mathematischer Bildung beitragen (vgl. GRASSMANN, KLUNTER, KÖHLER, MIRWALD, RAUDIES 2005, S. 5). In Kapitel 2.4.3 folgen Beispiele für mathematische Lerngelegenheiten im Spiel.

Im Erfahrungsbereich Zahl und Struktur bieten sich in alltäglichen Situationen in den Kindertagesstätten zahlreiche Lerngelegenheiten. Zählfähigkeiten können die Kinder z.B. entwickeln, wenn jeden Morgen die Kinder in der Gruppe gezählt werden, wenn beim Tischdecken überlegt wird, wie viele Teller benötigt werden, wenn die Geburtstagskerzen gezählt werden oder wenn bei sportlichen Aktivitäten ermittelt wird, wie oft ein Kind z.B. auf einem Bein hüpfen kann. Dabei gewinnen die Kinder Sicherheit in der Zahlwortreihe und auch im resultativen Zählen (vgl. Kapitel 1.4). Die Zahlwortreihe kann zudem durch Abzählverse, Reime oder Lieder gefestigt werden. Auch das Rückwärtszählen wird in manchen Kindertagesstätten z.B. im Zusammenhang mit einem Countdown, der ein Ereignis ankündigt, praktiziert. Eine Vorstellung von Mengen, Vergleichen und Schätzen wird durch Fragestellungen, wie z.B. ‚Haben wir genug Gummibärchen für alle Kinder?', ‚Wie viele Perlen könnten in dem Glas sein?', ‚Wer hat die längere Schlange aus Bausteinen gelegt? Wie können wir das feststellen?' geschult. Ein erstes Verständnis für Strukturen und somit auch für Teil-Ganzes-Beziehungen entwickelt sich durch rhythmisches Zählen (gegebenenfalls verbunden mit Bewegungen), durch Aufsuchen von Mustern in der Umwelt, z.B. Fensteranordnungen im Kindergartengebäude, Schokoküsse in der Schachtel, durch bewusstes Betrachten der durch Finger dargestellten Zahlen und beim Versuch, Mengen auf einen Blick zu erkennen (z.B. Apfelschnitze auf dem Teller, Würfelbilder). Im Alltag sammeln Kinder auch schon erste Erfahrungen mit den Rechenoperationen, z.B. beim gerechten Teilen, wenn etwas aufgebraucht wird, wenn Gruppen gebildet werden. Hier bieten sich Fragen bzw. Äußerungen an, wie z.B. ‚Wie viele Gummibärchen brauchen wir noch, damit jeder eines bekommt?', ‚Drei Kinder sind schon in der Kuschelecke, jetzt dürfen nur noch zwei dazu', ‚Von den sechs Äpfeln haben wir schon drei aufgegessen.'

Auch der Erfahrungsbereich Raum und Form eröffnet viele Gelegenheiten für mathematisches Lernen im Alltag. Dies beginnt bereits beim Zurechtfinden im

Kindergarten-Gebäude oder beim Erklären von Wegen. Das Beschreiben der Lage oder des Standortes von gesuchtem Spielzeug, anderen Gegenständen oder Kindern ist ebenfalls eine geometrische Aktivität im Alltag. Dabei werden die Begriffe der räumlichen Lage (vgl. Kapitel 1.6.2) ‚links', ‚rechts', ‚oben', ‚unten', ‚hinter', u.a. verwendet. Die Kinder können auch einfache Lagepläne oder Schatzkarten zeichnen und versuchen, sich damit zurechtzufinden. In der Umwelt begegnen den Kindern unterschiedliche Formen, die bewusst gesucht und beschrieben werden können. Dazu gehören z.B. Verkehrsschilder, Fensterformen, Teller, Schachteln, Bälle und vieles mehr. Erste Erfahrungen zur Symmetrie sammeln Kinder unter anderem mit dem Spiegel bzw. mit Spiegelbildern und beim reflektierten Betrachten zahlreicher Alltagsgegenstände (z.B. Wippe, Besen, Flugzeug, Fußballfeld) oder Muster.

Mathematisches Lernen im Bereich Maße und Zeit erfolgt beispielsweise beim Messen der eigenen Körpergröße, beim Wiegen, beim Warten auf den Geburtstag oder darauf, am Ende eines Tages aus dem Kindergarten abgeholt zu werden. Auch die gemeinsamen Mahlzeiten eröffnen hier wieder Lerngelegenheiten: ‚Wie viele Gläser Saft können wir mit einer Flasche füllen? Passt der restliche Saft in der Flasche noch in ein Glas?' Viele Erfahrungen zum Wiegen oder zum Messen von Flüssigkeiten können beispielsweise beim Backen eines Kuchens gesammelt werden. Das Ordnen nach der Größe spielt gelegentlich beim Aufräumen eine Rolle – dabei werden zahlreiche direkte oder indirekte Vergleiche angestellt.

Auch der Zufall begegnet den Kindern bereits früh im Alltag und sie werden mit Darstellungen von Daten konfrontiert, wodurch sich wiederum mathematische Lerngelegenheiten ergeben. So eignen sich z.B. demokratische Entscheidungen gut dazu, Erkenntnisse über Diagramme oder Schaubilder anzubahnen. Strichlisten können dazu ebenso verwendet werden, wie z.B. Türme aus Legosteinen, die entstehen, indem jedes Kind, das sich für eine bestimmte Option (z.B. Ausflugsziel) entscheidet, den eigenen Stein auf den bereits von anderen Kindern mit der selben Präferenz begonnenen Turm steckt. Am Ende lässt sich das Abstimmungsergebnis auf einen Blick ablesen. Erfahrungen mit dem Zufall sammeln Kinder beim Würfelspiel oder beim Loseziehen (z.B. ‚Wie groß ist meine Chance, den Hauptgewinn zu bekommen? Kann ich das beeinflussen?'). Sie können beschrieben, mit denen anderer Kinder verglichen und durch Experimente systematisiert werden, was für das Weiterlernen gerade in diesem Bereich von großer Bedeutung ist (vgl. WOLLRING 1994).

Die hier genannten Beispiele und weitere Anregungen dieser Art finden sich z.B. in BARES, WUNDERLICH 2002; COPLEY 2006; GREENES 1999; HOENISCH, NIGGEMEYER 2004; KELLER, NOELLE MÜLLER 2007; MONTAGUE-SMITH 2002; MÜLLER, WITTMANN 2002; PETER-KOOP, GRÜSSING 2007; PETER-KOOP 2008;

STEINWEG 2006, 2007; TAYLOR 2001; VAN DEN HEUVEL-PANHUIZEN 2001; VAN DEN HEUVEL-PANHUIZEN, BUYS 2005; WUNDERLICH, BARES 2003.

2.4.3 Mathematik im Spiel

Die zweite Säule des hier beschriebenen Ansatzes früher mathematischer Bildung ist neben ‚Mathematik im Alltag‘ das Nutzen und Schaffen von Lerngelegenheiten im Spiel. Wenn im Folgenden von ‚Spiel‘ die Rede ist, wird darunter eine Beschäftigung im Sinne HUIZINGAS (1949) verstanden:

> „Summing up the formal characteristics of play we might call it a free activity standing quite consciously outside ‚ordinary‘ life as being ‚not serious‘, but at the same time absorbing the player intensely and utterly. ... It proceeds within its own proper boundaries of time and space according to fixed rules and in an orderly manner." (HUIZINGA 1949, S. 13)

FRÖBEL (1838) beschreibt das Wesen des Spiels ähnlich. Auch für ihn machen Freude, Freiheit und innere Gesetze das Wesen des Spiels aus (vgl. FRÖBEL 1838, S. 16). Nicht unter diese Beschreibungen von ‚Spiel‘ fallen Aktivitäten mit dem Ziel, Mathematik in Form von Rahmengeschichten und künstlichen Verpackungen streng angeleitet an Kinder heranzutragen, wie sie in Kapitel 2.3.1 beschrieben wurden. Ihnen fehlt durch die strengen Vorgaben das Element der Freiheit.

Diese Form des Lernens in und durch Spielsituationen entspricht den Grundprinzipien der Vorschulerziehung (vgl. WITTMANN 2004, S. 52; s. auch mathematisches Lernen bei FRÖBEL, Kapitel 2.1.1):

> „Die von den Erzieherinnen ausgewählten Aktivitäten sollten dem Entwicklungsstand der Kinder angemessen sein und sie dazu anregen, ihre Umwelt aktiv zu erkunden. ... Qualitativ hochwertige Programme in diesem Sinne zeichnen sich dadurch aus, dass den Kindern verschiedene Spielumfelder zur Verfügung gestellt werden, in die die Erzieherinnen aktiv eingreifen, um das Spiel der Kinder zu erweitern, den Kindern geholfen wird, es auszuarbeiten und insgesamt der Spielraum der Kinder wenig eingeengt wird." (KUNZE, GISBERT 2007, S. 46)

Auch mathematische Lerngelegenheiten im Spiel lassen sich den oben zur Systematisierung verwendeten Erfahrungsbereichen zuordnen. Lernerfahrungen im Bereich Zahl und Struktur machen Kinder bereits bei jeglicher Art von Würfelspiel, wenn der normale Spielwürfel mit den Punktbildern von eins bis sechs zum Einsatz kommt und nicht stattdessen Farb- oder Symbolwürfel verwendet werden. Die Kinder lernen die Würfelbilder zu erkennen, sehen darin im Idealfall bereits Zahlzerlegungen (‚Die sechs, das sind drei und drei.‘), sie zählen beim Vorwärtsbewegen des Spielsteins, achten dabei auf die Eins-zu-Eins-Zuordnung und können gegebenenfalls vielleicht sogar in Zweierschritten vorwärts ziehen. Die Verbesserung des Zahlverständnisses durch das Spielen von Würfelspielen konnte sogar in Untersuchungen gezeigt werden (vgl. SIEGLER, RAMANI 2008). Darüber hinaus gibt es zahlreiche Spielideen, die gezielt für die frühe mathematische Bildung entwickelt wurden. Dazu gehört z.b. ‚Räuber und Goldschatz' (MÜLLER, WITTMANN 2002): Auf dem Spielplan ist die Zahlenreihe von 1 bis 20 abgebildet. Auf das Feld 10 kommt ein Schatz. Zwei Spieler würfeln abwechselnd und versuchen den Schatz in ihre Höhle (das Feld 1 für einen Spieler, das Feld 20 für den anderen Spieler) zu bekommen. Je nach Entwicklungsstand wird beim Vor- und Zurücksetzen gezählt oder der Stein kann durch simultanes Erfassen versetzt werden. Durch die notierten Ziffern auf den Zahlenfeldern werden zudem Ziffernkenntnis und die Zählreihenfolge vorwärts und rückwärts geschult. Ein weiteres Beispiel für ein Spiel zum Bereich Zahl und Struktur ist ‚Edelsteine sammeln' (DOLENC, GASTEIGER, KRAFT, LOIBL 2005): Reihum zieht jeder Spieler seinen Spielstein je nach Würfelergebnis vorwärts. Gelangt man auf ein Feld mit einem Mengenbild, darf man sich eine entsprechende Anzahl an ‚Edelsteinen' nehmen. Wer am Ende die meisten Edelsteine hat, hat gewonnen. Bei diesem Spiel werden zusätzlich zu den oben genannten Fähigkeiten simultane Mengenerfassung, kardinales Zahlverständnis und resultatives Zählen geschult.

Eine Reihe weiterer Spielideen gibt es zu Mengenkärtchen mit strukturierten und unstrukturierten Mengenbildern. Als Strukturen können Fingerbilder, Würfelbilder oder andere geeignete Punktanordnungen genutzt werden. Blitzlesen, Stechen oder Zuordnungsspiele sind beispielsweise denkbar, wobei der Phantasie hier keine Grenzen gesetzt sind (z.B. COPLEY 2006; DOLENC, GASTEIGER, KRAFT, LOIBL 2005; MÜLLER, WITTMANN 2004; SENATSVERWALTUNG FÜR BILDUNG, WISSENSCHAFT UND FORSCHUNG 2008; WITTMANN, MÜLLER 2009). Diese Spielideen stellen eine exemplarische Auswahl zum Bereich Zahl und Struktur dar, die beliebig erweitert werden kann.

Spielideen zum Bereich Raum und Form schilderte bereits FRÖBEL (vgl. Kapitel 2.1.1). Hier ist natürlich an erster Stelle das freie und angeleitete Bauen mit Bausteinen zu erwähnen. Dabei gewinnen die Kinder Einsicht in die Beziehungen der Körperformen zueinander. Fehlt z.B. beim Bauen ein Würfel, kann er durch zwei geeignete Dreiecksprismen ersetzt werden oder anstelle eines Quaders mit quadratischer Grundfläche können auch zwei Würfel verwendet werden (vgl. VAN DEN HEUVEL-PANHUIZEN, BUYS 2005). Auch das Bauen nach Vorlage ist eine spielerische Lernaktivität, die bereits FRÖBEL mit seiner Idee der Lebensformen (vgl. Kapitel 2.1.1) vorschlug, die aber auch in aktuellen Veröffentlichungen zu früher mathematischer Bildung zu finden sind (STEINWEG 2007) und die ausgeweitet werden kann, indem zu selbst hergestellten Bauwerken Pläne gezeichnet werden (MONTAGUE-SMITH 2002). Im zweidimensionalen Raum gibt es Vorschläge zu ähnlichen Aktivitäten mit Formenplättchen. Das Erstellen von Mosaiken, einfache Parkettierungen und das Legen von Mustern, sowohl frei als auch nach Vorlagen, ermöglichen Erfahrungen zu den Flächenformen, deren Beziehungen zueinander und zu Symmetrien (z.B. COPLEY 2004b, 2006; MÜLLER, WITTMANN 2006; VAN DEN HEUVEL-PANHUIZEN, BUYS 2005; WITTMANN, MÜLLER 2009). Der Blick für Symmetrieeigenschaft wird auch in spielerischen Aktivitäten mit Spiegeln geschult (z.B. in KELLER, NOELLE MÜLLER 2007; MÜLLER, WITTMANN 2006; VAN DEN HEUVEL-PANHUIZEN, BUYS 2005; WALTER 2000) und weitere geometrische Lernerfahrungen zu Form und Symmetrie machen Kinder bei Faltaktivitäten (z.B. in KELLER, NOELLE MÜLLER 2007; MÜLLER, WITTMANN 2006; VAN DEN HEUVEL-PANHUIZEN, BUYS 2005; WITTMANN, MÜLLER 2009). Durch Varianten des Spiels ‚Ich sehe was, was du nicht siehst‘ (z.B. in TAYLOR 2001) üben sich Kinder im Erkennen und Beschreiben der Eigenschaften von Flächen und Körpern.

Im Bereich Maße und Zeit sammeln die Kinder Erfahrungen bei klassischen Kinderspielen wie z.B. Verstecken (Zeitmessung durch Zählen), beim Kaufladenspiel (Wiegen, Wertvergleiche) oder bei Spielen wie ‚Wie viele Schritte darf ich gehen?‘ (viele kleine Schritte sind vergleichbar mit weniger großen Schritten). Auch in freien Spielsituationen mit Themen, die sich die Kinder selbst suchen (z.B. ‚im Schuhladen‘), ergeben sich Lernsituationen, die durch geeignete Impulse der Erziehenden für mathematisches Lernen genutzt werden können (vgl. VAN OERS 2004, S. 322; COPLEY 2006, S. 131). Die Alltagserfahrungen (vgl. Kapitel 2.4.2) sind für den Bereich Maße und Zeit jedoch von größerer Bedeutung als Spielsituationen.

Viele Spiele können jedoch für den Bereich Daten und Zufall wichtige Lerngelegenheiten liefern. Bei Würfelspielen machen die Kinder Erfahrungen mit dem Zufall. Um diese leichter systematisieren zu können, eignen sich einfache Spiele, z.B.: Eine rote bzw. eine blaue Spielfigur darf jeweils weiterziehen, wenn rot bzw. blau gewürfelt wird. Verwendet man unterschiedliche ‚Würfel‘ (z.B. vier Seiten blau, zwei Seiten rot oder ein mit roten und blauen Flächen beklebtes Dreiecksprisma), können Kinder durch mehrfaches Würfeln im Spiel erfahren, dass die Wahrscheinlichkeit bestimmter Würfelergebnisse von der Form und Beschaffenheit des Zufallsgenerators abhängt. Spielsituationen können auch genutzt werden, um das Begriffsverständnis für unmögliche Ereignisse zu schulen (vgl. COPLEY 2006, S. 164).

Das Spiel ist für elementare mathematische Bildung im unter 2.4.1 geschilderten Verständnis besonders wichtig, weil es eine altersgemäße, angemessene Lernform darstellt und somit den natürlichen Bedürfnissen des Kindes entspricht:

„Die mathematische Bildung im Elementarbereich berücksichtigt unbedingt das Spiel als wichtigste Lernform des Kindes, dabei sollten gute Lernmaterialien aber mathematische Ideen in ihrer Substanz, ‚unverkleidet‘, darstellen und für Kinder sicht- und anfassbar werden lassen. Die Spielfreude und Motivation für mathematische Aktivitäten ergibt sich dann aus dem mathematischen Aspekt selbst" (FTHENAKIS, SCHMITT, DAUT, EITEL, WENDELL 2009, S. 60).

Gelingt es, mathematische Lerngelegenheiten in Alltag und Spiel zu schaffen und zu nutzen, so ist infolgedessen keine Sekundärmotivation erforderlich. Das mathematische Lernen erfolgt aufgrund der offenen Zugangsweisen natürlich differenziert (vgl. WITTMANN 2006, S. 558) und bietet Anregungen für Kinder mit besonderen Bedürfnissen, aber auch Herausforderungen für Kinder mit umfangreichem Vorwissen. Durch die Orientierung an zentralen Grundideen des Faches wird der Forderung nach Anschlussfähigkeit Rechnung getragen.

2.5 Zusammenfassung und Positionierung

Mathematischer Bildung im vorschulischen Bereich wurde im Verlauf der Geschichte unterschiedlich hohe Bedeutung beigemessen. Friedrich FRÖBEL entwickelte bereits im 19. Jahrhundert mathematisch gehaltvolle Beschäftigungsideen für Kinder mit geometrischen Materialien, die dem kindlichen Bedürfnis nach spielerischem Lernen entsprachen. Sie beeinflussten elementare Bildung weit über die Grenzen Deutschlands hinaus.

Die Notwendigkeit frühen mathematischen Lernens rückte in der zweiten Hälfte des 20. Jahrhunderts unter anderem aufgrund der Veröffentlichungen von Jean PIAGET zur Entwicklung mathematischen Lernens in verschiedenen Bereichen erneut in das Bewusstsein der für elementare mathematische Bildung Verantwortlichen. Verbunden mit der Zielvorstellung, Kinder bereits früh an die Naturwissenschaften und die Mathematik heranzuführen, um sie zukunftsfähig zu machen, und auch mit dem Gedanken, als Industrienation auf Dauer konkurrenzfähig zu bleiben, wurden zahlreiche Konzeptionen vorschulischen Mathematiklernens entwickelt, die die Arbeit mit Mengen und Logik der Beschäftigung mit Zahlen vorzogen. Bewusst wurde von *mathematischem* Lernen und *prä*numerischer Arbeit gesprochen. Aufgabenstellungen in dieser Tradition finden sich auch heute noch in einigen Veröffentlichungen zu elementarer mathematischer Bildung. Auf die Phase der strengen Fachorientierung folgte eine Periode, die Schwerpunkte der vorschulischen Bildungsarbeit wieder deutlich im pädagogischen Bereich setzte und jegliche fachliche Bildung eher zweitrangig sah.

Erst nach Veröffentlichung der ersten PISA-Ergebnisse begann die bis heute anhaltende Hochphase mathematischer (und auch anderer fachlicher) Bildung im vorschulischen Bereich. Für die Praxis zeigte sich dieser Trend zunächst in der Entwicklung von Bildungsplänen für den Elementarbereich, welche weitgehend auch mathematische Ziele beinhalten, sowie durch zahlreiche Veröffentlichungen mit Umsetzungsideen zu früher mathematischer Bildung für die Hand der Erziehenden. Die Bildungspläne, aber vor allem die Veröffentlichungen zur frühen mathematischen Bildung, unterscheiden sich deutlich, was die Rolle der Mathematik, theoretische Grundlagen und auch die Gestaltung von Lernsituationen für Kinder anbelangt. Die beiden Gegenpole bilden Konzeptionen, die natürliche Lernprozesse auf dem Hintergrund zentraler mathematischer Grundideen unterstützen bzw. in Gang bringen wollen, und Konzeptionen, die inhaltlich eng gefasste Lerneinheiten in Form von Programmen präsentieren. Letztere sind oftmals nicht in erster Linie mathematisch, sondern psychologisch, neurowissenschaftlich oder rein pädagogisch motiviert.

Über die Notwendigkeit, Kinder bereits frühzeitig in ihrem mathematischen Lernen zu unterstützen, besteht vor allem in Hinblick auf die bereits in Kapitel 1.7 angesprochene Heterogenität der Kinder weitgehend Einigkeit. Gerade Kinder, die in ihrem täglichen Umfeld keine oder wenig Anregungen für mathematisches Lernen erfahren, sind auf die Kompensation dieses Erfahrungsrückstands gegenüber Gleichaltrigen durch Anregungen in vorschulischen Einrichtungen angewiesen (s. z.B. DORNHEIM 2008, S. 237; FUSON, 1988, S. 57; HANY 1997, S. 391; STALLINGS, STIPEK 1986, S. 729; STERN 1998b, S. 112). Mathematischer Bildung im vorschulischen Bereich kommt somit eine große Bedeutung zu:

> „In environments in which exact quantification is frequently demanded, children are likely to pay more attention to numbers, to learn the number sequence sooner, and to count sets sooner. As a result, they will probably also quantify combination and increase-decrease situations sooner. If this is so, preschool programs can foster number-concept development mainly by providing many occasions and requests for quantification and by eventually tying these requests to situations of comparison, combination, and increase or decrease of quantities." (RESNICK 1989, S. 164)

Es bleibt die Überlegung, wie frühe mathematische Förderung idealerweise konzipiert sein soll. Diese Fragestellung ist für die Erziehenden von großer Relevanz, da Erfahrungswerte in der praktischen Arbeit und im Umgang mit Bildungsplänen im Moment noch weitgehend fehlen (vgl. 2.2.3).

Eine zentrale Forderung für mathematische Bildung im vorschulischen Bereich ist sicherlich die nach fachlicher Richtigkeit, auch wenn bzw. gerade weil mathematisches Lernen auf elementarer Ebene geschieht. Dies ist eine Grundvoraussetzung dafür, dass erworbenes Wissen und zentrale Kenntnisse anschlussfähig sind (s. BRUNER 1965, S. 23ff.; CLEMENTS 2004, S. 269).

Bezüglich der Art und Weise, wie mathematisches Lernen im vorschulischen Bereich initiiert werden kann, gilt es ebenfalls Position zu beziehen.

> „Problematisch ist es, Wissen bei Schülern vor allem dadurch erzeugen zu wollen, dass man sie als Lehrperson auf bestimmte Verstehens- und Lernpfade zwingt, wie dies in mikrostrukturell-linearen (fragend-entwickelnden) Unter-

richtsmustern, wo der individuelle Denkweg des Lehrers zum Lehrpfad für alle Lernenden gemacht wird, standardmäßig geschieht." (REUSSER 2006, S. 165) Insofern sollten Konzeptionen elementaren mathematischen Lernens den Kindern die Gelegenheit geben, in geeigneten Situationen entdeckend, auf ihren eigenen Wegen und im Austausch mit anderen zu lernen. Die Erziehenden sorgen für geeignete Lerngelegenheiten und unterstützen die Kinder in ihrem Lernprozess. Dieser Ansatz unterstützt nicht nur das Lernen mathematischer *Inhalte*, sondern darüber hinaus auch die Vernetzung des Wissens und mathematisches Denken, welches sich unter anderem durch Problemlöse- und Argumentationsfähigkeiten zeigt (vgl. BAROODY 2004). Das Nutzen von Alltagssituationen und das kindliche Spiel im in Kapitel 2.4 beschriebenen Sinne bieten sich für mathematisches Lernen dieser Ausrichtung im vorschulischen Bereich an (vgl. BENIGNO, ELLIS 2004; TUDGE, LI, KINNEY STANLEY 2008; GINSBURG, INOUE, SEO 1999; Kapitel 2.4).

Gilt es, Kinder bereits vor Schuleintritt ihren individuellen Kompetenzen und Voraussetzungen gemäß bestmöglich mathematisch zu fördern, so ist aus diesen Gründen der in Kapitel 2.4 geschilderte Ansatz, natürliche Lernsituationen zu nutzen, bewusst zu machen und für weitere gehaltvolle Lernanregungen zu sorgen, Trainings- oder Lernprogrammen eindeutig vorzuziehen. Wie bereits in 1.7 erwähnt, verlangt die Forderung nach optimaler Förderung der Kinder bereits vor Schuleintritt einiges an Kompetenzen bei den Erziehenden. Um das mathematische Lernen der Kinder in Spiel- und Alltagssituationen initiieren, begleiten und unterstützen zu können, brauchen sie einen guten Überblick über die Voraussetzungen jedes einzelnen Kindes und über mögliche nächste Schritte. Es folgen deshalb ein Überblick zum aktuellen Forschungsstand zur Kompetenzdiagnostik im vorschulischen Bereich und eine Diskussion konkreter diagnostischer Maßnahmen und Methoden zur Ermittlung der Lernausgangslage der Kinder.

3. Kompetenzdiagnostik als Ansatzpunkt für die Weiterentwicklung mathematischer Fähigkeiten

„ Wir ... versuchen nicht zu entdecken, wie das Kind wurde, was es ist, sondern wie es werden kann, was es noch nicht ist. "
Alexej N. Leontjew, mündliche Aussage zitiert nach Urie Bronfenbrenner 1981, S. 57

Die in Kapitel 2 geschilderte Entwicklung der Bildungspläne und die vorgestellten Ansätze zur elementaren Mathematik haben zum Ziel, alle Kinder – unabhängig von ihren Vorkenntnissen – frühzeitig mit mathematischen Inhalten vertraut zu machen, die durch schulische Arbeit möglichst ohne Brüche ausgebaut werden können.

Darüber hinaus ist in den vergangenen Jahren vermehrt das Bemühen erkennbar, grundlegende mathematische Fähigkeiten und Fertigkeiten zu identifizieren, die eine Vorhersage von Rechenschwierigkeiten bereits im Vorschulalter ermöglichen (z.b. DORNHEIM 2008; KRAJEWSKI, SCHNEIDER 2006; KRAJEWSKI 2003; WEISSHAUPT, PEUCKER, WIRTZ 2006; WEINERT, STEFANEK 1997). Man erhofft sich, durch das Verstehen der Ursachenzusammenhänge bereits frühzeitig und vorbeugend Fördermaßnahmen ergreifen zu können. Eine Voraussetzung dafür ist es jedoch, die Kompetenzen des Kindes im Einzelfall zu kennen, um entscheiden zu können, ob ein Kind potentiell gefährdet ist, später rechenschwach zu werden. Die frühe Diagnose von Defiziten rückt also in den Mittelpunkt. Dadurch ergibt sich ein weiterer Ansatzpunkt für frühe mathematische Bildung: Während oben (vgl. Kapitel 2.5) die Position bezogen wurde, alle Kinder mit elementarmathematischen Aktivitäten zu fördern, die am Fach Mathematik orientiert sind und den Anforderungen natürlichen, aktiv-entdeckenden und ko-konstruktiven Lernens entsprechen, ist mathematische Bildung hier in erster Linie durch die frühzeitig erkannten Defizite einzelner Kinder und dem Ziel, präventiv zu wirken, motiviert. In diesem Zusammenhang werden in der Literatur die beiden Begriffe „Vorläuferfähigkeiten" und „Risikokinder" verwendet (z.B. CLARKE, CLARKE, GRÜSSING, PETER-KOOP 2009; DORNHEIM 2008; KRAJEWSKI, SCHNEIDER 2006; LORENZ 2005b, 2005d; PETER-KOOP, GRÜSSING 2006; SCHIPPER 2007). Unter „Vorläuferfähigkeiten" versteht man vorschulische Fähigkeiten, „die für einen erfolgreichen Erwerb der Grundschulmathematik bedeutend sind" (KRAJEWSKI 2008a, S. 360). Mit dem Begriff ,Risikokinder' werden alle Kinder bezeichnet, die eben diese ,Vorläuferfähigkeiten' und Dispositionen nicht aufweisen und infolgedessen als gefährdet gelten, zu einem späteren Zeitpunkt Schwierigkeiten beim Mathematiklernen zu bekommen.

Diagnoseinstrumente, die möglichst genaue Aussagen über den Leistungsstand des Kindes ermöglichen, sind infolgedessen unabdingbar, um Kinder identifizieren zu können, die bereits vor Schuleintritt spezifische mathematische Förderung benötigen.

Im Folgenden wird zunächst kurz der Forschungsstand zur Vorhersage von Rechenschwächen geschildert, bevor verschiedene Diagnoseinstrumente und -verfahren hinsichtlich ihrer Eignung und Leistungsfähigkeit in Bezug auf frühe mathematische Bildung und frühe Diagnose reflektiert werden.

3.1 Vorhersage von Rechenschwierigkeiten

Der in diesem Kapitel beschriebene Ansatz elementarer mathematischer Bildung verfolgt die Argumentationslinie, dass frühe Diagnose dazu dient, Unterstützungsbedarf zu erkennen, um etwaige Defizite auszugleichen und Schwierigkeiten beim Erlernen von Mathematik gar nicht erst entstehen zu lassen (vgl. GRÜSSING 2006, S. 123; KRAJEWSKI 2008a; KRAJEWSKI, SCHNEIDER 2006; FRITZ, RICKEN 2005).

Dazu ist es notwendig, die als grundlegend erachteten mathematischen Fähigkeiten zu kennen, „die entscheidende ‚Nadelöhre' für Wissensaneignung darstellen, bei deren Ausfall die Entwicklung von Rechenstörungen wahrscheinlich ist" (FRITZ, RICKEN 2005, S. 6). Ein Überblick über so genannte ‚Prädiktoren' für Rechenleistung ist zudem hilfreich für die Beurteilung von Diagnoseinstrumenten bezüglich ihrer Verwendungseignung.

3.1.1 Komponenten mathematischen Vorwissens mit prädiktiver Funktion

In den letzten Jahren wurden vermehrt Studien veröffentlicht, die bestätigen, dass mathematisches Vorwissen im Vorschulalter spätere Mathematikleistungen besser vorhersagen kann als beispielsweise Intelligenz allein (LOGIK- und SCHOLAS-TIK-Studie: Ergebnisse z.B. in WEINERT, HELMKE 1997 und STERN 1998a; KRAJEWSKI 2003; DORNHEIM 2008; WEISSHAUPT, PEUCKER, WIRTZ 2006).

Dem vorschulischen mathematischen Wissen schreibt man daher eine zentrale Rolle bei der Vorhersage von späteren Rechenschwierigkeiten zu. Dabei gilt es jedoch zu bedenken, dass – falls man Ergebnisse einer frühen Diagnose dieses vorschulischen mathematischen Wissens zum Ausgangspunkt mathematischer Förderung machen will – ein breiter fachdidaktischer und entwicklungspsychologischer Konsens darüber notwendig ist, *welche* Kompetenzen im frühen Kindesalter für erfolgreiches Mathematiklernen ausschlaggebend sind.

Die Untersuchungen zur Vorhersage von Rechenschwächen unterscheiden sich allerdings zum Teil gravierend in den konkreten Aufgabenstellungen bzw. in der

Systematik, in der die Prädiktoren für Rechenleistung klassifiziert werden. So sind die Bezeichnungen der Prädiktoren nicht immer selbsterklärend. Bei verschiedenen Untersuchungen werden z.b. unter ‚Zahlenvorwissen' jeweils unterschiedliche Teilkompetenzen subsummiert. Auch wurden bislang eher isolierte Fertigkeiten als potentielle Prädiktoren betrachtet und weniger die Wechselwirkungen, Zusammenhänge und Abhängigkeiten einzelner Fähigkeiten untersucht (vgl. auch FRITZ, RICKEN 2005, S. 23).

Die Tabelle 3.1 gibt einen Überblick über die Aufgabenstellungen, die in verschiedenen Untersuchungen zur Vorhersage von Rechenleistung und Rechenschwierigkeiten verwendet wurden. Die LOGIK-Studie wurde mit aufgenommen, obwohl es sich dabei nicht um eine Untersuchung zur Vorhersage von Rechenschwierigkeiten handelt. Der Fokus dieser Studie liegt auf der Entwicklung der mathematischen Kompetenzen vom Kindes- bis zum frühen Erwachsenenalter. Daraus resultieren aber erste Erkenntnisse über die Rolle des Vorwissens in der Leistungsentwicklung. Für die Erhebung des mathematischen Vorwissens wurde bei der LOGIK-Studie im Wesentlichen auf Aufgabenstellungen einer Untersuchung von Voigt (1983) zurückgegriffen (vgl. STERN, SCHNEIDER 1989, S. 14), die Veröffentlichung einiger Aufgabenstellungen erfolgte auch in STERN 1998b.

Die Systematisierung der Aufgabenstellungen in der Übersicht erfolgt nach den in Kapitel 1 beschriebenen Erkenntnissen zur mathematischen Entwicklung und den dort verwendeten Begrifflichkeiten. Es fällt auf, dass einige Aufgaben in allen oder fast allen Untersuchungen gestellt wurden (z.B. Invarianz oder Kenntnis der Zahlwortreihe), andere aber nur in jeweils einer oder zwei Untersuchungen zum Einsatz kamen (z.B. Münzenkenntnis, Teil-Ganzes, Ordnungszahl). Bei der Diskussion der Ergebnisse der jeweiligen Studien ist in der Regel nur mehr von mathematischem Vorwissen als Prädiktor die Rede, je nach verwendeten Aufgabenstellungen setzt sich dieses aber ganz unterschiedlich zusammen. Auch werden gleiche bzw. inhaltlich ähnliche Aufgabenstellungen in verschiedenen Untersuchungen mit unterschiedlichen Begriffen benannt, was die Vergleichbarkeit auf den ersten Blick erschwert.

Insofern dient die Grundinformation über die Aufgabenstellungen einer besseren Interpretierbarkeit der Ergebnisse und einer genaueren Identifikation der Fähigkeiten und Fertigkeiten, die generell zur Vorhersage von Rechenschwierigkeiten zum Einsatz kommen.

	LOGIK-Studie	Krajewski 2003	Krajewski, Schneider 2006	Weißhaupt, Peucker, Wirtz 2006	Dornheim 2008
Invarianz (im Sinne Piagets, vgl. Kap. 1.3.1)		x	x	x	(unspezifisches Vorwissen)
Seriation		Einreihen einer Punktmenge/Blume	Einreihen einer Punktmenge	Ordnen von Elementen nach der Länge	(unspezifisches Vorwissen)
Zahlwortreihe vorwärts, rückwärts; weiterzählen		x	x ohne weiterzählen	x	x + Zählen in Schritten
Vorgänger/Nachfolger		x	x		
Mengenvergleich	x durch Eins-zu-Eins-Zuordnung	x Eins-zu-Eins-Zuordnung oder zählen	x Eins-zu-Eins-Zuordnung oder zählen	x*	
resultatives Zählen/Kardinalzahlverständnis				x	x geordnet/ungeordnet
Ordnungszahlen				x	x
Zifferndarstellung		Zahlwort-Zifferzuordnung; Ziffern verbinden, schnell lesen	Zahlwort-Zifferzuordnung *		Zahlen lesen, schreiben („Zahlsymbol-Vorw.")
Münzenkenntnis		x (+Wertvergleich)	x*		
Simultanerfassung, Quasisimultanerfassung	Mengen mit 2 bis 8 Elementen	Würfelbilder bis 6 („Zahlenspeed")		Mengen mit 2 bis 4 Elementen*	Würfelbilder (eines/zwei gleichzeitig); linear präsentierte, ungeordnete Mengen
Teil-Ganzes-Schema				eine/keine Teilmenge konkret gegeben	
Addition/Subtraktion mit Zählen		x		x	x
Addition/Subtraktion ohne Zählen		x		x	x

Tabelle 3.1: Überblick über die Aufgabenstellungen der Untersuchungen zur Prädiktionsforschung

---

* Diese Aufgaben wurden Kindern gestellt, sie wurden für die Analysen zur Ermittlung der Prädiktoren in der jeweiligen Untersuchung aber nicht herangezogen.

3.1.2 Begriffsklärung und Positionierung

In der Übersicht (Tabelle 3.1) wird ersichtlich, dass Untersuchungen zur Prädiktionsforschung teilweise sehr ähnliche Aufgabenstellungen verwenden. In der Regel werden die erhobenen Einzelfertigkeiten zur Analyse in größere Bereiche gruppiert, die dann wiederum zur Vorhersage verwendet werden. Beim Vergleich der
verschiedenen Untersuchungen gilt es zu beachten, dass zur Beschreibung dieser
Bereiche unterschiedliche Begriffe Verwendung finden, die im Folgenden kurz
analysiert werden (vgl. dazu auch GASTEIGER 2007, S. 13f.).

KRAJEWSKI (2003) spricht von der Prädiktorenwirkung vor allem des *Zahlen-
Vorwissens*, aber auch des *Mengen-Vorwissens* (vgl. S. 211ff.), wobei dem Zahlen-
Vorwissen z.B. auch die Ziffernkenntnis, die Münzenkenntnis und die Aufgaben
zur Addition und Subtraktion zugeordnet werden. KRAJEWSKI und SCHNEIDER
(2006) strukturierten die Aufgabenstellungen von 2003 auf der Basis eines Entwicklungsmodells neu. Die Prädiktoren werden nun mit „numerischen Basisfertigkeiten" (Zahlwortreihe, Vorgänger-Nachfolger, Ziffern- und Münzkenntnis) und
„Invarianz-Anzahl-Konzept" (Invarianz, Mengenvergleich, Seriation) benannt
(KRAJEWSKI, SCHNEIDER 2006, S. 252) und die Aufgaben, die dem mathematischen Vorwissen zugeordnet wurden, reduzieren sich deutlich (vgl. Tabelle 3.1).
Die numerischen Basisfertigkeiten haben eine gute Vorhersagekraft für die Ergebnisse der Invarianz-Anzahl-Aufgaben, die wiederum einen großen Anteil der Varianz der Mathematikleistungen in der Grundschule erklären.

WEISSHAUPT, PEUCKER und WIRTZ (2006) geben zehn Komponenten mathematischen Vorwissens an, die sie in *mengenbezogenes* und *zahlbezogenes Vorwissen* gliedern (vgl. PEUCKER, WIRTZ 2006, S. 238ff.). Für die Vorhersage der Ma-
thematikleistung wurden in der Darstellung der Untersuchungsergebnisse allerdings
nur die „zahlbezogenen" Komponenten des Vorwissens verwendet (vgl. PEUCKER,
WIRTZ 2006, S. 240). Darunter werden jedoch auch Aufgaben zum Kardinalzahl-
verständnis, zum Teil-Ganzen und zu Addition und Subtraktion gefasst, die durchaus einen Bezug zu Mengen haben. Insofern ist das ‚zahlbezogene' Vorwissen von
WEISSHAUPT, PEUCKER und WIRTZ (2006) nicht mit den ‚numerischen Basisfähigkeiten' bei KRAJEWSKI und SCHNEIDER (2006) gleichzusetzen.

DORNHEIM (2008) untergliedert die spezifischen Prädiktoren in *Zahlen-
Vorwissen* und *Zahlsymbol-Vorwissen*. Unter ‚Zahlen-Vorwissen' fasst sie – anders
als KRAJEWSKI (2003) – das Ordinalzahlkonzept, das sich an verbalen Zählfertig-
keiten festmacht, das Anzahl- und Kardinalzahlkonzept und die Integration beider
Konzepte im Teil-Ganzes-Konzept, welches auch die Rechenoperationen beinhaltet
(vgl. DORNHEIM 2008, S. 256). Dem so definierten Zahlen-Vorwissen kommt bei
DORNHEIM (2008) die bedeutende Rolle bei der Vorhersage von Rechenleistung
zu. Das Zahlsymbol-Vorwissen hat dabei eine vergleichsweise geringe Bedeutung

(s. DORNHEIM 2008, S. 361). Aufgaben zu Invarianz, Eins-zu-Eins-Zuordnung und Seriation führt DORNHEIM (2008) als unspezifische Prädiktoren, die „weniger für die Prädiktion geeignet sind als die Aufgaben des zahlbezogenen Vorwissens" (S. 383).

Die Zusammenschau der einzelnen Untersuchungen zu dieser Thematik zeigt, dass, obwohl alle genannten Autoren dem mathematischen Vorwissen in Bezug auf die spätere Rechenleistung eine beträchtliche Rolle zuweisen, eine differenzierte Einschätzung der einzelnen Untersuchungen sinnvoll ist. Dies gebietet sich gerade in Hinblick auf die Förderung, die ja letztlich im Fokus steht:

„Um gezielte Förderungen bereits im Vorschulalter durchführen zu können, scheint es jedoch sinnvoll, das Mengen- und Zahlenwissen differenzierter zu betrachten." (FRITZ, RICKEN 2005, S. 23)

Die einzelnen Bereiche des Zahlen-Vorwissens im Verständnis von DORNHEIM (2008) werden im Fortgang dieser Arbeit aufgrund der klaren Verwendung der Begriffe, die sich auch auf mathematikdidaktische Erkenntnisse bezieht, und der Detailgenauigkeit in der Auswertung ihrer Untersuchung als Hintergrundinformation für grundlegendes Vorwissen mit Prädiktionsfunktion genommen.

Von der Verwendung des Begriffs ‚Vorläuferfähigkeiten' wird Abstand genommen, da mathematische Entwicklung als Kontinuum gesehen wird, das mit den ersten Lebenstagen beginnt (vgl. Kapitel 1) und das nicht zielgerichtet auf mathematisches Lernen in der Grundschule erfolgt. Betrachtet man die als ‚Vorläuferfähigkeiten' bezeichneten Kompetenzen (vgl. Tabelle 3.1), so zeigen sich mit der Zählfähigkeit und dem Mengenverständnis grundlegende mathematische Kompetenzen, die ungeachtet der schulischen Anforderungen von großer mathematischer Bedeutung sind und deshalb nicht allein ‚Vorläufer'-Funktion haben (vgl. dazu auch STEINWEG 2008, S. 144).

Zusammenfassend lässt sich feststellen, dass die Prädiktionsforschung die Erfassung des Lernstandes von Kindern in ein neues Licht rückt. Vor allem in Hinblick auf präventive Maßnahmen scheint es notwendig, sich über die Entwicklung mathematischer Kompetenzen der Kinder einen detaillierten Überblick zu verschaffen. Dazu sind unterschiedliche Verfahren von normierten Tests über förderdiagnostische Interviews bis hin zu alltäglicher Beobachtung denkbar. Die verschiedenen Methoden und Verfahren werden im Folgenden mit konkreten Beispielen beschrieben und im Anschluss diskutiert.

3.2 Normierte Testverfahren

Eine Möglichkeit, den Leistungsstand einzelner Kinder zu erfassen, bieten normierte Tests. Während es für den Schulbereich bereits seit einiger Zeit eine Vielzahl von Testverfahren gibt (Übersicht z.B. in JACOBS, PETERMANN 2003, S. 207), ist die Auswahl an normierten Testverfahren zur Ermittlung des mathematischen Entwicklungsstandes im Vorschulalter deutlich geringer (WEINERT, DOIL, FREVERT 2008, S. 138ff.). Im Folgenden werden mit dem Osnabrücker Test zur Zahlbegriffsentwicklung (VAN LUIT, VAN DE RIJT, HASEMANN 2001), dem TEDI-MATH (KAUFMANN, NUERK, GRAF, KRINZINGER, DELAZER, WILLMES 2009) und dem Hamburger Rechentest (LORENZ 2005b) drei auf unterschiedlichen Grundlagen erarbeitete Tests vorgestellt. Auch wenn die Hauptzielsetzung bei diesen Verfahren in der Regel die Früherkennung von Kindern mit spezifischen, für das mathematische Lernen bedeutsamen Schwierigkeiten ist, unterscheiden sich die Testverfahren teilweise deutlich in ihren Aufgabenstellungen und auch in ihren Einsatzmöglichkeiten.

3.2.1 Osnabrücker Test zur Zahlbegriffsentwicklung (OTZ)

Kurzbeschreibung

Der Osnabrücker Test zur Zahlbegriffsentwicklung (VAN LUIT, VAN DE RIJT, HASEMANN 2001) wurde in den Niederlanden erarbeitet und dort mit einer Versuchsgruppe von 823 Kindern von viereinhalb bis sieben Jahren zum Zwecke der Normierung erprobt. Die übersetzte Version wurde in Deutschland mit 330 Kindern durchgeführt, um die Normwerte anzupassen.

Dabei handelt es sich um eine Zusammenstellung von 40 Aufgaben, die Kindern in einer Einzeltestsituation, unterstützt mit Lege- und Bildmaterial, mündlich gestellt werden. Der Test liegt in zwei Versionen (A und B) vor und die Durchführungszeit ist mit ca. 30 Minuten angegeben.

Die Aufgaben lassen sich den acht Inhaltsbereichen qualitatives Vergleichen, Klassifizieren, Eins-zu-Eins-Zuordnungen herstellen, Reihenfolgen erkennen, Zahlwörter gebrauchen, Zählen mit Zeigen, Zählen ohne Zeigen und einfaches Rechnen zuordnen (HASEMANN 2004, S. 65), wobei im Gesamttest jeweils fünf Aufgabenstellungen zu jedem Inhaltsbereich zum Einsatz kommen. Im Folgenden werden einige Aufgaben näher beschrieben.

In den Inhaltsbereichen Vergleichen, Klassifizieren, Reihenfolgen erkennen und auch Eins-zu-Eins-Zuordnen ist ein Großteil der Aufgaben ‚pränumerisch‘ (Begriffsklärung s. 2.1.2) und folgt teilweise der Tradition der Aufgabenstellungen von Piaget (vgl. Kapitel 1.3.1; HASEMANN 2004, S. 65):

Die Aufgaben zum Vergleichen fragen nach den Relationsbegriffen ‚höher‘, ‚dicker‘, ‚weniger‘, ‚am niedrigsten‘ und ‚am wenigsten‘: z.B. „Hier siehst du Männer. Zeige auf den Mann, der dicker ist als dieser Mann“ (VAN LUIT, VAN DE RIJT, HASEMANN 2001, S. 15). Beim Klassifizieren geht es um Aufgabenstellungen wie z.B. „Sieh dir diese Bilder an. Was kann nicht fliegen?“ oder „Hier siehst du

Menschen. Zeige auf alle Menschen, die eine Tasche, aber keine Brille tragen"
(VAN LUIT, VAN DE RIJT, HASEMANN 2001, S. 15). Aufgaben zur Seriation prüfen
die Fähigkeit, Reihenfolgen zu erkennen bzw. nach Reihenfolgen zu ordnen: z.b.
„Hier siehst du Stapel mit Brotscheiben in einer Reihe mit immer weniger Schei-
ben. Dieser Stapel mit Brotscheiben gehört irgendwo in die Reihe hinein. Zeige
doch mal die Stelle, wo dieser Stapel in der Reihe hingehört" (VAN LUIT, VAN DE
RIJT, HASEMANN 2001, S. 17). Zum Eins-zu-Eins-Zuordnen gibt es Aufgabenstellungen, die eher zum Zählen führen, z.b. „Du hast eine Vier gewürfelt. Kannst du
die gleiche Anzahl von Holzwürfeln auf den Tisch legen?", und Aufgabenstellungen, die eine direkte Eins-zu-Eins-Zuordnung von je zwei Elementen nahelegen,
z.b. „Hier siehst du drei Bilder mit Hühnern und Eiern. Kannst du das Bild finden,
in dem jedes Huhn jeweils ein Ei gelegt hat? Du darfst Linien zeichnen" (VAN
LUIT, VAN DE RIJT, HASEMANN 2001, S. 16). Es ist den Kindern jedoch freigestellt,
ob sie die Aufgaben mit Hilfe des Zählens oder mit einer anderen Strategie lösen
(vgl. HASEMANN 2008, S. 50).

Die Aufgaben zum Zählen erfordern Kenntnis der Zahlwortreihe sowie die Fähigkeit weiterzuzählen und das Zählen in Schritten. Zudem wird resultatives Zählen
geordneter und ungeordneter Mengen geprüft, ohne dass auf die Würfel gezeigt
werden darf (z.b. „Wie viele Würfel liegen hier?"), und so, dass das Verschieben
oder das Zeigen auf die Elemente erlaubt ist („Zeige auf die Würfel und zähle sie.")
(VAN LUIT, VAN DE RIJT, HASEMANN 2001, S. 17f.).

Bei den Aufgaben zum einfachen Rechnen können die Kinder in der Regel die
einzelnen Elemente nachzählen. Es wird z.b. gefragt: „Ein Bauer hat acht Hühner.
Er kauft noch zwei Hühner. Wie viele Hühner hat der Bauer jetzt? Zeige auf den
Kasten mit der richtigen Anzahl von Hühnern" (VAN LUIT, VAN DE RIJT, HASE-
MANN 2001, S. 19).

Von den 40 Aufgaben der Testversion A erfordern 13 Aufgaben keinen Umgang mit Zahlwörtern oder Zahlen, sondern in erster Linie andere Kompetenzen
wie Sortieren, Ordnen, Zuordnen oder Vergleichen. Vergleicht man die Aufgabenstellungen mit den Aufgabenstellungen zum als prädiktiv geltenden Zahlen-
Vorwissen nach DORNHEIM (vgl. 3.1; DORNHEIM 2008, S. 286ff.), so lässt der OTZ
Aufgabenstellungen zur Simultan- bzw. Quasisimultanerfassung weitgehend vermissen (eine Aufgabe dieser Art ist unter ‚Zählen ohne Zeigen' zu finden). Die bei
DORNHEIM (2008) unter unspezifischem Vorwissen geführten, weniger für die
Vorhersage von Rechenleistung geeigneten Aufgabenstellungen zur Seriation, In-
varianz und zum Verständnis der Vergleichswörter (vgl. 3.1; DORNHEIM 2008,
S. 293ff, S. 383) sind jedoch mit weiteren ‚pränumerischen' Aufgaben Bestandteil
der 40 Testaufgaben des OTZ.

Einsatzmöglichkeiten und Zielsetzung

Die Testkonzeption lässt auf eine „eindimensionale Variable im Hinblick auf die frühe Zahlbegriffsentwicklung" schließen (VAN LUIT, VAN DE RIJT, HASEMANN 2001, S. 8). Durch diesen Test kann infolgedessen der Stand der Zahlbegriffsentwicklung eines Kindes ermittelt werden, indem die Leistung des Kindes mit einer Normgruppe gleichaltriger Kinder verglichen wird. Es erfolgt eine Zuweisung zu Niveaus der Zahlbegriffsentwicklung mit Hilfe einer fünfstufigen Skala (sehr schwach bis schwach, schwach bis mäßig, mäßig bis befriedigend, befriedigend bis gut, gut bis sehr gut), die im Wesentlichen Prozentränge in 25%-Schritten angibt. Lediglich die Gruppe der 25% schwächsten Kinder ist noch einmal unterteilt, so dass das niedrigste Niveau mit Prozentrang 0 bis 10 übereinstimmt und Prozentrang 11 bis 25 der Gruppe der schwachen bis mäßigen Kinder entspricht. Der Prozentrang besagt, wie viel Prozent der Versuchspersonen eine gleich gute bzw. schlechtere Testleistung erreichen. Dabei liegen die Normwerte für Altersgruppen zwischen fünf und siebeneinhalb Jahren in Halbjahresabständen vor. Das Testverfahren eignet sich also für einen Einsatz im letzten Kindergartenjahr bzw. im ersten Schulbesuchsjahr, um „bereits vor oder beim Schulbeginn diejenigen Kinder herauszufinden, deren Zahlbegriffsentwicklung relativ zu der ihrer Altersgenossen verzögert ist" (HASEMANN 2004, S. 64).

Es wird als weitere Verwendungsmöglichkeit auch vorgeschlagen, den OTZ als Vor- und Nachtest einzusetzen, um z.B. zu überprüfen, ob Fördermaßnahmen oder bestimmte Unterrichtsprogramme zum gewünschten Erfolg führen (vgl. VAN LUIT, VAN DE RIJT, HASEMANN 2001, S. 7). Dazu wird empfohlen, die beiden Testversionen A und B zu verwenden. Da der Test allerdings nur für Kinder im Alter zwischen viereinhalb und sieben Jahren konzipiert ist, ist ein Einsatz in längsschnittlichen Untersuchungen nur möglich, wenn die Zeitabstände, in denen getestet wird, nicht zu groß sind.

Obwohl der Test prinzipiell eher dazu dient, die Kinder einzuordnen, und nicht als Grundlage zur Erstellung individueller Förderpläne, wird erwähnt, wie hilfreich zusätzliche Beobachtungen sein können. Dazu werden zu jedem Inhaltsbereich einzelne Punkte beschrieben, auf die bei der Beobachtung Wert gelegt werden kann. Die durch Beobachtung gewonnenen Einsichten können „das Testergebnis untermauern und Hinweise auf gezielte Hilfen geben" (VAN LUIT, VAN DE RIJT, HASEMANN 2001, S. 25). Im Testmanual gibt es zwar keine Aussagen darüber, welche Konsequenzen man aus bestimmten Testergebnissen ziehen kann, in weiteren Veröffentlichungen werden jedoch Beispiele für qualitative Analysen von Kinderantworten gegeben (vgl. HASEMANN 2008, 51ff.).

Für den OTZ liegen bislang noch keine längsschnittlichen Daten vor (vgl. WEINERT, DOIL, FREVERT 2008, S. 139), mit Hilfe derer Aussagen darüber getroffen werden könnten, inwieweit die OTZ-Ergebnisse als Prognose für potentielle Rechenschwierigkeiten gelten können. Bei der Beurteilung des OTZ-Testergebnisses im individuellen Fall muss mitberücksichtigt werden, dass ein beträchtlicher Bestandteil der Aufgaben ‚pränumerischen' Charakter hat.

3.2.2 TEDI-MATH

Kurzbeschreibung

Mit dem TEDI-MATH (KAUFMANN, NUERK, GRAF, KRINZINGER, DELAZER, WILLMES 2009) liegt ein weiterer normierter Test vor, der sich hinsichtlich Grundkonzeption, Einsatzbereich und Zielsetzungen deutlich vom OTZ unterscheidet. Es handelt sich um die Adaption eines französischen Tests auf der Basis neurowissenschaftlicher Erkenntnisse zur Zahlverarbeitung und zum Rechnen (hier wird vor allem auf Forschungen von DEHAENE und anderen verwiesen, vgl. KAUFMANN, NUERK, GRAF, KRINZINGER, DELAZER, WILLMES 2009, S. 19ff.). Der TEDI-MATH dient unter anderem dem Zweck, kulturvergleichende Untersuchungen zu ermöglichen, aber auch der Dyskalkulie-Diagnostik. Es liegen Testversionen für den halbjährlichen Einsatz ab dem vorletzten Kindergartenhalbjahr bis hin zum ersten Halbjahr in Jahrgangsstufe 3 vor. Der Schwerpunkt der folgenden Betrachtung liegt auf den Aufgabenstellungen, die im Kindergarten zum Einsatz kommen. Die Normierung erfolgte in den letzten drei Kindergarten-Halbjahren mit 126, 115 bzw. 117 Kindern.

Auch dieser Test wird als Einzelinterview mit Material- und Bildunterstützung durchgeführt, welches ca. 45 Minuten dauert. Für jede Altersgruppe gibt es eine so genannte Kernbatterie an Aufgaben und eine Gesamtbatterie.

Die Kernbatterie für das vorletzte Kindergartenjahr und für das erste Halbjahr des letzten Kindergartenjahres umfasst fünf Untertests mit insgesamt 52 Items, die im letzten Halbjahr vor Schuleintritt besteht aus acht Untertests mit insgesamt 88 Items. Wird der Test im Ganzen durchgeführt, erhöht sich die Anzahl der Untertests um 4 bzw. 9 und die Itemanzahl um 27 bzw. 59 Items.

Für den Einsatz im Kindergarten umfasst die Kernbatterie Aufgabenstellungen[4] zu den Zählprinzipien, zum Abzählen, zur Ziffern- und Zahlwortkenntnis („Entscheidung arabische Zahl?", „Entscheidung Zahlwort?"; vgl. hier und im Folgenden: Übersicht KAUFMANN, NUERK, GRAF, KRINZINGER, DELAZER, WILLMES

---

4 Die Aufgabenstellungen werden entsprechend den theoretischen Vorüberlegungen in Kapitel 1 benannt. In Klammern gesetzt sind die im Testmanual verwendete Formulierungen, die sich aufgrund der Orientierung des TEDI-MATH an neuro- und kognitionspsychologischen Zahlverarbeitungsmodellen von den in dieser Arbeit in erster Linie mathematik-didaktisch geprägten Begriffen unterscheiden.

2009, S. 33), Addition und Subtraktion mit Zählmöglichkeit („Rechnen mit Objekt-abbildungen") sowie ein halbes Jahr vor Schuleintritt auch die additive Zerlegung, Additionsaufgaben ohne Zählmöglichkeit und Textaufgaben.

Die Gesamtbatterie wird durch Aufgaben zur Seriation, Klassifikation und zum approximativen Größenvergleich von Punktmengen erweitert. Im letzten Kinder-gartenhalbjahr kommen noch Aufgaben zum Ziffernvergleich („Größenvergleich arabische Zahlen"), zur Mengeninvarianz, zum Verständnis von Teilmengen („Numerische Inklusion"), zu additiven Platzhalteraufgaben („unvollständige Addi-tion"), zur Subtraktion und zu arithmetischen Strategien wie z.B. Tausch- und Um-kehraufgaben („Kenntnisse arithmetischer Konzepte") hinzu.

Im Detail wird die Zahlwortreihe vorwärts, in Schritten, das Weiterzählen, das Zählen mit vorgegebenem Start- und Endpunkt und das Rückwärtszählen geprüft. Durch gezielte Fragestellungen, wie z.B. „Du hast gerade 7 Hasen gezählt. Wie viele Hasen sind es, wenn du bei diesem anfängst?", wird getestet, ob die Kinder über die fünf Zählprinzipien (vgl. 1.4.1) verfügen. Ziffern- bzw. Zahlwortkenntnis beweisen die Kinder durch die Entscheidung, ob es sich bei verschiedenen gezeig-ten Symbolen um Ziffern bzw. bei gesprochenen Worten um Zahlwörter handelt.

Die Aufgaben zur Addition und Subtraktion werden zwar mit Bildmaterial ge-stützt, die Fragestellung lautet aber z.B. „Wie viel sind 2 Luftballons plus 3 Luft-ballons?" (KAUFMANN, NUERK, GRAF, KRINZINGER, DELAZER, WILLMES 2009, S. 73) und es darf lediglich erklärt werden „plus heißt und", „minus heißt weniger". Es wird also nicht das Operationsverständnis im Bezug zu bekannten Kontexten, z.B. Dazufügen, Zusammenlegen etc. abgefragt (vgl. Kapitel 1.5.3), sondern es geht in erster Linie um das Verständnis der Bezeichnungen ‚plus' und ‚minus'. Die Aufgaben zur Addition ohne Zählmöglichkeit werden rein symbolisch präsentiert. Erst bei den Textaufgaben wird Operationsverständnis und die Bewältigung von additiven und subtraktiven Aufgaben mit Bezug zum Kontext erhoben. Hier haben die Kinder allerdings keine Möglichkeit zu zählen („Peter hat 2 Bälle und bekommt 2 dazu. Wie viele Bälle hat er insgesamt?" (KAUFMANN, NUERK, GRAF, KRINZIN-GER, DELAZER, WILLMES 2009, S. 79)). Die Aufgabenstellung zur additiven Zerle-gung ist ebenfalls an einen Kontext gebunden: „Ein Schäfer hat 6 Schafe und 2 Weiden. Von den 6 Schafen gibt er 4 Schafe auf eine Weide und 2 Schafe auf die andere Weide. Wie kann er seine 6 Schafe noch anders auf die 2 Weiden auftei-len?" (KAUFMANN, NUERK, GRAF, KRINZINGER, DELAZER, WILLMES 2009, S. 72). Hierzu wird ein Bild mit zwei abgezäunten Weideflächen gezeigt.

Anders als beim OTZ beziehen sich alle Items des TEDI-MATH auf Zahlen, Ziffern oder Mengen. Der Test enthält keine ‚pränumerischen' Aufgabenstellun-gen. Selbst die Aufgaben zur Seriation oder Klassifikation beziehen sich auf Zah-len, da es sich um eine Reihen- bzw. Klassenbildung nach Anzahl der Elemente handelt. Vergleicht man die Aufgabenstellungen des TEDI-MATH mit den Aufgabenstellungen zum als prädiktiv geltenden Zahlen-Vorwissen nach DORNHEIM (vgl. 3.1; DORNHEIM 2008, S. 286ff.), so gibt es deutliche Überschneidungen, was die Inhalte anbelangt. Allerdings beinhaltet auch dieser Test keine Aufgabenstellungen zur Simultan- bzw. Quasisimultanerfassung. In der Gesamtbatterie findet sich lediglich eine Aufgabenstellung zum approximativen Größenvergleich, bei der nach kurzer Präsentation entschieden werden muss, auf welcher Seite mehr Punkte zu sehen sind. Zudem beziehen sich die Aufgabenstellungen zum Abzählen beim TEDI-MATH auf kleine, überschaubare Mengen und sie dienen in erster Linie der Erfassung der Zählprinzipien. Bei DORNHEIM (2008, S. 287f.) werden verschiedene geordnete und ungeordnete Mengen gezählt, um weitgehend sicher gehen zu können, dass man von Zählfähigkeit sprechen kann. Die im TEDI-MATH verwendeten Aufgabenstellungen zur Addition und Subtraktion haben – mit Ausnahme der vor Schulbeginn verwendeten Textaufgaben – stark formalen Charakter im Vergleich zu denen des OTZ oder bei DORNHEIM.

Einsatzmöglichkeiten und Zielsetzung
Die Zielsetzung des TEDI-MATH ist „eine detaillierte Erfassung von numerischen Basisfertigkeiten im Vorschulbereich (im Sinne einer möglichen Früherkennung von Rechenschwächen)" und ermöglicht die „Diagnosestellung einer möglicherweise vorliegenden Dyskalkulie" (KAUFMANN, NUERK, GRAF, KRINZINGER, DELAZER, WILLMES 2009, S. 14f.). Kinder, denen im Test ein Prozentrang von 10 oder schlechter zugewiesen wird, d.h. deren Testergebnis mit dem der 10% schwächsten Kinder der Altersgruppe vergleichbar ist, bekommen die Diagnose ‚Dyskalkulie' gestellt. Prozentränge können nicht nur für den Gesamttest, sondern auch für die verschiedenen Untertests ermittelt werden. Das heißt, es können auch für die Teilbereiche Aussagen getroffen werden, ob die Leistungen des Kindes dem Durchschnitt entsprechen oder deutlich abweichen. Wie bei Testverfahren üblich werden auch hier keine Aussagen zu Fördermöglichkeiten getroffen.

Der TEDI-MATH geht nicht von einem Gesamtkonstrukt ‚Zahlbegriffsentwicklung' aus. Für den vorschulischen Bereich wird diesbezüglich lediglich von numerischen Basisfertigkeiten gesprochen, ab Jahrgangsstufe 1 unterscheidet der Test zwischen den beiden Komponenten „Zahlenverarbeitung" und „Rechnen" (KAUFMANN, NUERK, GRAF, KRINZINGER, DELAZER, WILLMES 2009, S. 89).

Während der OTZ vorsieht, das Niveau der Zahlbegriffsentwicklung im Alter von fünf bis siebeneinhalb Jahren mit demselben Test zu bestimmen, bietet der TEDI-MATH verschiedene Aufgabenzusammenstellungen für die Durchführung im halbjährlichen Abstand bis zur Jahrgangsstufe 3 an. Dadurch hat er vor allem für die Beurteilung langfristiger Effekte von Interventionen noch mehr Potenzial als der OTZ. Zur Zuverlässigkeit der prognostischen Einschätzung gibt es auch bei diesem Test noch keine Informationen.

3.2.3 Hamburger Rechentest (HaReT)

Kurzbeschreibung

Im Unterschied zum OTZ und zum TEDI-MATH wurde der Hamburger Rechentest (LORENZ 2005b) in erster Linie für den Einsatz im Unterricht als diagnostisches Hilfsmittel in Verbindung mit alltäglichen Beobachtungen konzipiert. Er liegt in Testheften für vier Jahrgangsstufen jeweils in Version A und B vor, wobei der für Jahrgangsstufe 1 konzipierte Test für den Einsatz zu Schulbeginn gedacht ist. Da er aber noch keine rechnerischen Fähigkeiten abprüft, sondern in erster Linie kognitive Fähigkeiten, „die sich für das Erlernen arithmetischer Inhalte als wesentlich erwiesen haben" (LORENZ 2005b, S. 9), ist durchaus ein Einsatz in der zweiten Hälfte des letzten Kindergartenjahres denkbar, zumal der HaReT 1 in vorschulischen Einrichtungen mit insgesamt 557 Kindern normiert wurde.

Der HaReT kann als Gruppentest, aber auch als Einzeltest in etwa 45 Minuten durchgeführt werden. Die Kinder erhalten ein Testheft mit insgesamt 65 Items in den neun Untertests „Vergleichen, Eins-zu-Eins-Zuordnen, Suchbilder, Puzzle, Mosaik, Präpositionen, Bilder ordnen, Vergleichen von Mengen, größere Zahl umkreisen" (LORENZ 2005c, S. 3). Für die Bearbeitung der Aufgabenstellungen jedes Untertests ist jeweils eine Zeitbeschränkung vorgegeben.

Die Aufgaben des HaReT 1 überprüfen eine Reihe von Fähigkeiten, die unter anderem der visuellen Wahrnehmung (vgl. MAIER 1999, S. 11f.) zuzuordnen sind. Lediglich die Aufgabenstellungen in den letzten beiden Untertests verlangen Ziffernkenntnis und Zahl- bzw. Mengenvorstellung und die Aufgaben zur Eins-zu-Eins-Zuordnung bzw. einige Aufgaben zum Vergleichen können zählend gelöst werden. Im Einzelnen werden folgende Fähigkeiten abgeprüft:

Die Aufgaben zum Vergleichen fragen, ähnlich wie auch beim OTZ, nach den Relationsbegriffen ,größer', ,weniger', ,mehr', ,länger', ,am höchsten' und ,am dicksten', z.B.: „Welches ist der dickste Bleistift?" aber auch „Welcher Würfel hat mehr Augen als der Würfel im Kasten?" (LORENZ 2005c, S. 6). Im HaReT 1 wird Eins-zu-Eins-Zuordnung in erster Linie nicht mit Aufgaben überprüft, die lineare Mengenanordnungen gegenüberstellen, sondern es werden Mengen in verschiedenen Anordnungen angeboten. Im Sinne der Aufgabenstellungen von Piaget wird gefragt: „Auf welchem Bild hat jede Tasse eine Untertasse?". Es gibt aber auch Fragestellungen wie z.B. „Welcher Dominostein hat genauso viele Punkte, wie der Schrank Fächer hat?" (LORENZ 2005c, S. 7).

Bei den Aufgaben zum Untertest ,Suchbilder' geht es um die „Fähigkeit, gedrehte und gespiegelte Objekte zu erkennen" (LORENZ 2005b, S. 10). Aus fünf Figuren suchen die Kinder die Figur, die sich von den anderen unterscheidet, weil sie gedreht oder gespiegelt ist. Die Untertests ‚Puzzle' und ‚Mosaik' werden in ähnlicher Form in Intelligenztests verwendet (vgl. DORNHEIM 2008, S. 300; LORENZ 2005b, S. 11). Dabei müssen aus einer Auswahl die Puzzleteile ausgewählt werden, die zum Zusammensetzen bzw. Fertigstellen einer vorgegebenen Figur benötigt werden. Die Einzelteile müssen bzw. dürfen nicht gedreht werden. Die Begriffe der räumlichen Lage überprüft der Subtest ‚Präpositionen' z.B. mit Fragestellungen wie „Wo siehst du den Jungen rechts neben dem Tisch sitzen?" (LORENZ 2005c, S. 11). Die Fähigkeit zur Reihenbildung zeigen Kinder, indem sie bei vier Bildern, die eine Sequenz beschreiben, das erste und das letzte der logischen Reihe einkreisen.

Eine „kognitive Vorform des arithmetischen Schätzens" (LORENZ 2005b, S. 13) wird durch Aufgabenstellungen wie „Auf welchem Bild sind die meisten Kekse? Du musst nicht zählen. Kreise das Bild ein, auf dem die meisten Kekse sind." (LORENZ 2005c, S. 13) getestet, wobei die Kinder drei Minuten Zeit für vier Mengenvergleiche haben. Es ist nicht auszuschließen, dass einige Kinder Aufgaben auch mit Hilfe des Zählens beantworten. Im letzten Untertest stellen die Kinder ihre Ziffernkenntnis, die Begriffskenntnis zur Kleiner-Relation und ordinale Zahlvorstellung unter Beweis. Sie sollen bei zwei vorgegebenen Ziffern bzw. Zahlen die größere einkreisen.

Von den 65 Items des HaReT 1 in der Testform A sind 43 Aufgaben ohne konkreten Bezug zum Zählen, zu Zahlen, Ziffern oder Mengen. Betrachtet man die Aufgabenstellung in der Systematisierung von Dornheim (2008), so ist unter den Aufgaben des HaReT 1 kaum eine Aufgabe vergleichbar mit denen, die das prädiktive Zahlen-Vorwissen nach Dornheim abprüfen (vgl. 3.1; Dornheim 2008, S. 286ff.). Lediglich die beiden Aufgaben aus dem Subtest ‚Vergleichen', in denen Würfel- bzw. Marienkäferpunkte erkannt werden sollen, können theoretisch über Simultan- bzw. Quasisimultanerfassung gelöst werden. Es wird beim HaReT 1 aber nicht verlangt, dass die Kinder die Anzahl der Punkte benennen. Die Subtests ‚Vergleichen von Mengen' und ‚Größere Zahl umkreisen' lassen sich nur schwer den bei Dornheim (2008) abgeprüften Fähigkeiten zuordnen. Die Aufgaben zum Eins-zu-Eins-Zuordnen, zu den Begriffen der räumlichen Lage und zu den Relationsbegriffen führt Dornheim (2008, S. 293ff.) unter ‚unspezifischem Vorwissen' (vgl. auch 3.1). Unter ‚allgemein-kognitive Fähigkeiten' fasst sie Aufgabenstellungen, die der HaReT 1 in den Subtests ‚Suchbilder', ‚Puzzle', ‚Mosaik' und ‚Bilder ordnen' abprüft. Letztere gehen zwar in das Zahlen-Vorwissen mit ein, tragen aber nicht dazu bei, die Rechenleistung unmittelbar vorherzusagen (Dornheim 2008, S. 526).

Einsatzmöglichkeiten und Zielsetzung

Der HaReT versteht sich als Testverfahren, das „eine prozessbegleitende Diagnostik unterstützen, nicht aber ersetzen kann" (LORENZ 2005b, S. 2). Die Testdurchführung und Auswertung der Ergebnisse soll in erster Linie dazu dienen, Hinweise für geeignete Fördermaßnahmen abzuleiten. Konkrete Hilfestellungen für die Weiterarbeit mit den Testergebnissen werden im Testmanual nicht gegeben, es gibt aber eine Auflistung von Förder- und weiterem Diagnosematerial. Im Gegensatz zum OTZ erhebt der HaReT nicht den Anspruch, ein einheitliches Konstrukt wie z.B. die Zahlbegriffsentwicklung zu erfassen. Stattdessen sollen kognitive Voraussetzungen für das Erlernen mathematischer Inhalte erhoben werden, was zur Identifizierung von Kindern mit Lernschwierigkeiten und Lernverzögerungen beitragen kann (vgl. LORENZ 2005b, S. 7). Es ist jedoch nicht vorgesehen, eine konkrete Dyskalkulie-Diagnose zu erstellen, wie etwa beim TEDI-MATH.

Zur Einordnung der individuellen Testergebnisse werden Prozentrangwerte für die Untertests und den Gesamttestwert angegeben. Die Leistungen werden mit „‚schwach' (PR <10), ‚unterdurchschnittlich' (PR 10–25), ‚durchschnittlich' (PR 25–75) oder ‚überdurchschnittlich' (PR >75)" beschrieben (LORENZ 2005c, S. 19).

Die Hauptzielsetzung des HaReT, nämlich die alltägliche Diagnosearbeit der Lehrkräfte zu unterstützen, zeigt sich unter anderem dadurch, dass für eine detailliertere Information die Untertests getrennt ausgewertet und mit Normwerten verglichen werden können und durch Vorlagen für Klassenlisten, die einen Überblick über die Testwerte aller Kinder der Lerngruppe ermöglichen. Da der Test nicht als Einzelinterview durchgeführt werden muss, ist die Durchführung mit einer Kindergartengruppe oder der ganzen Schulklasse vorstellbar.

3.2.4 Kritische Reflexion der geschilderten Testverfahren

Aus der Beschreibung der drei Testverfahren lassen sich bereits einige Rückschlüsse über die Eignung für den Einsatz im Zusammenhang mit früher elementarer Förderung ziehen.

Zunächst ist es sinnvoll, die Aufgabenstellungen der einzelnen Tests vergleichend kritisch zu reflektieren. Für eine Vorhersage von Rechenleistung unter Berücksichtigung der aktuellen Ergebnisse aus der Prädiktionsforschung (vgl. 3.1) sind die Aufgabenzusammenstellungen aller drei Tests nur bedingt zu verwenden. Der OTZ überprüft etwa in einem Drittel der Aufgabenstellungen ‚pränumerische' Fähigkeiten, deren Prädiktionsfunktion für Rechenleistung nach aktuellem Forschungsstand eingeschränkt ist. Dies gilt noch deutlicher für den HaReT. Aufgabenstellungen zur Erhebung des prädiktiven Zahlen-Vorwissens fehlen weitgehend. Der TEDI-MATH untersucht mit großer Genauigkeit, ob die Kinder über die Zählprinzipien verfügen, Aufgaben zum Abzählen von größeren, geordnet und ungeordnet präsentierten Mengen sind jedoch nicht Bestandteil der Aufgabenbatterie. Kritisch zu sehen sind die Aufgabenstellungen des TEDI-MATH zur Addition und Subtraktion, da weniger das Operationsverständnis geprüft wird als die Interpretationsfähigkeit formaler Symbole und Bezeichnungen. Die Aufgabenstellungen zur Zahlwortreihe haben aber durchaus eine große Ähnlichkeit mit Aufgabenstellungen, wie sie in der Prädiktionsforschung verwendet werden.

Betrachtet man mögliche Testzeitpunkte der drei Testverfahren, so ist man mit dem HaReT am stärksten eingeschränkt. Da der HaReT 1 für den Schulanfang konzipiert wurde, ist der Einsatz – zumindest, wenn man die Normwerte zur Einschätzung der Leistungen benutzen möchte – vermutlich nur im letzten Kindergartenhalbjahr sinnvoll, was unter der Zielsetzung, geeignete Fördermaßnahmen anzuschließen, bereits relativ spät ist. Bis auf einen Untertest sind alle Aufgaben ohne Ziffernkenntnis zu bewältigen, weshalb der Einsatz durchaus früher vorstellbar wäre, für die Ergebnisse gibt es dann jedoch keine normierten Vergleichsmöglichkeiten. Der OTZ kann im ganzen letzten Kindergartenjahr durchgeführt werden und für den TEDI-MATH sind in den letzten eineinhalb Kindergartenjahren drei Testzeitpunkte vorgesehen. Insofern hätte man die Möglichkeit, bereits eineinhalb Jahre vor Schuleintritt einen Überblick über den Stand der Kompetenzentwicklung eines Kindes zu bekommen.

Die Durchführungsmodalitäten unterscheiden sich ebenfalls bei allen drei Tests, was Konsequenzen für die Einsatzmöglichkeiten hat. Da der OTZ und der TEDI-MATH in Einzeltestsituationen durchgeführt werden, kann es aufgrund des Durchführungsaufwandes schwierig sein, sich mit diesen beiden Verfahren einen Überblick über den Entwicklungsstand aller Kinder in der Einrichtung zu verschaffen. Sie können aber dazu dienen, die Leistungsentwicklung eines Kindes, das bereits bei Beobachtungen auffällig geworden ist, eingehend zu untersuchen. Der HaReT hingegen kann in Kleingruppen durchgeführt werden und infolgedessen gegebenenfalls für einen Leistungsüberblick bei allen Kindern sorgen. In der Durchführung und Auswertung erscheint der TEDI-MATH unter anderem aufgrund der Unterscheidung von Kern- und Gesamtbatterie und dem umfangreichen Testmanual deutlich komplexer als z.B. der OTZ oder der HaReT. Überlegt man einen Testeinsatz im Alltag einer Bildungseinrichtung, so ist die einfache Handhabung eines Tests und eine relativ problemlos zu gestaltende Durchführung sicherlich ein nicht zu unterschätzendes Auswahlkriterium für ein Testverfahren.

Auch wenn alle drei Testverfahren prinzipiell dazu geeignet sind, auf besondere Auffälligkeiten im Lernprozess bei Kindern aufmerksam zu machen, sind die Informationen, die die Testergebnisse vor allem für die Weiterarbeit geben, unterschiedlich einzuordnen. Abweichungen von den Normwerten z.B. beim HaReT im

Vergleich zum TEDI-MATH liefern schon aufgrund der gänzlich unterschiedlichen Aufgabenstellungen völlig andere Aussagen. Weicht ein Kind beim HaReT 1 von der Norm ab, ist dies ein Hinweis auf Defizite bei verschiedenen kognitiven und visuellen Fähigkeiten, beim TEDI-MATH hingegen bedeutet ein Abweichen von der Norm, dass z.B. Zählfähigkeiten, Ziffern- und Zahlwortkenntnis oder die Bewältigung von (symbolischen) Additions- und Subtraktionsaufgaben nicht einem altersgemäßen Stand entsprechen. Die *Gesamt*testergebnisse sind deshalb unter dem Gesichtspunkt der elementaren mathematischen Bildung nur bedingt hilfreich: Führt man den TEDI-MATH nur mit dem Ziel der Dyskalkulie-Diagnose durch, so bleibt der Nutzen für die individuelle mathematische Kompetenzentwicklung beim Kind fragwürdig:

> „Solche Tests sind für den schulischen Einsatz unbrauchbar, denn die Funktion schulischer Diagnostik ist nicht, die Kinder ‚abzustempeln' (‚Dyskalkuliker') und so eine Grundlage für Selektion und Segregation zu schaffen, sondern ein auf die Probleme des Kindes abgestimmtes Förderprogramm zu entwickeln." (SCHIPPER 2007, S. 108)

Betrachtet man jedoch das Abschneiden eines Kindes in den einzelnen Untertests, kann man durchaus interessante Informationen für die Förderung gewinnen. Ähnliches gilt hier auch für die anderen beiden Testverfahren. Begnügt man sich beim OTZ mit dem ermittelten Niveau der Zahlbegriffsentwicklung, so ist das Testergebnis für die Förderung des Kindes nicht hilfreich, betrachtet man hingegen die Ergebnisse in den Untertests oder den einzelnen Aufgabenstellungen, so kann man Förderhinweise erhalten. Der HaReT weist darauf explizit im Testmanual hin (LORENZ 2005b, S. 4).

Die Eignung normierter Testverfahren für die Lernstandsermittlung mit der Zielsetzung, elementare mathematische Bildung möglichst gewinnbringend zu gestalten, wird in 3.5 im Vergleich zu weiteren kompetenzdiagnostischen Methoden und Verfahren, die im Folgenden analysiert werden, diskutiert.

3.3 Förderdiagnostische Interviews

Eine weitere Möglichkeit der Kompetenzdiagnose neben normierten Testverfahren sind Verfahren, die zu beliebigen Zeitpunkten durchgeführt werden und weniger einem Vergleich mit der Norm dienen als mehr der Einschätzung der aktuellen Entwicklung des einzelnen Kindes zum Zwecke der bestmöglichen Förderung. Dazu zählen förderdiagnostische Interviews. Der Begriff ‚förderdiagnostisch' weist bereits deutlich auf die Intention hin: Förderdiagnostische Verfahren verfolgen das Ziel, Lehr- und Lernprozesse zu optimieren, sie sind „an der Ortung von Störungsherden und der Herstellung optimaler Arrangements interessiert" (KOBI 1977, S. 119), dienen der Förderung und haben das Potenzial, auch begleitend zu durchgeführten Interventionen immer wieder steuernde Informationen geben zu können. In der Regel werden förderdiagnostische Verfahren von der Person durchgeführt, die die Lernaktivitäten und Förderung plant und durchführt (vgl. dazu KOBI 1977).

Darunter fallen z.B. so genannte Standortbestimmungen (vgl. SUNDERMANN, SELTER 2006; HENGARTNER 1999), die „der fokussierten Ermittlung individueller Lernstände" (SUNDERMANN, SELTER 2006, S. 21) zu einem bestimmten Zeitpunkt dienen und eine Grundlage zur Planung weiterer Lerngelegenheiten und der individuellen Förderung liefern. Im schulischen Bereich kommen Standortbestimmungen oft bei der Ermittlung von Vorkenntnissen zu Themen zum Einsatz, die im Anschluss im Unterricht behandelt werden, und werden schriftlich durchgeführt (eine Zusammenschau für den Übergangsbereich Kindertagesstätte – Grundschule findet sich bei GASTEIGER 2007). Im vorschulischen Bereich ist – da weder Ziffernkenntnis noch Lesefähigkeit vorausgesetzt werden können – in der Regel die Durchführung in Einzelinterviews notwendig.

Eine weitere Zielsetzung förderdiagnostischer Interviews ist es, über die punktuelle Information hinaus, einen Überblick über die Lernentwicklung eines Kindes zu bekommen.

Die Interviews werden nach standardisierten oder halbstandardisierten Interviewleitfäden durchgeführt. Letztere folgen der Tradition der von PIAGET entwickelten „klinischen Methode" (vgl. PIAGET 1988, S. 16–42; WITTMANN 1982; SPIEGEL 1999; SELTER, SPIEGEL 1997):

„Damit ein systematischer Vergleich der Untersuchungsergebnisse möglich wird und Untersuchungen wiederholt werden können, wird eine halbstandardisierte Form gewählt: die zu untersuchende Frage, das Material und die Technik, d.h. die vorzunehmenden Operationen und die dem Kind zunächst zu stellenden Fragen, werden vorher festgelegt. Der weitere Verlauf des Experiments wird aber offen gelassen, damit der Interviewer nachfragen und spontan Hypothesen testen kann." (WITTMANN 1982, S. 37)

Im Folgenden werden exemplarisch förderdiagnostische Interviews zum Zwecke der Standortbestimmung und zur Erfassung der mathematischen Lernentwicklung vorgestellt und diskutiert.

3.3.1 Standortbestimmung zu arithmetischen Fähigkeiten in der Kindertagesstätte

Beginnend in den 1980er Jahren gab es in Deutschland vermehrt Untersuchungen zur Ermittlung der Vorkenntnisse und Fähigkeiten von Kindergartenkindern und Schulanfängern (z.B. SCHMIDT 1982a, b; SCHMIDT, WEISER 1982, 1986). Eine Hauptmotivation dieser Untersuchungen war unter anderem, zu zeigen, dass Zählen einen bedeutenden Anteil an der Zahlbegriffsentwicklung einnimmt (vgl. 1.3.2). Es folgten in den 1990er Jahren eine Reihe von Vorkenntnisuntersuchungen in den ersten Schulwochen (z.B. VAN DEN HEUVEL-PANHUIZEN 1996; SELTER 1995; KNAPSTEIN, SPIEGEL 1995), die darauf verwiesen, dass viele Kinder zu Schulbeginn bereits beträchtliche mathematische Vorkenntnisse haben. Auf diesem Hintergrund entstand – bereits deutlich bevor vorschulische mathematische Bildung in den Fokus des allgemeinen Interesses rückte (vgl. 2.1.3) – die im Folgenden vorgestellte Standortbestimmung für den Einsatz in der Kindertagesstätte.

Kurzbeschreibung

Die Einzelaufgaben des Interviews zur Standortbestimmung von FRAGNIÈRE, JOST, MICHEL, WEISHAUPT, HENGARTNER (1999) sind in einen Gesamtkontext eingebunden. Der Kontext „zoologischer Garten" wurde gewählt, damit die Kinder „eigene Erlebnisse und Erfahrungen einbringen können" (FRAGNIÈRE, JOST, MICHEL, WEISHAUPT, HENGARTNER 1999, S. 135). Die Interviewdurchführung erfolgt nach einem halbstandardisierten Leitfaden und mithilfe eines Zoos, der die Aufgabenstellungen durch Plastikfiguren, Häuser und verschiedene Gehege darstellt.

Da die Aufgaben in Form eines klinischen Interviews gestellt werden, wird weder eine genaue Zeitangabe noch eine konkrete Aufgabenanzahl vorgegeben. Der Interviewende kann auf die individuellen Kompetenzen der Kinder eingehen, gegebenenfalls nachfragen oder noch weitere Aufgaben mit erhöhtem Schwierigkeitsgrad stellen.

Inhaltlich fragen die Aufgaben z.B. nach der Anzahl bestimmter Mengen unter zehn. Die Kinder können die Aufgaben durch Zählen, aber auch durch simultane oder quasisimultane Erfassung lösen: „Wie viele Affen siehst du?", „Wie viele Affen siehst du auf diesen zwei Felsen?" (vgl. hier und für die folgenden Aufgabenstellungen: FRAGNIÈRE, JOST, MICHEL, WEISHAUPT, HENGARTNER 1999, S. 136f.). Dabei kann auch beobachtet werden, ob die Kinder über die Zählprinzipien ‚Eineindeutigkeitsprinzip', ‚Prinzip der stabilen Ordnung', ‚Kardinalprinzip' und ‚Abstraktionsprinzip' verfügen (vgl. 1.4.1) und eine Vorstellung vom Teil-Ganzen haben: „Vier Pinguine sind im Wasser, vier an Land." Zählfähigkeiten werden zusätzlich gekoppelt mit Ordnungszahlen abgefragt: „Wie viele Leute stehen im Ganzen vor der Kasse?" „Der wievielte ist der Mann mit dem Fotoapparat?" Aufgaben zur Addition und Subtraktion werden mit Material gestellt, so dass die Kinder zählen können („Vier Pinguine gehen ins Haus hinein. Es gehen noch zwei hinein. Wie viele sind jetzt im Haus?") oder in Verbindung mit Preisen, wobei konkretes Zählen nicht möglich ist („Ein Erwachsener bezahlt 5 Franken. Dieses Ehepaar kauft zwei Billette. Die Frau lädt ihren Mann zum Geburtstag ein. Wie viel kostet der Eintritt für beide?"). Bei Bedarf werden den Kindern die entsprechenden Münzen zur Verfügung gestellt. Auch bei Aufgabenstellungen zum Verdoppeln können die Kinder zumindest die zu verdoppelnde Menge zählen: „Drei Leute gehen zum Elefantenreiten (Figuren auf die eine Seite setzen). Es kommen nochmals drei Leute zum Reiten (ohne die Figuren aufzusetzen). Wie viele sitzen jetzt auf dem Elefanten?" Ergänzt werden die Aufgaben zum Zählen und Rechnen durch Fragestellungen zu Uhrzeiten, die an einer Uhr abgelesen oder vom Kind nach Vorgabe eingestellt werden.

Im Wesentlichen werden in dieser Standortbestimmung die Fähigkeiten abgefragt, die auch als Prädiktoren für Rechenleistung beschrieben werden. Lediglich der Zahlenraum ist bis zehn relativ begrenzt, weshalb auch nur eingeschränkte Beobachtungen gemacht werden können. Aufgaben zum Rückwärtszählen oder Weiterzählen fehlen. Aufgabenstellungen zu Uhrzeiten sind in den in Kapitel 3.1 geschilderten Untersuchungen zur Prädiktionsforschung nicht üblich, sie geben jedoch Einblick in einen weiteren mathematischen Inhaltsbereich.

Das Interview wurde von den Autorinnen und Autoren mit 17 Kindergartenkindern erprobt. Ein Bericht darüber gibt einen Einblick in verschiedene Denk- und Lösungswege von Kindern und betont den Lernzuwachs bei den Interviewenden bezüglich der Lernentwicklung bei Kindern. Erfahrungen dieser Art können den Erziehenden für die Planung von weiteren Lernaktivitäten sehr hilfreich sein (vgl. FRAGNIÈRE, JOST, MICHEL, WEISHAUPT, HENGARTNER 1999, S. 143).

Einsatzmöglichkeiten und Zielsetzung

Das hier beschriebene Interview hatte die Zielsetzung, „von den Kindern mehr über ihre Vorstellungen und Vorgehensweisen beim Umgang mit Zahlen" zu erfahren, damit die Kinder am Schulanfang dort abgeholt werden können, wo sie stehen (FRAGNIÈRE, JOST, MICHEL, WEISHAUPT, HENGARTNER 1999, S. 133). Es geht weniger darum, bestimmte Defizite der Kinder auszumachen, sondern die Kompetenzen der Kinder wahrzunehmen, um bei der Weiterarbeit darauf aufbauen zu können. Besondere Auffälligkeiten bei Standortbestimmungen, z.B. falls entdeckt wird, dass das Kind noch nicht zählen kann, geben einen Hinweis, diesen Bereich noch genauer zu beobachten.

Aufgeführt wurde das Interview an dieser Stelle, weil es sich dabei vermutlich um eine der ersten Kompetenzdiagnosen für den Einsatz in der Kindertagesstätte handelt, die aus Interesse an der Vorgehensweise der Kinder erstellt wurde mit der Zielsetzung, das eigene Lehrerhandeln danach auszurichten. Sie kann insofern auch als Anregung für Erziehende dienen, ähnliche Fragestellungen zu entwickeln oder zu verwenden.

Will man dieses oder ein ähnlich gestaltetes Interview in der Kindertagesstätte einsetzen, ist man zeitlich nicht festgelegt. Es können auch Teilausschnitte zum Einsatz kommen oder die Fragestellungen – je nach Antworten der Kinder – erweitert oder vertieft werden. Ob das Interview in der oben geschilderten Form bei der ganzen Kindergartengruppe zum Einsatz kommt, im Lauf der Zeit nur ausgewählte

Fragestellungen an alle Kinder gerichtet werden oder einzelne Kinder ausführlich interviewt werden, hängt von der Intention ab.

3.3.2 Interviews zur Erfassung der mathematischen Lernentwicklung

Einen diagnostischen Überblick über die Lernentwicklung der Kinder und Informationen für die mögliche weitere Arbeit können Erziehende und Lehrkräfte theoretisch durch einfache, aber gezielte Fragestellungen in regelmäßigen Abständen zu Inhalten, die für die mathematische Entwicklung bedeutsam sind, gewinnen. Dies erfordert jedoch eine fundierte Wissensbasis über wesentliche Eckpunkte in der mathematischen Entwicklung im vorschulischen Bereich und die Übertragung dieses Wissens in geeignete Frage- und Aufgabenstellungen.

Grundüberlegungen dieser Art finden sich in dem Interviewverfahren „The Early Numeracy Interview" (DEPARTMENT OF EDUCATION, EMPLOYMENT AND TRAINING 2001) wieder, das im groß angelegten australischen Forschungsprojekt ‚Early Numeracy Research Project (ENRP)' entwickelt wurde. Es ist dort eingebettet in vielfältige Maßnahmen zur Weiterentwicklung der Lehrerprofessionalität und des mathematischen Lernens an Schulen (vgl. CLARKE, CHEESEMAN, CLARKE, GERVASONI, GRONN, HORNE, MCDONOUGH, MONTGOMERY, ROWLEY, SULLIVAN 2002). Der Interviewleitfaden wurde – zunächst für den Bereich Zahlen und Operationen – ins Deutsche übersetzt und unter dem Namen „Elementarmathematisches Basisinterview (EMBI)" mit weiteren Hinweisen zur Zielsetzung und Durchführung des Interviews veröffentlicht (PETER-KOOP, WOLLRING, SPINDELER, GRÜSSING 2007). Die folgenden Ausführungen beziehen sich im Wesentlichen auf die australische Originalversion und werden gegebenenfalls durch Hinweise zur deutschen Version ergänzt.

Kurzbeschreibung

Beim ‚Early Numeracy Interview' handelt es sich um ein Verfahren, das im letzten Kindergartenjahr und in den vier Grundschuljahren zum Einsatz kommen kann. Schwerpunktmäßig ist es für Kinder im Alter zwischen fünf und acht Jahren gedacht (DEPARTMENT OF EDUCATION, EMPLOYMENT AND TRAINING 2001, S. 7; CLARKE, GERVASONI, SULLIVAN 2000, S. 5).

Das Interview wurde auf einem „framework of key aspects of early numeracy learning" aufgebaut, welches ebenfalls in dem Projekt entwickelt wurde (CLARKE, GERVASONI, SULLIVAN 2000). Dazu wurden für die verschiedenen mathematischen Inhaltsbereiche auf der Basis von verfügbaren Forschungsergebnissen so genannte „growth points" (CLARKE, GERVASONI, SULLIVAN 2000) benannt, umschrieben und mit zahlreichen Interviewdaten abgeglichen. Zu jedem der Bereiche Zählen, Stellenwerte, Strategien für Addition und Subtraktion bzw. Multiplikation und Division, Zeit, Längenmaße, Gewichte sowie Visualisieren und Orientieren werden wesentliche Entwicklungsschritte durch vier bis sechs dieser ‚growth points' oder „Ausprägungsgrade mathematischen Wissens" (PETER-KOOP, WOLLRING, SPINDE-LER, GRÜSSING 2007, S. 6; S. 42f.) aufgeführt. Diese ‚growth points' sollen der Beschreibung des Entwicklungsstandes der Kinder und der unterrichtlichen Planung dienlich sein. Für den Bereich Zählen werden z.b. folgende ‚growth points' genannt: „rote counting" – darunter wird das Beherrschen der Zahlwortreihe bis mindestens 20 verstanden, „counting collections, counting by 1s (forward/backward, including variable starting points; before/after), counting from 0 by 2s, 5s, and 10s, counting from x (x>0) by 2s, 5s, and 10s, extending and applying counting skills" (CLARKE, GERVASONI, SULLIVAN 2000, S. 3f.). Das Interview sieht für jeden ‚growth point' Aufgabenstellungen vor, so dass nach der Auswertung der Interviewergebnisse jedem Kind ein bestimmter Ausprägungsgrad mathematischen Wissens in jedem Bereich zugeschrieben werden kann.

Die ersten Aufgaben des Interviews sind eigentlich für den Einsatz im ersten Schuljahr gedacht. Es gibt jedoch einen Interviewteil, der für den vorschulischen Einsatz konzipiert ist bzw. der zur Anwendung kommt, wenn das interviewte Kind noch nicht in der Lage ist, eine Menge mit mehr als 20 Elementen zu zählen. Dieser Interviewteil wird als „detour" (DEPARTMENT OF EDUCATION, EMPLOYMENT AND TRAINING 2001, S. 24ff.) bzw. "V-Teil" (PETER-KOOP, WOLLRING, SPINDELER, GRÜSSING 2007, S. 6; S. 19f.) bezeichnet. Die Aufgabenstellungen für den Vorschulbereich werden im Folgenden näher beschrieben. Sie sind materialgestützt: Neben kleinen Bären in verschiedenen Farben werden Ziffern- und Mengenkärtchen sowie konkrete Alltagsgegenstände verwendet.

Zunächst handelt es sich um einfache Zählaufgaben („Wie viele gelbe Teddys sind das?", „Welche Zahl kommt nach 4?" (vgl. hier und für die folgenden Aufgabenstellungen: DEPARTMENT OF EDUCATION, EMPLOYMENT AND TRAINING 2001, S. 24ff.; Übersetzung durch die Verfasserin)), um Mengenvergleiche („Sind es mehr grüne oder mehr gelbe Teddys?") und um Invarianzverständnis. Die Begriffe der räumlichen Lage werden abgefragt sowie die Fähigkeit, Muster zu erkennen und zu legen. Auch die Verwendung von Ordnungszahlen („Welche Farbe hat der dritte Teddy?") und Vorgänger-Nachfolger-Beziehungen sind Bestandteil des Interviews. Strukturiert dargebotene Mengendarstellungen sollen simultan bzw. quasisimultan erfasst und mit den entsprechenden Ziffernkärtchen versehen werden. Ziffernkenntnis wird zudem über die Aufgabe, die Ziffern von 0 bis 9 in die richtige Reihenfolge zu bringen, erhoben. Indem die Kinder sechs Finger auf verschiedene Art und Weise zeigen, geben sie einen Einblick in ihr Verständnis über Teil-Ganzes-Beziehungen. Zudem gibt es noch eine Aufgabenstellung zur Eins-zu-Eins-Zuordnung („Stelle einen Strohhalm in jeden Becher.") und eine zur Seriation bzw. zum Verständnis von Relationsbegriffen zum Verständnis von Relationsbegriffen („Ordne die Kerzen von der kleinsten bis zur größten.").

Die Aufgabenstellungen des Interviewteils für den vorschulischen Einsatz sind in Form eines standardisierten Interviews relativ eng geführt. Verschiedene Strategien oder Begründungen werden nicht direkt eingefordert. An anderen Stellen des ‚Early Numeracy Interviews' ist dies durchaus der Fall („Please explain, how you worked it out." (DEPARTMENT OF EDUCATION, EMPLOYMENT AND TRAINING 2001, S. 31)).

Für die Notation der Interview-Ergebnisse gibt es einen Protokollbogen, in dem jeweils festgehalten wird, ob die Aufgabe bewältigt werden konnte oder nicht. Zusätzliche Beobachtungen können notiert werden. Dieser Bogen dient dazu, den Kindern die entsprechenden Ausprägungsgrade zuzuweisen. Für den vorschulischen Interviewteil sind allerdings keine spezifischen ‚growth points' beschrieben, dennoch können die ‚growth points' zu den Bereichen Zählen oder auch Addition und Subtraktion einen guten Orientierungsrahmen für die Arbeit mit dem Kind darstellen. Im Handbuch zum Interview wird angeregt, ein Kompetenzprofil anzulegen, in dem die gezeigten Kenntnisse, Fähigkeiten und Fertigkeiten des Kindes notiert werden und welches Ausgangspunkt für die weitere Planungsarbeit sein kann.

Vergleicht man Aufgabenstellungen des ‚Early Numeracy Interviews' mit den für Rechenschwierigkeiten prädiktiven Aufgaben bei DORNHEIM (vgl. 3.1; DORNHEIM 2008, S. 286ff.), so fehlen im ‚detour'-Teil des Interviews Aufgaben zum Zählen in Schritten, zum Rückwärts- und zum Weiterzählen sowie zur Addition und Subtraktion. Diese sind in das Hauptinterview integriert, erfordern aber bereits flexiblen Umgang im Zahlenraum bis 100 bzw. teilweise zehnerüberschreitendes Rechnen („Zähle rückwärts von 24.", „Ich habe neun grüne Teddybären hier. Diese neun Teddys verstecken sich hier und vier Teddys sind hier. Sag mir, wie viele Teddys wir insgesamt haben." (DEPARTMENT OF EDUCATION, EMPLOYMENT AND TRAINING 2001, S. 31)).

Einsatzmöglichkeiten und Zielsetzung

Generell wird empfohlen, das ‚Early Numeracy Interview' in regelmäßigen Abständen – z.B. am Anfang und am Ende eines Schul- oder Vorschuljahres – durchzuführen und dabei die Fragestellungen dem Leistungsvermögen des Kindes anzupassen, d.h. gegebenenfalls abzubrechen, weiterzugehen oder an einer anderen Stelle des Interviewleitfadens fortzufahren. Das zugrunde liegende Raster mit den Ausprägungsgraden zu den einzelnen Bereichen hilft, die Fähigkeiten und Fertigkeiten des Kindes zu verorten, und zeigt – gerade bei wiederholter Durchführung des Interviews – die Entwicklung auf. Für die Planung der weiteren Arbeit mit dem Kind nach der Interview-Durchführung können sich Erziehende an den Ausprägungsgraden orientieren, die noch nicht erreicht wurden. Dabei ist zu beachten, dass nicht alle diese Entwicklungsschritte zwangsläufig durchlaufen werden müssen, dass die Reihenfolge nicht starr ist und dass die Ausprägungsgrade nicht für gleich große Entwicklungsschritte stehen. Ausprägungsgrad 2 im Bereich Zählen kann z.b. deutlich früher erreicht werden als Ausprägungsgrad 2 im Bereich Multiplikation und Division (vgl. CLARKE, GERVASONI, SULLIVAN 2000; ROWLEY, HORNE 2000). Bei der australischen Form des Interviews wurden für die Auswertung deshalb die ‚growth points' der einzelnen Bereiche zu drei Niveaus mathematischer Entwicklung zusammengefasst, die nur noch für die drei Bereiche Zahlen, Maße und Raum beschrieben werden (DEPARTMENT OF EDUCATION, EMPLOYMENT AND TRAINING 2001, S. 97). Dieses förderdiagnostische Interview gibt also wie auch das unter 3.3.1 geschilderte Verfahren Informationen über den aktuellen Lernstand und in einigen Teilbereichen auch über mögliche Herangehensweisen oder verwendete Strategien. Bei wiederholter Durchführung erhalten Erziehende und Lehrkräfte aber zusätzlich Einsichten in die Kompetenzentwicklung, die aufgrund des Rasters mit den Ausprägungsgraden verortet werden können.

Ein weiteres Ziel des ‚Early Numeracy Interviews' ist es, Kinder herauszufiltern, die besonderen Förderbedarf haben.

„Therefore a further purpose for the ENRP learning and assessment framework of growth points is to assist teachers to identify the children in their class who are at risk of not learning mathematics successfully" (CLARKE, GERVASONI, SULLIVAN 2000, S. 8).

An dieser Stelle erfolgt der Hinweis, dass die Erkenntnisse über die Kompetenzentwicklung des Kindes idealerweise durch Zusatzinformationen gestützt werden:

„A teacher's knowledge of a child's learning is informed by a wider range of information, including observations during everyday interactions in classrooms." (CLARKE, GERVASONI, SULLIVAN 2000, S. 6)

Für diagnostische Aussagen erscheint dies durchaus von Bedeutung.

Diagnostische Informationen zu gewinnen, betont das ‚Elementarmathematische Basisinterview' als Zielsetzung besonders. Gerade der Vorschulteil soll „der gezielten „Erfassung der Entwicklung von mathematischen Vorläuferfähigkeiten" dienen und „diesbezügliche individuelle Entwicklungsstände" beschreiben (PETER-KOOP, WOLLRING, SPINDELER, GRÜSSING 2007, S. 6). Insofern wird sowohl ein Einsatz im Kindergarten als auch zur Schuleingangsdiagnostik empfohlen.

Ob das Interview bei allen Kindern einer Lerngruppe zum Einsatz kommen kann, oder lediglich bei Kindern mit Auffälligkeiten im mathematischen Bereich, ist eine Frage der personellen und zeitlichen Möglichkeiten in der Kindertageseinrichtung. Der Anspruch, das Interview mit allen Kindern durchzuführen, ist sicherlich allein aufgrund organisatorischer Schwierigkeiten problematisch. In einigen Bundesstaaten Australiens werden organisatorische Probleme dieser Art durch die

Tatsache reduziert, dass Kinder mit ihrem sechsten Geburtstag eingeschult werden (vgl. AUSTRALIAN SCHOOLS DIRECTORY o.J.). Die Interviewarbeit wird dadurch zeitlich entzerrt.

3.3.3 Vergleichende Betrachtung der Interviewverfahren

Die beiden in 3.3.1 und 3.3.2 exemplarisch beschriebenen Interviewverfahren unterscheiden sich bereits im Entstehungsprozess sehr deutlich, aber auch im Umfang, in der Durchführung und hinsichtlich des Potenzials für mathematische Bildung im vorschulischen Bereich. Ein direkter Vergleich im Sinne einer Entscheidung für das eine oder andere Verfahren erscheint aufgrund der großen Unterschiede an dieser Stelle nicht sinnvoll. Hier soll lediglich reflektiert werden, welche Erkenntnisse über die Kompetenzen oder Entwicklungen der Kinder und darüber hinaus jeweils gewonnen werden können.

Von der Konzeption her, geben Standortbestimmungen eher Auskunft über den aktuellen Wissensstand einzelner Kinder, während das ‚Early Numeracy Interview' durch das zugrunde liegende Raster der ‚growth points' und die Breite der Aufgabenstellungen, die den Einsatz über mehrere Jahre möglich macht, eher darauf angelegt ist, Entwicklungen aufzuzeigen. Allerdings können auch Standortbestimmungen zu einem späteren Zeitpunkt wiederholt werden und insofern Aussagen zur individuellen Entwicklung ermöglichen (vgl. SUNDERMANN, SELTER 2006).

Einen besseren Einblick in die Denkwege des Kindes gibt vermutlich ein Interview, das wie beispielsweise das Verfahren von FRAGNIÈRE, JOST, MICHEL, WEISHAUPT, HENGARTNER (1999) weniger standardisiert ist und mehr Freiheiten in der Durchführung lässt. Interessante Lösungsansätze der Kinder oder auffällige Beobachtungen erlauben das Nachfragen und das „Hypothesen Testen" (WITTMANN 1982, S. 37), wenn sich z.B. aus der Interviewsituation Vermutungen über die Vorgehensweise des Kindes ergeben haben. Im Manual des ‚Early Numeracy Interviews' wird darauf hingewiesen, dass der Wortlaut der Formulierungen exakt eingehalten werden soll, damit die Konsistenz der erhobenen Daten gewährleistet werden kann (vgl. DEPARTMENT OF EDUCATION, EMPLOYMENT AND TRAINING 2001, S. 16). Zusätzliche Fragen durch den Interviewenden können natürlich auch hier Einsichten in die Denkwege geben. In die vorgesehene Auswertung geht dies jedoch nicht mit ein.

Betrachtet man den Nutzen der Interviews über die Informationsquelle für individuelle Kompetenzen hinaus, so zeigt sich klares Potenzial für die Weiterentwicklung der Professionalität der Erziehenden und Lehrkräfte: Das ‚Early Numeracy Interview' gibt mit dem zugrunde liegenden Raster der ‚growth points' einen klar strukturierten Rahmen über zentrale Aspekte früher mathematischer Entwicklung vor, der sich durch die Interviewarbeit mit den Kindern den Erziehenden erschließen und insofern als Planungsgrundlage für weitere Aktivitäten dienen kann:

„It provided detailed, reliable information on what children knew and could do ... it provided a means of measuring growth over time ... it helped to identify those children who may benefit from additional assistance and intervention, it provided an important basis for planning and teaching" (CLARKE, CHEESEMAN, CLARKE, GERVASONI, GRONN, HORNE, MCDONOUGH, MONTGOMERY, ROWLEY, SULLIVAN 2002, S. 15).

Dahingegen haben halbstandardisierte, klinische Interviews wie z.b. das Verfahren von FRAGNIÈRE, JOST, MICHEL, WEISHAUPT, HENGARTNER (1999) ihre Stärke unter anderem darin, die Einsichten und Kenntnisse über kindliche Vorgehensweisen zu erweitern, was ebenfalls für die weitere Arbeit sehr hilfreich sein kann (vgl. WITTMANN 1984; FREUDENTHAL 1978, S. 74):

„Clinical interviews are very valuable instruments for developing attitudes and skills of good teaching far beyond the psychological insights they may develop." (WITTMANN 1984, S. 26)

Beide Verfahren haben als Bezugspunkt nicht eine Norm, an der man sich orientiert, sondern die individuelle Entwicklung des Kindes. Durch einen Einblick in die Denkwege der Kinder, wie dies z.B. bei der Standortbestimmung vorstellbar ist, oder durch eine Orientierung an einem Kompetenzraster, fällt es den Erziehenden unter Umständen leichter, nächste Schritte zu planen, als dies bei Testverfahren der Fall ist, die in erster Linie die Leistung eines einzelnen Kindes in Relation zur Leistung gleichaltriger Kinder setzen.

Inwieweit förderdiagnostische Interviews im Vergleich zu anderen diagnostischen Verfahren für elementare mathematische Bildung nutzbringend sein können, wird abschließend in 3.5 diskutiert. Zuvor werden allerdings noch kompetenzdiagnostische Verfahren mit kontinuierlichem Charakter näher betrachtet.

3.4 Kontinuierliche Beobachtung und Dokumentation

Die Lernausgangslagen der Kinder zu kennen ist eine Grundvoraussetzung, um mit passenden Lernangeboten eine geeignete Basis für mathematische Bildung schaffen zu können und um frühzeitig besonderen Förderbedarf zu erkennen. Dazu können punktuelle kompetenzdiagnostische Verfahren (die gegebenenfalls in bestimmten Zeitabständen wiederholt werden), wie sie in 3.2 und 3.3 vorgestellt wurden, zum Einsatz kommen. Eine andere Herangehensweise ist die kontinuierliche Beobachtung und Dokumentation mathematischer Lernentwicklung. Kinder zu beobachten und die Entwicklung zu dokumentieren gehört zwar zu „den zentralen Aufgaben von Frühpädagoginnen in der täglichen Praxis" (ROUX 2007, S. 3; auch z.B. PETERMANN, PETERMANN, KOGLIN 2008; STUCK 2008; LEU, FLÄMIG, FRANKEN-

STEIN, KOCH, PACK, SCHNEIDER, SCHWEIGER 2007, S. 25; SPECK-HAMDAN 2006, S. 28), jedoch ist kritisch zu hinterfragen, ob Vorgehensweisen und Instrumente zur Beobachtung und Dokumentation auch *mathematische* Entwicklungsprozesse so berücksichtigen, dass eventuelle Lernrückstände wahrgenommen werden, bzw. inwieweit bereits in Kindertagesstätten praktizierte Methoden auf eine Beobachtung mathematischer Lernprozesse ausgeweitet werden können. Die Forderung nach Beobachtung mit fachlichem Fokus, die unter anderem aufgrund der Ergebnisse der Prädiktionsforschung eine gewisse Brisanz hat, ist im gemeinsamen Rahmen der Länder für die frühe Bildung in Kindertageseinrichtungen festgehalten:

> „Die Kinder sollen daraufhin beobachtet werden, was ihre Stärken und Schwächen in dem jeweiligen Bildungsbereich sind, wie sie Anregungen aufnehmen und wie sie sich damit beschäftigen. Beobachtung und Dokumentation der kindlichen Entwicklungsprozesse sind erforderlich." (JUGENDMINISTERKONFERENZ 2004, S. 5)

Bevor mit Portfolios, ‚Lerngeschichten' und der ‚Lerndokumentation Mathematik' drei Instrumente bzw. Konzeptionen vorgestellt werden, die die tägliche Beobachtung und Dokumentation strukturieren und fokussieren, folgt eine kurze Klärung des Begriffs Beobachtung, die zur Analyse der verschiedenen Verfahren hilfreich ist:

> „Die absichtliche, aufmerksam-selektive Art des Wahrnehmens, die ganz bestimmte Aspekte auf Kosten der Bestimmtheit von anderen beachtet, nennen wir Beobachtung. Gegenüber dem üblichen Wahrnehmen ist das beobachtende Verhalten planvoller, selektiver, von einer Suchhaltung bestimmt und von vornherein auf die Möglichkeit der Auswertung des Beobachteten im Sinne der übergreifenden Absicht gerichtet." (GRAUMANN 1966, S. 86)

Dabei wird zwischen Alltagsbeobachtungen, systematischen und unsystematischen Beobachtungen unterschieden. Während Alltagsbeobachtungen „mehr oder weniger beliebig vonstatten" gehen (BORTZ, DÖRING 2002, S. 263), sind systematische Beobachtungen planvolle Aktivitäten, bei denen festgelegt ist, was, zu welcher Gelegenheit beobachtet werden soll. Außerdem wird reflektiert, „ob bzw. in welcher Weise das Beobachtete gedeutet werden kann" (vgl. BORTZ, DÖRING 2002, S. 263f.).

Unter unsystematischer Beobachtung versteht man „so etwas wie heuristische Beobachtung ..., d.h. ein ungesteuertes und nicht ‚vorsortiertes' Betrachten ohne besondere Fragestellung" (GREVE, WENTURA 1997, S. 26). SCHÄFER (2007) verwendet dafür den Begriff „ungerichtetes" Beobachten:

> „Der Beobachter will nichts Bestimmtes wissen, sondern er ist bereit möglichst vieles wahrzunehmen, was Kinder indirekt oder direkt über sich, ihre Erlebnisse und Gedanken mitteilen." (SCHÄFER 2007, S. 166)

„Die gerichtete Beobachtung" hingegen „zielt auf Verhaltensweisen und Verhaltensbereiche, die bereits bekannt und theoretisch abgesichert sind" (SCHÄFER 2007, S. 165). Da in diesem Fall vorab festgelegt ist, was beobachtet werden soll, handelt es sich beim gerichteten Beobachten um eine Form von systematischem Beobachten.

Mit dem Hintergrundwissen, dass das frühe Vorwissen über Zahlen und Mengen entscheidend zum Erfolg mathematischen Lernens beiträgt, erscheint eine unsystematische oder ungerichtete Beobachtung auf den ersten Blick nicht zielführend zu sein. Über die frühe mathematische Entwicklung sind viele Fakten bekannt und abgesichert, die sich auch beobachten lassen. Allerdings plädiert Schäfer ganz bewusst für ein ungerichtetes Beobachten im vorschulischen Bereich, in dem Sinne, „dass man nicht nur eine oder wenige bestimmte Kategorien in der Beobachtung abfragt, sondern möglichst viele Blickweisen und Blickwinkel gelten lässt" (SCHÄFER 2007, S. 166). Gegebenenfalls zeigt sich in der Beobachtung eines Kindes eine Verhaltensweise, für die die Kategorien, die man im Kopf hat, nicht greifen. Eine gewisse Offenheit kann sich hier auszahlen.

Die im Folgenden beschriebenen Verfahren zur Beobachtung und Dokumentation weisen unterschiedliche Ausprägungen an Systematik bzw. Gerichtetheit auf und es gilt zu reflektieren, inwieweit der Einsatz unter dem Gesichtspunkt der elementaren mathematischen Bildung und im Sinne früher Diagnose von Entwicklungsrückständen gewinnbringend sein kann. Dabei handelt es sich bei den ‚Lerngeschichten' und bei Portfolios um Verfahren, die zwar nicht spezifisch fachgebunden sind, jedoch bereits in einigen Kindertagesstätten zum Einsatz kommen. Hierbei soll reflektiert werden, ob der Einsatz bzw. die Ausweitung dieser Verfahren für mathematische Beobachtungen und Dokumentationen möglich und Erfolg versprechend ist (s. 3.4.4 und 3.5).

3.4.1 Portfolios

Der Einsatz von Portfolios zur Beobachtung und Dokumentation von Entwicklungsprozessen in der Frühpädagogik wird vielfach in der Literatur vorgeschlagen bzw. beschrieben (z.B. GRACE, SHORES 2005; DARTING 2007; FISCHBÖCK-HEIDER 2007; WIEDEN-BISCHOF, SCHALLHART 2007; GROOT-WILKEN 2008; WINTER 2008). Einige Vorschläge zur Beobachtung und Dokumentation von Lernprozessen im elementaren Bereich (s. 3.4.2 und 3.4.3) integrieren Portfolios neben anderen Dokumentationsformen als ergänzende Informationsquelle. Aus diesem Grund lohnt die Auseinandersetzung mit diesem Vorschlag der Dokumentation von Leistung und Entwicklung.

Ausgehend von Reformbemühungen in den USA gelangte das Portfoliokonzept zu Beginn des 21. Jahrhunderts auch in Deutschland vor allem in Verbindung mit

alternativen Formen der Leistungsbewertung vermehrt in die Diskussion (für eine
ausführliche historische Einordnung vgl. HÄCKER 2006a, S. 28ff.). Mittlerweile
findet sich der Portfoliobegriff in verschiedenen Bereichen in unterschiedlichen
Bedeutungszusammenhängen und mit unterschiedlichen Zielsetzungen wieder. Einen Definitionsversuch findet man bei PAULSON, PAULSON und MEYER (1991):

> „A portfolio is a purposeful collection of student work that exhibits the student's
> efforts, progress, and achievements in one or more areas. The collection must in-
> clude student participation in selecting contents, the criteria for selection, the cri-
> teria for judging merit, and evidence of student self-reflection" (PAULSON,
> PAULSON, MEYER 1991, S. 60).[5]

Im Wesentlichen lassen sich Portfolios mit Hilfe der drei Dimensionen „Zweck,
Inhalte, Entscheidungen" (HÄCKER 2006b, S. 39) einordnen und beschreiben: Dient
das Portfolio der Darstellung einer Entwicklung oder einer abschließenden Bewertung? Enthält es eine beliebige Sammlung an Dokumenten oder lediglich unter bestimmten Gesichtspunkten ausgewählte Einzelstücke? Wer entscheidet darüber,
welche Dokumente in das Portfolio aufgenommen werden?

Vorschläge für den Einsatz von Portfolios in Kindertagesstätten stellen in der
Regel die Dokumentation von Entwicklungsprozessen in den Mittelpunkt, die zunächst aus einer allgemeinen Sammlung von Dokumenten besteht.

Kurzbeschreibung

Sollen systematische und auch unsystematische Beobachtungen von Kindern gesammelt und mit Arbeitsprodukten der Kinder, ihren Äußerungen und den Informationen von Eltern ergänzt bzw. zu untermauert werden, bietet sich die Arbeit mit
Portfolios an. Da diese Arbeit, wie bereits erwähnt, sehr unterschiedlich erfolgen
kann, existieren keine einheitlichen Vorgaben. Die folgenden Ausführungen beziehen sich auf Veröffentlichungen, die Portfolioarbeit für Kindertagesstätten vor-
schlagen, oder die von Erfahrungen mit dem Einsatz von Portfolios im vorschulischen Bereich berichten.

Konkret wird ein schrittweises Vorgehen vorgeschlagen, wobei die einzelnen
Schritte wiederum variieren können, je nachdem, welcher Zweck hinter der Portfolioarbeit steht und wie das Portfolio weiter genutzt werden soll.

Die Klärung der Zielsetzung wird zunächst als erste Herausforderung für die
Erziehenden benannt. Sie sollte im Konsens mit allen am Beobachtungsprozess
beteiligten Erzieherinnen und Erziehern erfolgen (vgl. WIEDEN-BISCHOF, SCHALL-
HART 2007, S. 2; GRACE, SHORES 2005, S. 72ff.). Daran schließt sich die in der
Regel zunächst unsystematische Sammlung von Arbeitsprodukten, Fotodokumen-

---

5 Diese Arbeitsdefinition entstand auf der Konferenz ‚Aggregating Portfolio Data' im August
1990 in Union, Washington und wird in dem oben zitierten Artikel wiedergegeben.

ten, Notizen über systematische und unsystematische Beobachtungen, Äußerungen von Kindern zu ihren Aktivitäten etc. an.

Alle Produkte sollten mit Datum und gegebenenfalls mit Kommentaren gekennzeichnet werden. Dabei kann eine chronologische Ordnung oder auch die Ordnung nach Bildungs- bzw. Entwicklungsbereichen sinnvoll sein (vgl. FISCHBÖCK-HEIDER 2007, S. 33). In der Regel wird eine ganzheitliche Beobachtung angestrebt. Betrachtet man die Veröffentlichungen zum Einsatz von Portfolios im Elementarbereich, findet man allerdings in erster Linie Hinweise über gesammelte Dokumente zur sprachlichen, motorischen und sozialen Entwicklung und zu allgemeinen Fähigkeiten bzw. Dispositionen, wie z.b. Kreativität, Ausdauer, Konzentrationsfähigkeit (vgl. z.B. WIEDEN-BISCHOF, SCHALLHART 2007, S. 5; GRACE, SHORES 2005, S. 40ff.) und weniger über Dokumente, die die mathematische Entwicklung aufzeichnen.

Je nachdem, wie mit den Portfolios gearbeitet wird, kann zu einem späteren Zeitpunkt noch einmal eine Auswahl aus diesen gesammelten Dokumenten getroffen werden. Dann werden lediglich die Produkte in das eigentliche Portfolio aufgenommen, die für die Entwicklung des Kindes besonders repräsentativ sind. Diese Auswahl wird zusammen mit dem Kind getroffen und so als Chance genutzt, über das eigene Lernen nachzudenken (vgl. FISCHBÖCK-HEIDER 2007, S. 34; DARTING 2007, S. 85).

Das Gespräch mit dem Kind – aber auch mit den Eltern – ist generell ein wichtiger Bestandteil der Arbeit mit Portfolios:

„In diesen Gesprächen werden längerfristige Bildungsprozesse mit dem Kind reflektiert. Insbesondere dieses Nachdenken über das Lernen fördert die lernmethodische Kompetenz." (FISCHBÖCK-HEIDER 2007, S. 33)

Zu Letzterem gibt es unterschiedliche Vorschläge. Beispielsweise können die Kinder unmittelbar nach Fertigstellung einer bestimmten Arbeit oder nach Bewältigung einer Lernaufgabe aufgefordert werden, über die eigenen Erfahrungen zu sprechen und die Lernergebnisse zu kommentieren. Diese Gespräche werden schriftlich oder mit Hilfe von Aufnahmen festgehalten und sind Bestandteil des Portfolios (vgl. WIEDEN-BISCHOF, SCHALLHART 2007, S. 6). Außerdem wird angeregt, in regelmäßigen Abständen mit den Kindern ‚Portfoliogespräche' zu führen (vgl. FISCHBÖCK-HEIDER 2007, S. 34; GRACE, SHORES 2005, S. 108). Diese Gespräche dienen der gemeinsamen Reflexion der Lernentwicklung und auch einer weiteren Zielsetzung bzw. der Planung weiterer Schritte. Überlegungen zur Weiterarbeit erfolgen optimalerweise auf Initiative des Kindes, zumindest aber in Absprache mit dem Kind.

Portfolioarbeit schließt in der Regel auch Gespräche mit den Eltern über die Lernentwicklung des Kindes ein. Diese Gespräche dienen zum einen der Informa-

tion der Eltern. Sie können aber auch den Erzieherinnen und Erziehern Hinweise
auf das Lernen des Kindes geben, wenn Eltern ihre eigenen Beobachtungen ergänzen, welche dann wiederum in das Portfolio aufgenommen werden können (vgl.
FISCHBÖCK-HEIDER 2007, S. 39; GRACE, SHORES 2005, S. 110ff.; WIEDEN-
BISCHOF, SCHALLHART 2007, S. 7).

Um das Bewusstsein für das eigene Lernen beim Kind zu schärfen und um individuellen Erfolgen die angemessene Würdigung zukommen zu lassen, sehen einige Konzepte der Portfolioarbeit eine Präsentationsphase vor. Zusammen mit den
Kindern werden geeignete Dokumente für eine Ausstellung, für ein Portfoliofest
oder zum Aufbewahren ausgewählt (DARTING 2007, S. 86; GRACE, SHORES 2005,
S. 113; WIEDEN-BISCHOF, SCHALLHART 2007, S. 7). Auch dabei ergeben sich noch
einmal Gelegenheiten für das reflektierende Gespräch.

Zielsetzung
Die Arbeit mit Portfolios kann unterschiedliche Zielsetzungen verfolgen, wie be-
reits oben erwähnt. Für den Einsatz im Elementarbereich werden jedoch folgende
Ziele genannt:

In erster Linie handelt es sich dabei um ein Instrument, das hilfreich ist, um individuelle Lern- und Entwicklungsprozesse bewusst zu machen. Dies gilt sowohl
für die Erziehenden als auch für die Eltern, vor allem aber auch für die Kinder
selbst, da deren Sichtweisen und Äußerungen in die Arbeit mit einbezogen werden
(vgl. GROOT-WILKEN 2008, S. 13).

Die Förderung lernmethodischer Kompetenzen, wie z.B. Lerninhalte sichtbar
machen, Lernstrukturen erfassen, Lernstrategien entwickeln und Lernprozesse erkennen, wird als Ziel für die Arbeit mit Portfolios immer wieder genannt (vgl.
DARTING 2007, S. 80ff.). Gerade das Reflektieren über den eigenen Lernprozess –
welches einen erheblichen Bestandteil der Portfolioarbeit ausmacht – ist eine metakognitive Komponente im Lernprozess, bei der man davon ausgeht, dass sie
Auswirkungen auf die Lernleistung hat und die als Voraussetzung für
selbstreguliertes Lernen gilt (vgl. HASSELHORN 2006, S. 482f.).

Zudem liefern die gesammelten Dokumente und Beobachtungen eine gute Basis für die Planung weiterer Lernaktivitäten (vgl. GRACE, SHORE 2005, S. 14, 108f.;
GROOT-WILKEN 2008, S. 13), wobei die nächsten Schritte in der Regel an die Reflexion der Lernentwicklung anknüpfen und die Impulse idealerweise vom Kind
ausgehen.

Nicht zuletzt wird als Zielvorstellung von Portfolioarbeit angegeben, die Ge-
sprächskultur in den Einrichtungen und mit den Eltern zu verbessern, da die gesammelten Dokumente und die damit verbundenen Beobachtungsaktivitäten eine
gute Grundlage für inhaltsbezogene Diskussionen liefern.

3.4.2 Lerngeschichten

Eine weitere Möglichkeit, individuelle Lernprozesse von Kindern zu beobachten und zu dokumentieren, wird durch die so genannten „learning stories" (CARR 2001) oder „Bildungs- und Lerngeschichten" (LEU 2002; LEU, FLÄMIG, FRANKENSTEIN, KOCH, PACK, SCHNEIDER, SCHWEIGER 2007) beschrieben. Dabei handelt es sich um einen Beobachtungs- und Dokumentationsansatz, der in Neuseeland entwickelt und vom Deutschen Jugendinstitut für die Arbeit in deutschen Kindertageseinrichtungen adaptiert wurde. Während es bei der Arbeit mit Portfolios möglich ist, unsystematische *und* systematische Beobachtungen einfließen zu lassen, ist die Arbeit mit Lerngeschichten ein Ansatz, der von ungerichteten bzw. unsystematischen Beobachtungen ausgeht.

Kurzbeschreibung

Mit dem Ziel, Strukturen für lebenslanges Lernen grundzulegen, werden statt isolierter, kontextfreier, schulorientierter Fähigkeiten und Fertigkeiten so genannte Lerndispositionen in den Aktivitäten der Kinder gesucht (vgl. CARR 2001, S. 3). Darunter werden grundlegende Voraussetzungen und Einstellungen verstanden, die Lernen generell möglich machen:

> „Lerndispositionen bezeichnen eine Qualität von Aktivitätsmustern, in der die Fähigkeit und Motivation zum Ausdruck kommt, sich mit Anforderungen und neuen Situationen auseinanderzusetzen und daran teilzuhaben." (LEU 2005)

Sie beziehen sich insofern nicht auf spezifische fachliche Inhalte, sondern lassen sich im Alltag in verschiedenen Situationen beobachten, in denen Kinder agieren. Im Einzelnen strukturiert CARR die Lerndispositionen in fünf Bereiche, die grundlegend für die Einordnung der Beobachtungen sind:

> „Taking an interest, being involved, persisting with difficulty or uncertainty, communicating with others, and taking responsibility" (CARR 2001, S. 176; 24f.).

Es ist davon auszugehen, dass Tätigkeiten von Kindern, bei denen sie Interesse an einer Sache zeigen bzw. sich dieser Sache intensiv widmen, bei denen sie unter Beweis stellen, dass sie auch mit Schwierigkeiten umgehen können, sie Kontakt zu anderen suchen, um sich auszutauschen, und bei denen sie zeigen, dass sie Verantwortung übernehmen können, zu spezifischen Lernerfolgen führen. Dabei erleben sie ihre eigene Kompetenzsteigerung und können so zu weiterem Lernen motiviert werden. (vgl. LEU, FLÄMIG, FRANKENSTEIN, KOCH, PACK, SCHNEIDER, SCHWEIGER 2007, S. 54). Deshalb sollen diese Lerndispositionen von den Erziehenden wahrgenommen und mit dem Kind besprochen werden, um sein Bewusstsein für das eigene Lernen zu wecken und weitere Lernschritte initiieren zu können.

Der Ansatz der Lerngeschichten schlägt dazu folgendes Vorgehen vor (vgl. CARR 2001; LEU 2002, S. 24; LEU, FLÄMIG, FRANKENSTEIN, KOCH, PACK,

SCHNEIDER, SCHWEIGER 2007, S. 66ff.): Zunächst werden die Kinder in alltäglichen Situationen, wie beispielsweise beim Spielen im Sandkasten oder beim Umgang mit Tieren, beobachtet. Die Aktivitäten des Kindes werden beschrieben, wobei auch der Kontext des beobachteten Geschehens, betroffene Bildungsbereiche und gegebenenfalls nötige Voraussetzungen notiert werden. Die Beobachtungen werden im Anschluss mit anderen Erziehenden, die das Kind kennen, mit den Kindern selbst und auch den Eltern diskutiert und eventuell ergänzt. An dieser Stelle erfolgen Deutungen des beobachteten Verhaltens vor dem Hintergrund der Lerndispositionen. Danach werden diese Erkenntnisse dokumentiert und es wird über weitere Lernanregungen, die dem Kind zur Verfügung gestellt werden sollen, über gezielte Unterstützungsangebote oder spezielle herausfordernde Angebote entschieden. Bei der Dokumentation handelt es sich um eine narrative Form: Die Ergebnisse des bisherigen Prozesses werden in der Regel in Form eines Briefes an das Kind festgehalten, der die Beobachtungen, die Interpretationen und auch mögliche weitere Anregungen für das Kind enthält (Beispiele finden sich in LEU, FLÄMIG, FRANKENSTEIN, KOCH, PACK, SCHNEIDER, SCHWEIGER 2007). Diese Form der Dokumentation wird gewählt, weil so die beobachteten Aktivitäten ganzheitlich vermittelt werden können und dem Leser bzw. Zuhörer Spielraum für eigene Interpretationen gelassen wird.

„Stories include the surround, and stories over time provide data for interpretation. ... By using a narrative approach, a learning disposition will be protected from too much fragmentation, although skills and knowledge may well be foregrounded at times" (CARR 2001, S. 93).

Die Lerngeschichten werden in einem Portfolio aufbewahrt und durch Fotos, Mitschriften von Gesprächen, Arbeitsprodukte oder notierte Kommentierungen der Kinder und gegebenenfalls auch der Eltern ergänzt (vgl. CARR 2001, S. 143). So sind die Materialien für Gespräche verfügbar und geben in der Zusammenschau einen Überblick über die Kompetenzentwicklung des Kindes. Während des ganzen Prozesses findet immer wieder ein Austausch mit den Kindern statt. Er hat nicht allein den Zweck, dem Kind die Möglichkeit zu geben, das eigene Lernen zu reflektieren, sondern dient den Erziehenden auch dazu, mehr Informationen über das Denken und Lernen der Kinder zu bekommen. Wie auch bei der Arbeit mit Portfolios können mit den gesammelten Dokumenten gezielte Gespräche zur Lernentwicklung geführt werden. Dies gilt auch für Entwicklungsgespräche mit den Eltern.

Bezüglich der Häufigkeit der Beobachtungen und der Erstellung von Lerngeschichten für das Kind wird darauf hingewiesen, dass vor Ort die Entscheidung getroffen werden muss „was als machbar wahrgenommen wird" (LEU 2005, S. 10). Eine Minimalforderung ist sicher, jedes Kind in der Einrichtung zu beobachten (vgl. LEU, FLÄMIG, FRANKENSTEIN, KOCH, PACK, SCHNEIDER, SCHWEIGER 2007,

S. 82), wobei die Anzahl der Beobachtungen, auf der eine Lerngeschichte basiert, variieren kann (vgl. LEU, FLÄMIG, FRANKENSTEIN, KOCH, PACK, SCHNEIDER, SCHWEIGER 2007, S. 74).

Zielsetzung

Das Hauptanliegen der ‚Lerngeschichten' ist, eine Grundlage für lebenslanges Lernen zu schaffen, indem sich die Kinder selbst ganz bewusst als Lernende wahrnehmen. Es geht um „die Unterstützung und Herausforderung kindlicher Lernprozesse und damit die Entfaltung der Lerndispositionen." (LEU, FLÄMIG, FRANKENSTEIN, KOCH, PACK, SCHNEIDER, SCHWEIGER 2007, S. 110). Der Beobachtung von *Prozessen* in der spezifischen Lernumgebung wird dabei eine entscheidende Bedeutung beigemessen, wohingegen die konkreten Inhalte eher in den Hintergrund rücken:

> „Learning stories are a window on the meaning that children are constructing as they participate in ‚the richness, complexity, and interdependence of events and action in the real classroom'" (CARR 2001, S. 181).

Verfolgt man die Zielsetzung, Lernprozesse bewusst zu machen, ist eine logische Konsequenz, dass Beobachtung im Rahmen der ‚Lerngeschichten' nicht unter dem Fokus steht, Defizite der Kinder auszumachen, sondern darin, bereits erworbene Kompetenzen wahrzunehmen und die vorhandenen Lerndispositionen zu stärken (vgl. Carr 2001, S. 3, S. 97ff.; LEU, FLÄMIG, FRANKENSTEIN, KOCH, PACK, SCHNEIDER, SCHWEIGER 2007, S. 54; LEU 2002, S. 24).

Außerdem bieten die ‚Lerngeschichten' – wie auch Portfolios – eine gute Möglichkeit, den Austausch über die Lernprozesse des Kindes mit Kolleginnen und Kollegen in der eigenen Einrichtung, mit Eltern und mit den Kindern selbst durch ausreichend Informationen zu unterfüttern. Der Austausch kann so als sinnvoll und zielführend erlebt werden (vgl. CARR 2001, S. 178; 125f.). Er dient der Weiterentwicklung der Professionalität der Erziehenden, kann den Kindern Wertschätzung für ihr Tun vermitteln, bezieht die Familien mit ein und ist hilfreich, wenn weitere Schritte überlegt werden.

3.4.3 Lerndokumentation Mathematik

Ein – im Gegensatz zu Portfolios und ‚Lerngeschichten' – speziell am Fach Mathematik ausgerichtetes Instrument zur Fokussierung und Systematisierung kontinuierlicher Beobachtungen liegt mit der „Lerndokumentation Mathematik" vor (STEINWEG 2006). Dieses Instrument ist in erster Linie der gerichteten Beobachtung zuzuordnen, da der Gegenstand der Beobachtung theoretisch abgesichert ist (s.o. Begriffsklärung zur Beobachtung). Die ‚Lerndokumentation Mathematik' eignet sich jedoch auch dazu, unsystematische Beobachtungen festzuhalten. Sie ist für den Übergangsbereich Kindertagesstätte – Grundschule konzipiert und enthält

Hinweise für die Nutzung im vorschulischen sowie im schulischen Bereich. Der Einsatz ist bis Ende des zweiten Schuljahres vorgesehen. Die sich anschließende Beschreibung bezieht sich auf den Teilbereich des Instruments, der mit „Grunderfahrungen" (STEINWEG 2006, S. 12) überschrieben und in erster Linie für die Kindertagesstätte konzipiert ist.

Kurzbeschreibung

Die ‚Lerndokumentation Mathematik' bietet den Erziehenden ein Raster, in dem sie zu verschiedenen mathematischen Erfahrungsbereichen ihre Beobachtungen notieren können. Das Raster dient in erster Linie dazu, mathematische Bereiche aufzuzeigen, in denen Kinder bereits Fähigkeiten und Fertigkeiten aufweisen können und in denen zukünftig Aktivitäten angeboten werden sollten, damit Kinder die Möglichkeit haben, ihre Kompetenzen unter Beweis zu stellen (vgl. STEINWEG 2006, S. 1f.). Beobachtungsraster gibt es für die Erfahrungsbereiche „Mathematisches Denken und Handeln", „Form", „Raum", „Zahl und Zählen", „Zahl und Struktur", „Länge und Maße", „Zeit und Geld" sowie „Daten und Zufall" (STEINWEG 2006, S. 13ff.). Die Aufgliederung in die einzelnen Erfahrungsbereiche soll vor allem dazu beitragen, „die individuellen Lernprozesse differenziert im Blick zu haben" (vgl. STEINWEG 2006, S. 2), es wird jedoch explizit darauf hingewiesen, dass diese Erfahrungsbereiche miteinander vernetzt sind und sich Lernen oftmals in verschiedenen Bereichen gleichzeitig vollzieht. Zu jedem der Erfahrungsbereiche werden Kompetenzen aufgelistet, „die *innerhalb* von spielerischen Auseinandersetzungen individuell erworben werden" und infolgedessen auch beobachtet werden können, und die „für mathematisches Denken und Handeln tragfähig weitergeführt werden können" (STEINWEG 2006, S. 6, Hervorhebung im Original). Diese Aussage unterstreicht den Grundgedanken der ‚Lerndokumentation Mathematik', dass sich mathematische Kompetenzen bei natürlichen Lernprozessen in der Kindertagesstätte beobachten lassen, wenn die Umwelt der Kinder anregend gestaltet wird. Die im Raster notierten Fertigkeiten und Fähigkeiten sind deshalb „keine ‚Ideen-Sammlung' für konkrete Anregungsumgebungen", weil sich Lernangebote „nicht kleinschrittig" daraus ableiten lassen, sondern in der Regel „mehrere Erfahrungen gleichzeitig" beinhalten (STEINWEG 2006, S. 5f.).

Um die Arbeit mit einem Beobachtungsraster im Alltag der Kindertagesstätte so praktikabel wie möglich zu gestalten, sind für die Notation der Einzelbeobachtungen Spalten vorgesehen, die helfen, den Ausprägungsgrad der Beobachtung einzuschätzen. Notiert wird, ob die beobachtete Fähigkeit oder Fertigkeit „mit Unterstützung", „ab und zu selbstständig", „häufig selbstständig" oder „sicher und selbstständig" gelingt (STEINWEG 2006, S. 13ff.). Es wird ausdrücklich darauf hingewiesen, dass die vorgegebenen Raster nicht dazu dienen sollen, die einzelnen Punkte abzuhaken, sobald eine Beobachtung gemacht wird. Stattdessen geht es um eine langfristige Beobachtung, die es auch ermöglicht, „Stagnationen, Schübe und Zyklen" zu erfassen (STEINWEG 2008, S. 157), um ein umfassendes Bild über die Lern*entwicklung* des Kindes zu bekommen und Lernprozesse angemessen begleiten zu können. Die folgende Abbildung (Abb. 3.1) zeigt Beispiele der ‚Lerndokumentation Mathematik' zu zwei Erfahrungsbereichen, die sich in erster Linie auf mathematische *Inhalte* beziehen. Diese beiden Erfahrungsbereiche enthalten im Wesentlichen die von DORNHEIM (2008) genannten Komponenten des als prädiktiv geltenden Zahlen-Vorwissens (vgl. 3.1; DORNHEIM 2008, S. 286ff.) mit Ausnahme der Fähigkeiten rückwärts oder weiterzuzählen.

Der Erfahrungsbereich ‚Mathematisches Denken und Handeln' beinhaltet über inhaltliche mathematische Kompetenzen hinaus *allgemeine* mathematische Kompetenzen, wie z.B. Problemlösen oder Kreativität, aber auch Fähigkeiten, die allgemeine Lerndispositionen erkennen lassen, ähnlich wie sie z.B. unter 3.4.2 beschrieben sind. Dazu gehören z.B. ‚Beharrlichkeit beim Lösen von Problemen', ‚Diskutieren mit anderen' oder ‚Freude am Forschen'.

Beobachtungsraster zu den oben genannten Erfahrungsbereichen gibt es auch für die Schulanfangsphase. Diese Trennung muss nicht so strikt eingehalten werden, denn je nach individuellem Entwicklungsstand des Kindes kann es auch sinnvoll und angebracht sein, bereits im Vorschulalter diese Raster mit heranzuziehen oder in der Schulanfangsphase bei Kindern, die spezifische Probleme haben, die mathematischen Grunderfahrungen noch einmal genau zu beobachten.

Ein weiterer Bestandteil der ‚Lerndokumentation Mathematik' ist die so genannte „Schatzkiste Mathematik" (Steinweg 2006, S. 9ff.). Da „die Gesamtschau auf ein Kind und seine Lernbiografie ... durch reine Rasternotizen allein nur unzureichend" sein kann (Steinweg 2006, S. 9), wird angeregt, diese mit verschiedenen Dokumenten im Sinne eines Portfolios (s. 3.4.1) zu ergänzen. Konkret können dies „dokumentierte Kurzbeobachtungen", „Kinderzeichnungen, Rechendokumente, Bauwerkskizzen, Wegepläne", „Fotos des Kindes in verschiedenen Aktionen und sozialen Konstellationen", „protokollierte Kinderäußerungen" oder „Beobachtungsnotizen oder Bemerkungen der Erziehenden" sein (Steinweg 2006, S. 9). Es wird empfohlen, mit diesen Dokumenten ähnlich zu verfahren, wie dies bereits im Zusammenhang mit der Portfolioarbeit geschildert wurde: Datieren der Produkte erscheint sinnvoll, um die Entwicklung aufzeigen zu können und um das Bewusstsein für das Lernen zu schärfen, werden Gespräche mit den Kindern (und den Eltern) über die einzelnen Dokumente angeregt.

Erfahrungsbereich Zahl und Zählen (Zahlen und Operationen I)

Du	mit Unterstützung	ab und zu selbstständig	häufig selbstständig	sicher und selbstständig
zählst die Augen eines Spielwürfels korrekt				
setzt einen Spielstein (passend) zählend weiter				
erkennst die Ziffern bis 9				
liest Zahlen ≥ 10				
kannst z.B. im Spiel sagen, wer an 3. (4.) Stelle ist				
zählst Gegenstände richtig ab bis ...				

Erfahrungsbereich Zahl und Struktur (Zahlen und Operationen II)

Du	mit Unterstützung	ab und zu selbstständig	häufig selbstständig	sicher und selbstständig
erkennst eine Würfelzahl/ Fingeranzahl simultan (ohne zu zählen)				
setzt den Spielstein auf einmal oder z.B. in 2er-Schritten weiter				
erfasst Anzahlen/ Mengenunterschiede schätzend/ durch die Struktur				
kannst dir 5 (...) Gegenstände auf einmal nehmen				
kannst sagen, wie viel du hast, wenn du noch 2 bekommst/ wenn du 2 abgeben musst (ohne zu zählen)				

Abb. 3.1 Ausschnitt aus der ‚Lerndokumentation Mathematik' (STEINWEG 2006, S. 15)

Zielsetzung

Die zentrale Zielsetzung der ‚Lerndokumentation Mathematik' ist, mathematisches „Lernen von Anfang an zu begleiten" (STEINWEG 2006, S. 1), indem „Lernentwicklungen, Fortschritte und Stagnationen aufmerksam" beachtet werden (STEINWEG 2008, S. 156). Durch die Gliederung in die Erfahrungsbereiche und die Ausdifferenzierung einzelner Fertigkeiten und Fähigkeiten können „die zusammenhängenden und tief verwobenen Bereiche" mathematischen Lernens „wie unter einer Lupe" detailliert wahrgenommen werden (STEINWEG 2006, S. 6). Dies ist eine Voraussetzung dafür, weiteres Lernen zu planen und gegebenenfalls für adäquate Lernanregungen sorgen zu können, die dem Kind erlauben, nächste Entwicklungsschritte zu gehen. Die Beobachtungsraster sind dabei eine Hilfestellung, auf wertvolle mathematische Lerngelegenheiten aufmerksam zu werden.

Dahinter verbirgt sich eine weitere Zielsetzung: Mithilfe der ‚Lerndokumentation Mathematik' können Erziehende ihren Blick für mathematisches Lernen in alltäglichen Situationen schärfen und sie erweitern ihr Wissen um relevante Kenntnisse und Fähigkeiten früher mathematischer Bildung. Dieses Ziel kann als erreicht gelten, wenn die Erziehenden „auf die Leitfäden der vorgegebenen Beobachtung gar nicht mehr angewiesen sind, da sie selbst die verschiedenen Aspekte im alltäglichen Umgang in der Interaktion mit den Kindern im Auge behalten können" (STEINWEG 2006, S. 8).

So ist die ‚Lerndokumentation Mathematik' dazu geeignet, den fachlich fundierten Austausch mit anderen Erziehenden, Eltern und auch den Kindern über die Lernentwicklung anzuregen. Vor allem die beiden letztgenannten Punkte verfolgen das Ziel, Erziehende in ihrer fachlichen Arbeit zu professionalisieren (vgl. STEINWEG 2008, S. 157).

3.4.4 Einordnung der Instrumente zur kontinuierlichen Beobachtung und Dokumentation

Die drei beschriebenen kompetenzdiagnostischen Instrumente für kontinuierliche Beobachtung lassen sich nicht global vergleichen und gegeneinander abwägen, allein weil beispielsweise Elemente von Portfolioarbeit auch in den beiden anderen Verfahren integriert sind und weil nur die ‚Lerndokumentation Mathematik' eindeutig fachbezogen ist. An dieser Stelle soll es deshalb um spezifische Vorzüge und das diagnostische Potenzial der einzelnen Verfahren gehen sowie um die Diskussion, inwieweit sich Portfolios und ‚Lerngeschichten' für mathematische Beobachtungen eignen können.

Die Vorzüge der Arbeit mit Portfolios, Lernprozesse bewusst machen zu können, indem verschiedene Dokumente mit gewissem zeitlichen Abstand im Gespräch mit anderen reflektiert werden, scheinen offensichtlich zu sein. Das zeigt auch die Verwendung von Portfolios in anderen Verfahren zur kontinuierlichen Beobachtung und Dokumentation. Der Einsatz von Portfolios für die Beobachtung mathematischer Kompetenzen kann jedoch daran scheitern, dass es nicht gelingt, ausreichend Dokumente zu sammeln, die mathematisches Lernen widerspiegeln. Während in vielen Bereichen, wie z.B. der motorischen, sozialen oder auch sprach-

lichen Entwicklung, die Kompetenzen der Kinder relativ offensichtlich sein können, verlangt die Beobachtung mathematischer Lernprozesse, z.B. zu erkennen,
dass Kinder beim Beschreiben der Lage von bestimmten Gegenständen oder beim
Würfelspiel eine Vielzahl an mathematischen Kompetenzen zeigen (vgl. dazu VAN
OERS 2004). In einem mathematisch sehr anregungsreichen Umfeld in der Kindertagesstätte und mit dem nötigen Bewusstsein der Erziehenden für die mathematische Entwicklung können Portfolios für die Dokumentation mathematischer Lernprozesse jedoch durchaus gewinnbringend verwendet werden.

,Lerngeschichten' verfolgen mit dem Schaffen einer fundierten Grundlage für
lebenslanges Lernen ein Hauptanliegen, das fachliche Beobachtungen nicht in den
Mittelpunkt stellt. Nachdem CARR (2001) die Arbeit mit Lerngeschichten mit folgenden Worten beschreibt: „This assessment is unplanned, spontaneous, and often
initiated by the learner" (S. 138), ist durchaus denkbar, dass es bei manchen Kindern nicht gelingt, Beobachtungen zu mathematischem Lernen zu machen, weil
sich die unter 3.4.2 beschriebenen Lerndispositionen nicht in Aktivitäten mit mathematischem Hintergrund zeigen. Auch hier ist die Wahrscheinlichkeit, dass sich
Kinder mathematisch aktiv zeigen, vermutlich deutlich höher, je mathematisch an-
regungsreicher das Umfeld ist und je mehr die Erziehenden diesen Tätigkeiten
Aufmerksamkeit schenken. Ein weiterer Grund, warum der Einsatz von ,Lernge-
schichten' für die Reflexion mathematischer Entwicklung und für diagnostische
Informationen eher weniger geeignet zu sein scheint, ist, dass aufgrund der Beobachtung, die in erster Linie unter dem Fokus der Lerndispositionen geschieht,
mathematisches Lernen nicht zwangsweise in kontinuierlichen Verläufen dokumentiert wird, sondern eher punktuellen Charakter haben kann. Für die Planung
weiterer fachlicher Schritte und eine gezielte Förderung ist dies problematisch. Die
Bedeutsamkeit eines Verfahrens, das bereits früh das Bewusstsein für Dispositionen weckt, die mitbestimmend für erfolgreiches Lernen sind, soll damit nicht in
Frage gestellt werden. Unter dem Fokus, mathematisches Lernen frühzeitig optimal
unterstützen zu wollen, scheint jedoch eine Ergänzung der Arbeit mit
,Lerngeschichten' durch fachliche Beobachtungsinstrumentarien sinnvoll.

Die Arbeit mit der ,Lerndokumentation Mathematik' ist von der Anlage her auf
die Begleitung mathematischen Lernens ausgerichtet. Der bereits angesprochenen
Problematik, dass mathematische Lerngelegenheiten im vorschulischen Bereich
fehlen bzw. mathematisches Lernen nicht als solches wahrgenommen wird, begegnet die ,Lerndokumentation Mathematik' mit begleitenden Anregungsmaterialien,
die eine Vielzahl an Möglichkeiten zu mathematischem Lernen im vorschulischen
und schulischen Bereich aufzeigen (SENATSVERWALTUNG FÜR BILDUNG, WISSEN-
SCHAFT UND FORSCHUNG 2008). Aufgrund der in den Rastern der ,Lerndokumen-
tation Mathematik' explizit vorgegebenen beobachtbaren Fähigkeiten und Fertig-

keiten eignet sich dieses Instrument dafür, den Erziehenden einen Überblick über mathematische Kompetenzen einzelner Kinder zu verschaffen, die für den weiteren Lernprozess grundlegend sind. Kinder, die sich mathematischen Herausforderungen im Alltag nicht stellen oder die z.b. an einfachen Zählaufgaben scheitern, können durch kontinuierliche Beobachtung identifiziert werden und es können entsprechende Fördermaßnahmen ergriffen werden. Durch die Verbindung des Rasters mit der ,Schatzkiste Mathematik' und den in die ,Lerndokumentation Mathematik' integrierten Erfahrungsbereich des mathematischen Denkens und Handelns sind wesentliche Vorzüge der Arbeit mit Portfolios und auch Grundgedanken der Arbeit mit ,Lerngeschichten' aufgenommen. Die Fokussierung auf die fachliche Beobachtung wird vermutlich dazu beitragen, dass metakognitive Elemente nicht in dem Maße beobachtet werden und die Bewusstseinschärfung für zentrale Lerndispositionen nicht so intensiv erfolgt, wie dies z.B. bei der Arbeit mit Portfolios oder ,Lerngeschichten' der Fall ist.

Diese Zusammenschau zeigt, welch komplexe Aufgabe die Erziehenden mit der Beobachtung und Dokumentation von Lernprozessen in der Kindertagesstätte zu leisten haben und welche verschiedenen Ansatzpunkte es zu dieser Thematik gibt. Im Zuge der veränderten Sichtweise auf frühe mathematische Bildung nach Veröffentlichung der PISA-Ergebnisse (vgl. 2.1.3) wächst auch die Anforderung im Zusammenhang an Beobachtung und Dokumentation:

„Es geht ... um professionelle, das heißt fachlich-inhaltlich sowie fachlich-methodisch fundierte Begleitung der Kinder und ihrer Eltern bzw. Realisierung der frühpädagogischen Praxis vor dem Hintergrund aktueller Erkenntnisse aus der Forschung. ... Es geht darum, individuelle Besonderheiten zu erkennen, zu unterstützen, zu stärken, zu fördern." (ROUX 2007, S. 8f.)

Dennoch sind überfachliche Lerndispositionen und metakognitve Kompetenzen vor allem auch für mathematisches Lernen nicht zu vernachlässigen und gerade für den Fall, dass ein Kind spezifische Schwierigkeiten oder Defizite aufweist, spielt das Bewusstsein für das eigene Lernen eine wichtige Rolle.

3.5 Zusammenfassung und Positionierung

Die Forschungsergebnisse zur Vorhersage von Rechenschwierigkeiten aufgrund von Fähigkeiten und Fertigkeiten, die bereits im Vorschulalter erhoben werden können, werfen eine weitere Facette der Diskussion um elementare mathematische Bildung auf. Man erhofft sich, die Anzahl der Kinder, die zu einem späteren Zeitpunkt im Mathematikunterricht Probleme haben, verringern zu können, indem man den Kindern, bei denen bereits vor Schuleintritt in grundlegenden Bereichen Defizite festgestellt werden, eine spezielle Förderung zukommen lässt.

Um diese spezifischen Defizite zu erkennen, werden geeignete diagnostische Verfahren benötigt. Es genügt jedoch nicht allein, die Defizite festzustellen. Aus der Diagnose heraus sollten im Sinne einer ‚pädagogischen Diagnostik' bereits Ideen für die individuell optimale Förderung erwachsen können:

„Pädagogische Diagnostik umfasst alle diagnostischen Tätigkeiten, durch die bei Individuen (und den in einer Gruppe Lernenden) Voraussetzungen und Bedingungen planmäßiger Lehr- und Lernprozesse ermittelt, Lernprozesse analysiert und Lernergebnisse festgestellt werden, um individuelles Lernen zu optimieren." (INGENKAMP 1991, S. 760)

Unter dieser Prämisse müssen diagnostische Verfahren reflektiert und deren Eignung für den Einsatz in Kindertagesstätten bewertet werden. Es gibt eine große Bandbreite an Möglichkeiten, die von normierten Testverfahren über standardisierte und halbstandardisierte Interviews bis hin zur kontinuierlichen Beobachtung und Dokumentation der individuellen Kompetenzen reichen und die in zahlreichen Varianten zum Einsatz kommen.

Normierte Testverfahren geben in erster Linie eine Information über die Leistung eines Kindes im Vergleich zu einer Normgruppe gleichen Alters. Dabei kann noch einmal unterschieden werden, zwischen Testverfahren, die eine Aussage darüber treffen, ob bei einem Kind ‚Dyskalkulie' vorliegt, und Testverfahren, die die Leistung eines Kindes allgemein vergleichend einordnen. Gerade die erste Gruppe der Testverfahren wird von Seiten der Mathematikdidaktik und auch von Seiten der Sonderpädagogik immer wieder kritisch gesehen. Man spricht in diesem Zusammenhang von „Ettikettierungstests" (Schipper 2007, S. 108), von „Statusdiagnostik", die „zur Stigmatisierung von Kindern" beitragen kann (Winter 2008, S. 212), oder von „Einweisungsdiagnostik" (Kobi 1977, S. 115ff.). Betrachtet man Diagnose im Sinne der oben definierten pädagogischen Diagnostik als Mittel zum Zweck der sich anschließenden Förderung im Rahmen der alltäglichen Arbeit in der Kindertagesstätte, dann ist ein ‚Etikett' wie z.B. ‚Dyskalkulie' in der Tat nicht weiterführend. Dafür wird eine Diagnostik benötigt, die „handlungsleitend" ist und die die Erziehenden bei der Gestaltung von angemessenen Lernsituationen unterstützt (vgl. Wollring, 2006). Analysiert man bei normierten Tests das Abschneiden der Kinder bei einzelnen Aufgabenstellungen oder Untertests, statt lediglich das Gesamtergebnis für eine Einordnung zu verwenden, sind diese Informationen für die Weiterarbeit bereits deutlich besser zu nutzen. Normierte Testverfahren mit klaren Bewertungsmaßstäben können hilfreich sein, eigene Beobachtungen zu ergänzen oder zu untermauern. Vermutet man beispielsweise bei einem Kind aufgrund von Beobachtungen größere Defizite in einem bestimmten Bereich, kann das Testergebnis die eigene Einschätzung bestätigen und der Vergleich mit der Norm eine

Orientierung geben. Klare Hinweise auf die Begründungszusammenhänge für das Abschneiden eines Kindes geben normierte Testverfahren nicht.

Standardisierte und halbstandardisierte Interviews, wie sie unter 3.3 beschrieben wurden, können diese Informationen eher liefern, da sie dazu beitragen, die Einsichten und Kenntnisse der Erziehenden über kindliche Vorgehensweisen zu erweitern. Dieses Wissen kann wiederum hilfreich sein, Leistungen und Fähigkeiten der Kinder in Entwicklungszusammenhänge einzuordnen. Die einzelnen Antworten der Kinder geben Hinweise auf das Denken und auf Strategien oder auch auf Lücken im mathematischen Lernprozess. Durch Nachfragen oder Ausweiten der Fragestellungen können gegebenenfalls Beziehungen zwischen den einzelnen Wissenskomponenten eines Kindes ausgemacht werden, die wiederum handlungsleitend für die Förderung sein können. HASEMANN bestätigt den Effekt der Kompetenzsteigerung bei den Interviewern:

„Im Vordergrund steht ... die Neugier des Erwachsenen, der sich an den Äußerungen und der Vielfalt der Äußerungen erfreut. Dass dabei die Diagnosefähigkeit des Erwachsenen erweitert und verbessert wird, ist ein wünschenswerter Nebeneffekt." (HASEMANN 2008, S. 55)

Um sich ein Bild von der Entwicklung der Kinder und auch von der Wirksamkeit ergriffener Fördermaßnahmen machen zu können, ist die einmalige Durchführung eines Interviews weniger hilfreich. Sinnvoller erscheint es, in der Kindertageseinrichtung zu verschiedenen Zeitpunkten im persönlichen Kontakt mit dem Kind einzelne Aufgabenstellungen zu bearbeiten. So erhält man aktuelle Informationen zum Entwicklungsstand eines Kindes und kann mit entsprechenden Lernanregungen reagieren.

Diesen Vorteil hat man prinzipiell, wenn Kinder kontinuierlich beobachtet werden und deren Leistungen dokumentiert werden. Insofern liefern Verfahren, die diese Anforderung erfüllen, sicherlich die umfassendsten Informationen über den Lernprozess des Kindes. Gerade wenn es darum geht, auf Auffälligkeiten in der Entwicklung der Kinder aufmerksam zu werden, ist eine kontinuierliche Beobachtung wichtig. Punktuelle diagnostische Verfahren liefern immer eine Momentaufnahme und es besteht die Gefahr, dass wichtige Hinweise auf das Lernen der Kinder übersehen werden. Für die Beobachtung der mathematischen Entwicklung scheint dazu ein Instrumentarium am sinnvollsten, das konkrete Hinweise auf zentrale mathematische Kompetenzen gibt, die sich in der Regel im vorschulischen Bereich entwickeln und zeigen. Beobachtungsverfahren, die weniger gerichtet sind, bergen die Gefahr, dass wesentliche Entwicklungsschritte oder Lücken im Lernprozess übersehen werden. Gerade vorhandene Defizite können leicht übersehen werden, wenn sich Kinder von sich aus nicht mit mathematischen Sachverhalten auseinandersetzen oder z.B. keine Spielsituationen wählen, die mathematische

Lerngelegenheiten bieten. Allerdings stellt auch die Verwendung von Rastern mit aufgeführten Fähigkeiten und Fertigkeiten der mathematischen Entwicklung zur alltäglichen Beobachtung nicht sicher, dass die individuelle Lernbiografie des Kindes optimal unterstützt wird. Werden einzelne Fähigkeiten lediglich isoliert wahrgenommen oder sogar bei einmaligem Beobachten als abgehakt betrachtet und nicht deren Entwicklung verfolgt, können wichtige Informationen für weitere Lernprozesse des Kindes übersehen werden. Die Beobachtung mit Hilfe von Rastern muss Zusammenhänge berücksichtigen, ganzheitlich erfolgen und darf allgemeine Lerndispositionen, die sich in den Tätigkeiten des Kindes offenbaren, nicht übersehen.

Eine gute Kompetenzdiagnostik zeichnet sich also dadurch aus, dass sie notwendige Informationen bereitstellt, die den individuellen Lernstand des Kindes erkennen lässt und so Hinweise auf nächste Schritte gibt. Dies kann durch kontinuierliche und fachlich an Entwicklungsprozessen orientierte Beobachtung, wie sie in Kapitel 3.4.3 beschrieben wurde, am besten erfolgen, wobei das Kind in seiner gesamten Lernpersönlichkeit gesehen werden sollte (vgl. auch BAUMERT, KUNTER 2006, S. 489; COPLEY 1999, S. 183; KUNZE, GISBERT 2007, S. 50).

An dieser Stelle zeigt sich auch deutlich, dass das einmalige Erheben so genannter ‚Vorläuferfähigkeiten' und die dadurch erfolgende Identifizierung von ‚Risikokindern' problembehaftet sein können. Um Aufschluss darüber zu erhalten, ob sich Defizite dauerhaft zeigen, ob ein Kind generell Tätigkeiten meidet, bei denen z.B. gezählt wird, oder ob die Schwierigkeiten, die sich im mathematischen Bereich zeigen, eventuell andere Ursachen haben, ist eine kontinuierliche Beobachtung erforderlich. Für die Planung weiterer Schritte ist wiederum die intensivere Beschäftigung mit dem Kind notwendig. Erst dadurch kann in Erfahrung gebracht werden, an welcher Stelle das Kind im Entwicklungsprozess steht, z.B. ob es nicht in der Lage ist, die Anzahl einer bestimmten Menge zu bestimmen, weil es die Eins-zu-Eins-Zuordnung beim Zählen nicht berücksichtigt oder die Zahlwortreihe nicht weit genug beherrscht oder mit der Frage ‚Wie viele sind das?' überfordert ist. Zudem gilt es, wie bereits in 1.7 und 2.5 erwähnt, der Forderung gerecht zu werden, *alle* Kinder bestmöglich in ihrem individuellen mathematischen Lernprozess zu unterstützen und nicht allein den Blick auf so genannte ‚Risikokinder' zu richten. Spezifische Probleme einzelner Kinder werden durch eine konsequent durchgeführte, fachlich orientierte Beobachtung offensichtlich und aufgrund der dadurch gewonnen Informationen über den Entwicklungsprozess kann gezielt fördernd gearbeitet werden.

Anhand der oben aufgeführten Beispiele lassen sich allerdings einmal mehr die hohen Anforderungen erkennen, die sich hinter einer guten Kompetenzdiagnostik verbergen: Eine nicht zu unterschätzende Schwierigkeit bei alltäglicher Beobachtung und Förderung ist es, um die mathematischen Lerngelegenheiten zu wissen und die Offenbarung mathematischer Kompetenzen in den Äußerungen und Handlungen des Kindes zu erkennen. Dazu ist sowohl die fachliche Kompetenz der Erziehenden bezüglich früher mathematischer Entwicklung (vgl. Kapitel 1) als auch deren Fähigkeit, ihr fachliches Wissen in der Bereitstellung von mathematischen Lerngelegenheiten zur Anwendung zu bringen, unabdingbar (vgl. Kapitel 2.4). Es folgt deshalb die Diskussion von Bedingungsfaktoren bei den Erziehenden, die für die kontinuierliche Beobachtung der mathematischen Entwicklung (vgl. Kapitel 3.4.3) und das Erkennen und Nutzen gehaltvoller Lerngelegenheiten in Alltags- und Spielsituationen (vgl. Kapitel 2.5) notwendig sind.

4. Bedingungsfaktoren bei Erziehenden

> *„Methoden und ... Werkzeuge sind immer nur so gut wie die Intelligenz ihrer Handhabung durch Lehrende und Lernende."*
>
> *Kurt Reusser 2006, S. 164*

Vorschulische mathematische Bildungsprozesse so zu gestalten, dass möglichst alle Kinder – unabhängig von ihren individuellen Voraussetzungen – optimal davon profitieren können, ist eine große Herausforderung für die Erziehenden. Sie umfasst zum einen die bewusste Wahrnehmung der Kompetenzen und auch Schwierigkeiten einzelner Kinder im mathematischen Lernprozess (vgl. Kapitel 3) und zum anderen die Fähigkeit, geeignete Lernanregungen bereitzustellen und gegebenenfalls mit spezifischen Maßnahmen zu reagieren (vgl. Kapitel 2.4). Wie aus den vorangehenden Kapiteln bereits ersichtlich, erfordert dies ein hohes Maß an Kompetenz bei den am Bildungsprozess beteiligten Personen. Diese wird im Folgenden in die beiden Komponenten Fachkompetenz und pädagogisch-didaktische Handlungskompetenz (s. dazu auch NATIONAL RESEARCH COUNCIL 2001, S. 162) untergliedert und genauer beschrieben.

Während Fachkompetenz Voraussetzung ist, um Leistungen der Kinder wahrnehmen und richtig einschätzen zu können, aber auch um konzeptionelle Vorschläge für elementare mathematische Bildung angemessen beurteilen und mathematisches Lernen planen zu können, ist pädagogisch-didaktische Handlungskompetenz erforderlich, um z.B. in alltäglichen Situationen die mathematische Bedeutsamkeit zu erkennen oder um bei besonderen Schwierigkeiten einzelner Kinder entsprechend reagieren zu können. Nicht zu unterschätzen sind zudem Einstellungen zur Mathematik und zum Mathematiklernen bei Erziehenden, die im alltäglichen Umgang mit mathematischen Themenbereichen immer wieder zutage treten und die Aktionen beeinflussen.

Die beiden Kompetenzbereiche und die Rolle, die die Einstellungen der Erziehenden zum Fach Mathematik und zum Mathematiklernen spielen, werden als Bedingungsfaktoren bei Erziehenden für erfolgreiche mathematische Bildung im vorschulischen Bereich im Folgenden näher ausgeführt. Dabei wird im Wesentlichen Bezug auf Forschungsergebnisse zur Lehrerkompetenz und -expertise genommen, da diese Zusammenhänge bei Erziehenden noch nicht vergleichbarem Umfang erforscht sind.

4.1 Fachkompetenz

Untersuchungen aus dem Bereich der Expertiseforschung und der Lehrerkompetenz (z.B. BALL, BASS 2000, 2002, 2009; BALL, HILL, BASS 2005; BAUMERT, KUNTER 2006; BERLINER 1988, 2004; BOND, SMITH, BAKER, HATTIE 2000; ERNEST 1989; KRAUSS, BAUMERT, BLUM 2008; SHULMAN 1986; WILKINS 2008) betonen die Notwendigkeit fachlichen und fachdidaktischen Wissens für erfolgreiches Agieren in Lehr- und Lernsituationen. Diese Ergebnisse können für die mathematische Bildung im vorschulischen Bereich durchaus leitend sein (vgl. GINSBURG, ERTLE 2008, S. 46). Zunächst folgt eine Klärung des Begriffs ‚Fachkompetenz', wie er hier im Kontext der Bedingungsfaktoren bei Erziehenden für das erfolgreiche Umsetzen von Maßnahmen zur frühen mathematischen Bildung verwendet wird. Im Anschluss wird ausgeführt, in welchen Bereichen der Tätigkeiten von Erziehenden explizit Fachkompetenz erforderlich ist.

4.1.1 Begriffsklärung

Unter dem Bedingungsfaktor ‚Fachkompetenz' werden verschiedene Wissenskomponenten subsumiert. Während zum einen Wissen um und Verständnis für die fundamentalen mathematischen Ideen zur effektiven Gestaltung von Lernsituationen erforderlich sind, gehören auch Grundlagenwissen über Entwicklungsprozesse mathematischer Kompetenzen beim Kind, über häufige Fehlvorstellungen sowie über Methoden, Materialien und Hilfestellungen zur Fachkompetenz der Erziehenden.

SHULMAN (1986) bezeichnet diese beiden Bereiche mit den Begriffen „subject matter content knowledge" und „pedagogical content knowledge". Das fachliche Wissen (‚subject matter content knowledge') hat für ihn folgende Aspekte:

„The teacher need not only understand *that* something is so; the teacher must further understand *why* it is so, on what grounds its warrant can be asserted, and under what circumstances our belief in its justification can be weakened and even denied." (SHULMAN 1986, S. 9)

BALL und BASS (2009) unterscheiden in ihrer Theorie zum Lehrerwissen innerhalb von ‚subject matter content knowledge' drei weitere Bereiche. Um Mathematik unterrichten zu können, ist das notwendig, was allgemein als mathematisches Fachwissen bezeichnet wird („common content knowledge"), aber auch mathematisches Wissen, das explizit für das Lehren erforderlich ist, wie z.B. zu entscheiden, ob ein von einem Kind genannter ungewöhnlicher Lösungsweg mathematisch richtig und auch allgemeingültig ist („specialized content knowledge"). Darüber hinaus erfordern Situationen im Mathematikunterricht bei Lehrkräften das Bewusstsein, wie mathematische Inhalte und Lernsituationen in allgemeine mathematische Strukturen und Ideen einzuordnen sind („knowledge at the mathematical horizon"). Letzteres zeigt deutlich, dass es sich bei mathematischem Fachwissen nicht allein um

Faktenwissen handelt, sondern um vernetztes Wissen, das in Lernsituationen in größere Zusammenhänge eingebettet und flexibel genutzt werden kann:

> „It engages those aspects of the mathematics that, while perhaps not contained in the curriculum, are nonetheless useful to pupils' present learning, that illuminate and confer a comprehensible sense of the larger significance of what may be only partially revealed in the mathematics of the moment." (BALL, BASS 2009, S. 6)

‚Pedagogical content knowledge' umfasst hingegen das Wissen um hilfreiche Darstellungsformen, Modelle, Beispiele oder Erklärungsweisen mathematischer Inhalte, die Fachinhalte für Kinder einsichtig werden lassen, sowie das Verständnis für Lernschwierigkeiten und das Wissen um Vorwissen und typische Fehlvorstellungen, die bei den relevanten Inhalten zu erwarten sind (vgl. SHULMAN 1986, S. 9; BALL, BASS 2002, S. 4). ERNEST (1989) bezeichnet dieses Wissen als „knowledge of teaching mathematics":

> „... this knowledge forms the essential bridge between academic subject matter knowledge and the teaching of subject matter. For it is that knowledge which determines how mathematics is represented to students in their learning experiences, either directly by the teacher, or by means of instructional media. It includes the practical skills of transforming subject matter for teaching and the pedagogical knowledge and skills for teaching it." (ERNEST 1989, S. 18)

BALL und BASS (2009) gliedern auch die Komponente ‚pedagogical content knowledge' in drei Unterkategorien. Darunter fallen Kenntnisse über Wechselwirkungen zwischen mathematischem Inhalt und den lernenden Individuen, wie z.B. typische Schülerfehler („knowledge of content and students"), didaktische und methodische Kompetenzen in Bezug auf die jeweiligen Inhalte („knowledge of content and teaching") und ein fundierter Einblick in vorgeschriebene Lernziele, Standards oder Jahrgangsstufeninhalte („knowledge of curriculum"). Letzteres ist für SHULMAN (1986) eine eigene Kategorie neben ‚content knowledge' und ‚pedagogical content knowledge' (SHULMAN 1986, S. 9f.). Für die vorschulische mathematische Bildung kann man – gerade in Anbetracht der großen Unterschiede zwischen den verschiedenen Bildungs- und Erziehungsplänen und den teilweise wenig fokussierten Angaben über fachliche Inhalte (vgl. Kapitel 2.2) – curriculares Wissen im Bereich der Fachkompetenz momentan noch als weniger zentral ansehen. Der Bereich des ‚pedagogical content knowledge', der sich mit den individuellen Voraussetzungen der einzelnen Schülerinnen und Schüler beschäftigt, wird auch als Diagnosekompetenz bezeichnet:

> „It includes general knowledge about learners of given age ranges or of given grades, their ability levels and learning difficulties, as well as knowledge about the particular strengths and weaknesses of the entire class and of individual students." (WEINERT, SCHRADER, HELMKE 1990, S. 172)

Fachkompetenz als Bedingungsfaktor für erfolgreiche mathematische Bildung im vorschulischen Bereich umfasst also das mathematische Fachwissen der Inhalte, welches einen Überblick über fundamentale Strukturen und fachliche Linien einschließt, sowie die Kompetenz, in den Äußerungen der Kinder mathematisch bedeutsame Inhalte zu erkennen und weiterzuführen. Darüber hinaus umfasst Fachkompetenz einen Überblick über Vorwissen, Fehlkonzepte, mathematische Entwicklungsverläufe und zu erwartende Schwierigkeiten (z.B. Inhalte des Kapitels 1). Nicht zuletzt fallen darunter auch fachdidaktische Kompetenzen, die Voraussetzung sind, um geeignete Lernspuren legen zu können, damit bei den Kindern Verständnis für altersgemäße mathematische Lerninhalte geweckt werden kann.

Die in diesem Abschnitt beschriebenen Komponenten der Fachkompetenz können nicht unabhängig von der in 4.2 beschriebenen pädagogisch-didaktischen Handlungskompetenz betrachtet werden. Im letzten Satz des oben angeführten Zitats von ERNEST (1989) zeigt sich, dass Fach- und Handlungskompetenz durchaus Überschneidungsbereiche aufweisen bzw. dass Fachkompetenz eine wichtige Basis für Handlungskompetenz liefert (vgl. ERNEST 1989, S. 28; s.a. KOLBE 2004).

4.1.2 Voraussetzung für die Planung und Gestaltung von effektiven Lerneinheiten

Fachkompetenz ist für die Planung und Gestaltung von Lerngelegenheiten, die einen individuell bestmöglichen Lernzuwachs im Fokus haben, unabdingbar. Bereits FRÖBEL (1844) hat darauf hingewiesen, wie wichtig das Erkennen der Zusammenhänge und der Überblick über den mathematischen Gehalt verschiedener Spielgelegenheiten sind (vgl. Kapitel 2.1.1). Er betont die Notwendigkeit der Fachkompetenz als Voraussetzung dafür, dass das Lernen im Spiel erfolgreich vonstattengehen kann:

„Je mehr Du nun alles dies klar in Dir trägst, je mehr Du es Deinem Kinde finden lässest und, hat es dasselbe gefunden, mit bezeichnendem Worte bemerkst, desto größer ist der Nutzen vom Ganzen." (FRÖBEL 1844, S. 51)

Auch BRUNER (1965) stellt die Rolle der Fachkompetenz von Lehrkräften für die Initiierung erfolgreicher Lernprozesse heraus:

„It requires a combination of deep understanding and patient honesty to present physical or any other phenomena in a way that is simultaneously exciting, correct, and rewardingly comprehensible. In examining certain teaching materials in physics, for example, we have found much patient honesty in presentation that has come to naught because the authors did not have a deep enough understanding of the subject they were presenting." (BRUNER 1965, S. 22)

Um frühe mathematische Bildungsprozesse im Sinne der in Kapitel 2.4 und 2.5 herausgearbeiteten Grundüberlegungen in Gang zu setzen, müssen Erziehende für geeignete, gehaltvolle Lerngelegenheiten sorgen, die eine Vernetzung mathemati-

scher Inhalte ermöglichen und die mathematisches Denken herausfordern. Für diese durchaus nicht triviale Aufgabe ist Fachkompetenz unabdingbar:

> „Knowing content is ... crucial to being inventive in creating worthwhile oppor-
> tunities for learning that take learners' experiences, interests and needs into
> account." (BALL, BASS 2000, S. 86)

Eine sinnvolle Planung von Lerngelegenheiten erfordert über diese Kreativität hinaus einen guten Überblick über die fachlichen Zusammenhänge (s.a. ERNEST
1989). Statt isolierte, nicht durch fachliche Zusammenhänge verbundene Lerneinheiten aneinanderzureihen, kann eine Konzeptionalisierung von Lernanregungen,
die sowohl auf entwicklungspsychologischen Erkenntnissen als auch auf den zentralen Ideen des Fachs aufbauen, nur durch die entsprechende Fachkompetenz erfolgen:

> „What is needed is the habit of viewing the entire curriculum as a continuous
> growth, reflecting the growth of mind itself." (DEWEY 1904, S. 26)

Dabei könnte man versucht sein, gerade ‚content knowledge' im Bereich der elementaren Bildung als weniger bedeutsam anzusehen. Allerdings zeigen sich z.B.
bereits beim Erwerb der Zahlwortreihe oder beim Erkennen und Nutzen von Mustern fundamentale Ideen der Mathematik, die in der Grundschule und darüber hinaus auch in der Sekundarstufe weitergeführt werden und die von den Erziehenden
erkannt werden müssen, um z.B. durch fokussierte Impulse oder Fragestellungen
die entsprechenden Lerngelegenheiten optimal zu nutzen (BALL, BASS 2009;
GINSBURG, ERTLE 2008; VAN OERS 2004).

Die im Kapitel 4.1.1 beschriebene Fachexpertise wird als Bedingung für Lernerfolg in einigen Untersuchungen bestätigt. Das Wissen der Lehrkräfte um die Fähigkeiten, Fertigkeiten und Kenntnisse der Schülerinnen und Schüler sowie die
Kompetenz zur richtigen Voreinschätzung der Schülerleistung, stehen in Zusammenhang mit den tatsächlichen Leistungen der Kinder (PETERSON, CARPENTER,
FENNEMA 1989; CARPENTER, FENNEMA, PETERSON, CAREY 1988). Während diese
Kompetenzen dem Bereich des ‚pedagogical content knowledge' zuzuordnen sind,
konnten auch Zusammenhänge zwischen ‚subject matter knowledge' und insbesondere ‚spezialized content knowledge' und den Schülerleistungen sowohl in
Jahrgangsstufe 1 als auch in Jahrgangsstufe 3 und in der Sekundarstufe nachgewiesen werden (BALL, HILL, BASS 2005; HILL, ROWAN, BALL 2005; WEINERT,
SCHRADER, HELMKE 1990). Da die mathematische Fachkompetenz der Lehrkräfte
offensichtlich bereits zu Schulbeginn Auswirkungen auf die Schülerleistungen
zeigt, kann die oben getroffene Aussage, dass ‚content knowledge' auch im Bereich
der vorschulischen mathematischen Bildung nicht zu unterschätzen ist, bestätigt
werden:

„That it also had a positive effect on students gains in the first grade suggests that teachers' content knowledge plays a role even in the teaching of very elementary mathematics content." (HILL, ROWAN, BALL 2005, S. 399)

Diese Erkenntnisse können durch Ergebnisse aus der Expertiseforschung gestützt werden. Hier werden verschiedene Stufen der Entwicklung von Expertise beschrieben. Angefangen von Novizen entwickeln sich Lehrkräfte über das Stadium der so genannten ‚advanced beginners' zu ‚competent teachers', ‚proficient' und schließlich zu Experten, die souverän agieren und auch unvorhergesehene Vorkommnisse durch analytische Prozesse lösen können (vgl. z.B. BERLINER 1988, 2004). Experten unterscheiden sich von Novizen und ‚advanced beginners' unter anderem dadurch, dass sie kaum das Klassenzimmer betreten, ohne sich vorher intensiv mit dem fachlichen Inhalt auseinandergesetzt zu haben, den sie unterrichten werden und ohne daraufhin einige Aktivitäten geplant zu haben (vgl. BERLINER 2004, S. 202). Fachkompetenz spielt also bei Lehrkräften, denen Expertenstatus zugeschrieben wird, eine zentrale Rolle bei der Planung von Lerngelegenheiten.

4.1.3 Voraussetzung für das Erkennen von individuellen Schwierigkeiten

In Äußerungen und Handlungen der Kinder mathematische Kompetenzen oder individuelle Defizite zu erkennen, wie es unter anderem in Kapitel 3.5 gefordert wird, gelingt in der Regel erst, wenn man das notwendige Wissen über die vorschulische, mathematische Entwicklung und die nötige Sensibilität für die Bedeutsamkeit einzelner Teilkompetenzen in der gesamten Entwicklung des Kindes hat. Ganz allgemein äußert sich bereits GOETHE zu diesem Phänomen der Wahrnehmung in Bezug auf den Alltag.

„Man erblickt nur, was man schon weiß und versteht. Oft sieht man lange Jahre nicht, was reifere Kenntnis und Bildung uns an dem täglich vor uns liegenden Gegenstand erst gewahren lässt." (GOETHE wiedergegeben von F. v. Müller in BEUTLER 1950, S. 52)

Dass dieser Ausspruch gerade im Bereich der fachlichen Beobachtung von Kindern Gültigkeit hat, wird von vielen Seiten bestätigt (z.B. BALL, BASS 2000, 2002; BOND, SMITH, BAKER, HATTIE 2000; COPLEY 1999; ERNEST 1989; GINSBURG, ERTLE 2008; STERN, GRABNER, SCHUMACHER 2007).

Bereits DEWEY (1904) betont die Fachkompetenz als notwendige Voraussetzung dafür, für jegliche Form der mathematischen Äußerung eines Kindes wachsam zu sein:

. „... a mind which is habituated to viewing subject-matter from the standpoint of the function of that subject-matter in connection with mental responses, attitudes, and methods will be sensitive to signs of intellectual activity when exhibited in the child of four, or the youth of sixteen, and will be trained to a spontaneous and unconscious appreciation of the subject-matter" (DEWEY 1904, S. 23).

Untersuchungsergebnisse zur mathematischen Entwicklung im vorschulischen Bereich (vgl. Kapitel 1) zeigen, dass die mathematischen Anforderungen, die nötig sind, um z.b. eine Menge richtig zählen zu können oder ein Viereck als solches zu erkennen, für das Kind durchaus nicht trivial sind. Um diese Kompetenzen richtig einschätzen und auch entsprechende verbale Äußerungen richtig deuten und verstehen zu können, ist das Wissen um die Entwicklungsprozesse mathematischer Kompetenzen unabdingbar (vgl. auch BALL, BASS 2000, S. 86):

> „Contrary to the views of many, young children's mathematical thinking is not limited to the concrete and the mechanical; it is often complex and abstract. Since this is the case, understanding the mathematics in children's thinking requires deep subject matter knowledge." (GINSBURG, ERTLE 2008, S. 47)

Wachsam sein für die Äußerungen des Kindes ist *ein* wichtiger Aspekt, um einen Überblick über den individuellen Lernstand zu bekommen. Um mögliche Schwierigkeiten im Lernprozess eines Kindes ausmachen zu können, zeigt sich die Notwendigkeit der Fachkompetenz aber auch noch in anderen Situationen.

Kenntnisse über das Vorwissen, den aktuellen Wissensstand oder auch Fehlvorstellungen des Kindes erhält man in der Regel durch gezielte Beobachtung und darüber hinaus, indem man dem Kind fokussierte Aufgaben stellt oder auf Aktionen im Alltag mit gezielten Nachfragen reagiert (s. auch Kapitel 4.2.2). Die Erstellung dieser Aufgaben bzw. das Finden geeigneter Fragen erfordert dabei genauso Fachkompetenz wie das Interpretieren der Antwort des Kindes (vgl. BALL, BASS 2002, S. 9f.; BAUMERT, KUNTER 2006, S. 489). Gerade für Letzteres ist oftmals ein hohes Maß an mathematischem Verständnis nötig:

> „... When teachers see methods they have not seen before, they must be able to ask and answer – for themselves – a crucial *mathematical* question: What, if any, is the method, and will it work for all cases?" (BALL, BASS 2002, S. 6f.)

Nicht tragfähige Antworten können erkannt werden und wichtige Hinweise auf die pädagogische Weiterarbeit geben (vgl. 4.2). Dies erfolgt aufgrund einer fachlich basierten Reflexion der Beobachtungen (vgl. COPLEY 1999, S. 188).

Untersuchungen zeigen, dass sich neben ‚subject matter knowledge' auch diagnostische Kompetenzen der Lehrkräfte auf die Leistung der Schülerinnen und Schüler auswirken (WEINERT, SCHRADER, HELMKE 1990). Allerdings gibt es gerade im Bereich der diagnostischen Kompetenz bei Erziehenden im Moment noch Defizite in der Ausbildung:

> „Das diagnostische Problem verschiebt sich allerdings aktuell in die Grundschule, weil die Ausbildung der Erzieherinnen und Erzieher (noch) nicht die Frühhinweise für spätere Lernschwierigkeiten umfasst." (LORENZ 2008, S. 29)

Fachkompetenz kann also – wie in diesem Abschnitt ausgeführt – sowohl im Bereich der Gestaltung von Lernsituationen als auch im Bereich der diagnostischen

Aufgaben als Bedingungsfaktor für das Gelingen dieser Anforderungen angesehen werden. Gewissermaßen liefert die Fachkompetenz die notwendige Voraussetzung dafür, dass Erziehende in konkreten Handlungssituationen angemessene Entscheidungen treffen, die den Kindern eine bestmögliche mathematische Bildung ermöglicht.

4.2 Pädagogisch-didaktische Handlungskompetenz

Die Bedeutung der Fachkompetenz für die Gestaltung erfolgreicher Lernsituationen im elementaren Bereich wurde bereits explizit dargelegt. Fachkompetenz allein stellt jedoch noch nicht sicher, dass die alltäglichen Tätigkeiten der Lehrkräfte und Erziehenden mit Erfolg gekrönt sind. Fachwissen und fachdidaktisches Wissen müssen in der Praxis zur Anwendung kommen und sich im Lehrerhandeln niederschlagen (s. auch CLARK, PETERSON 1986). Gerade im Zusammenhang mit Überlegungen, wie Lehrerbildung sinnvollerweise gestaltet werden kann, wird die Bedeutung von Handlungskompetenz immer wieder betont (vgl. BAUMERT, KUNTER 2006; BROMME, TILLEMA 1995; DEWEY 1904; ERICSSON, KRAMPE, TESCH-RÖMER 1993; ERNEST 1989; RUTHVEN 2000; SHULMAN 1986; STEINBRING 2003).

Bevor für den Elementarbereich zentrale Tätigkeitsfelder beschrieben werden, die von den Erziehenden pädagogisch-didaktische Handlungskompetenz in dem Sinne erfordern, dass Fachwissen zur Anwendung gebracht wird, folgt eine Klärung des Begriffs Handlungskompetenz, wie er im Folgenden verwendet wird.

4.2.1 Begriffsklärung

Handlungskompetenz ganz allgemein betrachtet, umfasst nach WEINERT (2001a) verschiedene Komponenten:

„The theoretical construct of action competence comprehensively combines those intellectual abilities, content-specific knowledge, cognitive skills, domain-specific strategies, routines and subroutines, motivational tendencies, volitional control systems, personal value orientations and social behaviours into a complex system." (WEINERT 2001a, S. 51)

Dass – wie auch oben bereits erwähnt – Fachkompetenz eine Grundlage für Handlungskompetenz ist, zeigt sich in der Definition von WEINERT (2001a) explizit (s. auch ERNEST 1989, S. 28; CLARK, PETERSON 1986). Reines Fakten- und Fachwissen reichen jedoch nicht aus, um in konkreten Situationen auch erfolgreich agieren zu können – also ‚handlungskompetent' zu sein, denn es gibt offensichtlich „keine technischen Transformationsregeln ..., die dem Handelnden Erfolg garantieren" (BAUMERT, KUNTER 2006, S. 476; vgl. auch DEWEY 1904, S. 20; KOLBE 2004, S. 210ff.; STEINBRING 2003, S. 199f.).

RUTHVEN (2000) verweist mit der Bezeichnung „craft knowledge" auf eine ‚handwerkliche' Facette des professionellen Wissens von Lehrkräften, die dadurch charakterisiert ist, dass Handlungen nicht zwangsläufig Produkt intensiver Überlegungen sind, sondern teilweise auch unbewusst ablaufen bzw. während der Handlung reflektiert werden:

> „It is action-oriented knowledge which is not generally made explicit by them; knowledge which they may indeed find difficult to articulate, or which they may even be unaware of using." (RUTHVEN 2000, S. 122)

SCHÖN (1983) prägte dafür den Begriff „knowing-in-action" (S. 50). Diese aktionsbezogene Komponente der Lehrerkompetenz ist einerseits häufig durch Erfahrung, Routinen und fallspezifisches Wissen geprägt, sie zeichnet sich aber andererseits durch Flexibilität und Situationsangemessenheit aus, die „erfolgreiche intuitive Feinabstimmung im Handlungsvollzug erlaubt" (BAUMERT, KUNTER 2006, S. 484; vgl. auch WEINERT, SCHRADER, HELMKE 1990, S. 178; SHULMAN 1986, S. 13). In der Interaktion mit den Kindern müssen Lehrkräfte im Unterrichtsgeschehen permanent Entscheidungen auf der Basis von Beobachtungen treffen („interactive decisions", CLARK, PETERSON 1986, S. 273). Gerade aufgrund der Tatsache, dass Reaktionen im Unterrichtsgeschehen weniger starren Regeln folgen, sondern sich von Fall zu Fall stark unterscheiden können, zieht SHULMAN (1986) den Begriff ‚Profession' dem des ‚Handwerks' vor (vgl. SHULMAN 1986, S. 13).

Bei der Entwicklung von Handlungskompetenz spielen praktische Erfahrungen eine entscheidende Rolle:

> „Experience seems to change people so that they literally ‚see' differently, either by noting atypicalness quicker (the experts seem to have quicker pattern recognition ability), or by simply not seeing certain ordinary things." (BERLINER 1988, S. 18)

Werden Situationen auf diese Art und Weise gefiltert und mit dem Blick für das Wesentliche wahrgenommen, können Entscheidungen auch in schwierigen Situationen schneller getroffen werden (s. auch CLARK, PETERSON 1986, S. 278f.). Allerdings sind es offensichtlich nicht allein Handlungs*erfahrungen*, die Handlungskompetenz ausmachen. Der auf einer soliden Basis theoretischen Wissens erfolgte, reflektierte Umgang mit Situationen ermöglicht es, zunehmend kompetenter zu handeln (vgl. auch SHULMAN 1998, S. 519; STEINBRING 2003, SCHÖN 1983, S. 68):

> „... professional knowledge is developed as a product of professional action, and it establishes itself through work and performance in the profession, not merely through accumulation of theoretical knowledge, but through the integration, tuning and restructuring of theoretical knowledge to the demands of practical situations and constraints." (BROMME, TILLEMA 1995, S. 262)

Bei der Integration von Theorie und Praxis spielt die reflektierte Beobachtung von Unterrichtsgeschehen eine wichtige Rolle, bei der jedoch nicht Methoden im Vordergrund stehen, sondern die Denkweisen und Reaktionen von Kindern, „the inter-action of mind" (DEWEY 1904, S. 19).

Unter pädagogisch-didaktischer Handlungskompetenz als Bedingungsfaktor für erfolgreiche mathematische Bildung im vorschulischen Bereich versteht man also nicht Rezepte, die isoliert angewandt bzw. abgespult werden können, sondern die Fähigkeit, auf der Basis von Fachkompetenz situationsangemessen zu handeln und zu reagieren. Dabei können die Reaktionen vor allem bei erfahrenen Personen durchaus Routinen gleichen, welche – vor allem bei spontanen Reaktionen – den Anschein erwecken, unbewusst abzulaufen. Jedoch zeichnen sich gerade Experten dadurch aus, dass sie vor allem ungewohnte oder unerwartete Situationen analy-tisch reflektieren, um die eigene Handlungskompetenz zu verbessern (BERLINER 1988, 2004).

Im Wesentlichen wird Handlungskompetenz hier im Sinne SHULMANS Vision (1986) gesehen:

„The vision I hold of teaching ... is a vision of professionals who are capable not only of acting, but of enacting – of acting in a manner that is self-conscious with respect to what their act is a case of, or to what their act entails." (SHULMAN 1986, S. 13)

4.2.2 Voraussetzung für die Nutzung von Lerngelegenheiten

Frühe mathematische Bildung auf dem Hintergrund fundamentaler mathematischer Ideen erfolgt durch bewusst initiierte mathematische Lernsituationen, aber auch dadurch, dass Lerngelegenheiten, die sich im Alltag und im Spiel der Kinder immer wieder anbieten, genutzt werden (vgl. Kapitel 2.4). Kinder werden im Kindergar-tenalltag von sich aus in zahlreichen Situationen mathematisch aktiv (SEO, GINS-BURG 2004). Diese Situationen müssen von den Erziehenden aber zunächst als ma-thematisch bedeutsam erkannt und ihre besondere Bedeutung muss den Kindern durch geeignete Impulse übermittelt werden. So „ist eine bestimmte Handlung oder Aktivität" nicht zwangsläufig von sich aus „mathematischer Natur, vielmehr müs-sen die an der Aufgabe Beteiligten der Handlung einen mathematischen Status ver-leihen" (VAN OERS 2004, S. 325; s.a. BENIGNO, ELLIS 2004). Gelingt dies, mani-festiert sich darin pädagogisch-didaktische Handlungskompetenz der Erziehenden, vor allem auch, falls die Situationen nicht Resultat einer überlegten Vorplanung sind, sondern spontan entstehen, weil gerade dann „knowing-in-action" (SCHÖN 1983, S. 50, s. 4.2.1) erforderlich ist. Wenn die Erziehenden in der Lage sind, ma-thematisch fokussiert nachzufragen und produktiv auf die Äußerungen der Kinder zu reagieren, können solche Situationen für die mathematische Bildung gewinn-bringend genutzt werden (vgl. BALL, BASS 2002, S. 11; BAROODY, LAI, MIX 2006, S. 211). Das Lerngeschehen wird so durch ‚interaktive Entscheidungen' (s. Kapitel 4.2.1) bestimmt.

Lerngelegenheiten in diesem Sinne wären z.B. der Umgang mit Zahlen und Zahlwörtern im Alltagsgebrauch, Messvorgänge oder der spielerische Umgang mit Formen und Körpern.

„Alle diese Erfahrungsbereiche kommen im Leben des Kindes zur Genüge vor, verblassen jedoch genauso häufig unbemerkt und unreflektiert. Es ist Aufgabe der Pädagogin, diesen Erfahrungen Ausdruck zu verleihen und gemeinsam mit den Kindern Werkzeuge und Strategien zu entwickeln, um mit ihnen umgehen zu können." (VAN OERS 2004, S. 327)

Dies gewinnt umso mehr an Bedeutung, wenn entsprechende Lerngelegenheiten im Elternhaus oder in der sonstigen Umgebung der Kinder nicht hinreichend vorhanden sind bzw. genutzt werden (vgl. HASEMANN 2008, S. 46; Kapitel 1.7).

Inwieweit Situationen im Alltagsgeschehen der Kindertagesstätte durch geeignete Impulse wirklich zu produktiven Lerngelegenheiten werden, das heißt, inwieweit sich die Erziehenden auch handlungskompetent zeigen, hängt neben Fachkompetenz, Willen und Motivation offensichtlich auch von Erfahrungen und allgemeinen kognitiven Fähigkeiten der Erziehenden ab (vgl. auch BAUMERT, KUNTER, S. 477; BERLINER 1988, S. 4):

„... even if teachers recognize these moments, capitalizing on them is extraordinarily difficult. Doing so requires a degree of inventiveness that is probably beyond the abilities of all but the most talented teachers." (GINSBURG, ERTLE 2008, S. 47)

Die hohe Anforderung rührt unter anderem daher, dass die situativen Reaktionen und Äußerungen der Erziehenden den Forderungen nach fachlicher Richtigkeit (vgl. BRUNER 1965; BALL, BASS 2009; Kapitel 2.4.1) entsprechen sollten. Hier zeigt sich wiederum die enge Verzahnung von Handlungs- und Fachkompetenz, die auch in qualitativen Studien nachgewiesen werden konnte (vgl. BAUMERT, KUNTER 2006, S. 492).

Weitere Entscheidungen, die die Erziehenden in alltäglichen Situationen immer wieder auch ad hoc fällen müssen und durch die sie pädagogisch-didaktische Handlungskompetenz unter Beweis stellen, betreffen das Verweilen oder Voranschreiten in bestimmten Lernsituationen. Entscheidungen dieser Art verlangen Flexibilität und einen guten Überblick über fachliche Inhalte und den Lernprozess der Kinder (vgl. GINSBURG, ERTLE 2008, S. 47; BERLINER 2004, S. 207).

4.2.3 Voraussetzung für die Förderung

Während für das *Erkennen* individueller Schwierigkeiten im mathematischen Lernprozess das Wissen um die Entwicklung elementarer mathematischer Fähigkeiten, also Fachkompetenz, eine zentrale Rolle spielt (vgl. Kapitel 4.1.3), setzt das Auswählen passgenauer Lern- und Förderangebote unter anderem pädagogisch-didaktische Handlungskompetenz voraus (vgl. BALL, BASS 2002, S. 11; ERNEST 1989, S. 26; WIELPÜTZ 2007).

Handlungskompetenz zeigt sich vor allem in Situationen, in denen ‚interaktive Entscheidungen' verlangt sind (vgl. Kapitel 4.2.1). Dies gilt nicht nur, wenn es darum geht, Situationen für mathematisches Lernen zu nutzen (vgl. 4.2.2), sondern auch im Zusammenhang mit Förderung. So zeichnen sich handlungskompetente Lehrkräfte dadurch aus, dass sie auch unerwartete Äußerungen der Kinder aufgreifen und produktiv integrieren und unter anderem dadurch den Unterricht kurzfristig an die Bedürfnisse und Voraussetzungen der Lernenden anpassen (vgl. LIPOWSKY 2007, S. 30; HATTIE 2003). Zudem sind sie bereit und dazu in der Lage, sich immer wieder z.b. durch gezielte Fragestellungen im Lernprozess einen Überblick über das Verständnis der Kinder zu verschaffen (vgl. BAUMERT, KUNTER 2006, S. 489, s. auch 4.1.3).

Die Fähigkeit, Unterricht aufgrund der individuellen Voraussetzungen der Kinder so anzupassen, dass möglichst optimale Bedingungen für individuelles, verstehendes Lernen entstehen, wird auch als „adaptive Lehrkompetenz" beschrieben (BECK, BAER, GULDIMANN, u.a. 2008, S. 47). Dieser wird in der Reflexion über Kriterien guten Unterrichts große Bedeutung beigemessen (s. HELMKE 2006). Vor allem im Bereich der Primarstufe konnten im Vergleich zur Oberstufe Zusammenhänge zwischen Leistungszuwächsen der Kinder und adaptiver Lehrkompetenz aufgezeigt werden (BECK, BAER, GULDIMANN, u.a. 2008).

Adaptive, individuelle Unterstützung der Lernenden erfordert zunächst die Wachsamkeit der Lehrperson gegenüber den Äußerungen und Reaktionen der Kinder, bevor kompetent agiert werden kann (s. auch 4.1.3). DEWEY (1904) beschreibt die handlungskompetente, erfolgreiche Lehrkraft mit folgenden Worten:

„They are ... so sensitive to every sign of its presence and absence, that no matter what they do, nor how they do it, they succeed in awakening and inspiring like alert and intense mental activity in those with whom they come in contact." (DEWEY 1904, S. 23f.)

Er macht den Erfolg der Lehrperson daran fest, dass Lernprozesse und mentale Aktivitäten beim Lernenden initiiert und geweckt werden.

KRETSCHMANN (2006) verwendet für Handlungskompetenz im Zusammenhang mit individueller Förderung den Begriff ‚Förderkompetenz':

„Die Lehrerinnen und Lehrer verfügen über Förderkompetenz. Sie wissen, welche pädagogischen und welche Fördermaßnahmen auf eine diagnostizierte Konstellation folgen müssen, und sie sind in der Lage, sie auch auszuführen." (KRETSCHMANN 2006, S. 31)

Während im letzten Teil dieser Aussage die aktive Komponente von Förderkompetenz erkennbar ist, verweist der Anfang dieser Aussage auf das notwenige Fachwissen. Um im speziellen Fall agieren zu können, ist es erforderlich, dass Erziehende und Lehrkräfte bereits Vorstellungen darüber haben, wie sie auf beobachtete Stagnationen oder Verzögerungen im Entwicklungsprozess reagieren können (vgl. KRETSCHMANN 2006; MOSER OPITZ 2006; BAROODY 2004; NAEYC, NCTM, S. 2). Auch hier wird erneut die enge Verzahnung zwischen Fach- und Handlungskompetenz offensichtlich.

„Im Fachunterricht wird sich die konstruktive Unterstützung oftmals im fachlichen Können der Lehrkraft zeigen, wenn bei Verständnisschwierigkeiten die richtige Hilfe und die an das Vorwissen anschließende Erklärung gegeben werden." (BAUMERT, KUNTER 2006, S. 488)

Im vorschulischen Bereich geht es dabei nicht nur um Verständnisschwierigkeiten, sondern allgemein um Auffälligkeiten in der Entwicklung mathematischer Fähigkeiten (vgl. Kapitel 1) ungeachtet der Ursachen.

Erfolgreiche Erziehende und Lehrkräfte zeichnen sich also dadurch aus, dass sie fachliches Wissen über mathematische Inhalte, deren Vermittlung und über die Entwicklung des Kindes in konkrete Unterrichtshandlungen und Fördermaßnahmen umsetzen können. Darüber hinaus scheinen auch die Sichtweise der Lehrkräfte und Erziehenden auf das Fach Mathematik und damit verbundene Vorstellungen über Mathematiklernen eine nicht zu unterschätzende Bedeutung im Zusammenhang mit Lernerfolg zu spielen, wie im Anschluss noch näher ausgeführt wird.

4.3 Einstellungen zum Fach Mathematik und zum Mathematiklernen

Die Einstellungen, die Erziehende zum Fach Mathematik und zum Mathematiklernen haben, können als weiterer Bedingungsfaktor dafür gesehen werden, dass elementare mathematische Bildungsprozesse in der Weise initiiert werden können, wie sie in Kapitel 2.5 beschrieben wurden. Zu diesen Zusammenhängen gibt es – wie auch im Bereich Lehrerkompetenz – einige relevante Forschungsergebnisse aus dem Schulkontext. Gerade zu den Einstellungen liegen aber auch Erkenntnisse aus Untersuchungen mit Erziehenden vor. Im Folgenden werden zunächst Zusammenhänge zwischen Einstellungen und konkreten Unterrichtsaktivitäten aufgezeigt, bevor ein Überblick über vorherrschende Einstellungen zum Fach Mathematik und zum Mathematiklernen bei Erziehenden gegeben wird.

4.3.1 Bedeutsamkeit von Einstellungen bei Lehrkräften und Erziehenden

In der Lehr-Lernforschung werden neben Fach- und Handlungskompetenz auch die Einstellungen der Lehrkräfte und Erziehenden zum Fach und zum Lernen als bedeutsam für die Gestaltung von Lehr- und Lernaktivitäten und den Lernerfolg der Kinder erachtet (s. z.B. BAUMERT, KUNTER 2006; ERNEST 1989; PETERSON, CAR-

PENTER, FENNEMA 1989; PETERSON, FENNEMA, CARPENTER, LOEF 1989; STAUB, STERN 2002; STIPEK, BYLER 1997; STIPEK, GIVVIN, SALMON, MACGYVERS 2001; WILKINS 2008). In diesem Zusammenhang werden unter anderem die Begriffe ‚attitudes‘, ‚beliefs‘, ‚conceptions‘, ‚dispositions‘, ‚values‘ oder ‚views‘ mit unterschiedlichen Bedeutungsnuancen verwendet (z.b. ERNEST 1989; GRIGUTSCH, RAATZ, TÖRNER 1998). Eine Ausdifferenzierung der Begrifflichkeiten steht an dieser Stelle nicht im Mittelpunkt des Interesses, da hier vor allem von Bedeutung ist, inwieweit bewusste oder auch unbewusste Vorstellungen über Mathematik und das Lernen sowie die emotionale Einstellung zum Fach und die daraus resultierende Handlungsbereitschaft Auswirkungen auf den konkreten Unterrichtsalltag zeigen. Die oben angesprochenen Facetten der verschiedenen Begriffe werden im Folgenden unter dem Begriff ‚Einstellungen‘ subsumiert, der eine kognitive und eine affektive Komponente vereint (vgl. GRIGUTSCH, RAATZ, TÖRNER 1998, S. 6f.). Dabei handelt es sich nicht um situative Äußerungen oder Empfindungen, sondern um „überdauernde, konsistente Verhaltensbereitschaften" (GRIGUTSCH, RAATZ, TÖRNER 1998, S. 6).

Zunächst scheinen – unabhängig von bewussten Einstellungen – eigene mathematische Lernerfahrungen einen Einfluss auf die Überlegung zu haben, wie mathematisches Lernen und Lehren gestaltet werden soll (vgl. dazu auch VAN OERS 2004, S. 319; WILKINS 2008, S. 143) – sogar auch dann, wenn die eigenen Erfahrungen mit negativen Erinnerungen verbunden sind:

> „Indeed, many teachers and other adults believe that mathematics should be taught the way they were taught, even if they found it unappealing, anxiety-provoking, and/or largely unhelpful." (BAROODY 2004, S. 156)

Die – unter anderem durch eigene Unterrichtserfahrungen geprägte – Einstellung zum Fach Mathematik kann bei derartigen Überzeugungen eine entscheidende Rolle spielen. Ob Mathematik als eine sich kontinuierlich weiterentwickelnde Wissenschaft gesehen wird, in der Problemlöseprozesse, mathematisches Tätigsein und entdeckendes Lernen im Vordergrund stehen (vgl. FREUDENTHAL 1982, 1973, S. 114ff.), oder eher als ein statisches, abgeschlossenes System von Definitionen, Formeln und Regeln, die geübt und angewandt werden (vgl. ERNEST 1989, S. 20f.; GRIGUTSCH, RAATZ, TÖRNER 1998, S. 11f.), beeinflusst die eigene Auseinandersetzung mit dem Fach Mathematik und demzufolge auch das Lehrerhandeln. Während die statische Sichtweise der Mathematik offensichtlich eher das kleinschrittige Einführen neuer Inhalte mit anschließenden Übungsphasen nahelegt, stellt die dynamischere Sichtweise mathematische Aktivitäten in den Mittelpunkt, die den Kindern erlauben, mathematische Konzepte zu konstruieren, zu reflektieren und den kommunikativen Austausch ermöglichen oder explizit herausfordern (vgl. STIPEK, GIVVIN, SALMON, MACGYVERS 2001, S. 214).

Neben der Sichtweise auf das Fach Mathematik beeinflusst auch die Überzeugung, welcher Unterrichtsstil für das Mathematiklernen am besten geeignet ist, die
konkrete Unterrichtstätigkeit. Wie eben bereits erwähnt, zeigen sich die Einstellungen zum Mathematiklernen jedoch durchaus abhängig von den Einstellungen zum
Fach (vgl. auch ERNEST 1989, S. 23). BAROODY (2004) unterscheidet vier verschiedene Unterrichtsstile, die in ähnlicher Weise auch von anderen Autoren beschrieben, jedoch anders bezeichnet werden: Er nennt den ‚skills approach‘, der
durch Lehrerdemonstration, -erklärung und starke Lenkung gekennzeichnet ist und
im Wesentlichen prozedurales Wissen vermittelt. Der ‚conceptual approach‘ versucht, über angeleitetes entdeckendes Lernen neben prozeduralem Wissen auch
Verständnis für mathematische Erkenntnisse zu wecken. Verschiedene Methoden
des Forschens stehen beim ‚investigative approach‘ im Mittelpunkt, wobei auf ar-
gumentative und kommunikative Prozesse Wert gelegt wird und die Kinder beim
mathematischen Problemlösen Unterstützung erfahren. Der ‚problem solving approach‘ ist durch größtmögliche Offenheit gekennzeichnet, da hier kaum Steuerung
durch die Lehrkraft erfolgt, sondern Unterricht allein auf den individuellen Lernprozessen der Kinder und situativen Lerngelegenheiten aufbaut und mathematische
Prozesse wie Argumentieren, Problemlösen, Darstellen und Kommunizieren zum
Inhalt hat (BAROODY 2004, S. 154f.). Lehrkräfte, die der Meinung sind, Unterricht
im Sinne des ‚investigative approach‘ wäre für mathematisches Lernen besonders
geeignet, wenden in ihrem Unterricht auch Methoden an, die entdeckende, konstruktive Lernprozesse ermöglichen (vgl. WILKINS 2008; BAUMERT, KUNTER 2006,
S. 498f.), wohingegen Lehrkräfte, die Unterricht im Sinne des ‚skills approach‘
befürworten, z.B. mehr Wert auf Faktenwissen und Symbolkenntnisse legen und
Unterricht weniger an den individuellen Voraussetzungen der Kinder ausrichten,
sondern sich mehr an der Fachstruktur orientieren (PETERSON, FENNEMA, CARPEN-
TER, LOEF 1989; vgl. auch STIPEK, BYLER 1997). Neben der eigenen Überzeugung
bezüglich des optimalen Unterrichtsstils für mathematisches Lernen, kann auch das
Fachwissen (vgl. Kapitel 4.1) Einstellungen über das Lehren von Mathematik ver-
festigen:

> „... the nature of one's mathematical knowledge may lead to a particular belief
> about the way that mathematics is best taught." (WILKINS 2008, S. 144)

Ebenfalls auf die Gestaltung von Mathematikunterricht wirkt sich die affektive
Komponente der Einstellung zum Fach Mathematik aus. Während Angst vor Mathematik und negative Einstellungen zum Fach offensichtlich dazu führen, Mathematikunterricht zu umgehen bzw. ihn in erster Linie regelbasiert zu gestalten, tragen positive Einstellungen eher dazu bei, verständnisorientiert zu arbeiten und die
Kinder mathematische Zusammenhänge selbst entdecken zu lassen (vgl. WILKINS
2008, S. 143). Die affektiven Einstellungen der Lehrkräfte zum Fach Mathematik

können sich zudem auf die Kinder übertragen (vgl. auch ERNEST 1989; STIPEK, GIVVIN, SALMON, MACGYVERS 2001):

> „However, teachers who have a more positive attitude toward mathematics may be more able to transfer positive beliefs and values about mathematics by incorporating ... a mathematically enculturating curriculum that not only promotes students' content knowledge but also helps to instill in them the ideas of mathematics as inquiry-based, as a way of thinking, and as an important part of everyday life." (WILKINS 2008, S. 157)

Problematisch wird dies, wenn Lehrkräfte ein negatives Bild von Mathematik haben, wie eine Untersuchung von GELLERT (1999) mit angehenden Grundschullehrkräften zeigt. Aufgrund eigener schlechter Erfahrungen wird angenommen, dass Schulanfänger bereits eine negative, ablehnende Haltung gegenüber Mathematik haben oder diese zumindest bei den ersten Begegnungen mit dem Fach entwickeln werden (vgl. GELLERT 1999, S. 34). Als Konsequenz dieser Einstellung erfolgt der Vorschlag der befragten angehenden Grundschullehrkräfte, Mathematikunterricht so zu gestalten, dass die Kinder im besten Falle gar nicht bemerken, wenn sie in Mathematik unterrichtet werden.

Die verschiedenen Komponenten der Einstellungen von Lehrkräften zum Fach Mathematik und zum Mathematiklernen wirken sich wie eben geschildert auf die Gestaltung des Unterrichts aus. Es lassen sich darüber hinaus sogar Zusammenhänge zwischen der Schülerleistung und den Einstellungen der Lehrkräfte nachweisen. Grundschulkinder, die von Lehrkräften unterrichtet werden, die eine konstruktivistische Sichtweise des Lernens haben, weisen bessere Mathematikleistungen auf als Kinder, deren Lehrkräfte eher im Sinne des ‚skill approach' unterrichten (PETERSON, CARPENTER, FENNEMA 1989; PETERSON, FENNEMA, CARPENTER, LOEF 1989; STERN, STAUB 2002).

Die Bedeutsamkeit der Einstellungen von Lehrkräften für die Gestaltung mathematischer Lernprozesse und auch für den Lernerfolg zeigt sich in den in diesem Abschnitt geschilderten Untersuchungsergebnissen. Es kann davon ausgegangen werden, dass diese Ergebnisse im Wesentlichen auch auf den Bereich der elementaren Bildung übertragen werden können. Insofern ist es angebracht, sich über die Einstellungen von Erziehenden zur Mathematik und zum Mathematiklernen einen Überblick zu verschaffen.

4.3.2 Erkenntnisse über die konkreten Einstellungen von Erziehenden zur Mathematik und zum Mathematiklernen

Mittlerweile gibt es bereits einige Erkenntnisse über die Einstellungen von Erziehenden zum Fach Mathematik und zum Mathematiklernen. In Anbetracht der Tatsache, dass diese Einstellungen deutliche Auswirkungen auf die Gestaltung von Lernsituationen für Kinder haben und auch mit Lernerfolg in Verbindung gebracht werden, folgt eine Zusammenstellung dieser Erkenntnisse. Betrachtet werden die Einstellungen zum Fach Mathematik, zum Mathematiklernen und die affektive Komponente der Einstellungen.

Die Sichtweise von Erziehenden auf das Fach Mathematik scheint eher von einer statischen Vorstellung geprägt zu sein als von einer prozess- und anwendungsorientierten (COPLEY 2004a). In einer groß angelegten Untersuchung von BENZ (2008a, b) wurden 589 Erziehende zu ihren Einstellungen zur Mathematik befragt. Dabei zeigten zwei Drittel der Befragten eine eher schematisch-formale Sichtweise von Mathematik, das heißt, für sie stehen Regeln, Definitionen, Routinen und Präzision im Vordergrund. Lediglich für einen geringen Prozentsatz ist der prozessorientierte Aspekt von Mathematik vorherrschend. Für sie ist Mathematik eng verbunden mit dem Lösen von Problemen, mit Kreativität, Entdeckungen und eigenen Denkprozessen (vgl. BENZ 2007). Zudem wird Mathematik gerade von den Erziehenden schlicht als schwieriges Fach eingestuft:

„Mathematics or science or both were considered to be difficult subjects – once they felt unable to teach." (COPLEY, PADRÓN 1998, S. 119)

Die Einstellungen zum frühen Mathematiklernen bzw. zum frühen Lernen generell zeigen, welch große Bedeutung die Orientierung am Kind in diesem Zusammenhang für die Erziehenden hat. Aussagen, dass frühes Lernen eher verschulten Charakter haben soll, werden eher abgelehnt, als Aussagen, die spielerisches, kooperatives Lernen und die Wahlfreiheit der Kinder betonen (vgl. SPIDELL RUSHER, MCGREVIN, LAMBIOTTE 1992; LEE, GINSBURG 2007). Die Orientierung am Kind könnte auch ausschlaggebend dafür sein, dass das Verständnis von Mathematiklernen bei Erziehenden eher durch eine konstruktivistische Sichtweise geprägt zu sein scheint als durch die Vorstellung, Mathematiklernen erfolge am besten über Instruktionen und das Vormachen richtiger Verfahrensweisen (BENZ 2008b). Wird der Fokus jedoch allein auf die kindorientierte *Vermittlung* gelegt, besteht die Gefahr, dass Inhalte als zweitrangig erachtet werden (vgl. GELLERT 1999, S. 35; SELTER 2008, S. 43ff.). Dies zeigt sich in Konzeptionen elementarer mathematischer Bildung, wie sie in Kapitel 2.3.1 beschrieben wurden. Vor allem die Verbindung der Vorstellungen von Mathematik als Regelwerk mit zu erlernenden Routinen und von Mathematiklernen auf spielerische Art kann für erfolgreiches mathematisches Lernen im vorschulischen Bereich hinderlich sein. Wenn diese Verknüpfung den Gedanken nahelegt, es müssten nur entsprechende Spiele mit dem Inhalt mathematischer Routineabläufe entwickelt werden, wird die in Kapitel 2.4.1 geschilderte Rolle der Erziehenden als Impulsgeber und Mitgestalter ko-konstruktiven Lernens unter Umständen nicht gesehen.

LEE und GINSBURG (2007) konnten darüber hinaus in einer Interviewstudie feststellen, dass Mathematiklernen im Kindergarten für Erziehende in erster Linie mit arithmetischen Kompetenzen verbunden ist. Zudem berichten sie über unterschiedliche Einstellungen zum Mathematiklernen von Erziehenden, die Kinder mit niedrigerem sozialökonomischen Status betreuen, im Vergleich zu Erziehenden von Mittelschicht-Kindern. Für Erstere scheint es von größerer Bedeutung zu sein, bereits früh für mathematische Lerngelegenheiten zu sorgen, um den Kindern fehlende Lernerfahrungen zu ermöglichen und sie vor schulischen Schwierigkeiten zu bewahren, wohingegen die Erziehenden der Mittelschicht-Kinder eher darauf vertrauen, dass die Kinder etwaige Rückstände in der Entwicklung von allein zu einem späteren Zeitpunkt aufholen können (LEE, GINSBURG 2007).

Zuletzt soll die affektive Komponente der Erziehenden zur Mathematik noch näher betrachtet werden, da gerade bei diesem Personenkreis von Angst und Abneigung gegenüber dem Fach Mathematik berichtet wird. Bei Überlegungen zur frühen mathematischen Bildung kann dieser Aspekt der Einstellungen nicht ignoriert werden.

Ein Großteil der von BENZ (2008a, b) befragten Erziehenden empfindet Mathematik zwar als ‚nützlich' und ‚wichtig', für ein Drittel bzw. ein Viertel der Erziehenden ist Mathematik allerdings ‚verwirrend' und ‚unverständlich'. In konkreten Äußerungen von Erziehenden spiegelt sich darüber hinaus Angst und Unsicherheit gegenüber dem Fach Mathematik und der Aufgabe, mathematisches Lernen im Kindergarten zu initiieren, wider:

„I really don't have to do any math or science, do I? I was never good at math and I always avoided science. In fact, that's one of the reasons I chose early childhood .... I don't have to know math or science!" (Aussage einer Erziehenden, zitiert nach COPLEY, PADRÓN 1998, S. 117)

Angst vor Mathematik haben viele Grundschullehrkräfte im Dienst und in der Ausbildung (z.B. HEMBREE 1990; WILKINS 2008) und bei Erziehenden kann davon ausgegangen werden, dass Angst und Abneigung besonders groß sind (vgl. BAROODY 2004, S. 151; s.a. BAROODY, LAI, MIX 2006; COPLEY 2004a; COPLEY, PADRÓN 1998; JOHNSON 1998).

Mit dem Hintergrundwissen, dass sich Einstellungen – bewusst oder unbewusst – auf die konkreten Unterrichtstätigkeiten auswirken (vgl. 4.3.1), können konzeptionelle Überlegungen zu elementarer mathematischer Bildung kaum erfolgen, ohne sich der Einstellungen und Überzeugungen der Erziehenden zur Mathematik und zum Lernen bewusst zu sein.

4.4 Zusammenfassung und Positionierung

Ob und inwieweit fundierte konzeptionelle Überlegungen zur Gestaltung elementarer mathematischer Bildung und durchdachte Instrumentarien zur Beobachtung der

Kinder zu den gewünschten Lernfortschritten führen, hängt in beträchtlichem Maß von den Erziehenden ab. Die Fachkompetenz der Erziehenden, die sich unter anderem im Wissen um fachliche Zusammenhänge, um die Entwicklung mathematischer Kompetenzen und um hilfreiche Erklärungsweisen oder Lernimpulse manifestiert, ist eine Grundvoraussetzung dafür, dass elementare mathematische Lerngelegenheiten erfolgreich geplant und umgesetzt werden können. Außerdem erfordert auch das Erkennen von Entwicklungsverzögerungen oder besonderen individuellen Lernbedürfnissen ein gutes Überblickswissen der Erziehenden über Prozesse und Verläufe in der mathematischen Entwicklung beim Kind.

Die alltägliche Arbeit der Erziehenden verlangt darüber hinaus permanent pädagogische Entscheidungen, in denen sich die fachdidaktische Handlungskompetenz der Erziehenden zeigt. Das fachliche Wissen kommt dabei in alltäglichen Situationen zur Anwendung, wenn mathematische Lerngelegenheiten als solche erkannt und Äußerungen der Kinder, die mathematisches Wissen und Können offenbaren, gewürdigt und für die weitere Arbeit genutzt werden. Vor allem wenn die Beobachtungen der Kinder Hinweise auf individuell notwendige Förderung geben, ist pädagogisch-didaktische Handlungskompetenz erforderlich.

Ein weiterer Aspekt, der Einfluss auf die Tätigkeiten der Erziehenden und somit auf die Lernchancen der Kinder hat, ist durch die Sichtweise der Erziehenden auf das Fach Mathematik und deren Einstellungen zum Mathematiklernen gegeben. Ob die Kinder ermuntert werden, mathematisch entdeckend tätig zu werden, und ob im Kindertagesstättenalltag z.B. ein Austausch über mathematische Ideen stattfindet, hängt maßgeblich davon ab, inwiefern diese Aspekte von den Erziehenden als bedeutsam für das Mathematiklernen angesehen werden. Darüber hinaus zeigen Untersuchungsergebnisse, dass gerade Erziehende mit dem Fach Mathematik oftmals Schwierigkeiten und bisweilen sogar Ängste haben und der Umgang mit dem Fach Mathematik durch ein geringes Zutrauen in die eigenen Fähigkeiten bestimmt wird.

Gerade, wenn es um Überlegungen geht, wie mathematische Bildung in Kindertagesstätten konzipiert und umgesetzt werden kann, spielen diese in Kapitel 4 geschilderten Bedingungsfaktoren eine große Rolle. Die Vorgabe einer gut durchdachten Konzeption zum frühen mathematischen Lernen oder die Verpflichtung der Erziehenden zur Beobachtung und Dokumentation der Leistungen der Kinder kann die beabsichtigten Erfolge vermissen lassen, wenn die Rolle der Erziehenden und deren Kompetenzen dabei außer Acht gelassen werden. Das bedeutet aber zugleich, dass Aus- und Weiterbildung der Erziehenden immer mitgeplant werden müssen, wenn es um konzeptionelle Veränderungen im Alltag der Kindertagesstätte geht (BAROODY 2004, S. 150f.; BAROODY, LAI, MIX 2006, S. 211; DORNHEIM 2008, S. 524; JOHNSON 1998, S. 21; VAN OERS 2004, S. 319).

Schwieriger als fachliches Wissen zu vermitteln ist es allerdings, die Einstellungen der Erziehenden zu verändern, da es sich dabei um so genannte Schemata (ERNEST 1989, S. 13) handelt, die durch eine gewisse Konsistenz charakterisiert sind (vgl. GRIGUTSCH, RAATZ, TÖRNER 1998; BENZ 2009; SAMARA, DIBIASE 2004). Deshalb ist es für den Erfolg von Fortbildungsmaßnahmen von großer Bedeutung, dass die Erziehenden positive mathematische Erfahrungen machen und sich in ihrem Arbeitsalltag als erfolgreiche Moderatoren mathematischer Bildungsprozesse erleben können, indem sie neu gewonnene Erkenntnisse mit ihnen bereits bekannten Situationen und Beobachtungen verknüpfen (WILKINS 2008, S. 157f.; SARAMA, DIBIASE 2004, S. 420). Die Reflexion der eigenen Erfahrungen bei konkreten Handlungsanforderungen und andauernde eigene Anstrengungen, die eigene Professionalität zu steigern, spielen für die Anbahnung von Veränderungen der Einstellung, aber auch bei der Entwicklung von pädagogisch-didaktischer Handlungskompetenz eine wichtige Rolle (SELTER 2006, S. 58f.; KOLBE 2004, S. 211; ERICSSON, KRAMPE, TESCH-RÖMER 1993, S. 400).

Überlegungen zur frühen mathematischen Bildung sollten also – ausgehend von den Entwicklungsprozessen der Kinder und den Anforderungen des Fachs – nicht nur die individuellen Lernwege der Kinder, sondern auch die individuellen Voraussetzungen der Erziehenden berücksichtigen und mit zunehmenden Anforderungen an das Aufgabenfeld der Erziehenden auch die Weiterentwicklung ihrer Kompetenzen in den Fokus nehmen.

5. Ein kompetenzorientierter Ansatz zur frühen mathematischen Förderung

„Es erweist sich als entscheidender Gesichtspunkt, aus welchem Blickwinkel man die Kinder und ihr Verhalten wahrnimmt. Entweder man orientiert sich vorrangig an ihren Fehlern *oder primär an ihren* Fähigkeiten. *Beherzigt man Letzteres, so wird deutlich, dass Überlegungen von Schülerinnen und Schülern oft vernünftiger, organisierter und intelligenter sind, als wir es oberflächlich wahrnehmen."*
Hartmut Spiegel, Christoph Selter 2003, S. 12

Die theoretischen Ausführungen in den Kapiteln 1 bis 4 zeigen, dass das Bewusstsein für die Notwendigkeit der Förderung mathematischer Fähigkeiten im vorschulischen Bereich auf Seiten der Mathematikdidaktik, der Psychologie und der Frühpädagogik vorhanden ist und dass es sich – wenn die Bemühungen erfolgreich sein sollen – dabei um ein komplexes Zusammenspiel verschiedener Faktoren handelt, die alle berücksichtigt werden sollten.

Konzeptionelle Überlegungen zur elementaren mathematischen Bildung gibt es verschiedene: die Identifizierung von ‚Risikokindern' mit dem Ziel deren Entwicklungsrückstände aufzuholen, lehrgangsartige Förderprogramme, die unabhängig von der individuellen Ausgangslage zum Einsatz kommen, oder mathematikdidaktisch konzipierte Vorschläge für frühe mathematische Bildung mit Alltagsbezug und Spielcharakter. Ausgangspunkt und Hauptmotivation für die jeweiligen konzeptionellen Überlegungen können dabei sehr unterschiedlich bewertet werden: Im ersten Fall steht das Kind mit seinem individuellen Leistungsstand im Fokus, Förderprogramme folgen dem Bedürfnis, Materialien und Anleitungen bereitzustellen, die eine verhältnismäßig einfache Durchführung ermöglichen, und Letzteres sieht die Anforderungen des Faches Mathematik und fundamentale Ideen als zentralen Ausgangspunkt.

Im Folgenden wird ein kompetenzorientierter Ansatz zur frühen mathematischen Förderung beschrieben, der die beiden in 2.4 und 3 geschilderten Forschungslinien im Bereich der vorschulischen mathematischen Bildung vereinigt: frühe mathematische Bildung vom Fach Mathematik aus gedacht und frühe mathematische Bildung vom Entwicklungsstand des Kindes aus gedacht.

5.1 Begriffsklärung ‚kompetenzorientiert'

Der hier geschilderte kompetenzorientierte Förderansatz sieht neben Lerngelegenheiten, die auf fundamentalen Ideen der Mathematik beruhen, die individuellen Voraussetzungen der Kinder für mathematisches Lernen als zentralen Ausgangspunkt. Der Fokus liegt dabei aber nicht allein auf den Kindern, die im Vergleich zu einer Norm auffällig sind und infolgedessen als ‚Risikokinder' bezeichnet werden (GRÜSSING 2006, S. 125; KRAJEWSKI 2003, S. 195; PETER-KOOP, GRÜSSING 2006, S. 105), sondern auf allen Kindern (vgl. auch 3.5). Insofern stehen nicht die Defizite der Kinder im Vordergrund, sondern adäquate Förderung, die auf den individuell vorhandenen Kompetenzen der Kinder aufbaut (vgl. SPECK-HAMDAN 2006, S. 29; 2004, S. 60). Dieser Förderansatz wird deshalb – gerade in Abgrenzung zu defizitorientierten Ansätzen – als ‚kompetenzorientiert' bezeichnet. Die Verwendung des Begriffs ‚kompetenzorientiert' lehnt sich in erster Linie an Selter und Spiegel an (SELTER 2008, S. 37; SPIEGEL, SELTER 2003, S. 12; SELTER, SPIEGEL 1997, S. 10). Während man bei der defizitorientierten Perspektive Abweichungen von der Norm in den Blick nimmt, „die es gilt, schnellstmöglich zu korrigieren", orientiert man sich bei der kompetenzorientierten Perspektive schwerpunktmäßig an dem, was die Kinder schon können (vgl. SELTER 2008, S. 37f.). Im therapeutischen und auch im pädagogischen Bereich wird dafür in ähnlichen Bedeutungszusammenhängen der Begriff ‚ressourcenorientiert' verwendet (vgl. VON SCHLIPPE, SCHWEITZER 2003, S. 124; LEU, FLÄMIG, FRANKENSTEIN, KOCH, PACK, SCHNEIDER, SCHWEIGER 2007, S. 27).

Zudem wird Kompetenzorientierung hier auch im Sinne von KLIEME und HARTIG (2007) verwendet (vgl. auch Kapitel 1.1.2). Es soll darum gehen, „Wissen und Können so zu vermitteln, dass keine ‚trägen' und isolierten Kenntnisse und Fähigkeiten entstehen, sondern anwendungsfähiges Wissen und ganzheitliches Können, das z.B. reflektive und selbstregulative Prozesse einschließt." (KLIEME, HARTIG 2007, S. 13). Eine kurze Beschreibung der zwei Schwerpunkte des hier geschilderten kompetenzorientierten Förderansatzes im Bereich der frühen mathematischen Bildung folgt im Anschluss.

5.2 Mathematisch anregungsreiches Lernumfeld

Grundlage kompetenzorientierter Förderung im Bereich Mathematik ist die Bereitstellung eines mathematisch anregungsreichen Lernumfelds, wobei sich ‚mathematisch' in diesem Zusammenhang auf zentrale Grundideen des Faches bezieht. Damit Kinder ihre mathematischen Kompetenzen zeigen können und anwendungsfähiges Wissen und Können erworben werden kann, brauchen sie gehaltvolle Aktivitäten, die sie herausfordern, mit Hilfe von Mathematik Probleme zu lösen (z.B. VAN DEN HEUVEL-PANHUIZEN 2001; NAEYC, NCTM 2002; VAN OERS 2004;

SIEGLER, RAMANI 2008; STEINWEG 2007; WITTMANN 2006a; vgl. auch 2.4). Die Beschäftigung mit mathematischen Inhalten wird nicht durch Sekundärmotivation, wie z.B. Rahmengeschichten mit personifizierten Zahlen, angeregt (vgl. WITTMANN 2006b; Kapitel 2.3.1). Stattdessen wird die natürliche Lernmotivation der Kinder genutzt und ihrer Entfaltung Raum gegeben (vgl. GINSBURG 2002). Im vorschulischen Bereich gilt es dabei auch, den zahlreichen Alltagssituationen, in denen Mathematik steckt, besondere Bedeutung beizumessen: das Zählen der Kinder, Tisch decken, Süßigkeiten verteilen, Würfelspiele, Sortieren beim Aufräumen, Falten, Basteln, Muster malen, etc.

Eine entscheidende Rolle kommt hier den Erzieherinnen und Erziehern zu (vgl. Kapitel 4). Deren Aufgaben sind es, für mathematisch herausfordernde Lernumgebungen zu sorgen, in Situationen des Alltags mathematische Lerngelegenheiten zu erkennen und diese z.B. durch gezielte Impulse als Lernanregung für die Kinder zu nutzen. Es geht dabei nicht darum, mathematische Inhalte in Form eigener Lerneinheiten zu vermitteln (vgl. Kapitel 2.3.2), sondern um die „Veranlassung der Gelegenheit" zu mathematischem Lernen und die „Anregung zur eigenen Entwicklung", wie es bereits von KÜHNEL 1916 gefordert wurde (KÜHNEL 1959, 10. Auflage, S. 70) und dem heutigen Grundverständnis von Lehren und Lernen (vgl. MÜLLER, STEINBRING, WITTMANN 2004, S. 11; REUSSER 2006) im Sinne eines Erwerbs von Kompetenzen (vgl. Weinert 2001b; Kapitel 1.1.2) entspricht. Ob Lerngelegenheiten als für die mathematische Entwicklung bedeutsam erkannt werden, ist eng verknüpft mit der eigenen Einstellung zum Fach Mathematik (vgl. Kapitel 4):

> „Wenn ... eine Pädagogin der Meinung ist, dass Mathematik primär darin besteht, Rechenaufgaben zu lösen oder zu zählen, dann wird sie die meiste Zeit über diesen Vorgängen ihre Aufmerksamkeit widmen und andere Aspekte mathematischer Aktivität – die aus unserer Sichtweise möglicherweise als wesentlich erachtet werden – übersehen." (VAN OERS 2004, S. 319)

Lerngelegenheiten als mathematisch bedeutsam zu erkennen wird zudem dadurch erschwert, dass diese im vorschulischen Bereich oftmals sehr elementaren Charakters sind und sich das mathematische Potenzial unter Umständen nicht unmittelbar offenbart. So findet beispielsweise im Spiel mit dem Kaufladen oder mit einer Holzeisenbahn (vgl. PETER-KOOP, HASEMANN, KLEP 2006, S. 6) mathematisches Lernen statt, das als solches vielleicht von Seiten Erwachsener zunächst nicht wahrgenommen wird. Die Notwendigkeit spielerischer Erfahrungen dieser Art für die Lernentwicklung des Kindes wird ebenfalls bereits von KÜHNEL (1959) beschrieben:

> „Wir müssen die Kinder so lange beim gegenständlichen, sinnlichen Rechnen belassen, als ihnen dies nicht als eine Last erscheint, die sie gern abwerfen möchten." (KÜHNEL 1959, S. 81)

Das Wissen um mathematische Grundideen und Prozesse der mathematischen Entwicklung liefert Erziehenden eine gute Grundlage, um vorhandene Lerngelegenheiten nutzen und das Lernumfeld der Kinder im oben beschriebenen Sinne gestalten zu können.

5.3 Kontinuierliche Beobachtung und Dokumentation der Lernentwicklung

Der zweite Schwerpunkt des hier geschilderten kompetenzorientierten Förderansatzes betrifft die Voraussetzungen der Kinder. Die Heterogenität der Vorkenntnisse und mathematischen Leistungen im vorschulischen Bereich ist bekannt (vgl. Kapitel 1, Kapitel 3). Die Bereitstellung eines mathematisch anregungsreichen Lernumfelds ermöglicht bereits allen Kindern gleichermaßen die Gelegenheit zu mathematischem Lernen. Der Anspruch, kompetenzorientiert zu fördern, erfordert jedoch zusätzlich eine kontinuierliche Beobachtung und Dokumentation der mathematischen Lernentwicklung (vgl. Kapitel 3.5). Dadurch verschaffen sich die Erziehenden einen Überblick über den individuellen Lernstand des Kindes. Auf dieser Basis können passgenaue Lernanregungen und Impulse gegeben werden. Die Beobachtung und die Dokumentation sollen im Sinne einer pädagogischen Diagnostik oder Förderdiagnostik (vgl. z.B. KRETSCHMANN 2006; MOSER OPITZ 2006; INGENKAMP 1991; KOBI 1977) zur Verbesserung der Lernangebote und damit dann auch zu einer Verbesserung der Lernleistung führen. Punktuelle Lernstandserhebungen (vgl. Kapitel 3.5) können diesen Anspruch kaum erfüllen, da es sich dabei um Momentaufnahmen handelt und nicht der Entwicklungsprozess abgebildet wird.

„Diagnostisches Arbeiten soll ... in erster Linie unterrichtsbegleitend und unterrichtsintegriert geschehen, indem Lehrpersonen aufgrund ihres fachlichen und fachdidaktischen Wissens Aufgaben entwickeln oder einsetzen, mit welchen die Lernprozesse und Kompetenzen ihrer Schülerinnen und Schüler erfasst, beobachtet und überprüft werden können." (MOSER OPITZ 2006, S. 23)

Für den Fall, dass Erziehende bei einzelnen Kindern Entwicklungsverzögerungen bzw. Lernrückstände feststellen, können sie mit gezielten Aufgabenstellungen entgegenwirken. Die Kompetenz der Erziehenden spielt auch bei dieser Säule des Förderansatzes eine große Rolle (vgl. Kapitel 4). Das Wissen um die Entwicklung mathematischer Kompetenzen in den ersten Lebensjahren ist eine Grundvoraussetzung, um Auffälligkeiten wahrzunehmen. Die Informationen, die Erziehende durch die Beobachtung bekommen, für die Kompetenzentwicklung beim Kind nutzen zu können, erfordert wiederum das Wissen um mathematische Grundideen und den handlungskompetenten Einsatz sinnvoller Anregungen (vgl. 5.2). Die Beobachtung und die sich anschließende pädagogisch-didaktische Konsequenz beschränken sich dabei nicht allein auf Defizite besonders auffälliger, sondern auf die Leistungen aller Kinder.

„Die Einstellung, in dieser Weise auf der *Mathematik der Kinder* aufzubauen, setzt voraus, dass wir ihr Denken nicht als defizitär, sondern als *prinzipiell vernünftig* ansehen. Das bedeutet, dass wir grundsätzlich bei unverständlichen Äußerungen und Fehlern nach der verborgenen Rationalität suchen sollten." (SELTER, SPIEGEL 1997, S. 10)

Setzt man sich als primäres Ziel, zur Entwicklung tragfähiger mathematischer Grundfähigkeiten bei *allen* Kindern beizutragen, so gilt es, für ein mathematisch anregungsreiches Lernumfeld zu sorgen *und* den Entwicklungsstand und die Lernwege der Kinder *kontinuierlich* wahrzunehmen, um gegebenenfalls reagieren zu können. Mathematische Bildung kann so unter permanentem Rückgriff auf die bereits vorhandenen Fähigkeiten der Kinder stattfinden. Die Unterstützung der fortschreitenden Entwicklung durch die Erziehenden beruht auf der kontinuierlichen Wechselwirkung zwischen Lernstandsfeststellung und entsprechender Lernanregung.

Im Folgenden wird aufgezeigt, wie Einzelelemente dieses kompetenzorientierten Förderansatzes konkret umgesetzt und evaluiert wurden.

6. Evaluation eines kompetenzorientierten Förderansatzes

„Tag für Tag stehen wir vor dem Problem, Ent-
scheidungen mit längerfristigen Konsequenzen zu
treffen."
Detlef H. Rost 2007, S. 13

Inwieweit sich die theoretischen Vorüberlegungen zu dem in Kapitel 5 beschriebenen kompetenzorientierten Förderansatz in der Praxis umsetzen lassen und ob damit die gewünschten Resultate erzielt werden können, muss mit geeigneten Methoden geprüft werden. Berücksichtigt man, dass bei der Umsetzung neuer konzeptioneller Überlegungen im vorschulischen Bereich die Erziehenden die zentrale Rolle
spielen (vgl. Kapitel 4.4), müssen Unterstützungsmaßnahmen ergriffen werden, die
den Erzieherinnen und Erziehern sowohl bei der Gestaltung eines mathematisch
anregungsreichen Lernumfelds als auch bei der kontinuierlichen Beobachtung und
Dokumentation der Lernentwicklung hilfreich sein können. Theoretisch sind hier
verschiedene Maßnahmen mit unterschiedlichem Offenheitsgrad für die eigenen
Ideen der Erziehenden denkbar. Im Folgenden wird beschrieben, welche konkreten
Unterstützungsmaßnahmen in oben genanntem Sinne im Rahmen eines Projektes
zur Gestaltung des Übergangs zwischen Kindertageseinrichtung und Grundschule
getroffen wurden. Der Erfolg dieser Maßnahmen wurde evaluiert. Die dazu untersuchten Fragestellungen und das Evaluationsdesign werden in den Kapiteln 6.2 und
6.3 beschrieben.

6.1 Konkrete Initiierung des kompetenzorientierten Förderansatzes im Rahmen des Projekts TransKiGs

Die Grundideen des hier geschilderten kompetenzorientierten Förderansatzes – mathematische Anregungen und kontinuierliche Beobachtung und Dokumentation der
Lernentwicklung – wurden im Rahmen eines Modellvorhabens des Bundeslands
Berlin für die Arbeit mit den Erziehenden konkretisiert. Den Erziehungspersonen
wurde dazu als Umsetzungshilfe ein Kompetenzraster zur Dokumentation und Beobachtung zur Verfügung gestellt und im Rahmen von Fortbildungsveranstaltungen
erhielten sie Ideen und Anregungen für elementares mathematisches Lernen im
Alltag sowie Hintergrundinformationen zur mathematischen Entwicklung im Vorschulalter.

Die Unterstützungsmaßnahmen für die Erziehenden werden unter 6.1.2 und
6.1.3 näher erläutert. Dadurch konnte der in Kapitel 5 beschriebene kompetenzorientierte Förderansatz initiiert werden. Inwieweit und auf welche Art der Förderansatz in der alltäglichen Arbeit Umsetzung fand, lag in der Verantwortung jeder

Erzieherin bzw. jeden Erziehers. Diese Vorgehensweise zeigte sich aufgrund der Rahmenbedingungen, die ummittelbar im Anschluss geschildert werden, als sinnvoll.

6.1.1 Rahmenbedingungen

Das Bundesland Berlin nahm von 2005 bis 2009 am Verbundprojekt „TransKiGs: Stärkung der Bildungs- und Erziehungsqualität in Kindertageseinrichtungen und Grundschule – Gestaltung des Übergangs" (http://www.transkigs.de) teil. Ein Schwerpunkt der Projektarbeit in Berlin war die Erarbeitung von Leitideen, Prinzipien, Zielen und Inhalten einer gemeinsamen Bildungs- und Erziehungsphilosophie in Kindertagesstätten und Schulen. In diesem Zusammenhang wurden Lern- bzw. Bildungstagebücher für verschiedene Fachbereiche erarbeitet und erprobt. Für den Fachbereich Mathematik wurde dazu das Instrument „Lerndokumentation Mathematik" (STEINWEG 2006, s. Kapitel 3.4.3) entwickelt und den fünf Berliner Projektkindertagesstätten bzw. den dazugehörigen Schulen im Herbst 2006 vorgestellt mit der Aufforderung, diese in ihrer Arbeit zu verwenden.

Die Erprobung des Instruments in den Kindertagesstätten wurde von der Universität Bamberg (Frau Prof. Steinweg in Zusammenarbeit mit Hedwig Gasteiger) wissenschaftlich begleitet und evaluiert (Hedwig Gasteiger). Für die Auftraggeber war dabei in erster Linie von Interesse, ob sich durch den Einsatz dieses Instruments Erfolge in der Lernentwicklung der Kinder zeigen. Für bildungspolitische Überlegungen liefern derartige Informationen Entscheidungsgrundlagen. Sie stützen die Argumentation bei Fragen wie z.B. ‚Ist ein verpflichtender Einsatz eines Beobachtungsinstruments sinnvoll?', ‚Lohnt sich die Investition in Verbreitungsmaßnahmen?' Für eine Antwort auf Fragen dieser Art ist für die politisch Verantwortlichen letztlich vor allem der Output – die Verbesserung von Lern- und Entwicklungschancen der Kinder – von Interesse. Bei der Evaluation ist deshalb zu beachten, dass die zu überprüfenden Maßnahmen unter möglichst natürlichen Bedingungen ablaufen und problemlos von der Projektgruppe auf eine größere Grundgesamtheit übertragbar sind. Aus diesem Grund erschien es bei der Evaluation des Einsatzes der ‚Lerndokumentation Mathematik' sinnvoll, die Verwendung des Instruments als eine Säule des kompetenzorientierten Förderansatzes lediglich zu initiieren und durch Fortbildungsangebote und Materialien zu unterstützen und zu begleiten. Direkten Einfluss auf das tägliche Geschehen in den Kindertagesstätten auszuüben, hätte in diesem Fall die Nutzbarkeit der Evaluationsergebnisse für Entscheidungen geschmälert, da im Falle einer flächendeckenden Umsetzung der Maßnahme nicht die Ressourcen vorhanden wären, um unmittelbar auf die Arbeit an den Kindertagesstätten einzuwirken. Aus diesem Grund wurde auch darauf verzichtet, von den Erziehenden einzufordern, ihre eigene Arbeit zu dokumentieren.

Inwieweit die beteiligten Erzieherinnen und Erzieher die Anregungen vor Ort umsetzten, lag so, wie allgemein üblich, in ihrer eigenen Verantwortung. Deshalb war es – zusätzlich zur Evaluation der Interventionsmaßnahmen in Bezug auf die Lernentwicklung – eine wichtige Aufgabe der wissenschaftlichen Begleitung, zu überprüfen, ob das Instrument ‚Lerndokumentation Mathematik' angenommen und verwendet wurde und/oder ob noch weitere Hilfestellungen und Unterstützungsmaßnahmen hilfreich sein könnten. Aus diesem Grund erfolgte eine Akzeptanzbefragung, die unter 6.3.3 näher beschrieben wird. Über die Maßnahmen zur Initiierung des kompetenzorientierten Förderansatzes wird im Anschluss berichtet, Design, Ablauf und Ergebnisse der Evaluation werden in Kapitel 6.3 und 7 dargestellt.

6.1.2 Einsatz der ‚Lerndokumentation Mathematik'

Für die konkrete Beobachtung und Dokumentation mathematischer Grundfähigkeiten wurde den Erziehenden das Instrument „Lerndokumentation Mathematik" (STEINWEG 2006) zur Verfügung gestellt. Das nach inhaltlichen und prozessbezogenen Kriterien untergliederte Raster sollte ihnen einerseits die Beobachtung erleichtern und andererseits auch dazu beitragen, mathematische Lernsituationen bewusster wahrzunehmen (vgl. STEINWEG 2006, S. 2; Kapitel 3.4.3). Im Folgenden wird der Einfachheit halber anstelle ‚Lerndokumentation Mathematik' abkürzend nur der Begriff ‚Lerndokumentation' verwendet. Im Rahmen einer Fachtagung im Oktober 2006 wurde die ‚Lerndokumentation' präsentiert und die Zielsetzung des Instruments erläutert. Im Anschluss daran erhielten am Projekt beteiligte Kindertagesstätten und auch Grundschulen das Beobachtungsraster ‚Lerndokumentation' mit erläuternden Hinweisen zum Umgang damit. Als weitere Hilfestellung für die Arbeit wurden Anregungsmaterialien zusammengestellt, die die in der ‚Lerndokumentation' geschilderten Erfahrungsbereiche illustrieren und weitere Hinweise für die Dokumentation individueller Lernprozesse geben (SENATSVERWALTUNG FÜR BILDUNG, WISSENSCHAFT UND FORSCHUNG 2008). Die beteiligten Projekteinrichtungen erhielten diese Materialien in einem Ordner und sie wurden, wie auch die ‚Lerndokumentation', zusätzlich auf den Internetseiten des Verbundprojekts zur Verfügung gestellt.

6.1.3 Fortbildungsmaßnahmen für Erzieherinnen und Erzieher

Die Bereitstellung eines mathematisch anregungsreichen Lernumfelds im Sinne des kompetenzorientierten Förderansatzes (vgl. 5.2) fällt in den Aufgabenbereich der Erzieherinnen und Erzieher in der Kindertagesstätte. Die Arbeit kann von außen lediglich angestoßen werden.

Um die Gestaltung eines in diesem Sinne gehaltvollen Lernumfelds im Alltag der Kindertagesstätten anzuregen und auch um die Diagnosekompetenz der Erziehenden zu verbessern, wurde deshalb begleitend zum Einsatz der ‚Lerndokumentation' eine Fortbildungsoffensive durchgeführt. In vier Fortbildungsmodulen erarbeiteten sich die Erzieherinnen und Erzieher Hintergrundwissen und ein Repertoire an Anregungssituationen zu den Bereichen „Zahl, Zählen, Mengen", „Raum und Form", „Maße, Zeit, Daten" (Module 1 bis 3) und sie wurden geschult, mathematische Kompetenzen wahrzunehmen und zu dokumentieren (Modul 4). Dabei wurden die eigenen Erfahrungen der Erziehenden mit aufgenommen und reflektiert (vgl. Kapitel 4.4) und ein konkreter Bezug zum Arbeitsalltag durch Videoaufnahmen einiger Kinder aus den entsprechenden Einrichtungen hergestellt (Ausführlichere Informationen zur Fortbildungsmaßnahme in STEINWEG, GASTEIGER 2007; 2008). Zudem hatten Koordinationspersonen die Möglichkeit, sich im Rahmen zweier Fachtagungen über die ‚Lerndokumentation' bzw. über heterogene Voraussetzungen der Kinder im Übergangsbereich Kindertagesstätte-Grundschule weiterzubilden.

Um die im Frühahr 2007 durchgeführten Fortbildungsmodule 1 bis 3 auf die Bedürfnisse und den Kenntnisstand der Erziehenden abstimmen zu können, wurde im Herbst 2006 eine freiwillige Befragung der Erzieherinnen und Erzieher in den fünf Projektkindertagesstätten durchgeführt (29 Rückmeldungen). Vor allem hinsichtlich konkreter mathematischer Anregungen und Aktivitäten im Alltag der Kindertagesstätte wurde Fortbildungsbedarf ersichtlich, wobei auch der Wunsch geäußert wurde, Hintergrundwissen zum mathematischen Lernen zu bekommen. Exemplarisch sei hier eine Äußerung genannt: „Etwas Wissen zur Hilfestellung und Anregung hat man, mehr davon zu erfahren ist wünschenswert und erforderlich." Zur inhaltlichen Konzeption der ersten drei Fortbildungsmodule wurden zudem die Ergebnisse des Tests zur Erhebung mathematischer Kompetenzen aus dem ersten Messzeitpunkt als Hintergrundinformation verwendet. Die Kinder der Projektkindertagesstätten zeigten teilweise überraschende Defizite (vgl. GASTEIGER, STEINWEG 2006; Kapitel 7.2), die als Ansatzpunkt für die Arbeit mit den Erzieherinnen und Erziehern genommen wurden.

Das Fortbildungsmodul 4 zur Beobachtung und Dokumentation mathematischen Lernens stellte in erster Linie den konkreten Umgang mit der ‚Lerndokumentation' in den Fokus. Anhand von Videoausschnitten wurden mathematische Lernprozesse verschiedener Kinder analysiert und Überlegungen für eine sinnvolle Förderung diskutiert. Dieses Modul ermöglichte die reflektierte Diskussion über Kinderäußerungen und entsprechende Handlungsansätze mit dem Ziel der Professionalisierung der Erziehenden (vgl. Kapitel 4; SHULMAN 1998; STEINBRING 2003; BROMME, TILLEMA 1995). Es wurde im Frühjahr 2008 durchgeführt, nachdem in der Akzeptanzbefragung der Lehrkräfte und Erzieher (s. 6.3.3) im Herbst 2007 erneut der Wunsch nach Fortbildungsmöglichkeiten und Erfahrungsaustausch mit

Kolleginnen und Kollegen laut wurde. Ebenfalls im Frühjahr 2008 wurden die Module 1 bis 3 für weitere interessierte Erziehende noch einmal wiederholt. Die Fortbildungsmodule 1 bis 3 wurden 2007 von 25 und 2008 von 14 Personen besucht, zur Veranstaltung des Moduls 4 kamen 18 Personen, wobei jeweils aus jeder Projektkindertagesstätte Erziehende anwesend waren.

Es erfolgte eine Evaluation der einzelnen Module der Fortbildungsoffensive mit Hilfe eines halbstandardisierten Feedback-Bogens. In den verschiedenen Veranstaltungen konnten die Erwartungen und Wünsche der Teilnehmenden erfüllt werden und die Fortbildungsoffensive wurde als subjektiv positiv und wirksam bewertet (vgl. STEINWEG, GASTEIGER 2007; STEINWEG, GASTEIGER 2008).

6.2 Fragestellungen und Hypothese

Die Wirksamkeit des kompetenzorientierten Förderansatzes, wie er im Rahmen des Projekts TransKiGs durchgeführt worden ist, wurde durch eine empirische Untersuchung überprüft.

Im Zentrum der Evaluation stand folgende Leitfrage:

• Zeigen sich in der Entwicklung mathematischer Kompetenzen bei Kindern, deren Erzieherinnen/Erzieher in der Lage sind, mathematische Grundfähigkeiten zu beobachten und dokumentieren, Effekte im Vergleich zu einer Kontrollgruppe?

Die in der Fragestellung verwendete Passage ‚die in der Lage sind‘ beinhaltet zwei Grundvoraussetzungen, die oben bereits erläutert wurden: Mathematische Grundfähigkeiten können zum einen nur beobachtet werden, wenn Gelegenheiten zum mathematischen Lernen vorhanden sind, und zum anderen, wenn die Erziehenden wichtige Phasen der mathematischen Entwicklung kennen und die mathematische Bedeutsamkeit von Alltagssituationen und von Reaktionen der Kinder erfassen. Hinter der Leitfrage verbergen sich die beiden Grundgedanken der in Kapitel 5 beschriebenen kompetenzorientierten Förderung. Es wird vermutet, dass die Erziehenden durch das Schaffen vielfältiger mathematischer Lerngelegenheiten im Alltag der Kindertagesstätten die mathematische Entwicklung der Kinder voranbringen und dass Beobachtungen der mathematischen Kompetenzentwicklung der einzelnen Kinder dazu beitragen, diese individuell in ihrer Leistungsentwicklung zu unterstützen.

Die Hypothese zur Leitfrage lautet daher:

Kinder, deren Erzieherinnen und Erzieher auf Grundlage verschiedener Fortbildungsmodule (über frühes mathematisches Lernen im Alltag der Kindertagesstätte und Beobachtung und Dokumentation mathematischer Kompetenzen) angehalten sind, eine Lerndokumentation zu führen, weisen einen größeren Lernzuwachs bezüglich der mathematischen Leistungen auf als Kinder einer Kontrollgruppe ohne gezielte Intervention.

Die vorsichtige Formulierung der Hypothese ist der Tatsache geschuldet, dass aufgrud der geschilderten Rahmenbedingungen (vgl. 6.1.1) hier bewusst keine Aussagen zu den konkreten Aktivitäten der Erziehenden getroffen werden. Die kompetenzorientierte Förderung wurde lediglich durch die Fortbildungsoffensive und die Einführung der ‚Lerndokumentation' initiiert. Die Art und Weise der Umsetzung im Detail wurde aus den genannten Gründen nicht überprüft.

Die zentrale Fragestellung wird durch folgende Fragen ergänzt:

• Zeigt sich die Wirksamkeit des kompetenzorientierten Förderansatzes in allen Inhaltsbereichen der mathematischen Bildung gleichermaßen?

Bei der Testkonstruktion wurde deshalb darauf geachtet, Aufgabenstellungen zu Zahlen, zum Rechnen, zur Geometrie und zu Größen und Messen einfließen zu lassen (vgl. 6.3.3).

Gerade im Hinblick auf die Diskussion um ‚Risikokinder' und den Versuch der Prävention von Rechenschwächen (vgl. Kapitel 3) stellen sich außerdem die Fragen:

• Inwieweit profitieren schwache Kinder von diesem kompetenzorientierten Förderansatz?

• Können extreme Leistungsdefizite in den Bereichen, denen Prädiktorfunktion für Rechenschwäche zugewiesen wird, durch diesen kompetenzorientierten Förderansatz ausgeglichen werden?

Die Fragestellungen erfordern unterschiedliches methodisches Vorgehen. Die Fragestellungen nach der Leistungsentwicklung erfordern ein hypothesenprüfendes Verfahren (vgl. BORTZ, DÖRING 2002, S. 27ff.), wohingegen die Fragen nach der Entwicklung leistungsschwacher Kinder in erster Linie qualitativ mit Hilfe von Einzelfallstudien untersucht werden sollen (LAMNEK 2005, S. 307ff.).

6.3 Evaluationsdesign

Die empirische Untersuchung dient dem Zweck, die unter 6.1 geschilderten Maßnahmen zu bewerten, und ist insofern dem Bereich der Evaluationsforschung zuzuordnen (vgl. BORTZ, DÖRING 2002, S. 102). Es handelt sich dabei insbesondere um eine formative Evaluation, da die Intervention aufgrund von Zwischenergebnissen modifiziert beziehungsweise verbessert werden konnte (vgl. BORTZ, DÖRING 2002, S. 113): Die Konzeption der Fortbildungsmodule 1 bis 3 der Fortbildungsoffensive erfolgte auf der Basis der Vortestergebnisse und einer freiwilligen schriftlichen Befragung zur Ermittlung des Fortbildungsbedarfs. Das Modul 4 wurde unter Berücksichtigung der Ergebnisse einer Akzeptanzbefragung (ein Jahr nach Bereitstellung der ‚Lerndokumentation') geplant und durchgeführt (s. 6.1.3).

Um bewerten zu können, ob die durchgeführten Maßnahmen die gewünschten Effekte erzielen, muss nachgewiesen werden, dass diese Effekte ohne Durchführung der Maßnahmen ausbleiben. Die Untersuchungsergebnisse in der Gruppe, mit der im Sinne des kompetenzorientierten Förderansatzes gearbeitet wurde (Treatmentgruppe), müssen demzufolge mit Hilfe einer Kontrollgruppe kontrolliert werden. Dies erfolgt aufgrund eines Zweigruppen-Pretest-Posttest-Planes (vgl. BORTZ, DÖRING 2002, S. 559). Zwei Gruppen – eine Treatment- und eine Kontrollgruppe – werden mit einem einheitlichen Testinstrument vorgetestet (Pretest). Im Anschluss erfolgt die Durchführung der Maßnahme: der Einsatz der ‚Lerndokumentation‘ und die begleitenden Fortbildungsveranstaltungen für die Erzieherinnen und Erzieher von Kindern der Treatmentgruppe. Die Auswirkungen dieser Maßnahme auf die Leistung der Kinder werden durch einen abschließenden einheitlichen Test (Posttest) in beiden Gruppen überprüft. Details zur Stichprobenauswahl der Kontroll- und Treatmentgruppe folgen in Kapitel 6.3.2.

Nachdem der Einsatz und die kontinuierliche Verwendung des für die Erziehenden neuen Instruments ‚Lerndokumentation‘ auf eine längerfristige Wirksamkeit in Bezug auf die Wahrnehmung mathematischer Kompetenzen abzielt, erschien die Erweiterung der Längsschnittuntersuchung um einen weiteren Messzeitpunkt sinnvoll (vgl. BORTZ, DÖRING 2002, S. 549; 557). Der Pretest (1. Messzeitpunkt) erhebt die Ausgangsbedingungen in der Treatment- und Kontrollgruppe. Die durch die durchgeführten Maßnahmen bedingten Veränderungen werden durch Vergleiche der Testergebnisse zu einem zweiten Messzeitpunkt nach einem Jahr und zum dritten Messzeitpunkt nach zwei Jahren (Posttest) ermittelt.

Dies erfolgt statistisch durch eine zweifaktorielle Varianzanalyse mit Messwiederholung (BORTZ, DÖRING 2002, S. 615f.; RASCH, FRIESE, u.a. 2006b, S. 122). Damit kann überprüft werden, ob sich die Veränderung der mathematischen Kompetenzen der Kinder (Faktor 1) über die drei Messzeitpunkte in der Treatmentgruppe von der in der Kontrollgruppe (Faktor 2) unterscheidet (Interaktionseffekt).

6.3.1 Ablauftabelle

Bevor die Vorgehensweise und die Messinstrumente im Einzelnen erläutert werden, soll ein Überblick über den zeitlichen Ablauf der längsschnittlichen Untersuchung gegeben werden. Die Tabelle in Abb. 6.1 zeigt die zeitliche Verschränkung der Messzeitpunkte mit den Interventionsmaßnahmen.

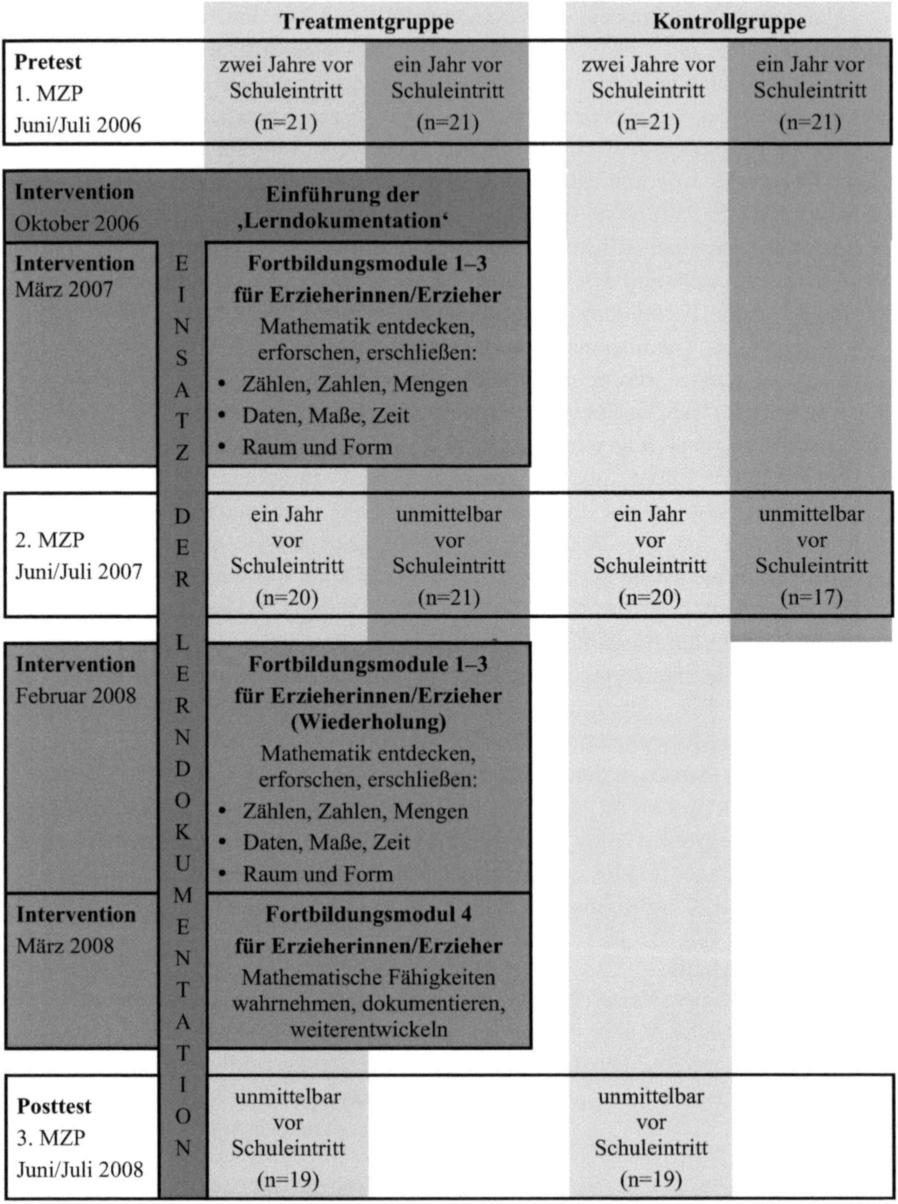

	Treatmentgruppe		Kontrollgruppe	
Pretest 1. MZP Juni/Juli 2006	zwei Jahre vor Schuleintritt (n=21)	ein Jahr vor Schuleintritt (n=21)	zwei Jahre vor Schuleintritt (n=21)	ein Jahr vor Schuleintritt (n=21)
Intervention Oktober 2006	**Einführung der** **,Lerndokumentation'**			
Intervention März 2007	**Fortbildungsmodule 1–3** **für Erzieherinnen/Erzieher** Mathematik entdecken, erforschen, erschließen: • Zählen, Zahlen, Mengen • Daten, Maße, Zeit • Raum und Form			
2. MZP Juni/Juli 2007	ein Jahr vor Schuleintritt (n=20)	unmittelbar vor Schuleintritt (n=21)	ein Jahr vor Schuleintritt (n=20)	unmittelbar vor Schuleintritt (n=17)
Intervention Februar 2008	**Fortbildungsmodule 1–3** **für Erzieherinnen/Erzieher** **(Wiederholung)** Mathematik entdecken, erforschen, erschließen: • Zählen, Zahlen, Mengen • Daten, Maße, Zeit • Raum und Form			
Intervention März 2008	**Fortbildungsmodul 4** **für Erzieherinnen/Erzieher** Mathematische Fähigkeiten wahrnehmen, dokumentieren, weiterentwickeln			
Posttest 3. MZP Juni/Juli 2008	unmittelbar vor Schuleintritt (n=19)		unmittelbar vor Schuleintritt (n=19)	

(Vertikal verlaufende Beschriftung zwischen den Spalten: EINSATZ DER LERNDOKUMENTATION)

(MZP = Messzeitpunkt)

Abb. 6.1: Übersicht über den zeitlichen Ablauf der Untersuchung

6.3.2 Stichprobenauswahl

Treatmentgruppe

Die Zielgruppe für die Intervention ergab sich durch die Einbindung der Interventionsmaßnahmen in die konkrete Arbeit im Rahmen des Projekts TransKiGs (s. 6.1.1): Das Instrument ‚Lerndokumentation' wurde den fünf Projektkindertagesstätten zur Verfügung gestellt. Die Erzieherinnen und Erzieher wurden aufgefordert, dieses in ihrer Arbeit zu verwenden.

Eine im Mai 2006 durchgeführte Datenerhebung in den fünf Einrichtungen ergab folgende Zusammensetzung der Zielpopulation für die Intervention (MH = Migrationshintergrund):

Zielpopulation (Stand Mai 2006)							
283							
geplante Einschulung 2007				geplante Einschulung 2008			
158				125			
Jungen		Mädchen		Jungen		Mädchen	
89		69		66		59	
ohne MH	mit MH	ohne MH	mit MH	ohne MH	mit MH	ohne MH	mit MH
63	26	51	18	44	22	46	13

Tabelle 6.1: Zusammensetzung der Zielpopulation

Eine Vollerhebung kam für die Evaluation aus den im Folgenden geschilderten Gründen nicht in Frage. Die Kinder waren zum Zeitpunkt des Pretests zwischen 3 und 5 Jahre alt und konnten auch bei der Durchführung des Posttests noch nicht alle lesen und schreiben. Deshalb erfolgte die Leistungserhebung durch ein etwa halbstündiges mündliches Interview (Näheres s. 6.3.3), das aus Gründen der Durchführungsobjektivität (s. BORTZ, DÖRING 2002, S. 194) und auch aufgrund der Rahmenbedingungen (s. 6.1.1) von einer Person durchgeführt wurde. Dies erforderte die Ziehung einer Evaluationsstichprobe. Nach BORTZ, DÖRING (2002) kann ein mittlerer Effekt mit Hilfe einer zweifaktoriellen Varianzanalyse mit drei Messwiederholungen bereits bei Stichproben ab 17 Teilnehmern auf einem Signifikanzniveau von 0,05 abgesichert werden (vgl. BORTZ, DÖRING 2002, S. 617). Da man bei einer Längsschnittuntersuchung immer mit dem Verlust einiger Versuchspersonen rechnen muss, wurde der Umfang der Stichprobe jedoch noch erhöht (s. Tabelle 6.2). Aufgrund der Tatsache, dass die Maßnahme bei den Erziehenden ansetzt, die Wirksamkeit aber bei den Kindern überprüft wird, hätte ein mittlerer Effekt bereits deutliche Aussagekraft. Ein großer Effekt kann vermutlich aus oben genanntem Grund nicht erwartet werden: Der Weg von der Intervention bei den Erziehenden zur mathematischen Kompetenzentwicklung beim Kind ist relativ weit.

Um die Zusammensetzung der Zielpopulation möglichst genau abzubilden und Treatment- und Kontrollgruppe weitgehend parallelisieren zu können, wurde die Stichprobe proportional geschichtet nach Alter, Geschlecht und Migrationshintergrund. Die aus verschiedenen Untersuchungen bekannten Auswirkungen von Migrationshintergrund (vgl. auch Kapitel 1.7) und Einflüsse des Geschlechts auf Mathematikleistungen (z.B. BOS, LANKES, u.a. 2003; WINKELMANN, VAN DEN HEUVEL-PANHUIZEN 2009; HEINZE, HERWARTZ-EMDEN, REISS 2007; HERWARTZ-EMDEN, BRAUN u.a. 2008) bestimmten die Auswahl der Schichtmerkmale. Die gesamte Stichprobengröße entspricht 15% der Zielpopulation.

Evaluationsstichprobe – Treatmentgruppe (Stand Mai 2006)							
42							
geplante Einschulung 2007				geplante Einschulung 2008			
24				18			
Jungen		Mädchen		Jungen		Mädchen	
13		11		9		9	
ohne MH	mit MH	ohne MH	mit MH	ohne MH	mit MH	ohne MH	mit MH
9	4	8	3	6	3	7	2

Tabelle 6.2: Zusammensetzung der Evaluationsstichprobe (Treatmentgruppe)

Das Schulgesetz für das Land Berlin schreibt vor, dass zu Beginn eines Schuljahres diejenigen Kinder schulpflichtig sind, die im selben Kalenderjahr das sechste Lebensjahr vollendet haben (vgl. SENATSVERWALTUNG FÜR BILDUNG, WISSENSCHAFT UND FORSCHUNG 2004). Insofern handelte es sich bei den Kindern mit geplanter Einschulung 2007 um im Kalenderjahr 2001 geborene Kinder, die Kinder mit geplanter Einschulung 2008 waren im Jahr 2002 geboren.

Die Merkmale Geschlecht und Migrationshintergrund wurden für die Schichtung der Stichprobe gemäß der Zielpopulation verwendet, weshalb z.B. der Anteil an Kindern mit Migrationshintergrund deutlich geringer ist, als der der Kinder ohne Migrationshintergrund. Die Auswertung der Daten erfolgt in erster Linie getrennt nach Alter bzw. Einschulungszeitpunkt der Kinder, da die Dauer der Intervention davon abhängig ist (s. Kapitel 7.3). Eine quantitative Auswertung der Daten nach weiteren Schichtmerkmalen bietet sich aufgrund der Anzahlen nicht an. Bei der

qualitativen Betrachtung einzelner Kinder ist es jedoch sinnvoll, auf die Schichtmerkmale zurückzugreifen (s. Kapitel 7.4).

Kontrollgruppe
Die Kontrollgruppe wurde aus organisatorischen Gründen nicht in Berlin, sondern
in einer Großen Kreisstadt in Bayern gezogen. Es handelte sich um einen Stadtteil,
der nach Ausländeranteil und einigen Sozialdaten den Stadtteilen der Projektkindertagesstätten ähnlich war (s. Tabelle 6.3). Die Prozentanteile wurden durch Zusammenfassen der jeweiligen Zahlen in den Stadtteilen Berlins ermittelt, in denen
Kinder der Treatmentgruppe die Kindertagesstätten besuchten (Quellen: Amt für
Statistik Berlin-Brandenburg, telefonische Auskünfte der Stadtverwaltung/des
Landratsamtes).

Die Kontrollgruppe wurde nach Geburtsjahrgang, Migrationshintergrund und
Geschlecht zur Treatmentgruppe parallelisiert und setzte sich deshalb zum ersten
Messzeitpunkt 2006 genauso zusammen wie die Treatmentgruppe (s. Tabelle 6.2).

	Prozentanteil Ausländer	relativer Anteil der Be-darfsgemeinschaften mit Grundsicherung für Ar-beitssuchende (SGB II)
Stadtteile Treatment-gruppe	10,3%	20,8%
Stadtteil Kontrollgruppe	18,5%	19,5%

Tabelle 6.3: Stadtteilvergleich

Veränderung der Stichprobe im Lauf der Untersuchung
Im Verlauf der Untersuchung veränderte sich die Stichprobe aufgrund von Umzug
und von Zurückstellungen bzw. vorzeitigen Einschulungen. Zudem wurden zum
dritten Messzeitpunkt nur noch die Kinder untersucht, die bis dato noch nicht eingeschult waren. Es ergab sich das in Tabelle 6.4 dargestellte Bild
(TG=Treatmentgruppe, KG=Kontrollgruppe). Aufgrund der hier dargestellten Veränderungen weichen die in der Ablauftabelle (Abb. 6.1) angegebenen Zahlen zu
den Stichprobengrößen der verschiedenen Gruppierungen von der ursprünglich ge-
planten Gruppenzuordnung der Evaluationsstichprobe (vgl. Tabelle 6.2) ab: Wie in
Tabelle 6.4 ersichtlich, wurden einige Kinder zurückgestellt oder vorzeitig eingeschult, was sich jedoch erst zum 2. bzw. 3. Messzeitpunkt herausstellte. In der
Treatmentgruppe wurden 4 der 24 in 2001 geborenen Kinder zurückgestellt, aber
ein 2002 geborenes Kind vorzeitig eingeschult. Damit stand für 21 und nicht wie
geplant für 24 Kinder im Jahr 2007 die Einschulung an (vgl. erste Zeile in Abb.
6.1). In der Kontrollgruppe wurden 3 Kinder, die 2001 geboren waren, nicht im
Jahr 2007 eingeschult, wodurch sich die Zahl der Kinder, die 2007 eingeschult

wurden (ohne Berücksichtigung der Umzüge), ebenfalls auf 21 reduzierte. Die für den ersten Messzeitpunkt angegebene Stichprobengröße von jeweils n=21 für die Gruppe der Kinder mit einem bzw. zwei Jahren bis zum Schuleintritt in Treatment- und Kontrollgruppe (Abb. 6.1) ergab sich also rückwirkend, nachdem die endgültigen Einschulungsentscheidungen bekannt waren.

Geburts-jahr	Geschlecht	Migrations-hintergrund	1. MZP		2. MZP		3. MZP	
			TG	KG	TG	KG	TG	KG
2001	Jungen		9	9	9	8^3	3^1	1^4
		X	4	4	4	3^3	-	1^1
	Mädchen		8	8	8	6^3	1^1	-
		X	3	3	3	3	-	1^4
2002	Jungen		6	6	6	5^3	5^3	5
		X	3	3	2*	3	3	2^3
	Mädchen		7	7	7	7	6^2	7
		X	2	2	2	2	1^3	2
			42	42	41	37	19	19

Veränderung der Anzahl aufgrund:
[1] Zurückstellung
[2] vorzeitiger Einschulung
[3] Umzug
[4] andere Einschulungsbedingungen in Bayern
 (Schuljahr 07/08: Vollendung des sechsten Lebensjahres zum 30. September)
* Ein 2002 geborener Junge war zum zweiten Messzeitpunkt über einen längeren Zeitraum aus persönlichen Gründen nicht in der Kindertagesstätte anwesend.

Tabelle 6.4: Veränderung der Evaluationsstichprobe im Untersuchungsverlauf

Aussagekraft der Stichprobe
Wie bei Evaluationen meist der Fall (vgl. BORTZ, DÖRING 2002, S. 117), können die gezogenen Stichproben die Anforderungen einer uneingeschränkten Vergleichbarkeit von Kontrollgruppe und Treatmentgruppe nicht komplett erfüllen. Bereits die Zielpopulation ist keine zufällig zusammengestellte Gruppe, sondern es handelt sich um Kinder aus fünf Projekt-Kindertagesstätten. Die Kindertagesstätten zeichnen sich allein durch die Bereitschaft zur Projektteilnahme aus. Insofern kann man, z.B. was die Person der Erzieherin bzw. des Erziehers anbelangt, nicht von einer Zufallsauswahl sprechen. Die Erfahrung, Einstellung und das Engagement der Erziehenden ist eine Variable, die nicht kontrolliert werden konnte, die aber trotzdem einen Einfluss auf die Leistungsentwicklung vermuten lässt. Auch kann aufgrund der Größe der Stichprobe nicht davon ausgegangen werden, dass alle durch die In-

dividualität der Versuchspersonen vorhandenen Störvariablen ausgeglichen werden können. Die Interpretation der Ergebnisse muss dementsprechend vorsichtig erfolgen.

Mit der Parallelisierung der Stichproben, dem Untersuchungsdesign mit drei Messzeitpunkten (inklusive Vor- und Nachtest), einem reliablen Messinstrument (vgl. 6.3.3) und dem statistischen Verfahren der Varianzanalyse wurden jedoch Empfehlungen für quasiexperimentelle Untersuchungen berücksichtigt, die eine bestmögliche interne Validität sichern (vgl. BORTZ, DÖRING 2002, S. 551ff.).

6.3.3 Messinstrumente

Um die Entwicklung von Treatment- und Kontrollgruppe vergleichen zu können, wurden zu drei Messzeitpunkten mit den Kindern Einzelinterviews zur Erhebung mathematischer Kompetenzen durchgeführt. Dazu wurde ein material- und paperpencil-gestützter Test entwickelt. Begleitend zur Einführung der ,Lerndokumentation' und zu den Fortbildungsmaßnahmen erfolgte eine Akzeptanzbefragung der am Projekt beteiligten Erzieherinnen, Erzieher und Lehrkräfte, die für die Steuerung der Intervention hilfreich war und für die Interpretation der Testergebnisse wichtige Informationen gibt. Die verwendeten Messinstrumente werden im Folgenden vorgestellt.

Testinstrument zur Erhebung mathematischer Kompetenzen

Auf der Basis einer Zusammenschau bereits vorliegender Untersuchungen im vorschulischen Bereich (s. GASTEIGER 2007) und unter Berücksichtigung der in Kapitel 1 beschriebenen Erkenntnisse zur Entwicklung mathematischer Kompetenzen im vorschulischen Bereich wurden 31 Testaufgaben zu den Bereichen Zahlen und Rechnen (19 Items), Größen und Maße (5 Items) sowie Raum und Form (7 Items) entwickelt. So entstanden vor allem in Hinblick auf die erste ergänzende Forschungsfrage (Zeigt sich die Wirksamkeit des kompetenzorientierten Förderansatzes in allen Inhaltsbereichen der mathematischen Bildung gleichermaßen?) innerhalb der Gesamtskala mit 31 Items drei Subskalen. Da die Kinder zumindest zum ersten Testzeitpunkt in der Regel weder lesen noch schreiben konnten, wurden die Aufgaben in Einzelinterviews mündlich gestellt und für die Auswertung auf Video aufgezeichnet. Sie wurden zu einem reinen mündlichen Interviewteil zusammengefasst, der durch Zählmaterialien sowie Ziffern- und Mengenkärtchen gestützt wurde und einem Paper-pencil-Teil, in dem die Kinder mündlich gestellte Fragen zu Bildvorlagen – teilweise durch Einkreisen, Ausmalen oder Zeichnen – bearbeiteten. Die genauen Fragestellungen befinden sich im Anhang (Testinstrument zur Erhebung mathematischer Kompetenzen, S. 270).

Testskalen

Aufgaben zu Zahlen und Rechnen:
Das Stadium des Erwerbs der Zahlwortreihe (vgl. 1.4.2) wurde mit Aufgaben zum Vorwärtszählen, Weiterzählen und Rückwärtszählen ermittelt. Zum resultativen Zählen (vgl. 1.4.3) gab es eine Aufgabenstellung, bei der 21 unstrukturiert gelegte Steine gezählt werden und eine Aufgabe, bei der 3 bzw. 8 Kreise ausgemalt werden sollten. Die Ziffernkenntnis wurde ebenfalls abgefragt. Ergänzend zur Kenntnis der Ziffern von 0 bis 9 und der Zifferndarstellung der Zahl 10 sollten die Ziffern auch der Reihe nach gelegt werden. Mit Hilfe von Mengenbildern wurde die Fähigkeit zur strukturierten Mengenerfassung erhoben. Die Kinder sollten strukturierte und unstrukturierte Mengenbilder gleicher Anzahl zusammenlegen und erläutern, bei welchen Mengenbildern sie besser zählen konnten, und dies gegebenenfalls auch begründen. Eine Aufgabenstellung zur Invarianz (vgl. 1.3) forderte die Kinder auf, eine vorgegebene Menge zu zählen und anschließend mehrmals verschieden anzuordnen. Daraufhin sollten sie jedes Mal die Frage beantworten, wie viele Elemente es sind. Es konnte beobachtet werden, ob die Kinder nach jedem Legen erneut zählten oder die Anzahl, ohne zu zählen, nannten. Diese Aufgabenstellung wurde wegen der bekannten Kritik an der Invarianzaufgabe von PIAGET gewählt (vgl. 1.3). Nicht der Versuchsleiter, sondern die Kinder selbst sollten die Veränderung der Anordnung vornehmen. Der Vergleich von Mengen unterschiedlicher Anzahl (vgl. 1.2.1) erfolgte mit Verwendung von Relationsbegriffen. Die Kinder konnten selbst entscheiden, ob sie dazu zählen oder nicht. Zur Addition und Subtraktion erhielten die Kinder Aufgabenstellungen, bei denen sie das Ergebnis durch Zählen vorgegebener Gegenstände ermitteln konnten, und Aufgabenstellungen, die keine zählbaren Elemente präsentierten. Dabei wurden Kombinations-, Austausch- und Vergleichsaufgaben eingesetzt (vgl. 1.5).

Aufgaben zu Größen und Maßen:
Zum Größenvergleich wurde das Verständnis des Relationsbegriffs ‚am längsten' sowie die Fähigkeit, einen Stift in eine vorgegebene Ordnung einzufügen (Seriation), überprüft. Größenvorstellung bzw. Grundvorstellungen zum Messen und die Berücksichtigung von zwei Dimensionen fragte eine Aufgabe ab, bei der überlegt werden musste, wie viele Murmeln in eine Streichholzschachtel passen. Eine weitere Aufgabenstellung zu diesem Bereich ermittelte die Kenntnis verschiedener Münzen (vgl. 1.6.1).

Aufgaben zu Raum und Form:
Aus dem geometrischen Bereich befanden sich Aufgaben zur räumlichen Vorstellung, zur Formenkenntnis und zur Symmetrie im Test (vgl. 1.6.2) sowie eine Aufgabenstellung zur Fortsetzung eines vorgegebenen Musters. Im Detail wurde überprüft, inwieweit Begriffe der räumlichen Lage verfügbar sind. Außerdem gab es

eine Aufgabenstellung zur Raumvorstellung, bei der die Kinder die Würfelanzahl eines abgebildeten Bauwerks ermitteln sollten. Die Kinder wurden aufgefordert, ein Viereck zu zeichnen und aus verschiedenen abgebildeten Dreiecken gleiche Formen, auch in unterschiedlichen Lagen, herauszusuchen (Wahrnehmungskonstanz). Die Aufgabe zur Symmetrie erforderte, die fehlende symmetrische Hälfte eines Schmetterlings aus einer Auswahl zu identifizieren.

Testauswertung und Gütekriterien

Die Aufgaben wurden mit Hilfe der Videoaufnahmen zunächst nach qualitativen Kategorien und im Anschluss zur weiteren statistischen Verarbeitung dichotom (Bewertung der Antworten mit 0 oder 1) ausgewertet. Das Codierungsschema befindet sich im Anhang (S. 276). Bei der Testerstellung, Durchführung und Auswertung wurde auf die Hauptgütekriterien Objektivität, Validität und Reliabilität geachtet (vgl. BÜHNER 2006, S.33 ff.; BORTZ, DÖRING 2002, S. 193ff.).

Die Objektivität wurde gewährleistet, indem die Interviews von einer Person und nach einem genauen Interviewleitfaden durchgeführt wurden und die Auswertung des mündlichen Interviews bzw. des Paper-pencil-Tests jeweils von einer Person nach genauen Auswertungsvorschriften erfolgte.

Da der Test theoriegeleitet erstellt wurde und dabei eine umfangreiche Sichtung normierter Testitems sowie Aufgabenstellungen aus qualitativen Untersuchungen zur Entwicklung mathematischer Kompetenzen vorgenommen wurde, kann davon ausgegangen werden, dass Inhaltsvalidität aufgrund fachlicher Überlegungen (vgl. BÜHNER 2006, S. 36; MESSICK 1995, S. 745) gegeben ist. Bei der Testerstellung wurde darauf geachtet, die Grundgesamtheit der Items, die zur Erhebung mathematischer Kompetenzen im vorschulischen Bereich in Frage kommen, zu repräsentieren (vgl. BORTZ, DÖRING 2002, S. 199).

Die Reliabilitätsprüfung geschah über den Nachweis der internen Konsistenz sowohl für den Gesamttest als auch für die drei Testskalen. Bei der Prüfung der Skala Raum und Form zeigte sich, dass das Item zum Raumlagebegriff ‚rechts‘ (vgl. Anhang: Paper-pencil-Test, S. 272, Aufgabe 13) mit den anderen Items zur Skala Raum und Form vor allem zum letzten Messzeitpunkt nicht bzw. nur schwach korreliert, das heißt eine niedrige Trennschärfe aufweist. Bei diesem Item besteht, wie bei der Überprüfung der Begriffe rechts und links kaum zu vermeiden, eine Ratewahrscheinlichkeit von 50% (vgl. auch 1.6.2). Eine genauere Analyse der Daten unter diesem Gesichtspunkt zeigt, dass die Mittelwerte des Items über die drei Messzeitpunkte eine Besonderheit aufweisen, wie man an den Erfolgsquoten mit 42%, 73% und 66% sehen kann (Treatmentgruppe: 42%, 72%, 79% Kontrollgruppe: 42%, 74%, 53%). Während alle anderen Items der Skala durch ansteigende Mittelwerte einen Leistungsfortschritt vermuten lassen (die detaillierte Darstellung und inhaltliche Interpretation der Ergebnisse folgt in 7.3.), fällt die Lösungsrate dieses Items zum dritten Messzeitpunkt durch die Ergebnisse der Kinder in der Kontrollgruppe deutlich ab. Ein Grund dafür könnte sein, dass die Aufgabe von vielen Kindern durch Raten gelöst wurde und dadurch zufällig richtig oder auch zufällig falsch beantwortet wurde. Aufgrund der Stichprobengröße von je 19 Kindern zum dritten Messzeitpunkt können sich statistische Schwankungen bemerkbar machen, was die teilweise doch deutliche Abweichung von 50% erklären kann. Das Item wurde aus diesen Gründen herausgenommen. Somit befanden sich für die Datenauswertung nur noch 30 Items in der Gesamtskala und 6 Items in der Subskala Raum und Form.

	Gesamtskala	Subskalen		
	(30 Items)	Zahlen, Rechnen (19 Items)	Größen, Maße (5 Items)	Raum, Form (6 Items)
1. MZP (n=84)	α=0,914	α=0,894	α=0,545	α=0,619
2. MZP (n=78)	α=0,892	α=0,864	α=0,404	α=0,550
3. MZP (n=38)	α=0,782	α=0,764	α=0,351	α=0,443

Tabelle 6.5: Reliabilitäten des Testinstruments zur Erhebung mathematischer Kompetenzen

Die Reliabilitäten der Gesamtskala und der Subskala Zahlen und Rechnen genügen mit 0,8 bis 0,9 nach BORTZ/DÖRING den Anforderungen an einen guten Test (2002, S. 198f.). Die Reliabilitäten der beiden anderen Subskalen sind vor allem beim letzten Messzeitpunkt sehr niedrig, wobei die geringe Itemzahl eine Rolle spielen kann. Ein weiterer Grund für die niedrige Reliabilität der Subskala Raum und Form zum dritten Messzeitpunkt könnte sein, dass drei Items sehr hohe Lösungsquoten (87–97%) haben. Die genauere Analyse zeigt in der Kontrollgruppe bei diesen drei Items 100% Lösungsquote. Diese Items trennen also zum dritten Messzeitpunkt nicht mehr zwischen den verschiedenen Personen, wodurch die Skala an Messgenauigkeit verliert. Dies muss bei der weiteren Auswertung der Daten berücksichtigt werden. Die fünf Items der Subskala Größen und Maße sind inhaltlich heterogen: Es wurde Münzkenntnis gefragt, aber auch das Abschätzen von Größen oder Seriation. Die Items zur Münzkenntnis weisen zum dritten Messzeitpunkt keine hohe Trennschärfe mehr auf. Offensichtlich gibt es Kinder, die unmittelbar vor Schuleintritt zwar die Münzen kennen, aber mit vielen anderen Aufgaben Schwierigkeiten haben, und Kinder, die einen Großteil der Aufgaben lösen können, die Münzen jedoch nicht kennen. Zu den ersten beiden Messzeitpunkten ist die Trennschärfe dieser beiden Items jedoch im Rahmen. Es ist davon auszugehen, dass mathematische

Teilkompetenzen im Bereich Größen und Maße und auch im Bereich Raum und Form generell eine gewisse Heterogenität aufweisen: Ein Kind, das ein Viereck kennt, hat nicht zwangsläufig eine gutes räumliches Vorstellungsvermögen oder ein Kind, das die 1-Euro-Münze kennt, beherrscht nicht automatisch den Längenvergleich. Inhaltlich werden die genannten Teilkompetenzen trotzdem den Bereichen Raum und Form bzw. Größen und Maße zugeordnet, denn bei der Bewertung der Reliabilitäten soll die inhaltliche Beurteilung der Items und der Testskala eine nicht unwesentliche Rolle spielen (vgl. BÜHNER 2006, S. 146). Der unterschiedliche Grad an Homogenität in den Skalen muss bei der Auswertung und Interpretation der Testergebnisse berücksichtigt werden. Gerade in den Bereichen Raum und Form bzw. Größen und Maße scheinen Anforderungen generell wesentlich breiter gestreut zu sein und weniger hierarchisch als beispielsweise im Bereich Zahlen und Rechnen. Die Rolle des Alltagswissens, welches bei jedem Kind unterschiedlich ist, kann ebenfalls ausschlaggebend für die geringe Homogenität in diesen Skalen sein. Ähnliche Probleme zeigen sich auch im Bereich der Kompetenzmessung in der Grundschule (vgl. REISS, HEINZE, PEKRUN 2007, S. 120ff.).

Akzeptanzbefragung

Bei Evaluationen ist es sinnvoll, einen „Manipulation Check" durchzuführen, das heißt, zu überprüfen, ob die zu evaluierende Maßnahme greift bzw. realisiert wird (vgl. BORTZ, DÖRING 2002, S. 119). Nur so kann sichergestellt werden, dass gemessene Veränderungen im Zusammenhang mit der durchgeführten Maßnahme stehen können. Am Lehrstuhl für Didaktik der Mathematik und Informatik der Universität Bamberg wurde dazu ein Akzeptanzfragebogen entwickelt, der für eine Befragung der am Projekt TransKiGs in Berlin beteiligten Einrichtungen (Kindertagesstätten und Schulen) im Herbst 2007 und 2008 verwendet wurde (Überblick über die konkreten Fragestellungen in STEINWEG, GASTEIGER 2007).

Über Auswahlantworten wurden Angaben zur Person (Alter, Geschlecht, Tätigkeit in Schule oder Kindertagestätte, Berufserfahrung) und zur Häufigkeit der Nutzung des Internet-Servers des Projekts TransKiGs erhoben. Fragen zur aufgewendeten wöchentlichen Arbeitszeit für die ‚Lerndokumentation' bzw. für die Arbeit im Bereich Mathematik im Zusammenhang mit dem TransKiGs-Projekt konnten offen beantwortet werden. Die Teilnehmenden wurden zudem gebeten, die Anzahl der Kinder in der Gruppe bzw. Klasse und die Anzahl der Kinder, für die eine ‚Lerndokumentation Mathematik' geführt wird, anzugeben. Gründe für die Auswahl einzelner Kinder zur Beobachtung sollten genannt werden. Die Akzeptanz der ‚Lerndokumentation Mathematik' und der dazu veröffentlichten Anregungsmaterialien sowie allgemeine Wünsche und Einschätzungen im Zusammenhang mit der Mitarbeit am Projekt in Bezug auf Mathematik wurden durch 17 Aussagen erhoben, die über eine vierstufige Likert-Skala (‚trifft zu', ‚trifft eher zu', ‚trifft eher

nicht zu', ,trifft nicht zu') bewertet werden sollten. Zudem gab es noch die Ant-
wortkategorien ,noch nicht damit gearbeitet' bzw. ,keine Meinung dazu'.

Die Akzeptanzbefragung diente in erster Linie der Projektsteuerung bzw. als
ergänzende Information für die Interpretation der Evaluationsergebnisse. Dabei
stand die Bewertung des Instruments ,Lerndokumentation' durch die Lehrkräfte
und Erziehenden im Fokus. Die Auswertung erfolgte deshalb für jede Frage über
Häufigkeiten.

Da die Bedingungen, unter denen die Evaluation durchgeführt wurde, so natürlich wie möglich gehalten werden sollten (vgl. 6.1.1), wurde die Akzeptanzbefragung unter Zusicherung der Anonymität durchgeführt. Es wurde auch darauf verzichtet, zu erheben, ob die Erziehenden Kinder aus der Evaluationsstichprobe
betreuen oder nicht. Dadurch sollte verhindert werden, dass die Akzeptanzbefragung die Interventionsmaßnahme beeinflusst, z.B. dass Erziehende sich aufgrund
der Akzeptanzbefragung verpflichtet fühlen, die ,Lerndokumentation' zu verwenden, und dies nicht etwa aus sachlicher Überzeugung tun. Will man eine zuverlässige Aussage darüber erreichen, ob das Instrument auch flächendeckend sinnvoll
eingesetzt werden kann, sollte die Verwendung des Instruments in der Verantwortung der Erziehenden liegen und nicht – direkt oder indirekt – von außen beeinflusst werden.

Die Durchführung der Akzeptanzbefragung unter diesen Umständen führt dazu,
dass – wie die Auswertung der Angaben über die eigene Person zeigt – die Teilnehmenden an der Befragung von 2007 nicht identisch sind mit den Teilnehmenden
an der Befragung 2008. An den Projekteinrichtungen gab es z.B. einige Wechsel im
Personal. Gerade deshalb ist ein ,Manipulation Check' zu verschiedenen Zeitpunkten sinnvoll, da dadurch überprüft werden kann, ob die zu evaluierende Maßnahme
nur kurz nach der Einführung oder auch über eine längere Zeitdauer hinweg realisiert wird.

7. Ergebnisse

„Wichtig ist, dass alle Kinder in ihrer Entwicklung weiterkommen und nicht (längere Zeit) im Stillstand verharren."
Anna S. Steinweg 2006, S. 1

Bevor die Ergebnisse der Evaluation berichtet werden, folgt eine kurze Übersicht über zentrale Ergebnisse aus der Akzeptanzbefragung. Diese geben Informationen, die für die Interpretation der Ergebnisse aus der Erhebung mathematischer Kompetenzen in Treatment- und Kontrollgruppe von Bedeutung sind.

7.1 Akzeptanzbefragung

An der Akzeptanzbefragung beteiligten sich im Jahr 2007 24 Personen, darunter 5 Erziehende, 13 Lehrkräfte und 6 Personen, die keine Angaben zu ihrem Arbeitsfeld machten. Im Jahr 2008 beteiligten sich 16 Personen, darunter 7 Erziehende, 2 Lehrkräfte und 7 Personen, die diesbezüglich keine Angaben machten. Bei den am Projekt TransKiGs teilnehmenden Personen zeigte sich über die gesamte Laufzeit eine hohe Fluktuation, weshalb sich die Anzahl der Personen, die zum Zeitpunkt der Akzeptanzbefragungen in der Projektarbeit aktiv waren, schwer ermitteln ließ. Nach den vorhandenen Zahlenangaben ergäbe sich für die Akzeptanzbefragung im Jahr 2007 eine Rücklaufquote von 62% und im Jahr 2008 von 41%.

Auffällig war, dass es 2007 bei allen Fragestellungen zur Akzeptanz der ‚Lerndokumentation' und zu den Anregungsmaterialien jeweils eine oder mehrere Personen gab, die keine Angaben machten bzw. ankreuzten, dass sie noch nicht mit der ‚Lerndokumentation' und/oder den Anregungsmaterialien arbeiteten. 2008 war beides sehr selten der Fall.[6] Die wesentlichen Ergebnisse der Akzeptanzbefragung zur Verwendung und Nutzbarkeit der ‚Lerndokumentation' werden anhand exemplarischer Fragestellungen vorgestellt.

7.1.1 Auswahl der Kinder für die ‚Lerndokumentation'

Ein Jahr nach Einführung der ‚Lerndokumentation' gab knapp die Hälfte der Personen, die einen Akzeptanzfragebogen bearbeiteten, an, für wie viele Kinder sie

---

6 Die Ergebnisse der Akzeptanzbefragungen wurden bereits in den Zwischenberichten der wissenschaftlichen Projektbegleitung veröffentlicht (STEINWEG, GASTEIGER 2007, 2008). Im Folgenden weichen die Zahlen der Akzeptanzbefragung 2007 davon ab, da nach der Veröffentlichung des Zwischenberichts 2007 noch einige Fragebögen eingegangen waren, die in die hier dargestellte Auswertung einfließen.

eine ‚Lerndokumentation' führen. Das Spektrum reichte von 2 bis 27 Kinder der
Gruppe bzw. Klasse. Als Gründe für die Auswahl der Kinder wurden in erster Linie
Auffälligkeiten bei der mathematischen Leistung genannt.

Zwei Jahre nach Einführung der ‚Lerndokumentation' wurde die Frage nach der
Anzahl der Kinder, für die eine ‚Lerndokumentation' geführt wurde, von dreiviertel
der Personen beantwortet, die den Fragebogen zurückschickten. Sie gaben an, für
zwei bis 20 Kinder der jeweiligen Gruppe eine ‚Lerndokumentation' zu führen. Die
angegebenen Gründe zeigen ein differenzierteres Bild. Nach wie vor ist ein Aus-
wahlgrund durch auffällige Leistungen in Mathematik (schwach und begabt) gegeben. Eine Person gab an, aus persönlichem Interesse die mathematische Entwicklung aller Kinder in der Gruppe zu dokumentieren, um die Fortschritte erfassen zu
können. Ein weiterer Grund war der Wunsch, einen besseren Blick für mathematische Grunderfahrungen zu bekommen.

7.1.2 Akzeptanz und Wirkung der ‚Lerndokumentation'
Die Hauptfunktion der ‚Lerndokumentation', den Erziehenden und Lehrkräften die
Beobachtung zu erleichtern (vgl. 3.4.3, 6.1.2), zeigt sich nach dem Urteil derer, die
sich damit auseinandergesetzt haben, weitgehend erfüllt. Zwei Jahre nach der Einführung der ‚Lerndokumentation' konnten 88% der Personen, die einen Akzeptanzfragebogen beantworteten, folgender Aussage voll oder mit leichten Einschränkun-
gen zustimmen:

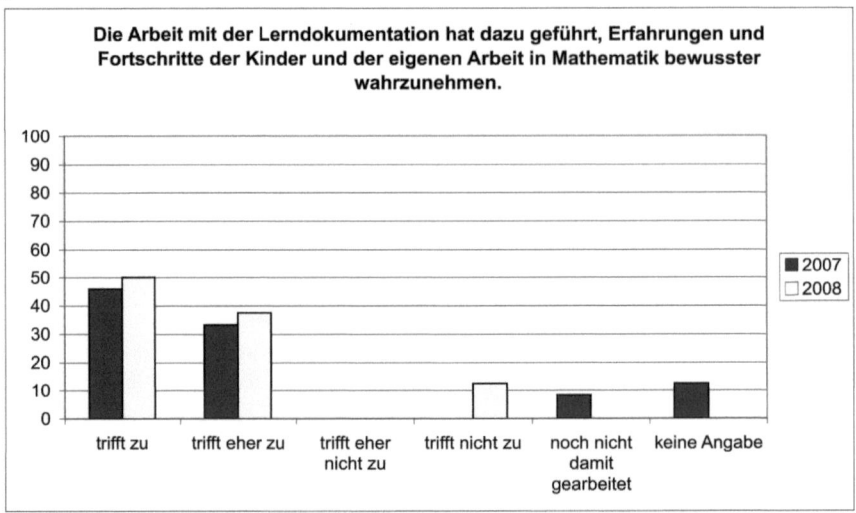

Abb. 7.1: Akzeptanzbefragung: Frage zur Funktion der ‚Lerndokumentation'

Immerhin 12,5% der Befragten[7] gaben zu diesem Zeitpunkt allerdings auch an, das Instrument ‚Lerndokumentation' nicht gewinnbringend für die bewusstere Wahrnehmung der Lernentwicklung der Kinder verwenden zu können.

Der Einsatz der ‚Lerndokumentation' soll allerdings über die konkrete Entwicklungsdokumentation hinaus auch dazu führen, mathematische Lerngelegenheiten im Alltag zu erkennen und das Zusammenspiel verschiedener Kompetenzbereiche in einzelnen Aufgaben- oder Problemstellungen zu sehen (vgl. STEINWEG 2006, S. 8; 3.4.3). Für kompetenzorientierte Förderung ist dies eine wichtige Grundlage. Die Akzeptanzbefragung gibt auch dazu einige Informationen: Mathematische Lernaktivitäten werden von über zwei Drittel der Befragten intensiver geplant (Abb. 7.2) und die Reflexion über Mathematik in alltäglichen Situationen rückt mehr in den Fokus der Arbeit (Abb. 7.3).

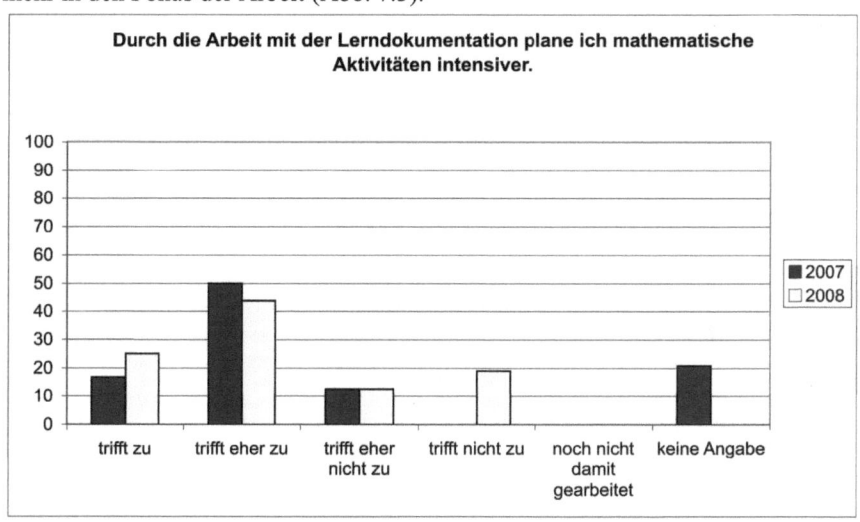

Abb. 7.2: Akzeptanzbefragung: Intensivierung der Planung mathematischer Aktivitäten

Die Auswertung der Akzeptanzbefragung zeigt, dass das Instrument weitgehend akzeptiert und als sinnvoll erlebt wird. Zudem scheint es eine Auswirkung auf die Auseinandersetzung mit Mathematik im Rahmen der eigenen Arbeit zu haben. Ca. zwei Drittel der Befragten bestätigten zu beiden Erhebungszeitpunkten, dass die ‚Lerndokumentation' den Austausch über mathematische Aktivitäten und das Nachdenken über die eigene Arbeit in Mathematik eindeutig bzw. tendenziell an-

---

7 Hierunter werden die Erziehenden und Lehrkräfte gefasst, die an der Akzeptanzbefragung teilgenommen hatten.

regt. Im Jahr 2008 gaben 88% der Befragten an, dass sich ihr mathematisches Handlungsrepertoire erweitert hat.

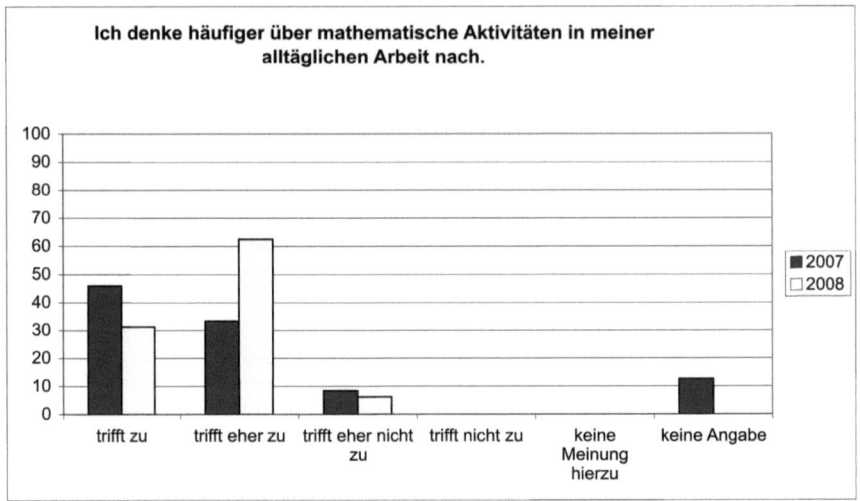

Abb. 7.3: Akzeptanzbefragung: Reflexion mathematischer Aktivitäten im Alltag

7.1.3 Zusammenfassung

Zusammenfassend lässt sich sagen, dass sich Erziehende und Lehrkräfte der Projekteinrichtungen mit dem Instrument ‚Lerndokumentation' auseinandergesetzt haben und es in der Arbeit Verwendung gefunden hat. Auffällig ist das unterschiedliche Antwortverhalten zu den beiden Erhebungszeitpunkten: 2007 wurden, abgesehen von den Angaben zur eigenen Person, bei 21 verschiedenen Fragen von jeweils 13–63% der Befragten keine Antwort gegeben, wohingegen 2008 nur bei fünf Fragen von einem deutlich geringeren Anteil, nämlich 6–25% der Befragten, keine Angabe gemacht wurde. Beispielsweise wurde die Frage nach der Anzahl von Kindern, für die eine ‚Lerndokumentation' geführt wurde, 2007 von 54% der Befragten nicht beantwortet, 2008 von 25%. Daraus ließe sich der vorsichtige Schluss ziehen, dass die ‚Lerndokumentation' ein Jahr nach der Einführung noch nicht bei allen projektbeteiligten Erziehenden und Lehrkräften fester Bestandteil der alltäglichen Arbeit geworden ist, das Instrument aber mit steigender Tendenz akzeptiert wurde.

Deutlich zeigt sich bei verschiedenen Fragestellungen, dass die Auseinandersetzung mit Mathematik als Bestandteil der eigenen Arbeit durch die Beschäftigung mit der ‚Lerndokumentation', durch die Anregungsmaterialien und sonstige Maßnahmen im Rahmen der Projektarbeit (Fortbildungen, Möglichkeiten zum Austausch mit Kolleginnen und Kollegen, ...) nach Selbstauskunft deutlich zugenommen hat. So gaben 2008 100% der Befragten an, das Gefühl zu haben, im Rahmen von TransKiGs etwas für die eigene Tätigkeit im Bereich Mathematik lernen zu können.

Insgesamt weisen die Ergebnisse darauf hin, dass die Intervention nach Einschätzung der Erzieherinnen und Erzieher für Veränderungen sorgt, das heißt, dass für die Treatmentgruppe aufgrund der Interventionsmaßnahme im Vergleich zur Kontrollgruppe besondere Bedingungen gelten. Der 'Manipulation Check' zeigt also, dass die zu evaluierende Maßnahme realisiert wurde und gemessene Veränderungen im Zusammenhang mit der durchgeführten Maßnahme stehen können.

7.2 Pretest-Ergebnisse

Der Vergleich der Ergebnisse des Pretests von Treatment- und Kontrollgruppe weist trotz der Parallelisierung nach den oben beschriebenen Kriterien zu Beginn der Untersuchung bereits auf einen deutlichen Unterschied zwischen beiden Gruppen hin. Aus diesem Grund werden zunächst die Pretest-Ergebnisse ausführlich geschildert, bevor ein Vergleich der Ergebnisse über die drei Messzeitpunkte folgt.

7.2.1 Mittelwertvergleich

Der Mittelwertvergleich der Pretest-Ergebnisse erfolgt mit einem t-Test für unabhängige Stichproben. Die Stichproben der Treatment- und Kontrollgruppe sind gleich groß und mit n=42 ausreichend, um durch einen t-Test zuverlässige Informationen zu erlangen (RASCH, FRIESE, u.a. 2006a, S. 59).

Gesamtskala	Mittelwert		Standardabweichung		t-Wert p
	Treatment-gruppe	Kontroll-gruppe	Treatment-gruppe	Kontroll-gruppe	
30 Items	**0,37**	**0,54**	0,22	0,24	$t(82)=3,27$ $p<0,01$

Tabelle 7.1: Mittelwertvergleich der Gesamtskala des Pretests, n=42/42

Da die einzelnen Items mit 0 und 1 codiert wurden, entspräche ein Mittelwert von 1 der erfolgreichen Bewältigung aller Aufgaben bei allen Testpersonen. Der Vergleich der Mittelwerte zeigt auf den ersten Blick, dass die Kontrollgruppe deutlich höhere Pretest-Ergebnisse erzielte. Die Mittelwerte der beiden Gruppen unterscheiden sich signifikant. Dieser Unterschied ergibt sich nicht nur aufgrund einiger Ausreißerwerte, sondern ist durchaus bedeutsam, wie die Berechnung der Effektgröße zeigt. Mit d=0,71 kann man von einem mittleren bis tendenziell großen Effekt sprechen (vgl. BORTZ, DÖRING 2002, S. 603f.).

Die Betrachtung der Ergebnisse in den drei Subskalen ergibt folgendes Bild:

Subskala	Mittelwert		Standardabweichung		t-Wert p
	Treatment-gruppe	Kontroll-gruppe	Treatment-gruppe	Kontroll-gruppe	
Zahlen, Rechnen (19 Items)	**0,32**	**0,52**	0,22	0,26	t(82)=3,66 p<0,01
Größen, Maße (5 Items)	**0,43**	**0,56**	0,28	0,26	t(82)=2,11 p<0,05
Raum, Form (6 Items)	**0,48**	**0,58**	0,26	0,26	t(82)=1,62 p>0,05

Tabelle 7.2: Mittelwertvergleiche der Subskalen des Pretests, n=42/42

In allen drei Subskalen weist die Kontrollgruppe bessere Ergebnisse auf als die Treatmentgruppe. Der deutlichste Unterschied ergibt sich in der Subskala Zahlen und Rechnen. Er ist auf einem Signifikanzniveau von p=0,01 signifikant, wobei es sich um einen großen Effekt handelt (d=0,80). Ebenfalls signifikant unterscheiden sich die Mittelwerte der Subskala Größen und Maße (p=0,04). Der Effekt dieses Unterschieds ist jedoch mit d=0,46 klein bis mittel. Lediglich die Mittelwerte der Subskala Raum und Form unterscheiden sich nicht signifikant.

Betrachtet man die verkleinerte Stichprobe, die zu allen drei Messzeitpunkten untersucht wurde, ergeben sich einige Veränderungen in den Ergebnissen. Da die Stichprobe mit n=19 deutlich kleiner ist, wurden die Voraussetzungen für die Durchführung des t-Tests analysiert (vgl. BORTZ 2005, S. 141). Diese sind erfüllt, da der Kolmogorov-Smirnow-Anpassungstest eine Normalverteilung ausweist und das Ergebnis des Levene-Tests auf Varianzengleichheit schließen lässt.

Gesamtskala	Mittelwert		Standardabweichung		t-Wert p
	Treatment-gruppe	Kontroll-gruppe	Treatment-gruppe	Kontroll-gruppe	
30 Items	**0,28**	**0,40**	0,17	0,22	t(36)=1,89 p>0,05

Tabelle 7.3: Mittelwertvergleich der Gesamtskala des Pretests (30 Items), n=19/19

Die Mittelwerte dieser Stichprobe sind bei beiden Gruppen deutlich geringer als die in Tabelle 7.1 ausgewiesenen Mittelwerte der Gesamtstichprobe. Da es sich bei den je 19 Kindern in dieser Stichprobe fast ausschließlich um die jüngeren Kinder (Geburtsjahr 2002) handelt und nicht wie oben um eine altersgemischte Zusammensetzung (Geburtsjahr 2001 und 2002; vgl. 6.3.2), erscheint dies verständlich. Die Unterschiede der Mittelwerte zwischen beiden Gruppen sind ebenfalls augenfällig, jedoch nicht auf einem Niveau von p=0,05 signifikant (p=0,067).

Die genauere Betrachtung der Subskalen zeigt, dass die Mittelwertsdifferenz in der Gesamtskala bei der verkleinerten Stichprobe in erster Linie auf große Unterschiede in der Bearbeitung der Subskala Zahlen und Rechnen zurückzuführen ist.

Subskala	Mittelwert		Standardabweichung		t-Wert p
	Treatment-gruppe	Kontroll-gruppe	Treatment-gruppe	Kontroll-gruppe	
Zahlen, Rechnen (19 Items)	**0,21**	**0,39**	0,16	0,23	t(36)=2,68 p<0,05
Größen, Maße (5 Items)	**0,39**	**0,41**	0,27	0,26	t(36)=0,24 p>0,05
Raum, Form (6 Items)	**0,39**	**0,44**	0,24	0,27	t(36)=0,52 p>0,05

Tabelle 7.4: Mittelwertvergleiche der Subskalen des Pretests, n=19/19

Auch bei den Subskalen sind die Ergebnisse der Kontrollgruppe jeweils besser als die der Treatmentgruppe. Signifikante Unterschiede der Mittelwerte gibt es jedoch nur in der Subskala Zahlen und Rechnen. Auch dieser Unterschied weist mit d=0,87 einen großen Effekt auf. Die in dieser Deutlichkeit aufgetretenen Leistungsunterschiede zwischen Treatment- und Kontrollgruppe trotz Parallelisierung der beiden Stichproben waren unerwartet und erfordern eine inhaltliche Analyse der Ergebnisse. Vor allem das schlechte Abschneiden der Treatmentgruppe zu Beginn der Untersuchung ergibt Anlass zur Reflexion.

7.2.2 Einzelergebnisse

Charakteristische Einzelergebnisse des Pretests werden im Folgenden unter dem Fokus des Vergleichs zwischen Treatment- und Kontrollgruppe näher betrachtet. Zunächst werden zentrale Ergebnisse beschrieben, bevor die Ausgangslage der Untersuchung kritisch kommentiert wird und ein Versuch der Einordnung der Ergebnisse folgt.

Diese Ausgangslage muss bei der weiteren Interpretation und Auswertung der Daten berücksichtigt werden (detaillierte Auswertung der Pretest-Ergebnisse: vgl.

GASTEIGER, STEINWEG 2006[8]). Eine Übersichtstabelle der Ergebnisse befindet sich im Anhang (S. 278).

Zahlen und Rechnen

In der Treatmentgruppe können nur ca. 70% der Kinder, die ein Jahr vor der Einschulung stehen, mindestens bis 10 zählen. In der Kontrollgruppe sind dies hingegen 96%. 67% bzw. 33% schaffen es, 3 bzw. 8 Kreise auszumalen (Kontrollgruppe: 92% bzw. 71%). Nur 17% der Kinder bewältigen die Aufgabe, 21 Steine richtig zu zählen oder dabei höchstens einen Stein zu übersehen (Kontrollgruppe: 42%). Bei den Kindern, die noch zwei Jahre bis zur Einschulung haben, können in der Treatmentgruppe 44% bis 10 oder weiter zählen (Kontrollgruppe: 61%). Die Aufgabe, 21 Steine zu zählen, gelingt weder den Kindern in der Treatment- noch in der Kontrollgruppe. Ein Drittel der Kinder schafft es, drei Kreise auszumalen (Kontrollgruppe: 61%). In der Treatmentgruppe ordnen 21% der Kinder mit Geburtsjahr 2001 die unstrukturierten Mengenbilder richtig den Würfelbildern zu. In der Kontrollgruppe gelingt dies der Hälfte aller Kinder mit Geburtsjahr 2001. Von den Kindern, die zum ersten Messzeitpunkt noch ein Jahr jünger sind, bewältigen nur 6% der Treatmentgruppe, aber 28% der Kontrollgruppe diese Aufgabe. Die verschiedenen Aufgaben zur Addition und Subtraktion wurden von 8% bis 46% der Kinder ein Jahr vor der Einschulung gelöst (Kontrollgruppe: 25% bis 54%) und von 6% bis 33% der Kinder zwei Jahre vor der Einschulung (Kontrollgruppe: 17% bis 39%).

Größen und Maße

Insgesamt sind auch bei den Aufgaben dieser Skala die Kinder der Kontrollgruppe besser als die der Treatmentgruppe (vgl. Tabelle 7.2 bzw. Tabelle 7.4), wobei auffällig ist, dass diese Diskrepanz bei allen Aufgaben bei den Kindern mit Geburtsjahr 2001 deutlich größer ist als bei den Kindern mit Geburtsjahr 2002. Eine Ausnahme bildet die Aufgabe zur Seriation. Diese wird von den jüngeren Kindern der Treatmentgruppe besser bearbeitet als von den jüngeren Kindern der Kontrollgruppe.

Raum und Form

Etwa die Hälfte der 2001 geborenen und 39% der 2002 geborenen Kinder der Treatmentgruppe können ein erkennbares Viereck zeichnen (Kontrollgruppe: 79%

---

8 Die Prozentwerte der zitierten Veröffentlichung unterscheiden sich an einigen Stellen zu den in diesem Abschnitt genannten, da die hier berichteten Werte nach dem im Anhang angegebenen Codierungsschema berechnet wurden und die Daten für den Zweck der oben genannten Veröffentlichung inhaltlich noch differenzierter ausgewertet wurden. Bei einigen Werten kommt es aufgrund von Rundungen zu geringfügigen Abweichungen.

bzw. 61%). Der Unterschied beim Erkennen der Symmetrie ist mit 67% (2001) und 39% (2002) in der Treatmentgruppe und 79% (2001) und 56% (2002) in der Kontrollgruppe nicht ganz so hoch. Die Aufgabe zur Raumvorstellung wurde von den jüngeren Kindern weder in der Treatment- noch in der Kontrollgruppe gelöst. Die älteren Kinder der Treatmentgruppe übertrafen hierbei mit einer Lösungsquote von 13% die Kontrollgruppe (4%).

7.2.3 Kommentierung

Die signifikanten Unterschiede der Mittelwerte in den beiden Gruppen waren so nicht erwartet. Die Kinder waren zum ersten Messzeitpunkt zwischen 3 und 5 Jahre alt und besuchten teilweise erst seit einem Jahr die Kindertagesstätte, weshalb im Vorfeld angenommen wurde, dass sich institutionelle Unterschiede (z.b. aufgrund der verschiedenen Bundesländer) noch nicht bemerkbar machen. Da bei der Ziehung der Stichproben auf eine gleiche proportionale Schichtung geachtet wurde, sind die Gründe für das unterschiedliche Abschneiden der Kinder beim Pretest ungeklärt. Aus dem Bereich der entwicklungspsychologischen Forschung zu Übergängen zwischen Kindertagesstätten und Schulen wird auf die Bedeutung innerfamiliärer Prozesse hingewiesen, die bereits vor Eintritt des Kindes in den Kindergarten Auswirkungen zu haben scheinen (vgl. FTHENAKIS 2007, S. 8). Ein Erklärungsansatz wäre, dass Kinder offensichtlich bereits mit einem großen Unterschied an individuellen Erfahrungen in die Kindertagesstätten kommen, da sich alltägliche, informelle mathematische Lerngelegenheiten, wie z.B. das Spielen von Würfelspielen, gemeinsames Einkaufen, Kochen, Tischdecken und einiges mehr, nicht mehr für alle Kinder gleichermaßen im Elternhaus bieten.

Die detaillierte Analyse der Einzelergebnisse signalisiert vor allem im Bereich der Aufgaben zum Zählen und zu den Mengen in der Treatmentgruppe deutlichen Handlungsbedarf. Eine Diskrepanz zeigt sich hier nicht nur zur Kontrollgruppe, sondern auch zu veröffentlichten Ergebnissen von Vorkenntniserhebungen (vgl. CLARKE u.a. 2008, S. 266ff.; auch HASEMANN 2006, S. 69: Ergebnisse kurz vor Schulbeginn). Vor allem die geringen Zählfähigkeiten eines großen Teils der Kinder ein Jahr vor Schuleintritt (30% der Kinder in der Kontrollgruppe können höchstens bis 5 zählen) erfordern besondere Beachtung und geben Anlass zur Sorge, da Zählen als Grundvoraussetzung für den mathematischen Anfangsunterricht in der Schule gilt und eine zentrale Bedeutung bei der Entwicklung des Zahlbegriffs spielt (vgl. Kapitel 1). Ohne spezifische Förderung scheitern Kinder, die nicht zählen können, an den Anforderungen der ersten Schulwochen und die Gefahr, dass bereits zu diesem Zeitpunkt erfolgreiches Lernen deutlich erschwert oder gar verhindert wird, ist groß.

7.3 Vergleich der mathematischen Kompetenzentwicklung beider Gruppen

Zur Evaluation des kompetenzorientierten Förderansatzes soll folgende Hypothese geprüft werden:

Kinder, deren Erzieherinnen und Erzieher auf Grundlage verschiedener Fortbildungsmodule (über frühes mathematisches Lernen im Alltag der Kindertagesstätte und Beobachtung und Dokumentation mathematischer Kompetenzen) angehalten sind, eine Lerndokumentation zu führen, weisen einen größeren Lernzuwachs bezüglich der mathematischen Leistungen auf als Kinder einer Kontrollgruppe ohne gezielte Intervention.

Ergänzend zur Hypothese wird die Fragestellung betrachtet, ob sich etwaige Veränderungen in allen Inhaltsbereichen gleichermaßen zeigen. Zunächst wird dazu ein Überblick über die Veränderung der Mittelwerte der Testergebnisse zu den drei Messzeitpunkten in der Gesamtskala und den Subskalen gegeben, bevor die varianzanalytische Hypothesenprüfung durchgeführt wird.

7.3.1 Mittelwertvergleiche zu verschiedenen Messzeitpunkten

Die Untersuchung erstreckte sich über drei Messzeitpunkte. Da etwa die Hälfte der Kinder 2007 eingeschult wurde, reduzierte sich die Stichprobengröße nach dem zweiten Messzeitpunkt von 42 auf 19. Es folgt zunächst ein Vergleich der Mittelwerte der Originalstichproben der ersten beiden Messzeitpunkte. Ein Vergleich über alle drei Messzeitpunkte der Längsschnittuntersuchung ist jedoch nur bei der verkleinerten Stichprobe sinnvoll.

Zwei Messzeitpunkte

Die zu Beginn der Interventionsmaßnahme ermittelte Differenz der Mittelwerte bei den Testergebnissen beider Gruppen (vgl. 7.2.1) bleibt auch beim zweiten Messzeitpunkt bestehen.

Messzeit-punkt	Mittelwert		Standardabweichung		t-Wert p
	Treatment-gruppe	Kontroll-gruppe	Treatment-gruppe	Kontroll-gruppe	
1. MZP	**0,37**	**0,54**	0,21	0,24	t(82)=3,27 p<0,01
2.MZP	**0,65**	**0,76**	0,21	0,17	t(76)=2,44 p<0,05

Tabelle 7.5: Mittelwertvergleich der Gesamtskala über 2 Messzeitpunkte (1. MZP: n=42/42; 2. MZP, n=41/37)

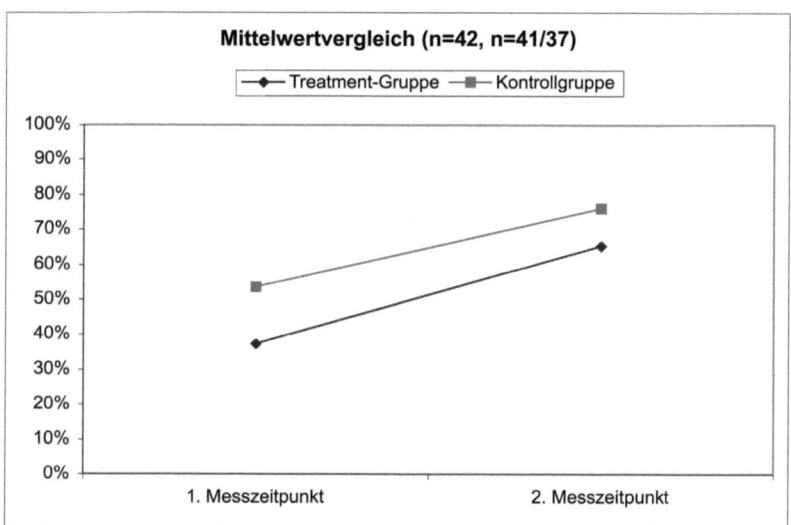

Abb. 7.4: Mittelwertvergleich der Gesamtskala über zwei Messzeitpunkte (1. MZP: n=42/42; 2. MZP, n=41/37)

Der Mittelwertunterschied zwischen Treatment- und Kontrollgruppe ist zu beiden Messzeitpunkten signifikant (vgl. Tabelle 7.5). Es handelt sich dabei zum ersten Messzeitpunkt um einen mittleren bis tendenziell großen Effekt (d=0,71) und zum zweiten Messzeitpunkt um einen mittleren Effekt (d=0,55). In der grafischen Darstellung ist eine geringfügige Annäherung der Mittelwerte zum zweiten Messzeitpunkt sichtbar (vgl. Abb. 7.4).

Untersucht man die Ergebnisse in den Subskalen, so zeigt sich für die Subskala Zahlen und Rechnen eine ähnliche Entwicklung:

Subskala Zahlen, Rechnen	Mittelwert		Standardabweichung		t-Wert p
	Treatment-gruppe	Kontroll-gruppe	Treatment-gruppe	Kontroll-gruppe	
1. MZP	**0,32**	**0,52**	0,22	0,26	t(82)=3,66 p<0,01
2.MZP	**0,64**	**0,77**	0,24	0,19	t(76)=2,67 p<0,01

Tabelle 7.6: Mittelwertvergleich der Subskala Zahlen, Rechnen über 2 Messzeitpunkte (1. MZP: n=42/42; 2. MZP, n=41/37)

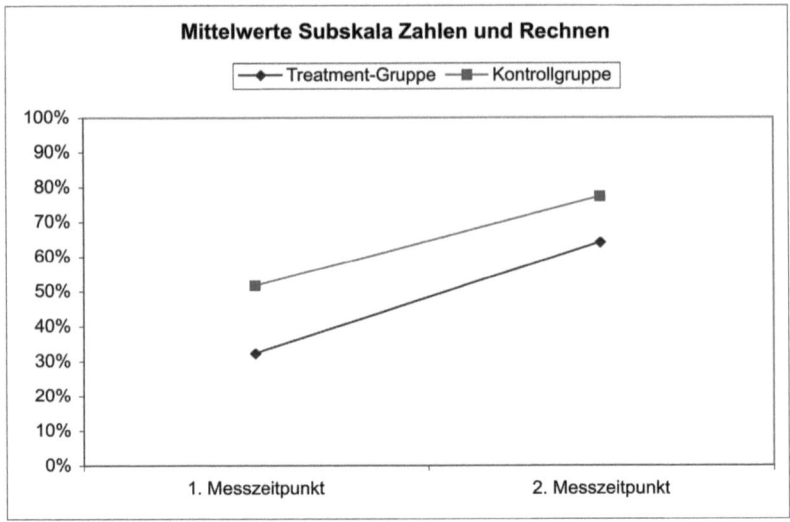

Abb. 7.5: Mittelwertvergleich der Subskala Zahlen und Rechnen über zwei Messzeitpunkte (1. MZP: n=42/42; 2. MZP, n=41/37)

Der Vergleich der Mittelwerte der Subskala Größen und Maße weist auf eine annähernd parallele Entwicklung in beiden Gruppen hin:

Subskala Größen, Maße	Mittelwert		Standardabweichung		t-Wert p
	Treatment-gruppe	Kontroll-gruppe	Treatment-gruppe	Kontroll-gruppe	
1. MZP	**0,43**	**0,56**	0,28	0,26	t(82)=2,11 p<0,05
2.MZP	**0,63**	**0,74**	0,22	0,23	t(76)=2,00 p<0,05

Tabelle 7.7: Mittelwertvergleich der Subskala Größen, Maße über 2 Messzeitpunkte (1. MZP: n=42/42; 2. MZP, n=41/37)

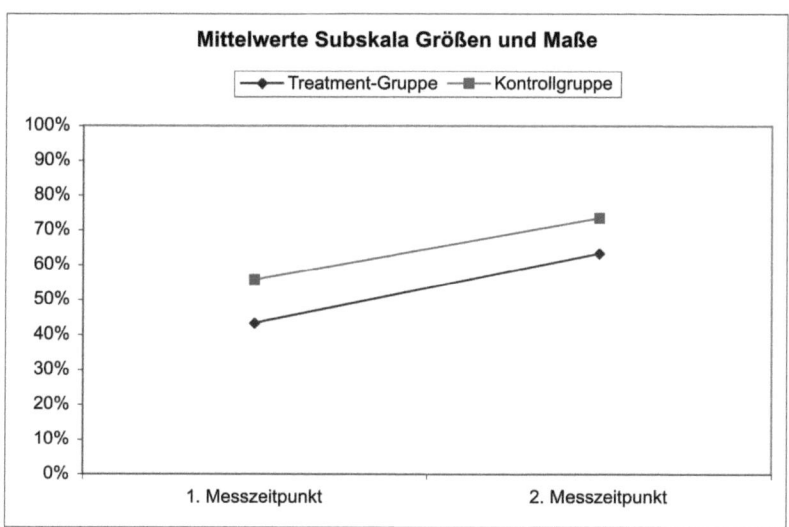

Abb. 7.6: Mittelwertvergleich der Subskala Größen und Maße über zwei Messzeitpunkte (1. MZP: n=42/42; 2. MZP, n=41/37)

Die Mittelwerte der Testergebnisse beider Gruppen in den Subskalen Zahlen und Rechnen bzw. Größen und Maße unterscheiden sich zu beiden Messzeitpunkten signifikant und nähern sich vor allem in der Subskala Zahlen und Rechnen ein dreiviertel Jahr nach Einführung der ‚Lerndokumentation' wie auch in der Gesamtskala leicht an.

Die Unterschiede der Mittelwerte der Subskala Raum und Form sind zu keinem der beiden Messzeitpunkte signifikant:

Subskala Raum, Form	Mittelwert		Standardabweichung		t-Wert p
	Treatment-gruppe	Kontroll-gruppe	Treatment-gruppe	Kontroll-gruppe	
1. MZP	**0,48**	**0,58**	0,26	0,26	t(82)=1,62 p>0,05
2.MZP	**0,71**	**0,74**	0,20	0,17	t(76)=0,74 p>0,05

Tabelle 7.8: Mittelwertvergleich der Subskala Raum, Form über 2 Messzeitpunkte (1. MZP: n=42/42; 2. MZP, n=41/37)

Der Leistungsunterschied ist in dieser Subskala bereits im Pretest nicht so deutlich und er verringert sich zum zweiten Messzeitpunkt noch einmal (Mittelwertsdifferenz 2006: 10 Prozentpunkte; Mittelwertsdifferenz 2007: 3 Prozentpunkte – vgl. Tabelle 7.8/Abb. 7.7).

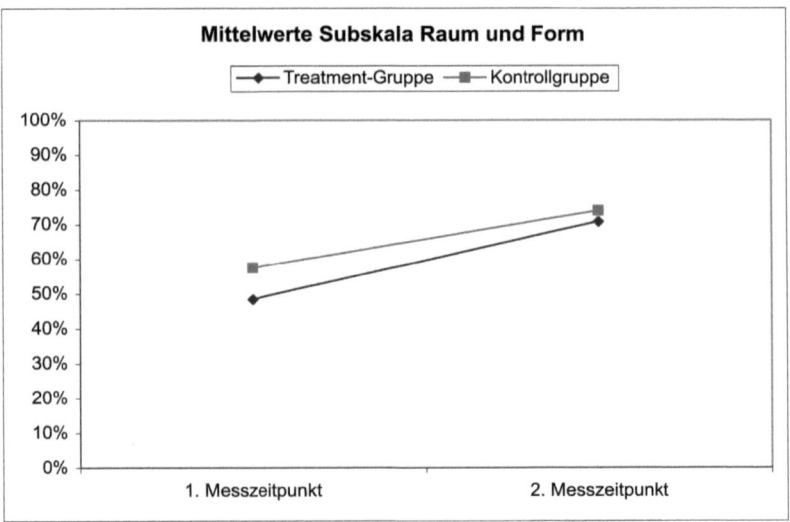

Abb. 7.7: Mittelwertvergleich der Subskala Raum und Form über zwei Messzeitpunkte (1. MZP: n=42/42; 2. MZP, n=41/37)

Zusammenfassend lässt sich sagen, dass – betrachtet über die ersten beiden Messzeitpunkte – die Leistungsentwicklung der Treatmentgruppe im Vergleich mit der Leistungsentwicklung der Kontrollgruppe einen geringfügig stärkeren Anstieg erkennen lässt. Da die Interventionsmaßnahmen an den Erziehenden ansetzen und die Wirkung an der Leistungsentwicklung der Kinder gemessen wird, erscheint es nicht verwunderlich, dass nach ca. einem Jahr noch keine gravierenden Veränderungen erkennbar sind. Zunächst müssen sich die Erziehenden mit dem Instrument ‚Lerndokumentation' vertraut machen, erste Erfahrungen sammeln und lernen, aus den Beobachtungen wiederum Konsequenzen zu ziehen, die z.B. in Form von veränderten Lernangeboten für Kinder Einzug in den Alltag in der Kindertagestätte halten. Leistungsverbesserungen aufgrund der Intervention sind daher eher längerfristig zu erwarten und können vermutlich erst nach einem weiteren Jahr nachgewiesen werden. Ein Vergleich der Ergebnisse über alle drei Messzeitpunkte ist dazu notwendig.

Drei Messzeitpunkte

Für den Vergleich über alle drei Messzeitpunkte werden die Daten der Kinder betrachtet, die zu allen drei Messzeitpunkten anwesend waren. So ergibt sich sowohl für die Treatment- als auch für die Kontrollgruppe eine Stichprobe mit 19 Kindern. Dazu gibt es eine Ausnahme zu beachten: Wie aus Tabelle 6.4 ersichtlich, war in der Stichprobe der Treatmentgruppe zum zweiten Messzeitpunkt ein Junge aus persönlichen Gründen nicht anwesend, der jedoch zum Zeitpunkt des Posttests wieder in der Kindertagesstätte war. Deshalb reduziert sich die Treatmentgruppe zum zweiten Messzeitpunkt auf 18 Kinder. Der Einfachheit halber wird im Folgenden die Stichprobengröße jedoch mit n=19 angegeben und die Verringerung der Stichprobengröße zum zweiten Messzeitpunkt nicht jedes Mal ausgewiesen. Der Mittelwertvergleich über die drei Messzeitpunkte ergibt folgendes Bild:

Messzeit-punkt	Mittelwert		Standardabweichung		t-Wert p
	Treatment-gruppe	Kontroll-gruppe	Treatment-gruppe	Kontroll-gruppe	
1. MZP	**0,28**	**0,40**	0,17	0,22	t(36)=1,89 p>0,05
2.MZP	**0,57**	**0,69**	0,20	0,19	t(35)=1,87 p>0,05
3.MZP	**0,80**	**0,84**	0,13	0,13	t(36)=0,89 p>0,05

Tabelle 7.9: Mittelwertvergleich der Gesamtskala über 3 Messzeitpunkte (n=19/19)

Die Kontrollgruppe war der Treatmentgruppe zu allen drei Messzeitpunkten überlegen, wobei sich die beiden Gruppen zu keinem Messzeitpunkt signifikant unterschieden. Während die Mittelwerte der ersten beiden Messungen auf eine parallele Entwicklung beider Gruppen schließen lassen, sieht man die deutliche Annäherung der Mittelwerte zum dritten Messzeitpunkt bereits in den Zahlenwerten.
Folgende Grafik veranschaulicht die Leistungsentwicklung beider Gruppen:

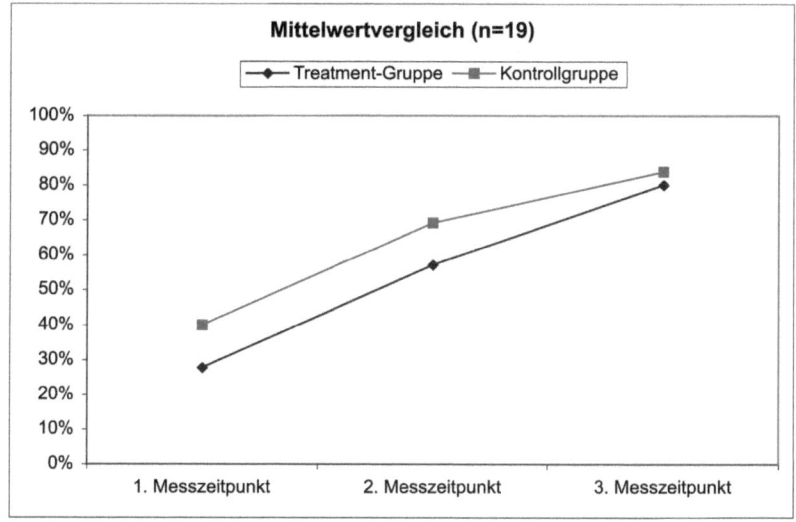

Abb. 7.8: Mittelwertvergleich der Gesamtskala über drei Messzeitpunkte (n=19/19)

Betrachtet man die drei Subskalen, so zeigt sich zuächst erneut das bereits unter 7.2.1 berichtete Ergebnis, dass der augenfällige Unterschied der Ergebnisse des Pretests (Gesamtskala) in erster Linie durch die Aufgaben der Subskala Zahlen und Rechnen entsteht.

Subskala Zahlen, Rechnen	Mittelwert		Standardabweichung		t-Wert p
	Treatment-gruppe	Kontroll-gruppe	Treatment-gruppe	Kontroll-gruppe	
1. MZP	**0,21**	**0,39**	0,16	0,23	t(36)=2,68 p<0,05
2.MZP	**0,55**	**0,71**	0,22	0,21	t(35)=2,29 p<0,05
3.MZP	**0,83**	**0,86**	0,14	0,16	t(36)=0,46 p>0,05

Tabelle 7.10: Mittelwertvergleich der Subskala Zahlen, Rechnen über 3 Messzeitpunkte (n=19/19)

Die Mittelwertunterschiede zwischen Treatment- und Kontrollgruppe sind zum ersten und zweiten Messzeitpunkt signifikant, nicht mehr jedoch zum dritten Messzeitpunkt. Die Treatmentgruppe zeigt zwischen dem zweiten und dritten Messzeitpunkt einen größeren Leistungszuwachs als die Kontrollgruppe (vgl. Abb. 7.9).

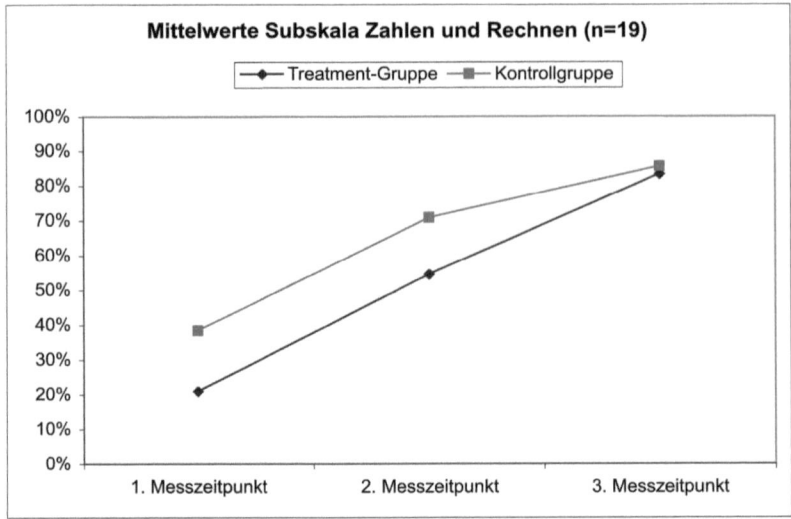

Abb. 7.9: Mittelwertvergleich der Subskala Zahlen, Rechnen über drei Messzeitpunkte (n=19/19)

Um die Entwicklung genauer beurteilen zu können, werden die Effektgrößen betrachtet:

Subskala Zahlen, Rechnen	Effektgröße	
1. MZP	d=0,869	(groß)
2. MZP	d=0,753	(mittel bis groß)
3. MZP	d=0,148	(klein)

Tabelle 7.11: Effektgrößen der Mittelwertsdifferenzen in der Subskala Zahlen, Rechnen über 3 Messzeitpunkte (n=19/19)

Die empirisch ermittelten Mittelwertsdifferenzen zwischen den Gruppen in der Subskala Zahlen und Rechnen ergaben sich zum ersten und zweiten Messzeitpunkt mit einer Wahrscheinlichkeit von 95% nicht zufällig. Es ist davon auszugehen, dass sich die beiden Gruppen hinsichtlich ihrer Leistung unterscheiden. Die Effektgröße gibt an, dass vor allem zum ersten Zeitpunkt der Unterschied beträchtlich ist. Zum dritten Messzeitpunkt ist die Mittelwertsdifferenz nur noch gering. Die beiden Gruppen unterscheiden sich nicht mehr signifikant. Dies kann als klares Signal dafür gewertet werden, dass die Treatmentgruppe im Bereich Zahlen und Rechnen den Leistungsrückstand annähernd aufholen konnte. Die Effektgröße zeigt für die Mittelwertsdifferenz nur noch einen kleinen Effekt.

Bei den Subskalen Raum, Form und Größen, Maße wiederholt sich diese Beobachtung nicht. Zunächst unterschieden sich bereits die Pretest-Werte in beiden Subskalen nicht gravierend (vgl. Tabelle 7.12). Bei den Aufgaben zu Raum und Form zeigt nicht – wie bei der Subskala Zahlen und Rechnen – die Leistungsentwicklung der Treatmentgruppe einen steileren Anstieg zwischen dem zweiten und dritten Messzeitpunkt, sondern die der Kontrollgruppe (vgl. Abb. 7.10).

Subskala Raum, Form	Mittelwert		Standardabweichung		t-Wert p
	Treatment-gruppe	Kontroll-gruppe	Treatment-gruppe	Kontroll-gruppe	
1. MZP	**0,39**	**0,44**	0,24	0,27	t(36)=0,52 p>0,05
2.MZP	**0,65**	**0,68**	0,23	0,18	t(35)=0,41 p>0,05
3.MZP	**0,75**	**0,83**	0,20	0,10	t(36)=1,70 p>0,05

Tabelle 7.12: Mittelwertvergleich der Subskala Raum, Form über 3 Messzeitpunkte (n=19/19)

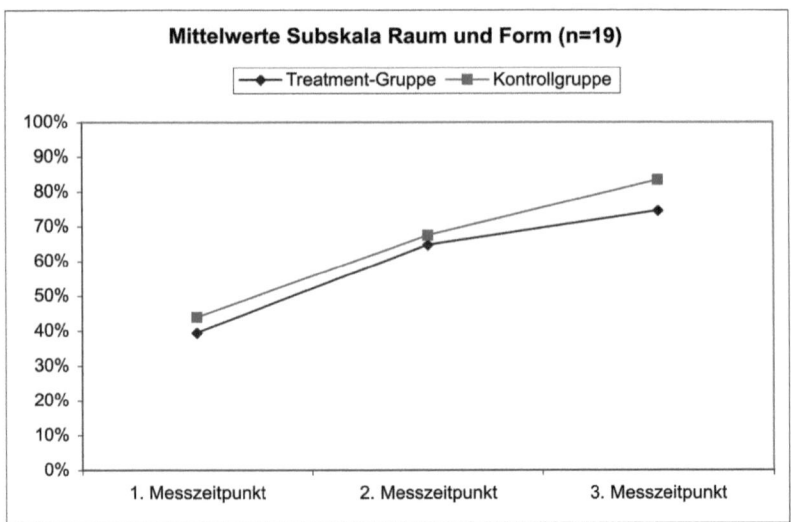

Abb. 7.10: Mittelwertvergleich der Subskala Raum, Form über drei Messzeitpunkte (n=19/19)

Analysiert man die Lösungen der Aufgaben dieser Subskala, so fällt z.B. auf, dass die Aufgabe zur Formenkenntnis von den Kindern der Treatmentgruppe zum zweiten Messzeitpunkt besser bearbeitet wurde als zum dritten. Allerdings zeigt sich durch die qualitative Analyse der Lösungen gerade in dieser Aufgabenstellung trotzdem eine interessante Weiterentwicklung. Die Kinder, die die Aufgaben zum zweiten Messzeitpunkt nicht lösen konnten, zeichneten anstatt eines Vierecks nichts oder eine gegenständliche Figur. Die Kinder, deren Lösungen zum dritten Messzeitpunkt als falsch bewertet wurden, zeichneten alle ein Dreieck anstatt eines Vierecks. Von den drei Kindern, die ein Jahr vor Schuleintritt den Begriff Viereck nicht mit geometrischen Formen in Verbindung gebracht hatten, konnte unmittelbar vor Schuleintritt eines ein Viereck zeichnen und zwei zeichneten stattdessen ein Dreieck. Bei weiteren drei Kindern war die Begriffsbildung ‚Viereck' offensichtlich noch nicht gesichert. Sie zeichneten 2007 ein Viereck, 2008 aber ein Dreieck.

Die Ergebnisse der Subskala Größen und Maße unterschieden sich bei der Stichprobe, die zu allen drei Messzeitpunkten interviewt wurde, zu Beginn der Untersuchung nur geringfügig. Die Entwicklungsverläufe der beiden Gruppen sind jedoch nicht parallel über den Verlauf der Untersuchung (vgl. Tabelle 7.13). Die Analyse der Subskala Größen und Maße lässt in der Treatmentgruppe eine annähernd lineare Entwicklung über die drei Messzeitpunkte erkennen, wohingegen die Kontrollgruppe im ersten Jahr größere, aber im zweiten Jahr geringere Fortschritte zu machen scheint (vgl. Abb. 7.11).

Subskala Größen, Maße	Mittelwert		Standardabweichung		t-Wert p
	Treatment-gruppe	Kontroll-gruppe	Treatment-gruppe	Kontroll-gruppe	
1. MZP	**0,39**	**0,41**	0,27	0,26	t(36)=0,24 p>0,05
2.MZP	**0,58**	**0,65**	0,22	0,26	t(35)=0,96 p>0,05
3.MZP	**0,75**	**0,78**	0,23	0,19	t(36)=0,47 p>0,05

Tabelle 7.13: Mittelwertvergleich der Subskala Größen, Maße über 3 Messzeitpunkte (n=19/19)

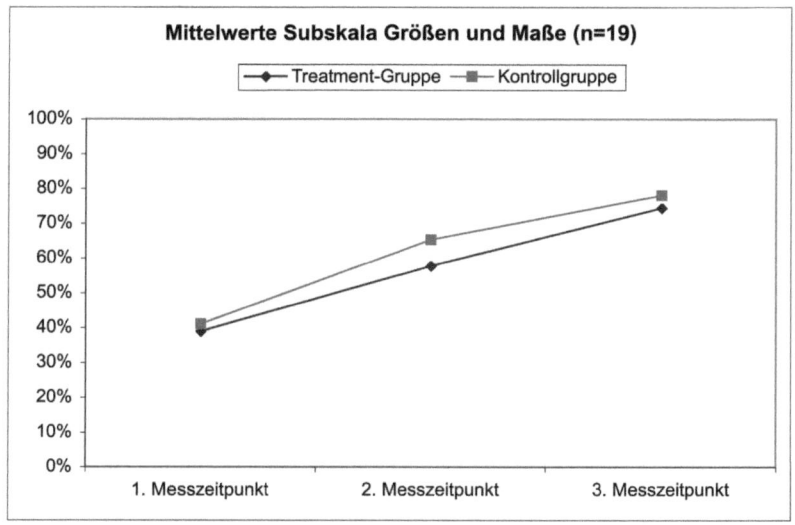

Abb. 7.11: Mittelwertvergleich der Subskala Größen, Maße über drei Messzeitpunkte (n=19/19)

Der Vergleich der Mittelwerte über die drei Messzeitpunkte gibt bereits erste Antworten auf die Fragestellungen, ob sich durch die Einführung der ‚Lerndokumentation' und die Weiterbildung der Erziehenden Effekte in der Entwicklung mathematischer Kompetenzen der Kinder zeigen und ob diese in allen Inhaltsbereichen gleichermaßen zu beobachten sind. Offensichtlich scheint die Maßnahme durchaus Wirkung zu zeigen. Diese kann jedoch vor allem im zweiten Jahr nach der Einführung der ‚Lerndokumentation' festgestellt werden, und zwar in erster Linie im Bereich Zahlen und Rechnen. Eine detailliertere Interpretation der Ergebnisse folgt nach der varianzanalytischen Hypothesenprüfung.

7.3.2 Varianzanalytische Hypothesenprüfung

Ziel der Untersuchung ist es, zu überprüfen, ob sich die Umsetzung des kompetenz-orientierten Förderansatzes auf die Leistungsentwicklung der Kinder auswirkt. Folgende Hypothese soll dazu überprüft werden:

Kinder, deren Erzieherinnen und Erzieher auf Grundlage verschiedener Fortbildungsmodule (über frühes mathematisches Lernen im Alltag der Kindertagesstätte und Beobachtung und Dokumentation mathematischer Kompetenzen) angehalten sind, eine Lerndokumentation zu führen, weisen einen größeren Lernzuwachs bezüglich der mathematischen Leistungen auf als Kinder einer Kontrollgruppe ohne gezielte Intervention.

Diese Hypothese lässt sich durch eine zweifaktorielle Varianzanalyse mit Messwiederholung bestätigen, wenn „die Interaktion zwischen dem Gruppierungsfaktor und dem Messwiederholungsfaktor statistisch bedeutsam ist (was ein Beleg dafür ist, dass sich die Experimentalgruppe im Verlauf der Zeit anders verändert als die Kontrollgruppe)" (BORTZ, DÖRING 2002, S. 550). Der Interaktionseffekt steht also im Fokus der Hypothesenprüfung. Die varianzanalytische Hypothesenprüfung erfolgt anhand der Daten der verkleinerten Stichprobe über 3 Messzeitpunkte.

Voraussetzungen

Vor der Durchführung der Varianzanalyse müssen die notwendigen Voraussetzungen, Normalverteilung und Homogenität der Varianzen, geprüft werden (vgl. RASCH, FRIESE, u.a. 2006b, S.107). Der Kolmogorov-Smirnov-Test und der Levene-Test bestätigt beides. Die Varianzanalyse mit Messwiederholung erfordert zusätzlich homogene Korrelationen zwischen den Messungen der verschiedenen Zeitpunkte. Diese Voraussetzung ist bei einem Leistungstest zu drei Messzeitpunkten schwer zu erfüllen, da grundsätzlich angenommen wird, dass sich die Leistungen über die drei Messzeitpunkte verbessern. In der Tat korrelieren die Leistungen zwar über alle drei Tests signifikant (vgl. Tabelle 7.14), die Annahme der Homogenität der Korrelationen ist jedoch verletzt.

	1. MZP	2. MZP	3. MZP
1. MZP	1	0,793; p<0,01	0,519; p<0,01
2. MZP	0,793; p<0,01	1	0,782; p<0,01
3. MZP	0,519; p<0,01	0,782; p<0,01	1

Tabelle 7.14: Korrelationen zwischen den Testergebnissen (Gesamtskala) zu den drei Messzeitpunkten (n=19/19)

Da die Korrelationen nicht homogen sind, wird die Homogenität der Varianzen der Differenzen zwischen jeweils zwei Messzeitpunkten (Zirkularitätsannahme) geprüft – die Varianzanalyse liefert auch dann valide Ergebnisse (vgl. RASCH, FRIESE, u.a. 2006b, S. 108; BORTZ 2005, S. 354).

Der Mauchly-Test weist nach, dass Zirkularität angenommen werden kann, weil die Stichprobe aber relativ klein ist, sollten die Korrekturen mitbetrachtet werden, die von einer Verletzung der Zirkularität ausgehen, um nicht fälschlicherweise ein signifikantes Ergebnis zu erhalten (vgl. RASCH, FRIESE, u.a. 2006b, S. 110).

Ergebnisse der Varianzanalyse
Berechnet man eine Varianzanalyse über die Gesamtskala, so zeigen sich – wie erwartet – signifikante Unterschiede bezüglich der Leistungsentwicklung über die drei Messzeitpunkte. Nachdem zwischen den Messzeitpunkten jeweils ein ganzes Jahr liegt, ist davon auszugehen, dass sich die Leistung der Kinder unabhängig von Interventionsmaßnahmen deutlich verändert. Betrachtet man die Gruppenzugehörigkeit, so lassen sich gerade keine signifikanten Unterschiede feststellen (p=0,09). Dieses Ergebnis lässt sich bereits aufgrund der Mittelwertvergleiche mit Hilfe des t-Tests sehen: Trotz augenfälliger Unterschiede konnte auch dort kein signifikanter Unterschied der Gruppen nachgewiesen werden (vgl. Tabelle 7.9). Ebenfalls keine signifikanten Zusammenhänge gibt es, wenn man die Leistungsentwicklung in der Gesamtskala über die drei Messzeitpunkte in Verbindung mit der Gruppenzugehörigkeit betrachtet (Interaktionseffekt). Die Werte für den hier interessierenden Interaktionseffekt werden berichtet. Dabei wird der Freiheitsgrad zur Sicherheit korrigiert nach Box (vgl. RASCH, FRIESE, u.a., S. 111).

Faktor	F-Wert	df	p-Wert
Messzeitpunkt	203,222	2	0,000
Gruppe×Messzeitpunkt (Interaktionseffekt)	1,687	1,730	0,197

Tabelle 7.15: Varianzanalytische Überprüfung der Gesamtskala (n=19/19)

Analysiert man die Ergebnisse über die Gesamtskala, muss die Hypothese also abgelehnt werden. Die in 7.3.1 berichteten Mittelwertvergleiche legen nahe, die Subskala Zahlen und Rechnen gesondert varianzanalytisch zu prüfen, bevor die Hypothese verworfen wird (vgl. BORTZ, DÖRING 2002, S. 31). Hier ergibt sich ein anderes Bild. Die beiden Haupteffekte sind signifikant: Es gibt also statistisch relevante Unterschiede sowohl hinsichtlich der Messzeitpunkte (p<0,01) als auch hinsichtlich der Gruppenzugehörigkeit (p=0,04). Darüber hinaus lassen sich aber noch signifikante Unterschiede feststellen, die sich ergeben, wenn man Gruppenzugehörigkeit und Messzeitpunkte gemeinsam betrachtet:

Faktor	F-Wert	df	p-Wert
Messzeitpunkt	210,595	2	0,000
Gruppe×Messzeitpunkt (Interaktionseffekt)	4,468	1,924	0,016

Tabelle 7.16: Varianzanalytische Überprüfung der Subskala Zahlen, Rechnen (n=19/19)

Der Interaktionseffekt ist signifikant. Die Kinder, deren Erziehende das Instrument ‚Lerndokumentation' zur Verfügung gestellt bekommen und die sich bezüglich mathematischer Bildung im vorschulischen Bereich weitergebildet hatten, unterscheiden sich also bei den Aufgaben zum Bereich Zahlen und Rechnen signifikant in ihrer Leistungsentwicklung von den Kindern der Kontrollgruppe. Wie die Mittelwertvergleiche in 7.3.1 zeigen, handelt es sich dabei um einen stärkeren Leistungszuwachs der Treatmentgruppe. Die Hypothese kann somit für diesen Inhaltsbereich angenommen werden. Das partielle Eta-Quadrat $\eta^2=0,113$ gibt an, dass 11% der Varianz bei der Leistungsmessung über die drei Messzeitpunkte durch die Gruppenzugehörigkeit aufgeklärt werden können.

7.3.3 Zusammenfassung und Interpretation

Die Vergleiche der Mittelwerte und die varianzanalytische Hypothesenprüfung zeigen, dass die Kinder, deren Erzieherinnen und Erzieher sich mit dem Instrument ‚Lerndokumentation' vertraut gemacht haben und die unter anderem aufgrund von Fortbildungsmaßnahmen einen Fokus auf mathematische Lernanregungen im Alltag der Kindertagesstätte legen konnten, in ihrer Leistungsentwicklung gegenüber den Kindern in einer Kontrollgruppe größere Fortschritte machen konnten. Besonders zeigt sich der Leistungszuwachs bei Aufgaben des Inhaltsbereichs Zahlen und Rechnen. Auffällig ist zudem, dass die Veränderung erst im zweiten Jahr der Intervention wirksam wird. Letzteres ist aufgrund der Anlage der durchgeführten Maßnahmen nicht verwunderlich. Die Erzieherinnen und Erzieher erhielten durch die Einführung der ‚Lerndokumentation' und die Fortbildungen Anstöße, ihre eigene Arbeit zu überdenken und dahingehend zu verändern, dass mathematische Anregungen mehr in den Fokus rücken und die mathematischen Kompetenzen der Kinder bewusst wahrgenommen werden. Die konkrete Veränderung in der Arbeit geschieht hier also nicht aufgrund eines vorgegebenen Arbeitsplanes, sondern allein auf Initiative der Erziehenden und erfordert gegebenenfalls ein Umdenken und ein Umgestalten alltäglicher Handlungsweisen. Prozesse dieser Art brauchen Zeit (vgl. BAUMERT, KUNTER 2006; BERLINER 1988; 2004; ERICSSON, KRAMPE, TESCH-RÖMER 1993; Kapitel 4.4) und es ist naheliegend, dass sich nicht sofort Wirkung in Form einer Leistungsveränderung der Kinder zeigt.

Die Maßnahmen setzen nicht unmittelbar am Kind an, wie z.B. Trainingsprogramme, sondern zunächst bei den Erziehenden. Der Weg zu etwaigen Leistungsveränderungen beim Kind ist deshalb deutlich länger: Die Erziehenden setzen sich mit einem neuen Instrument auseinander, reflektieren ihre alltägliche Arbeit, lernen Möglichkeiten kennen, mathematische Anregungssituationen zu schaffen oder zu nutzen, versuchen dies in der alltäglichen Arbeit umzusetzen und die individuelle Lernentwicklung des einzelnen Kindes konstruktiv zu begleiten. Hier erst zeigt sich der Ansatzpunkt für Verbesserungen der Leistungen beim einzelnen Kind. Führt die Maßnahme jedoch bei den Erziehenden zu einer veränderten Herangehensweise an die alltägliche Arbeit, so könnte dies im Vergleich zu einem zeitlich begrenzt durchgeführten Trainingsprogramm zu einer konstanten Förderung der Kinder in ihrer mathematischen Leistungsentwicklung führen.

Die Ergebnisse der Akzeptanzbefragung geben eine weitere Interpretationsmöglichkeit der Ergebnisse. Konkrete Fragen zur Verwendung der ‚Lerndokumentation' wurden ein Jahr nach Einführung des Instruments mehrfach nicht beantwortet, was die Schlussfolgerung nahelegt, dass ein Jahr nach der Einführung der ‚Lerndokumentation' bei einigen Erzieherinnen und Erziehern noch wenig Handlungserfahrungen mit dem Instrument vorliegen oder diese nicht konkretisiert werden können. Auch die Gründe für die Auswahl der Kinder, für die eine ‚Lerndokumentation' geführt wurde, zeigen in der zweiten Akzeptanzbefragung eine intensivere Auseinandersetzung mit dem Instrument.

Die Entwicklungsfortschritte in der mathematischen Kompetenz zeigten sich in erster Linie bei den Aufgabenstellungen zu Zahlen und Rechnen. Die Gründe dafür können nur vermutet werden. Einerseits bildete das Messinstrument eine deutlich größere Bandbreite im Bereich Zahlen und Rechnen ab als in den anderen beiden Subskalen. Gerade in den Subskalen Größen, Maße und Raum, Form zeigte sich auch die Heterogenität der geprüften Kompetenzen (vgl. 6.3.3). Unter Umständen ließen sich mit einem in diesen Subskalen umfangreicheren und homogeneren Testinstrument Leistungsveränderungen auch in diesen Bereichen nachweisen. Hier besteht weiterer Forschungsbedarf. Naheliegend wäre auch die Vermutung, dass frühe mathematische Bildung bei Erziehenden in erster Linie mit Zählen, Ziffern und Mengenerfassung in Verbindung gebracht wird. Aus dem Bereich der ‚belief'-Forschung gibt es dazu bereits Belege (vgl. LEE, GINSBURG 2007). Ein möglicher Grund dafür wird auch erkennbar, wenn man die Trainingsprogramme zur mathematischen Frühförderung sichtet, die teilweise große Verbreitung in Kindertagesstätten finden. Der Bereich Zahlen nimmt hierbei einen deutlich größeren Stellenwert ein (vgl. v.a. FRIEDRICH, DE GALGÓCZY 2004; PREISS 2007; KRAJEWSKI, NIEDING, SCHNEIDER 2007a, 2007b).

Bei den durchgeführten Fortbildungsmodulen wurden zwar alle drei Bereiche berücksichtigt und sie waren auch gleich gut besucht, jedoch erstreckte sich das Modul zu Zahlen und Rechnen über einen längeren Zeitraum. Verfolgt man das Ziel, Kinder frühzeitig im mathematischen Lernen zu unterstützen und möglichen Schwierigkeiten im mathematischen Lernprozess vorzubeugen, so ist ein Fokus auf diesen Bereich durchaus anzuraten. Dem Zählen und der kardinalen Vorstellung von Zahlen wird bei der Zahlbegriffsentwicklung und zur Vorbeugung von Rechenschwierigkeiten besondere Bedeutung beigemessen (vgl. Kapitel 1; Kapitel

3.1; MOSER OPITZ 2002, 119ff.; DORNHEIM 2008, S. 523f.; KLEWITZ, KÖHNKE, SCHIPPER 2008, S. 16ff.).

Unabhängig davon ist es für die Erziehenden vermutlich einfacher, zum Bereich Zählen, Zahlen und Mengen Lernsituationen im Alltag zu finden, die genutzt werden können, weil diese eher mit dem allgemeinen Verständnis von Mathematik einhergehen als z.B. das Sortieren von Stiften nach der Länge oder die Orientierung im Raum.

Die Evaluationsergebnisse weisen darauf hin, dass Erzieherinnen und Erzieher mit konkreten Unterstützungsinstrumenten (,Lerndokumentation', Fortbildungsangebot) in der Lage sind, die Kinder vor allem im Bereich Zahlen und Rechnen zu fördern und in ihrer mathematischen Kompetenzentwicklung deutlich voranzubringen (vgl. dazu auch GRÜSSING 2009). Diese Förderung kann dabei in die alltägliche pädagogische Arbeit integriert werden und erfordert nicht die Durchführung gezielter Trainingsprogramme. Ein Ansatzpunkt für weitere Forschung ist, ob es sich bei den erzielten Leistungsfortschritten der Kinder um Langzeiterfolge handelt, die bis in die Schulzeit anhalten, oder lediglich um kurzfristige Veränderungen.

Die Initiierung des in Kapitel 5 beschriebenen kompetenzorientierten Förderansatzes zeigte Wirkung auf die Leistung der Kinder, obwohl es sich von der Fortbildung der Erziehenden zu den Lernfortschritten der Kinder um einen langen Weg handelt. Ob und inwieweit besonders schwache Kinder von den beschriebenen Interventionsmaßnahmen profitieren können, wird im Folgenden aufgezeigt.

7.4 Mathematische Kompetenzentwicklung von schwachen Kindern

Seitdem bekannt ist, dass Kinder, die vor Schuleintritt noch nicht zählen können bzw. kein kardinales Verständnis von Zahlen haben, eher in Gefahr geraten, Schwierigkeiten beim Rechnenlernen in der Grundschule zu bekommen als Kinder mit einem ausgeprägteren Vorwissen zu Zahlen und Mengen (vgl. z.B. DORNHEIM 2008; KRAJEWSKI 2003; KRAJEWSKI, SCHNEIDER 2006; STERN 1998a), werden vermehrt Konzepte zur Förderung der im Vorschulalter auffälligen Kinder diskutiert. In der Philosophie kompetenzorientierter Förderansätze ist die optimale Förderung *dieser* Kinder inbegriffen in der Forderung, die individuellen mathematischen Kompetenzen *aller* Kinder bestmöglich zu fördern.

Die Wirksamkeit des hier untersuchten kompetenzorientierten Förderansatzes wurde in 7.3 bereits dargestellt. Offen sind jedoch noch folgende Fragestellungen:

• Inwieweit profitieren schwache Kinder von diesem kompetenzorientierten Förderansatz?

• Können extreme Leistungsdefizite in den Bereichen, denen Prädiktorfunktion für Rechenschwäche zugewiesen wird, durch den kompetenzorientierten Förderansatz ausgeglichen werden?

Da die Intervention, wie in Kapitel 7.3 ersichtlich, erst im zweiten Jahr Auswirkungen zeigt, scheint es sinnvoll, dazu nur Kinder näher zu untersuchen, die über zwei Jahre beobachtet werden konnten. Dabei kann auf die Stichprobe von je 19 Kindern zurückgegriffen werden (wobei in der Treatmentgruppe ein Kind zum zweiten Messzeitpunkt fehlt, vgl. Kapitel 6.3.2). Ein rein quantitativer Vergleich der Kompetenzentwicklung leistungsschwacher Kinder bietet sich nicht an: Zum einen fallen aufgrund der Reduktion der Gruppengröße auf die schwachen Kinder individuelle Besonderheiten einzelner Kinder beim Vergleich stärker ins Gewicht und zum anderen ermöglicht eine qualitative Analyse der mathematischen Kompetenzen eine bessere Beurteilung der Leistungsentwicklung, da eine intensivere Beschäftigung mit dem Datenmaterial erfolgen kann (vgl. LAMNEK 2005, S. 300). Es werden im Folgenden Einzelfälle betrachtet und zunächst hinsichtlich ihrer Leistungsentwicklung verglichen. Dabei wird auf Ergebnisse aus der Forschung zur Prädiktion von Rechenschwäche Bezug genommen. Im Anschluss werden individuelle Entwicklungsverläufe von Kinderpaaren mit gleichen Ausgangsbedingungen, aber unterschiedlicher Gruppenzugehörigkeit untersucht.

7.4.1 Entwicklung besonders schwacher Kinder in beiden Gruppen

Für einen ersten Überblick werden die sechs im Pretest schwächsten Kinder jeder Gruppe und ihre Entwicklung genauer betrachtet. In den folgenden Grafiken (beginnend ab Tabelle 7.17 bzw. Abb. 7.12) sind den Kindern Nummern zugeordnet, um die Anonymität zu gewährleisten. Kinder der Treatmentgruppe werden mit den Nummern von 1 bis 42 bezeichnet und Kinder der Kontrollgruppe mit den Nummern von 43 bis 84.

Es folgt zunächst eine Übersicht über Alter, Geschlecht, Migrationshintergrund und Pretest-Ergebnis der jeweils sechs zum ersten Messzeitpunkt schwächsten Kinder (vgl. Tabelle 7.17). Die Übersicht zeigt, dass unter den insgesamt zwölf schwächsten Kindern im Pretest 8 Jungen und 4 Mädchen waren, 8 Kinder Migrationshintergrund hatten und 4 nicht. Es sind somit alle Kriteriengruppen unter den zwölf schwächsten Kindern vertreten, wobei Jungen mit Migrationshintergrund die stärkste Gruppe ausmachen. Sowohl bei den Kindern der Treatment- als auch der Kontrollgruppe ist je ein Kind mit Geburtsjahrgang 2001 unter den sechs schwächsten Kindern: Kind 1 wurde zurückgestellt, Kind 48 aufgrund der (im Vergleich mit Berlin anderen) Einschulungsbedingungen in Bayern 2008 noch nicht eingeschult.

Kind	Gruppe	Alter	Geschlecht	Migrationshintergrund	MW im Pretest
1	TG	4J 10M	m	ohne	0,20
4	TG	3J 7M	w	mit	0
13	TG	3J 10M	m	mit	0,03
14	TG	4J 2M	m	mit	0,23
15	TG	3J 7M	m	ohne	0
28	TG	3J 10M	m	mit	0,20
44	KG	4J 4M	m	mit	0,17
48	KG	4J 8M	w	mit	0,17
49	KG	3J 10M	m	ohne	0,07
58	KG	4J 2M	w	mit	0,17
64	KG	4J 4M	w	ohne	0,23
69	KG	4J 5M	m	mit	0,20

Tabelle 7.17: Informationen zu den je 6 schwächsten Kindern beider Gruppen (TG=Treatmentgruppe, KG=Kontrollgruppe, MW=Mittelwert)

Rangfolgenvergleich und Lernzuwachs

Anhand folgender Grafik (Abb. 7.12) werden vorab die Ergebnisse des ersten Messzeitpunkts genauer betrachtet, bevor die Veränderungen in der Rangfolge zum dritten Messzeitpunkt analysiert werden.

Drei Kinder der Treatmentgruppe (Kind 4, Kind 13, Kind 15) liegen mit ihrem Pretest-Ergebnis mit Abstand am unteren Rand, die anderen drei schwachen Kinder der Treatmentgruppe sind von den Ergebnissen vergleichbar mit den besseren drei der sechs schwächsten Kinder der Kontrollgruppe. Bezüglich der Rangfolge gab es zum zweiten Messzeitpunkt in der Treatmentgruppe noch kaum Veränderungen, wobei zu Kind 13 keine Aussage getroffen werden kann, da keine Testwerte vorliegen (in der Grafik Abb. 7.12 sind lediglich die Angaben zum 1. und 3. Messzeitpunkt in Form des Dreiecksymbols erkennbar). In der Kontrollgruppe gab es einige Verschiebungen: Bei Kind 49 ist eine anhaltend positive Leistungsentwicklung zu verzeichnen, wohingegen die Kinder 44 und 64 die geringsten Entwicklungsfortschritte von allen 12 Kindern aufweisen.

Zum dritten Messzeitpunkt veränderte sich das Bild deutlich. Am unteren Rand liegt nun ein Kind der Kontrollgruppe (Nr. 44), das von den je 6 schwächsten Kindern der beiden Gruppen insgesamt den geringsten Entwicklungsfortschritt aufweist. Die Kinder 13, 14 und 28 der Treatmentgruppe sind in der Rangfolge zum Teil deutlich nach oben gewandert bzw. nehmen im Posttest einen oberen Rang-

platz ein. Lediglich das Kind 48 der Kontrollgruppe, dessen Leistungskurve besonders steil ansteigt, schneidet beim Posttest noch besser ab.

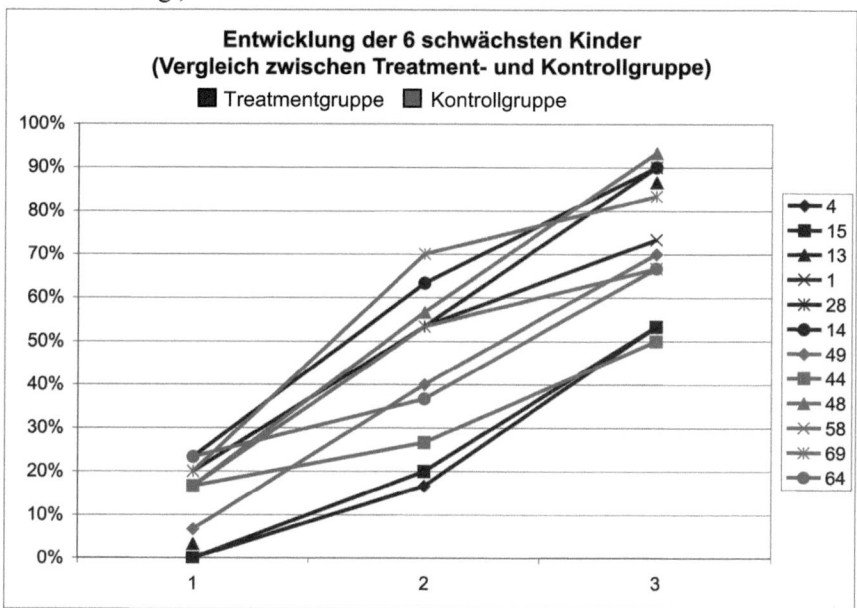

Abb. 7.12: Vergleich der Leistungsentwicklung der je 6 schwächsten Kinder

Vergleicht man die Leistungszuwächse dieser 12 Kinder in den zwei Jahren zwischen Pretest und Posttest, ergibt sich das in Abb. 7.13 dargestellte Bild.

Hier wird deutlich, dass die gemessenen Lernzuwächse in der Treatmentgruppe
höher ausfielen als in der Kontrollgruppe. Um die Lernzuwächse quantifizieren zu
können, werden die Rohpunkte des Tests herangezogen. Maximal konnten im Test
30 Punkte erreicht werden. Drei Kinder der Treatmentgruppe verbesserten sich um
16 Rohpunkte, zwei um 20 bzw. 21 und eines sogar um 25 Punkte. In der Kontrollgruppe verbesserte sich das Kind mit dem geringsten Lernzuwachs um 10 Punkte,
zwei Kinder um 13 bzw. 15 Punkte, zwei um 19 und eines um 23 Punkte. Das Kind
mit dem größten Lernzuwachs (Nr. 13) befindet sich in der Treatmentgruppe, das
Kind mit dem geringsten Lernzuwachs in der Kontrollgruppe (Nr. 44).

In der Treatmentgruppe zeigten zum ersten Messzeitpunkt drei Kinder extrem
schlechte Ausgangsbedingungen (Nr. 4; 13; 15: sie konnten keine bzw. nur eine
Aufgabe bearbeiten). Sie entwickelten sich aber deutlich weiter als ein Kind der
Kontrollgruppe (Nr. 44), das zum ersten Messzeitpunkt bereits Mengen vergleichen
und Relationsbegriffe anwenden konnte.

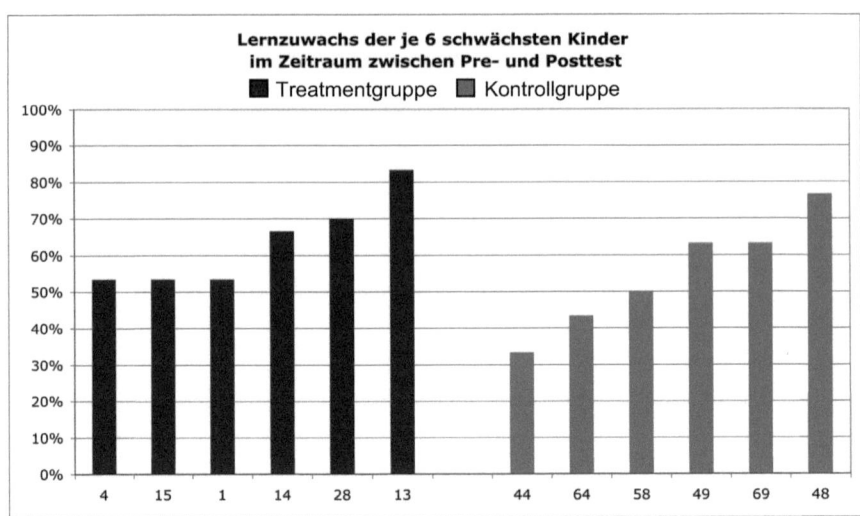

Abb. 7.13: Vergleich der Differenzen zwischen Posttest- und Pretest-Ergebnissen (Veränderung im Vergleich mit den insgesamt zu erreichenden Punkten)

Zusammenfassend lässt sich sagen, dass ein erster Vergleich der Ergebnisse der sechs schwächsten Kinder der Treatmentgruppe mit denen der sechs schwächsten Kindern der Kontrollgruppe einen Hinweis darauf gibt, dass die schwachen Kinder durchaus von diesem kompetenzorientierten Förderansatz profitieren können. Sie weisen deutliche Lernfortschritte auf und haben bis zum Schuleintritt zum Teil enorm aufgeholt. Gerade mit dem Hintergrundwissen, dass sich Unterschiede im Bereich der mathematischen Leistung über den Zeitraum mehrerer Jahre als relativ stabil (AUNOLA, LESKINEN, u.a. 2004, S. 708; WEISSHAUPT, PEUCKER, WIRTZ 2006, S. 241; HANY 1997; WEINERT, STEFANEK 1997; STERN 1998b) und auch lehrerunabhängig und unterrichtsresistent (WEINERT, STEFANEK 1997, S. 439) erweisen, können die berichteten Ergebnisse trotz aller gebotenen Vorsicht als Signal für die Wirksamkeit des hier untersuchten kompetenzorientierten Förderansatzes – auch für schwache Kinder – interpretiert werden. Eine inhaltliche Analyse der Testergebnisse soll darüber noch genauer Aufschluss geben.

Entwicklung in den Bereichen mit Prädiktorenfunktion für Rechenschwäche
Im Folgenden werden die Ergebnisse der je 6 schwächsten Kinder jeder Gruppe hinsichtlich der Aufgabenstellungen, die DORNHEIM (2008; vgl. Tabelle 3.1) zur Erhebung des für die Vorhersage von Rechenschwierigkeiten bedeutenden Zahlen-Vorwissens verwendet, näher betrachtet.

Kind	MZP	Zahlwortreihe	weiterzählen	rückwärts zählen	resultativ: 21 Steine	resultativ: 3 Kreise	resultativ: 8 Kreise	Mengen zuordnen: unstrukturiert - Würfel	Addition zählbar	Subtraktion zählbar	Vergleichsaufgabe zählbar	Addition nicht zählbar	Subtraktion nicht zählbar	richtig gelöst von 12	Ziffernkenntnis bis 10
1	1. MZP		x											1	
1	3. MZP	1-15	x			x	x	x	x	x	x	x		9	
4	1. MZP													0	
4	3. MZP	1-14	x			x				x	x	x		6	
13	1. MZP													0	
13	3. MZP	1-16	x	x		x	x	x	x	x	x	x	x	11	x
14	1. MZP													0	
14	3. MZP	1-39	x	x	x	x	x	x		x	x	x		10	x
15	1. MZP													0	
15	3. MZP	1-25	x	x		x	x	x					x	7	x
28	1. MZP		x											1	
28	3. MZP	1-21	x	x	x	x	x			x	x	x	x	10	x
44	1. MZP													0	
44	3. MZP	1-16	x			x	x						x	5	
48	1. MZP	1-23						x						2	
48	3. MZP	1-21	x	x	x	x	x	x	x	x	x	x		11	x
49	1. MZP													0	
49	3. MZP	1-21	x			x	x	x	x		x			7	x
58	1. MZP	1-14								x				2	
58	3. MZP	1-24	x		x	x	x	x						6	x
64	1. MZP	1-16	x								x			3	
64	3. MZP	1-21				x	x	x		x		x		6	x
69	1. MZP		x											1	
69	3. MZP	1-55	x	x	x	x	x	x		x		x	x	10	x

Tabelle 7.18: Übersicht über die Pre- und Posttest-Ergebnisse der Aufgabenstellungen mit Prädiktorenwirkung für Rechenleistung in Anlehnung an DORNHEIM 2008 (x=gelöst)

In der Treatmentgruppe konnte zum ersten Messzeitpunkt keines der 6 schwächsten Kinder bis 10 oder rückwärts zählen. Zwei Kinder (Nr. 1; Nr. 28) konnten von 7 an bis 10 weiterzählen, obwohl sie die Zahlwortreihe nicht vollständig bis 10 verinnerlicht hatten. Auch das resultative Zählen gelang keinem Kind – weder das Ausmalen der drei bzw. acht Kreise noch das Zählen der 21 Steine. In der Kontrollgruppe konnten drei Kinder nicht bis 10 und rückwärts zählen. Eines dieser Kinder konnte von 7 bis 10 weiterzählen (Nr. 69). Die anderen drei Kinder konnten zwar bis 14 (Nr. 58), 16 (Nr. 64) oder sogar 23 (Nr. 48) zählen, aber lediglich eines dieser Kinder konnte auch von 7 an weiterzählen (Nr. 64). Alle sechs Kinder scheiterten am Rückwärtszählen und am resultativen Zählen.

Die Aufgabenstellung, die DORNHEIMs Aufgabe zur Simultan- bzw. Quasisimultanerfassung am ähnlichsten ist, ist das Zuordnen der strukturierten zu den unstrukturierten Mengen, wobei die strukturierten Mengen nicht gezählt werden sollten. Diese Aufgabe schaffte von allen 12 Kindern nur Kind Nr. 48 aus der Kontrollgruppe.

Von den Additions- und Subtraktionsaufgaben konnte Kind Nr. 58 die Subtraktion, die durch Zählen gelöst werden konnte, und Kind Nr. 64 die Vergleichsaufgabe, die ebenfalls durch Zählen konkret abgebildeter Gegenstände lösbar war, richtig bearbeiten.

Ziffernkenntnis fehlte bei allen 12 Kindern. Diese Aufgabenstellung entspricht der Aufgabenstellung zum ‚Zahlsymbol-Vorwissen' bei DORNHEIM (2008), welchem eine deutlich geringere Rolle bei der Vorhersage von Rechenschwierigkeiten zukommt als dem „Zahlen-Vorwissen".

Zwei Jahre vor Schuleintritt sind alle 12 Kinder deutlich auffällig in den 12 Aufgabenstellungen, die für die Vorhersage von Rechenschwierigkeiten prädiktive Wirkung haben. Lediglich ein einziges Kind (Nr. 64) konnte drei dieser Aufgaben lösen. Eine Übersicht über die Ergebnisse im Pre- und im Posttest findet sich in Tabelle 7.18.

Zum dritten Messzeitpunkt beherrschten alle 12 Kinder die Zahlwortreihe bis mindestens 14 und konnten mit Ausnahme von Kind 64 auch von 7 an weiterzählen. Das Rückwärtszählen bereitete jedoch noch zwei Kindern aus der Treatmentgruppe (Nr. 1, Nr. 4) und vier Kindern aus der Kontrollgruppe (Nr. 44, Nr. 49, Nr. 58, Nr. 64) Schwierigkeiten. Am resultativen Zählen der 21 Steine scheiterten vor allem die Kinder, die die Zahlwortreihe noch nicht bis 21 beherrschten, wobei sich qualitative Unterschiede zeigten. In der Treatmentgruppe beherrschten alle Kinder die Eins-zu-Eins-Zuordnung, solange sie im Rahmen der ihnen bekannten Zahlwortreihe zählten. Zwei Kinder der Kontrollgruppe hatten das Eineindeutigkeitsprinzip (vgl. Kapitel 1.4.1) noch nicht verinnerlicht: Kind 44 zeigte bei „dreizehn" auf zwei Steine und Kind 64 koordinierte die genannten Zahlwörter nicht mit dem Zeigen auf die Elemente.

Das Erkennen der Würfelbilder, ohne zu zählen, gelang einem Kind aus der Kontrollgruppe nicht (Nr. 64), zwei Kinder der Treatmentgruppe konnten nur die 3 (Nr. 4) bzw. die 3 und 4 (Nr. 28), ohne zu zählen, richtig zuordnen.

Von den fünf Aufgaben zur Addition und Subtraktion konnten die Kinder der Treatmentgruppe bis auf Kind 15 mindestens drei Aufgaben lösen. In der Kontrollgruppe schafften die Kinder 44 und 58 nur eine und die Kinder 49 und 64 nur zwei der fünf Aufgaben zur Addition und Subtraktion.

Um diese Ergebnisse noch präziser fassen zu können, werden die Posttest-Leistungen der Kinder nach den Kriterien der Vorhersage von Rechenschwäche bei DORNHEIM (2008) analysiert. Sie ermittelt für die Vorhersage in jedem der Bereiche ‚Vorwärts zählen‘, ‚Abzählen von Mengen‘, ‚Abzählen ohne Zeigen‘, ‚Simultan erfassen‘, ‚Flexibel zählen‘ und ‚Rechnen‘ jeweils die Kinder, die einen geringeren Prozentrang als 16 haben. Diese Kinder erhalten einen Risikopunkt. Werden einem Kind zwei oder mehr Risikopunkte zugewiesen, so wird es als gefährdet betrachtet, zu einem späteren Zeitpunkt als rechenschwach identifiziert zu werden. Diese Zuordnung ist um 57% zuverlässiger als eine Zufallsauswahl (vgl. DORNHEIM 2008, S. 449).

Für die Analyse der Leistung der je 6 schwächsten Kinder jeder Gruppe wurden aus den Aufgaben des Tests diejenigen ausgewählt, die mit den Aufgabenstellungen bei DORNHEIM vergleichbar sind. Außer zum Bereich ‚Abzählen ohne Zeigen‘ konnten entsprechende Aufgaben herangezogen und in Anlehnung an die Auswertungskriterien bei DORNHEIM (2008) bepunktet werden (vgl. Anhang, S. 280). Die ausgewählten Aufgabenstellungen wurden in Teilbereiche zusammengefasst. In jedem Teilbereich wurde den Kindern mit Prozentrang 16 und niedriger ein Risikopunkt zugeschrieben. Wie bei DORNHEIM wurde die 16%-Grenze teilweise überschritten, wenn eine Punktgrenze (maximal erreichte Punkte der 16% schlechtesten Kinder) erst an einer höheren Stelle gezogen werden konnte (vgl. DORNHEIM 2008, S. 449). Als im oben genannten Sinne gefährdet würden demnach Kind 1 und Kind 4 in der Treatmentgruppe eingestuft und die Kinder 44, 49 und 58 der Kontrollgruppe.

Betrachtet man die teilweise erschreckende Pretest-Leistung vor allem der Kinder in der Treatmentgruppe, so lässt auch diese Analyse vorsichtig darauf schließen, dass die schwachen Kinder von dem kompetenzorientierten Förderansatz profitieren konnten, da sie eine gute Leistungsentwicklung verzeichneten. Bei den 12 Aufgaben, denen Prädiktorenfunktion für Rechenschwäche zugeschrieben werden, erreichten lediglich zwei der sechs schwächsten Kinder der Treatmentgruppe nur 50% bzw. 58% der Punkte, die anderen vier Kinder lösten dreiviertel bis nahezu alle Aufgaben. Zwei Kinder können als potentiell rechenschwach identifiziert werden. In der Kontrollgruppe kamen vier der sechs schwächsten Kinder bei den Aufgaben mit Prädiktorenfunkton nicht über 58% der Punkte hinaus, eines erreicht lediglich 42%. Drei Kinder sind hinsichtlich Rechenschwäche als gefährdet einzustufen.

Für einen Gesamtüberblick ist es interessant, die Prognose für potentielle Rechenschwäche nicht nur bei den je sechs im Vortest schwächsten Kindern zu betrachten, sondern bei allen Kindern. Hier zeigt sich, dass in der Treatmentgruppe zum letzten Messzeitpunkt noch zwei weitere Kinder als gefährdet einzustufen sind, die beide den Pretest innerhalb ihrer Gruppe mit gleichem Ergebnis als Sechstbeste bewältigten und deshalb nicht in der oben beschriebenen Auswahl vertreten waren. In der Kontrollgruppe ist noch ein weiteres Kind diesbezüglich auffällig, das den Pretest in seiner Gruppe als Siebtbestes absolvierte. Insgesamt betrachtet sind damit kurz vor Schuleintritt sowohl in der Treatment- als auch in der Kontrollgruppe je vier Kinder, die nach den oben genannten Bedingungen eine größere Gefährdung für das spätere Auftreten einer Rechenschwäche haben. Berücksichtigt man, dass die Ergebnisse der Treatmentgruppe im Bereich Zahlen und Rechnen im Vortest signifikant schlechter waren als die der Kontrollgruppe, so ist es ein positives Zeichen für die Leistungsentwicklung der Treatmentgruppe, dass die Anzahl der gefährdeten Kinder dort nicht höher ist als in der Kontrollgruppe.

Die noch offene Fragestellung, ob extreme Leistungsdefizite in den Bereichen, denen Prädiktorfunktion für Rechenschwäche zugewiesen wird, durch den kompetenzorientierten Förderansatz ausgeglichen werden können, kann auf der Basis der vorliegenden Daten nicht definitiv beantwortet werden. Wie jedoch aus Tabelle 7.18 ersichtlich wird, konnten vier Kinder (Nr. 1, 13, 14 und 28) einen Großteil dieser Aufgabenstellungen lösen, obwohl sie im Pretest hier extreme Leistungsdefizite zeigten.

7.4.2 Paarweiser Vergleich von Kindern mit ähnlicher Pretest-Leistung

Zur vertiefenden Illustration und kritischen Reflexion der bisher beschriebenen Ergebnisse werden im Folgenden Kinderpaare verglichen, die im Pretest eine nahezu identische Ausgangsleistung zeigen, sich aber im Laufe der Intervention bzw. über die Zeit zum Teil deutlich unterschiedlich entwickeln.

Für diesen paarweisen Vergleich wurden je ein Kind aus der Treatmentgruppe und ein Kind aus der Kontrollgruppe ausgewählt, die im Pretest gleiche Mittelwerte aufweisen und wenn möglich ähnliche Aufgaben erfolgreich bearbeitet hatten. Zudem sollten sie gleichen Geschlechts sowie annähernd gleichen Alters sein und entweder beide Migrationshintergrund haben oder nicht.

Nach diesen Bedingungen konnten zwei Kinderpaare identifiziert werden, deren Entwicklung beschrieben wird.

Mara und Janine
Mara besuchte eine Kindertagesstätte, die sich an dem Projekt TransKiGs beteiligte, und gehörte somit zur Treatmentgruppe. Zum ersten Messzeitpunkt war sie 4 Jahre 0 Monate alt. Janine ist ein Mädchen der Kontrollgruppe. Sie war zum ersten Messzeitpunkt 4 Jahre und 4 Monate alt. Beide Mädchen haben keinen Migrationshintergrund.

Im Pretest konnten beide Kinder 7 Aufgaben von 30 lösen. Mara konnte die Zahlwortreihe bis 10. Sie zählte dabei ihre Finger der Reihe nach hoch. Weiterzählen oder Rückwärtszählen sowie resultatives Zählen gelangen ihr nicht. Beim Ausmalen der drei bzw. acht Kreise kam sie zu folgendem Ergebnis:

Abb. 7.14: Aufgabe 1 des Paper-pencil-Tests von Mara zum ersten Messzeitpunkt (Male 3 bzw. 8 Kreise aus.)

Janine beherrschte die Zahlwortreihe bis 16 und konnte bereits von der sieben an weiterzählen. Rückwärts zählen und resultatives Zählen bewältigte sie ebenfalls nicht. Die Aufgabenstellung, drei bzw. acht Kreise auszumalen, löste sie, indem sie jeweils alle Kreise ausmalte:

Abb. 7.15: Aufgabe 1 des Paper-pencil-Tests von Janine zum ersten Messzeitpunkt (Male 3 bzw. 8 Kreise aus.)

Der Mengenvergleich zweier Mengen mit weniger als zehn Elementen gelang beiden Kindern, wobei Janine auch zwei Mengen mit jeweils mehr als zehn Elementen richtig vergleichen konnte. Von den Rechenaufgaben, die durch Zählen gelöst werden konnten, fand Mara das richtige Ergebnis bei der Addition und der Subtraktion, Janine nur bei der Vergleichsaufgabe. Mara löste insgesamt vier Aufgaben der Subskala Zahlen und Rechnen, Janine fünf.

Bei den Aufgaben zu Raum und Form zeigte Mara, dass sie bereits ein Viereck zeichnen kann, während Janine mit dieser Aufgabe nichts anzufangen wusste.

Abb. 7.16: Aufgabe 11 des Paper-pencil-Tests von Mara zum ersten Messzeitpunkt (Male hier ein Viereck.)

Beide Kinder ordneten die symmetrischen Schmetterlingshälften richtig zu.
Im Bereich Größen und Maße identifizierte Mara den längsten Stift, Janine ordnete einen Stift richtig in eine vorgegebene Anordnung ein (Seriation). Beide lösten somit eine Aufgabe aus dieser Subskala.

Obwohl die Ausgangslage nach Analyse der Pretest-Ergebnisse bei beiden Kinder inhaltlich große Ähnlichkeiten erkennen lässt, entwickelten sie sich sehr unterschiedlich weiter, wie eine erste Übersicht zeigt (s. Abb. 7.17).

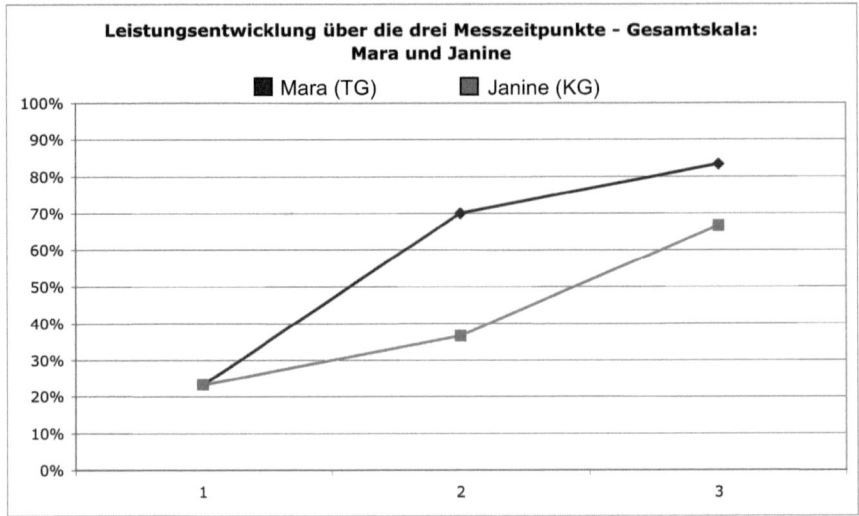

Abb. 7.17: Vergleich der Ergebnisse der drei Messzeitpunkte von Mara und Janine (TG=Treatmentgruppe, KG=Kontrollgruppe)

Bereits zum zweiten Messzeitpunkt zeigen sich deutliche Unterschiede. Mara kennt die Zahlwortreihe bis 19 und zählt von 10 an rückwärts. Weiterzählen gelingt ihr noch nicht. Beim Zählen verschiebt sie beim Nennen eines Zahlworts einen Stein, das heißt, die Eins-zu-Eins-Zuordnung wird bereits beachtet. Resultatives Zählen beherrscht sie, soweit sie die Zahlwortreihe kennt. Die strukturierten Anzahlen auf den Würfelbildern erkennt sie, ohne sie zu zählen. Sie erklärt sogar, weshalb sie bei der Karte mit der ‚Würfel-Sechs' schneller erkennen konnte, wie viele Elemente abgebildet sind, als bei der unstrukturierten Anordnung: „Weil die ganz in der Reihe (fährt mit der Hand die beiden Dreierreihen ab) und die nicht (deutet auf die unstrukturierte Anordnung)" (vgl. Anhang, S. 282f.).

Janine sagt die Zahlwortreihe zum zweiten Messzeitpunkt lediglich bis 12 richtig auf. Auch beim Weiterzählen – was ihr im Gegensatz zum Rückwärtszählen gelingt – endet die korrekte Zahlwortreihe bei 12. Mit dem resultativen Zählen hat Janine Schwierigkeiten. Sie zählt Gegenstände mehrfach bzw. kann einem Zahlwort nicht die entsprechende Menge zuordnen, was darauf schließen lässt, dass das Eineindeutigkeits-Prinzip und das Kardinalprinzip noch nicht verinnerlicht sind. Sie bewältigt weder die Aufgabe, 21 Steine zu zählen, noch gelingt es ihr, 3 bzw. 8 Kreise auszumalen:

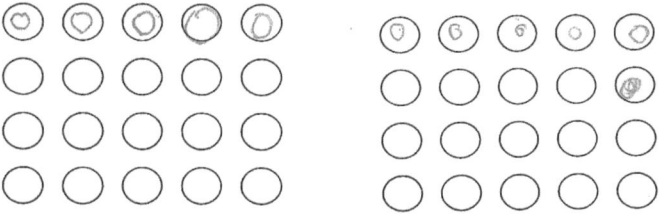

Abb. 7.18: Aufgabe 1 des Paper-pencil-Tests von Janine zum zweiten Messzeitpunkt (Male 3 bzw. 8 Kreise aus.)

Invarianzverständnis hat Janine noch nicht. Aber auch sie erkennt die Würfelstrukturen, ohne zu zählen, kann die Struktur jedoch nicht erklären bzw. beschreiben.

Beide Kinder kennen die Ziffern bzw. Zahlsymboldarstellung der Zahlen von 0 bis 10. Janine kann diese auch der Reihe nach ordnen.

Bei den Aufgaben zur Addition und Subtraktion gibt es bei beiden Kindern keine Lernfortschritte, Janine bearbeitet nun sogar auch die Vergleichsaufgabe, die sie ein Jahr zuvor richtig gelöst hat, falsch. Während Mara alle Mengen richtig vergleicht, zeigt Janine auch bei diesen Aufgaben ein schlechteres Ergebnis als im Vorjahr. Nur die Mengen unter zehn vergleicht sie richtig.

Die Aufgaben aus dem Bereich Raum und Form werden von Mara bis auf die zur Raumvorstellung alle gelöst. Janine führt das Muster richtig fort und wendet den Lagebegriff ‚unter‘ richtig an. Die Schmetterlingshälften, die sie ein Jahr zuvor symmetrisch zuordnen konnte, fügt sie nun nicht richtig zusammen. Die Aufgabe zur Formenkenntnis bearbeitet sie zwar nicht richtig, sie malt aber zumindest eine geometrische Form:

Abb. 7.19: Aufgabe 11 des Paper-pencil-Tests von Janine zum zweiten Messzeitpunkt (Male hier ein Viereck.)

Mara kennt die Münzen noch nicht, die anderen drei Aufgaben aus dem Bereich Größen und Maße löst sie. Janine findet den längsten Stift und kennt die 1-Euro-Münze. Die Aufgabe zur Seriation bearbeitet sie im Gegensatz zum Vorjahr falsch.

Zum zweiten Messzeitpunkt kann Mara insgesamt 13 der 19 Aufgaben der Subskala Zahlen und Rechnen richtig bearbeiten, Janine hingegen nur sieben. Im Bereich Raum und Form löst Mara fünf von sechs Aufgaben, Janine nur zwei und in der Subskala Größen und Maße schafft Mara eine Aufgabe mehr als Janine (vgl. Abb. 7.20). Auffällig ist, dass Janine in allen Teilbereichen zum zweiten Messzeitpunkt Aufgaben nicht richtig bearbeitet, die sie ein Jahr zuvor bereits gelöst hatte.

Im Posttest erreicht Mara mit 25 von 30 Punkten fünf Punkte mehr als Janine. Die Aufgaben zur Subskala Zahlen und Rechnen löst sie alle bis auf die Subtraktion ohne Zählmöglichkeit. Sie zählt die Zahlwortreihe bis 49 hoch, wobei mit 22 und 33 zwei Zahlen mit zwei gleichen Ziffern ausgelassen werden. Dieses Phänomen ist häufig zu beobachten (vgl. SELTER, SPIEGEL 1997, S. 80f.). Janine nennt die Zahlwortreihe bis 21, am Weiterzählen und Rückwärtszählen scheitert sie, obwohl das Weiterzählen zu den ersten beiden Messzeitpunkten gelang. Drei bzw. acht Kreise auszumalen ist für sie nun kein Problem mehr. Da sie jedoch beim Zählen der 21 Steine die gezählten nicht von den ungezählten Steinen trennt, fehlt ihr der Überblick und sie zählt trotz Nachfrage nicht alle Steine. Sie ist in der Eins-zu-Eins-Zuordnung nicht sicher. Den Relationsbegriff ‚am meisten‘ kann Janine immer noch nicht mit der Menge mit den meisten Elementen in Verbindung bringen und von den fünf Additions- und Subtraktionsaufgaben löst sie nun immerhin zwei (die Addition ohne und die Subtraktion mit Zählmöglichkeit).

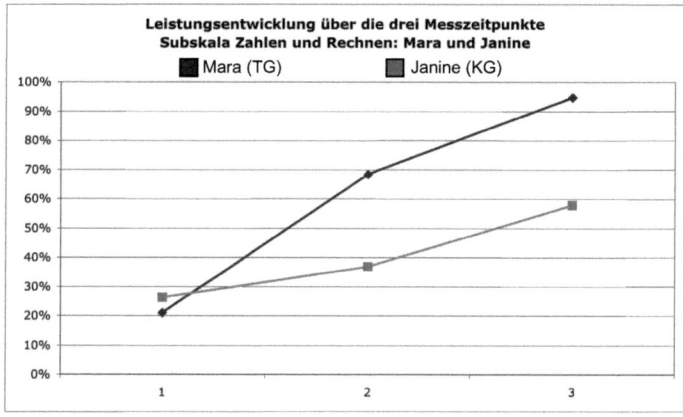

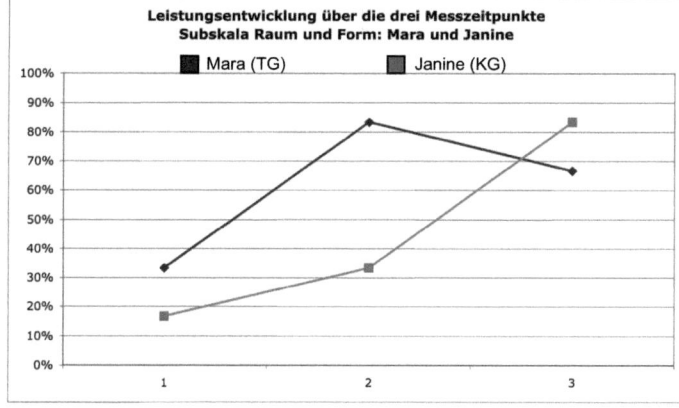

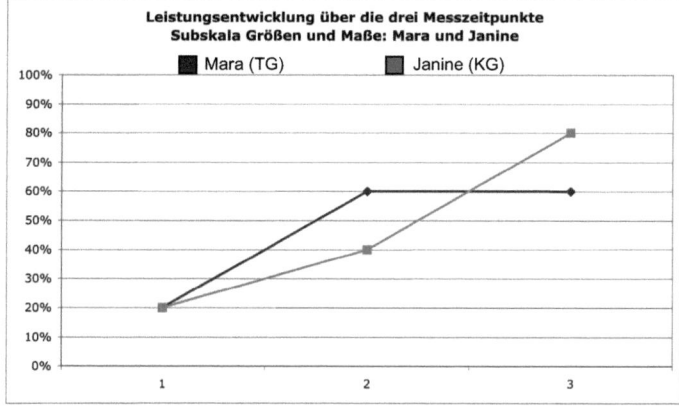

Abb. 7.20: Vergleich der Subskalen-Ergebnisse von Mara und Janine (drei Messzeitpunkte)

Bezüglich der Aufgabenstellungen zu Raum und Form ist bei Mara keine Weiterentwicklung zu beobachten – im Gegenteil: Sie ordnet der Schmetterlingshälfte nicht das symmetrische Pendant zu, obwohl sie diese Aufgabe bei den anderen beiden Messzeitpunkten richtig bearbeitete.

Die Münzen kennt Mara mittlerweile, jedoch antwortet sie im Posttest bei den Aufgaben zum Größen schätzen und zur Seriation nicht richtig. Beide Male geht es um das Abschätzen von Längen bzw. von Fläche oder Volumen. Diese Fähigkeit scheint noch nicht sicher ausgeprägt zu sein.

Janine löst nun im Bereich Raum und Form alle Aufgaben bis auf die zur Wahrnehmungskonstanz und im Bereich Größen und Maße scheitert sie lediglich nach wie vor an der Aufgabe zur Seriation.

Zusammenfassend lässt sich sagen, dass diese beiden Mädchen trotz ähnlicher Ausgangsbedingungen ganz unterschiedliche Entwicklungen zeigen. Mara aus der Treatmentgruppe macht im ersten Jahr einen großen Entwicklungssprung und zeigt vor allem im Bereich Zahlen und Rechnen auch im zweiten Jahr eine beständige Weiterentwicklung (vgl. Abb. 7.17, Abb. 7.20). In den anderen beiden Bereichen werden zum dritten Messzeitpunkt Unsicherheiten ersichtlich. Bei Janine aus der Kontrollgruppe hingegen beobachtet man Fortschritte in den Bereichen Raum und Form und Größen und Maße. Bei der Analyse der Einzelergebnisse ist jedoch auffällig, dass sie vor allem im Bereich Zahlen und Rechnen keine stetige Weiterentwicklung zeigt. In manchen Aufgabenstellungen sind von einem Jahr zum nächsten sogar Rückschritte festzustellen. Hier kann sie auch zum dritten Messzeitpunkt acht der 19 Aufgabenstellungen nicht lösen. Besondere Aufmerksamkeit muss der Tatsache gewidmet werden, dass sie kurz vor Schuleintritt die Zahlwortreihe nicht flexibel beherrscht und beim resultativen Zählen noch Schwierigkeiten hat. Somit fehlen ihr wesentliche Grundvoraussetzungen für den mathematischen Anfangsunterricht.

Jibril und Hakan

Mit Jibril und Hakan werden die Entwicklungen zweier Jungen mit Migrationshintergrund verglichen. Jibril ist ein Kind aus der Treatmentgruppe. Er war zum Zeitpunkt des Pretests 3 Jahre und 10 Monate alt. Hakan ist etwa ein halbes Jahr älter: Zum ersten Messzeitpunkt war das Kind aus der Kontrollgruppe 4 Jahre und 5 Monate alt.

Beide Jungen bewältigten im Pretest sechs der 30 Aufgabenstellungen. Sowohl Jibril als auch Hakan beherrschten die Zahlwortreihe noch nicht sicher bis 10. Jibril zählte lediglich die Finger einer seiner Hände, Hakan zählte zunächst nur bis 9. Beide konnten allerdings von sieben fehlerfrei bis zehn weiterzählen. Resultatives Zählen gelang keinem der beiden Kinder:

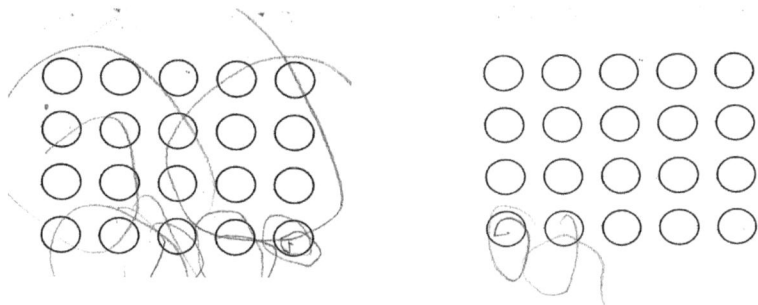

Abb. 7.21: Aufgabe 1 des Paper-pencil-Tests von Jibril zum ersten Messzeitpunkt (Male 3 bzw. 8 Kreise aus.)

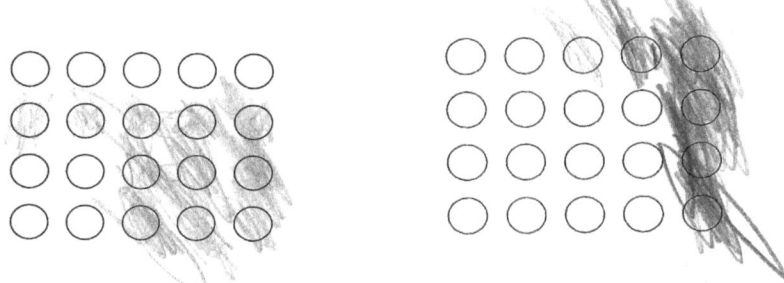

Abb. 7.22: Aufgabe 1 des Paper-pencil-Tests von Hakan zum ersten Messzeitpunkt (Male 3 bzw. 8 Kreise aus.)

Von den Aufgabenstellungen zum Mengenvergleich lösten beide Kinder eine Aufgabe. Jibril verglich die beiden Mengen mit mehr als zehn Elementen richtig, Hakan die beiden Mengen mit weniger als zehn Elementen, wobei beide zur Lösung dieser Aufgabe nicht zählten, sondern offensichtlich auf ihre Wahrnehmung vertrauten.

Im Bereich Raum und Form lösten beide Jungen zwei Aufgaben. Sie konnten den Begriff der räumlichen Lage ‚unter' richtig anwenden. Jibril zeichnete darüber hinaus ein erkennbares Viereck und Hakan löste die Aufgabe zur Wahrnehmungskonstanz.

Von den fünf Aufgaben zu Größen und Maße bearbeiteten beide Kinder zwei Aufgaben richtig. Sie erkannten den längsten Stift und während Jibril die 1-Euro-Münze identifizieren konnte, zeigte Hakan, dass er Größen in zwei Dimensionen gut abschätzen konnte.

Wie Mara und Janine hatten auch Jibril und Hakan eine sehr ähnliche Ausgangslage, ihre Entwicklungsverläufe zeigen aber deutlich mehr Ähnlichkeiten als
die der beiden Mädchen (s. Abb. 7.23).

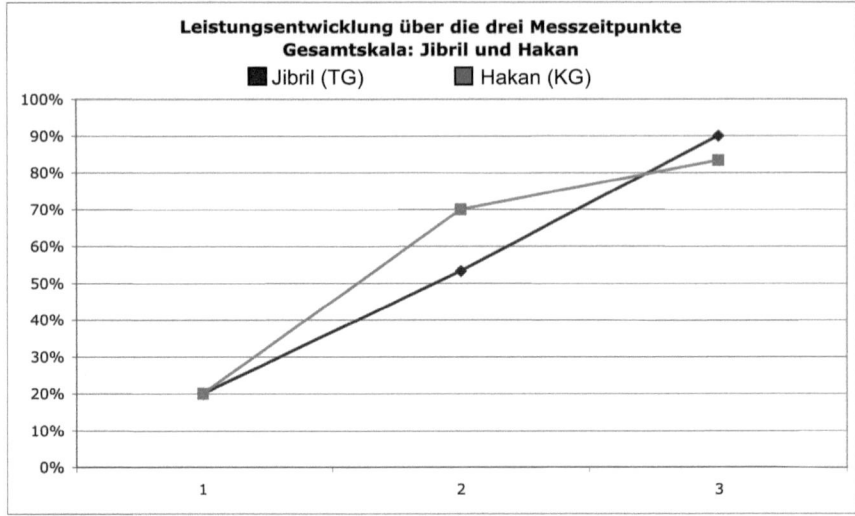

Abb. 7.23: Vergleich der Ergebnisse der drei Messzeitpunkte von Jibril und Hakan
(TG=Treatmentgruppe, KG=Kontrollgruppe)

Zum zweiten Messzeitpunkt zählt Jibril bereits bis 13, Weiterzählen gelingt ihm
und beim Zählen der 21 Steine zeigt er auf die einzelnen Steine, er hört allerdings
auf zu zählen, nachdem er das letzte ihm bekannte Zahlwort nennt. Die Zahlwortreihe rückwärts kann Jibril nicht und die Würfelstrukturen erkennt er nicht alle, ohne zu zählen, was Hakan beides bewältigen kann. Bei der Invarianzaufgabe zählt
Jibril nach jeder neuen Anordnung neu.

Die Ziffern bzw. Zahlsymboldarstellungen der Zahlen von 0 bis 10 kennt er,
beim Ordnen legt er die 10 allerdings zwischen die sieben und die acht. Auch diese
Aufgabenstellungen gelingen Hakan. Dieser zählt bis 100, er lässt dabei lediglich
die 77 aus. Beim Zählen der 21 Steine trennt er gezählte nicht von ungezählten
Steinen. So zählt er einige Steine mehrfach. Schwierigkeiten hat er im Gegensatz
zu Jibril außerdem beim Vergleich von Mengen, die größer als 10 sind, und beim
Interpretieren des Relationsbegriffs ‚am meisten'.

Von den Rechenaufgaben lösen beide Jungen die Addition, bei der nicht gezählt
werden konnte, Hakan bewältigt darüber hinaus auch die Addition, bei der gezählt
werden kann. Hier antwortet er spontan mit einer falschen Lösung, zählt dann aber
die Elemente und löst die Aufgabe richtig (vgl. Anhang, S. 300f.)

Beide Kinder lösen zum zweiten Messzeitpunkt zusätzlich zu den Aufgaben, die sie bereits im Pretest richtig bearbeitet hatten, eine weitere Aufgabenstellung aus dem Bereich Raum und Form. Jibril setzt das Muster richtig fort. Hakan zeichnet ein erkennbares Viereck.

Die Aufgaben zum Bereich Größen und Maße löst Hakan alle, Jibril hat Schwierigkeiten mit der Aufgabe zur Seriation. Während die durch die gegebenen Aufgabenstellungen dokumentierte Leistungsentwicklung beider Kinder in den Bereichen Raum/Form und Größen/Maße vom ersten bis zum zweiten Messzeitpunkt sehr ähnlich verläuft, zeigt Hakan bei den Aufgabenstellungen zum Bereich Zahlen und Rechnen einen Entwicklungsvorsprung. Er erreicht 13 von 30 Punkten in dieser Subskala, während Jibril neun Aufgaben richtig bearbeitet hat (vgl. Abb. 7.24).

Im Posttest erreicht Jibril 27 (von 30 möglichen) Punkten und Hakan zwei Punkte weniger. In der Subskala Zahlen und Rechnen erfüllen beide Kinder bis auf zwei Aufgabenstellungen alle Anforderungen. Jibril zählt mittlerweile auch bis 100, wobei er einige Zahlwörter auslässt. Vor allem sind dies die Zahlwörter zu Zahlen mit einer 3 an der Einerstelle. Er ordnet nur die Würfelbilder zu ‚drei‘ und ‚vier‘, ohne zu zählen, richtig den unstrukturierten Mengen zu und die Vergleichsaufgabe bereitet ihm Schwierigkeiten. Hakan kann die Vergleichsaufgabe und die Additionsaufgabe, bei der gezählt werden kann, nicht lösen.

Im Bereich Raum und Form scheitern beide Jungen an der Aufgabe zur Raumvorstellung, alle anderen Aufgabenstellungen können sie richtig bearbeiten.

Während Jibril auch alle Aufgaben der Subskala Größen und Maße richtig löst, hat Hakan im Posttest Probleme mit den beiden Aufgaben, die mit dem Abschätzen von Längen und Flächen bzw. Volumina zu tun haben. Wie auch bereits Mara (s.o.) konnte er diese beiden Aufgaben zum zweiten Messzeitpunkt richtig bearbeiten. Offensichtlich scheint das Lösen von Aufgaben zum Schätzen von Größen und Längen nicht zwangsläufig den Rückschluss auf eine erworbene Fähigkeit zuzulassen. Es ist denkbar, dass gerade Aufgaben dieser Art jedes Mal mit einer anderen Strategie gelöst werden, auch wenn identische Aufgaben präsentiert werden.

Betrachtet man die Entwicklungen dieser beiden Kinder zusammenfassend, so zeigt sich eine in Teilbereichen sehr ähnliche Entwicklung. Im Bereich Raum und Form haben beide Kinder zu allen drei Messzeitpunkten sogar dasselbe Testergebnis (s. Abb. 7.24). Bei Hakan aus der Kontrollgruppe kann man im ersten Jahr vor allem im Bereich Zahlen und Rechnen einen etwas größeren Lernzuwachs feststellen (dies zeigt z.B. auch seine nahezu fehlerfreie Zahlwortreihe bis 100), den Jibril aus der Treatmentgruppe aber ein Jahr später aufholen kann. Aufgrund der inhaltlichen Analyse der einzelnen Aufgabenstellungen lässt sich sagen, dass beide Kinder sowohl zwei Jahre als auch kurz vor Schulbeginn auf ein ähnliches Vorwissen aufbauen können.

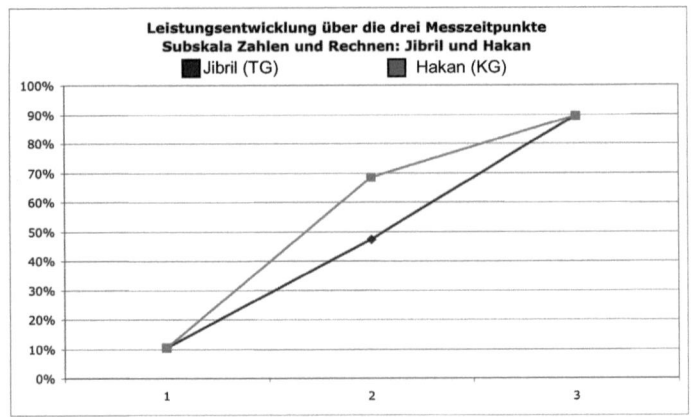

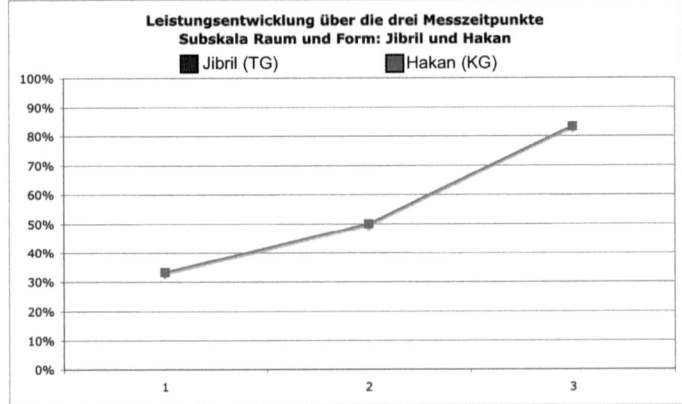

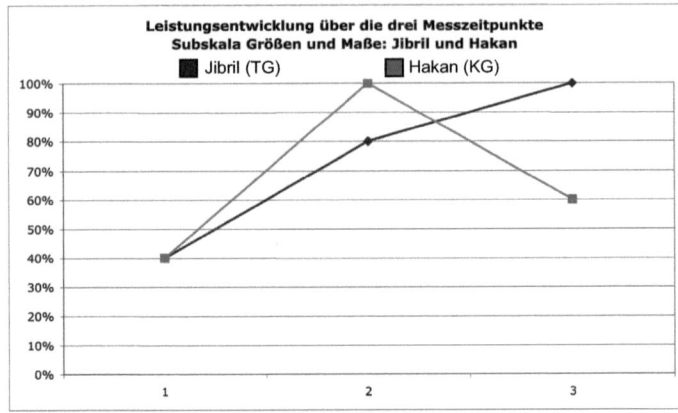

Abb. 7.24: Vergleich der Subskalen-Ergebnisse von Jibril und Hakan (drei Messzeitpunkte)

Zusammenschau der Entwicklungsverläufe beider Paare

Der Paarvergleich von Kindern gleicher Ausgangslage gibt zur vertiefenden Interpretation der Evaluationsergebnisse interessante Einblicke. In Kapitel 7.3 wurde dargestellt, dass der kompetenzorientierte Förderansatz vor allem im zweiten Jahr im Bereich Zahlen und Rechnen Wirkung zeigt. Mit diesem Hintergrundwissen lässt sich auch die Entwicklung der beiden Treatmentgruppen-Kinder Mara und Jibril betrachten. Mara unterscheidet sich gerade in der Leistungsentwicklung im Bereich Zahlen und Rechnen deutlich von Janine, wobei sie bereits im ersten Jahr einen großen Lernfortschritt zeigt. Jibril liegt in seiner Entwicklung nach dem ersten Jahr in diesem Bereich etwas hinter dem Vergleichskind zurück, holt aber im zweiten Jahr seinen Rückstand auf. Bei beiden Kindern könnte dies dem kompetenzorientierten Förderansatz zugeschrieben werden, allerdings muss man aufgrund der Betrachtung der Entwicklung von Hakan eine derartige Schlussfolgerung relativieren. Hakan entwickelt sich als Kind der Kontrollgruppe ähnlich gut wie Jibril – im ersten Jahr sind seine Fortschritte sogar deutlich größer. Dieser positive Entwicklungsverlauf zeigt sich, obwohl die Erzieherinnen von Hakan nicht im Sinne des oben geschilderten kompetenzorientierten Förderansatzes gearbeitet hatten.

Betrachtet man allerdings die Entwicklung von Janine (Kontrollgruppe), deren Leistung gerade aufgrund der Rückschritte in einigen Bereichen zum Nachdenken anregt, kann man zu dem Schluss kommen, dass in ihrem Fall eine kontinuierliche Beobachtung der mathematischen Kompetenzen sehr sinnvoll gewesen wäre. Daraufhin hätte man Janine in ihrer Entwicklung bereits zum zweiten Messzeitpunkt unterstützen können, als sich zeigte, dass sie einige Zählprinzipien noch nicht verinnerlicht hat. Hinweise auf Strategien zum Zählen, wie z.B. das Verschieben bereits gezählter Objekte, wären für Janine sicherlich hilfreich gewesen. Auch vielfältiges bewusstes Zählen in alltäglichen und spielerischen Situationen hätten zur Flexibilisierung der Zahlwortreihe beitragen können. Das Ergreifen von Unterstützungsmaßnahmen setzt allerdings voraus, dass Unterstützungsbedarf gesehen wird. Ein Instrument wie die ‚Lerndokumentation' ist dazu sicher förderlich.

Durch diesen Paarvergleich zeigt sich einmal mehr, dass Kinder sehr individuelle Entwicklungsverläufe aufweisen, die durch verschiedene Faktoren beeinflusst werden können. Viele Kinder entwickeln – wie Hakan – unabhängig von speziellen Maßnahmen bis zum Schuleintritt mathematische Kompetenzen, die eine gute Ausgangsbasis für das Weiterlernen darstellen. Manche – wie Janine – könnten durch bewusste Lernanregungen und Impulse, die an den momentanen Entwicklungsstand anschließen, profitieren, wodurch sich die Ausgangsbasis für das mathematische Weiterlernen stark verbessern kann.

7.4.3 Zusammenfassung und Interpretation

Die genauere Betrachtung der Entwicklung besonders schwacher Kinder beider Gruppen zeigt, dass sich gerade bei diesen Kindern der Treatmentgruppe eine positive Leistungsentwicklung beobachten lässt. Die Frage, ob dies allein dem kompetenzorientierten Ansatz zuzuschreiben ist, lässt sich hier nicht eindeutig beantworten. Schließlich muss man immer davon ausgehen, dass Kinder auch ohne jegliche Intervention Lernerfolge erringen und sich in ihrer Leistung weiterentwickeln. Allerdings zeigen die Ergebnisse auch, dass die Vorgehensweise, bei den Erzieherinnen und Erziehern anzusetzen und sie – durch Weiterbildung und Fokussieren auf die Beobachtung – für die mathematische Entwicklung der Kinder zu sensibilisieren dazu beitragen kann, dass besonders schwache Kinder in ihrer Lernentwicklung erfolgreich unterstützt werden und somit eine bessere Ausgangsposition für das mathematische Lernen haben. Einige im Pretest besonders schwache Kinder der Treatmentgruppe rückten in der Rangfolge zum Teil klar nach oben und auch Kinder mit besonders schlechten Ausgangsvoraussetzungen sind nach zwei Jahren soweit, dass sie flexibel und resultativ zählen können und damit über Grundvoraussetzungen für den schulischen Anfangsunterricht verfügen.

In der Kontrollgruppe gibt es hingegen kurz vor Schuleintritt zwei Kinder, die das Eineindeutigkeitsprinzip beim Zählen noch nicht beherrschen, was offensichtlich nicht bemerkt wurde. Dadurch fehlen wichtige Grundlagen für die Entwicklung des Zahlbegriffs, die in der Regel im mathematischen Anfangsunterricht vorausgesetzt werden.

Zur Reflexion der oben geschilderten Erfolge ist ein Blick auf Erkenntnisse zur Wirksamkeit vorschulischer Förderung hilfreich. STALLINGS und STIPEK (1986) verglichen zwölf Programme zur allgemeinen vorschulischen Förderung im Hinblick auf Langzeiterfolge. Als Problem erwies sich immer wieder, dass wohl kurzfristige Erfolge erzielt werden konnten, diese aber nach einigen Jahren nicht mehr messbar waren. Sie nennen zwei Punkte, die sich als grundlegend für die Effizienz solcher Programme zeigte:

„Common components should include involvement with the families and some structured, cognitve school-like aktivities." (STALLINGS, STIPEK 1986, S. 740)

Eine weitere Komponente für Wirksamkeit scheint die Dauer einer Maßnahme zu sein. Langfristige Maßnahmen erweisen sich als effektiver, jedoch scheinen gerade benachteiligte Kinder – trotz messbarer Fortschritte nach intensiver Förderung über einen längeren Zeitraum – Schwierigkeiten zu haben, ihr Leistungsdefizit komplett aufzuholen (vgl. REYNOLDS 1994, S. 801).

Vor allem unter letztgenannter Prämisse können die erreichten Lernfortschritte der schwachen Kinder durchaus als Erfolg betrachtet werden. Der hier geschilderte kompetenzorientierte Förderansatz bezieht die Eltern nicht unmittelbar in die Förderung ein, jedoch sind die evaluierten Maßnahmen von der Grundkonzeption her langfristig gedacht. Zum einen wird durch den Ansatzpunkt der Interventionsmaß-nahmen bei den Erziehenden eine tiefgreifende, anhaltende Veränderung der alltäg-lichen Bildungsarbeit in der Kindertagesstätte angestrebt und zum anderen ist durch die ergriffenen Maßnahmen im Rahmen der Projektarbeit auch die Kontinuität in der Schule vorgesehen, da die Lerndokumentation auch dort weiter Verwendung findet. Wie sich die Leistung gerade der schwachen Kinder nach dem Schuleintritt entwickelt und ob sich der hier beschriebene Trend längerfristig bestätigen lässt, muss sich zeigen. Dazu wäre eine Weiterführung der Untersuchung sinnvoll.

8. Diskussion und Ausblick

> *„The tendency of educational development to proceed by reaction from one thing to another, to adopt for one year, or for a term of seven years, this or that new study or method of teaching, and then as abruptly to swing over to some new educational gospel, is a result which would be impossible if teachers were adequately moved by their own independent intelligence."*
> *John Dewey 1904, S. 16*

In dieser Arbeit wurde auf Basis theoretischer Überlegungen und unter Berücksichtigung der Professionalisierung der Erziehenden ein Ansatz zur Förderung mathematischer Kompetenzen im vorschulischen Bereich grundgelegt. Das Hauptziel dieser Förderung sollte sein, Kinder vor Eintritt in die Schule in ihrer mathematischen Entwicklung so voranzubringen, dass sie über solide Grundlagen für das Weiterlernen verfügen. Im vorangegangenen Kapitel wurden die Ergebnisse der Evaluation dieses Förderansatzes dargestellt und bereits kommentiert. Resümierend folgen eine kritische Reflexion der Untersuchung und eine zusammenfassende Einordnung der daraus gewonnenen Erkenntnisse. Dabei wird jeweils weiterer Forschungsbedarf aufgezeigt. Welche Konsequenzen für die Praxis der mathematischen Bildung in der frühen Kindheit aus den Ergebnissen dieser Arbeit gezogen werden können, wird abschließend geschildert.

8.1 Kritische Reflexion der Untersuchung

Der zentrale Gedanke des in dieser Arbeit vorgestellten Ansatzes, Kinder ausgehend von ihren individuellen Kompetenzen durch gehaltvolle mathematische Lernanregungen zu fördern, ist es, Erziehende zu professionalisieren und zu unterstützen, damit sie diese Aufgabe erfüllen können. Dabei ist es das Ziel, die Qualität der elementaren mathematischen Bildung fundamental so zu verbessern, dass sich Erfolge in der mathematischen Kompetenzentwicklung bei Kindern zeigen. Diese Erfolge wurden im Rahmen der Evaluation gemessen. Das verwendete Evaluationsdesign, lässt sich – wie im Folgenden ersichtlich – in einigen Punkten kritisch überdenken. Zudem gab es nach der Auswertung der Untersuchungsergebnisse offene Fragestellungen, die an dieser Stelle zusammengetragen werden.

8.1.1 Untersuchungskonzeption

Mit der vorliegenden Untersuchung wurde der Weg beschritten, die Wirkung der Maßnahmen, die im Rahmen des in der Arbeit grundgelegten kompetenzorientierten Förderansatzes ergriffen wurden, über die Kompetenzentwicklung der betreffenden Kinder im Vergleich zur Entwicklung von Kindern einer Kontrollgruppe zu messen – also den Output zu analysieren. Dabei wurde bewusst darauf verzichtet, zu erheben, wie elementare mathematische Bildung im Alltag der Kindertagesstätten konkret umgesetzt wurde. Dieser Entschluss wurde in erster Linie gefasst, um mit Hilfe der Evaluationsergebnisse eine tragfähige Entscheidungsgrundlage für die Ausweitung der Maßnahme auf eine größere Grundgesamtheit zu haben (vgl. Kapitel 6.1.1). Die Entscheidung gegen eine systematische Beobachtung des täglichen Geschehens in den Kindertagesstätten erfolgte, da dies vermutlich die alltägliche Arbeit der Erziehenden zusätzlich beeinflusst hätte (vgl. LAMNEK 2005, S. 561). Auch wurden die von den Erziehenden geführten Lerndokumentationen nicht gesichtet, weil die Erziehenden nicht zum Ausfüllen der Lerndokumentation verpflichtet werden sollten. Die Evaluation sollte – ganz im Sinne der Zielsetzung des Instruments ‚Lerndokumentation‘ (vgl. 3.4.3) – auch die Effekte erfassen, die sich allein aufgrund der Auseinandersetzung mit dem Beobachtungsraster ergeben (vgl. STEINWEG 2006). Allerdings bleibt durch die hier gewählte Evaluationsmethode im Ungewissen, wie sich die Arbeit der Erziehenden aufgrund der Fortbildungsmaßnahmen und des Einsatzes des Instruments ‚Lerndokumentation Mathematik‘ tatsächlich verändert. Diesbezüglich musste bei der vorliegenden Untersuchung auf die Selbstauskünfte der Erziehenden zurückgegriffen werden. Um weitere Erkenntnisse über die konkrete Wirkung der Fortbildungsmaßnahmen auf die alltägliche Arbeit oder über den Zusammenhang zwischen dokumentierten Lernprozessen und der Kompetenzentwicklung beim einzelnen Kind zu gewinnen, wären systematische Feldbeobachtungen bzw. Einzelfallstudien sinnvoll.

8.1.2 Stichprobe

Aufgrund der Rahmenbedingungen und der Tatsache, dass für die Erhebung mathematischer Kompetenzen im vorschulischen Bereich Einzelinterviews durchgeführt werden mussten, wurde eine Evaluationsstichprobe gezogen (vgl. Kapitel 6.1.1, 6.3.2). Die Stichprobe wurde proportional geschichtet nach Alter, Geschlecht und Migrationshintergrund. Dadurch ergab sich zu Beginn der Untersuchung eine Stichprobengröße von 42 Kindern, von denen 24 Kinder 2001 und 18 Kinder 2002 geboren waren. Nach dem ersten Interventionsjahr waren noch keine statistisch bedeutsamen Unterschiede in der Kompetenzentwicklung der Kinder der Treatmentgruppe im Vergleich zur Kontrollgruppe erkennbar. Zu diesem Zeitpunkt wurde allerdings etwa die Hälfte der Kinder der Stichprobe eingeschult. Zum dritten Messzeitpunkt reduzierte sich deshalb die Stichprobe auf je 19 Kinder in den beiden Gruppen. Nach BORTZ, DÖRING (2002, S. 617) reicht diese Stichprobengröße aus, um mit Hilfe einer zweifaktoriellen Varianzanalyse mit Messwiederholung einen mittleren Effekt abzusichern, jedoch sollten die Ergebnisse der Untersuchung mit gebotener Zurückhaltung interpretiert werden (vgl. Kapitel 6.3.2). Je heterogener die Zusammensetzung der untersuchten Gruppe ist, umso größer ist die Gefahr, dass Einzelwerte das Untersuchungsergebnis – gerade bei kleineren Stichproben – verzerren.

Bei der Frage nach der Vergleichbarkeit von Treatment- und Kontrollgruppe stößt man auf die offene Frage, weshalb sich zu Beginn der Untersuchung unerwarteterweise signifikante Unterschiede in den Testergebnissen der Kinder zeigten (vgl. 7.2), obwohl die Stichproben parallelisiert wurden (vgl. Kapitel 6.3.2). Zwar stammen die Kinder der Treatment- und Kontrollgruppe aus unterschiedlichen Bundesländern (dies war aus organisatorischen Gründen nicht anders zu lösen), allerdings wurde im Vorfeld angenommen, dass sich institutionelle Unterschiede bei Kindern im Alter zwischen 3 und 5 Jahren noch nicht in dem Maße bemerkbar machen – vor allem, da einige untersuchte Kinder erst seit kurzer Zeit eine Kindertagesstätte besuchten. Dieses so nicht beabsichtigte Teilergebnis der Untersuchung wirft einige offene Fragen auf. Mathematische Kompetenzen entwickeln sich, wie in Kapitel 1 geschildert, bereits ab den ersten Lebensmonaten. Offensichtlich scheint sich ein anregungsreiches Lernumfeld bereits vor Eintritt in die Kindertagesstätte bemerkbar zu machen. Dabei sind Zusammenhänge zwischen frühen mathematischen Kompetenzen bei Kindern und dem sozioökonomischen Status bekannt (vgl. auch SIEGLER, RAMANI 2008; HUGHES 1986). In der hier vorliegenden Untersuchung konnte der sozioökonomische Hintergrund der Kinder nicht erhoben werden, allerdings entstammen sowohl Treatment- als auch Kontrollgruppe aus Wohngebieten mit vergleichbaren sozialen Eckdaten (vgl. Kapitel 6.3.2). Die Unterschiede in den Ergebnissen können deshalb nicht unmittelbar darauf zurückgeführt werden.

Durch die proportionale Schichtung wurde versucht, die beiden Gruppen in ihrer Zusammensetzung weitgehend vergleichbar zu halten. Inwieweit vor allem das Schichtmerkmal Migrationshintergrund diesen Zweck erfüllen konnte, lässt sich kritisch reflektieren. So ist beispielsweise bekannt, dass die Staatsangehörigkeit als Entscheidungskriterium für die Zuschreibung eines Migrationshintergrundes nicht ausreicht (vgl. SÖHN, ÖZCAN 2007; BURGMAIER, TRAUB 2007). Die in der Familie gesprochene Sprache bzw. das Geburtsland der Kinder und auch der Eltern geben über die Staatsangehörigkeit hinaus wichtige Informationen über den Migrationshintergrund eines Kindes. Zudem scheinen die in der Familie gesammelten Bildungserfahrungen und die berufliche Stellung der Eltern auch bei Kindern mit Migrationshintergrund den entscheidenden Einfluss auf den Bildungserfolg auszumachen (vgl. KRISTEN, GRANATO 2007). Da diese detaillierten Daten nicht erhoben werden konnten, ist nicht auszuschließen, dass sich die Zusammensetzungen der beiden Gruppen diesbezüglich unterschieden haben.

Welchen Einfluss die Familie, das soziale Umfeld oder der Migrationshintergrund über die Staatsangehörigkeit hinaus in den ersten Lebensjahren auf die mathematische Entwicklung der Kinder hat bzw. welche Faktoren bereits vor Eintritt in die Kindertagesstätte bestimmend dafür sind, dass Kinder anschlussfähige mathematische Basiskompetenzen erwerben, sind noch zu klärende Forschungsfragen.

8.1.3 Testinstrument

Zur Erhebung der mathematischen Kompetenzen wurde in der vorliegenden Untersuchung ein Testinstrument verwendet, das Aufgabenstellungen zu den drei Inhaltsbereichen Zahlen und Rechnen, Raum und Form und Größen und Maße enthält. Die Aufgaben wurden den Kindern in einer Interviewsituation gestellt und waren durch Material gestützt bzw. konnten mit Stift und Papier bearbeitet werden. Die drei Subskalen wurden gebildet, um zum einen das breite Spektrum mathematischer Kompetenz zu erfassen und zum anderen eine Aussage darüber treffen zu können, ob sich die Wirksamkeit des kompetenzorientierten Förderansatzes in allen Inhaltsbereichen gleichermaßen zeigen lässt (vgl. Kapitel 6.2). Wie in Kapitel 6.3.3 ausführlich geschildert, ist das Testinstrument nicht in allen Inhaltsbereichen gleichermaßen ausgewogen. Während die Subskala Zahlen und Rechnen 19 Items beinhaltet, umfasst die Subskala Größen und Maße nur fünf Items und die zu Raum und Form sechs. Allein die unterschiedliche Anzahl an Items lässt bereits darauf schließen, dass die mathematische Kompetenzentwicklung im Bereich Zahlen und Rechnen durch das Testinstrument besser abgebildet wird als in den anderen beiden Bereichen. Die geringe Itemzahl in den Subskalen Raum und Form bzw. Größen und Maße ist vermutlich auch einer der Hauptgründe dafür, dass die Reliabilitäten dieser Skalen nicht ganz zufriedenstellend sind (vgl. Tabelle 6.5). Ausführlich wurde dies in Kapitel 6.3.3 dargelegt. Mathematische Kompetenz in den Inhaltsbereichen Raum und Form bzw. Größen und Maße scheint eine Vielzahl teilweise sehr heterogener Teilfähigkeiten und -fertigkeiten zu beinhalten (vgl. REISS, HEINZE, PEKRUN 2007), was die Kompetenzmessung ebenso erschwert, wie die Tatsache, dass vor allem geometrische Lerngelegenheiten im vorschulischen und auch schulischen Bereich weniger systematisch konzipiert und oft auch vernachlässigt werden (vgl. LEE, GINSBURG 2007; Konzeption der Trainingsprogramme im Elementarbereich, s. 2.3).

Die Ergebnisse der hier vorliegenden Untersuchung zeigen, dass der kompetenzorientierte Förderansatz im Inhaltsbereich Zahlen und Rechnen Wirkung zeigt – nicht jedoch in den anderen beiden Inhaltsbereichen. Dies mag unter anderem auch darin begründet sein, dass mathematische Bildung für Erziehende in erster

Linie mit dem Inhaltsbereich Zahlen und Rechnen in Verbindung gebracht wird (vgl. 4.3.2, 7.3.3).

Ob sich dieses Ergebnis mit einem in den Inhaltsbereichen ausgewogeneren Testinstrument revidieren lässt, ist eine noch offene Forschungsfrage. Allerdings scheint dafür weitere Grundlagenforschung hinsichtlich der frühen Kompetenzentwicklung im geometrischen Bereich und im Bereich Größen und Maße notwendig. Dabei könnte an die Forschungsergebnisse zu Kompetenzstufenmodellen im Zusammenhang mit Leistungsmessung in der Grundschule (vgl. REISS, WINKELMANN 2009; REISS, HEINZE, PEKRUN 2007) angeknüpft werden.

8.2 Zusammenfassende Diskussion der Ergebnisse

Ziel der in dieser Arbeit geschilderten Untersuchung war es, zu erheben, ob Kinder, deren Erzieherinnen und Erzieher sich mit dem Instrument ‚Lerndokumentation' vertraut gemacht haben und die unter anderem aufgrund von Fortbildungsmaßnahmen einen Fokus auf mathematische Lernanregungen im Alltag der Kindertagesstätte legen konnten, ihre Leistung gegenüber den Kindern in einer Kontrollgruppe verbessern. Ergänzend dazu sollte geklärt werden, ob auch besonders schwache Kinder von einer so angeregten Förderung profitieren können und ob extreme Leistungsdefizite in den Bereichen, denen Prädiktorfunktion für Rechenschwäche zugewiesen wird, ausgeglichen werden können (vgl. 6.2). Vor dem Hintergrund, dass es über die Art und Weise, wie frühe mathematische Bildungsprozesse gestaltet und dokumentiert werden können, verschiedene und auch konträre Ansichten gibt (vgl. Kapitel 2 und 3), sollen die zentralen Ergebnisse noch einmal reflektiert und diskutiert werden.

8.2.1 Wirksamkeit des kompetenzorientierten Förderansatzes

Die in Kapitel 7.3 dargestellten Ergebnisse zeigen, dass Kinder ihre Leistung im Bereich Zahlen und Rechnen zwei Jahre nach dem Start der oben geschilderten Interventionsmaßnahmen deutlich verbessern konnten. Vor dem Hintergrund, dass die Interventionsmaßnahmen bei den Erziehenden ansetzten und keine unmittelbare Einflussnahme auf die Kinder vorgesehen war, kann dieses Ergebnis sehr positiv bewertet werden. Damit die in den Fortbildungsmaßnahmen erarbeiteten Ideen für elementare mathematische Bildung und die Grundgedanken der ‚Lerndokumentation Mathematik' in die tägliche Arbeit der Erziehenden integriert werden können, ist in vielen Fällen ein Umdenken und eine Veränderung alltäglicher Einstellungen und Handlungsweisen notwendig. Diese Prozesse brauchen zwar Zeit, allerdings besteht die begründete Hoffnung, dass es gerade durch inhaltliche Reflexion und die bewusste Auseinandersetzung mit der eigenen Tätigkeit zu langfristigen Veränderungen in der Bildungsarbeit kommen kann (vgl. auch Kapitel 4). Die in Kapitel

2.3 geschilderten Trainingsprogramme beschreiten hier einen anderen Weg. Die Erziehenden bekommen eine klare vorstrukturierte Handlungsanweisung, die sie ausführen können, ohne die mathematischen Zusammenhänge zu durchdringen und ohne eine vorausgehende diagnostische Einschätzung des jeweiligen Kompetenzstandes einzelner Kinder zu treffen. Lehren und infolgedessen auch Lernen, das ohne Berücksichtigung der zugrunde liegenden fachlichen Struktur erfolgt, dient aber nicht dem Erwerb von Kompetenzen, sondern eher der Aneignung isolierten Faktenwissens, welches nicht zwangsläufig anschlussfähig ist (vgl. BRUNER 1965, S. 11f.).

Die Erfolge der Interventionsmaßnahmen zeigen sich in dem mathematischen Inhaltsbereich, dem für das weitere mathematische Lernen große Bedeutung zugeschrieben wird: dem Bereich Zahlen und Rechnen (vgl. Kapitel 1; Kapitel 3.1; MOSER OPITZ 2002; DORNHEIM 2008). Mit dem Beherrschen der Zählprinzipien, einem grundlegenden Verständnis von Mengen und Strukturen und informellen Vorkenntnissen zu den Rechenoperationen Addition und Subtraktion sind wichtige Grundvoraussetzungen für den mathematischen Anfangsunterricht in der Schule gegeben. Auch die schwachen Kinder der Treatmentgruppe verfügen diesbezüglich unmittelbar vor Schuleintritt über eine solide Ausgangsbasis, obwohl die ergriffenen Maßnahmen nicht allein darauf abgestimmt waren, Kinder mit besonderen Schwierigkeiten zu unterstützen (vgl. Kapitel 3, insbesondere 3.1), sondern die Kompetenzentwicklung aller Kinder zum Ziel hatten.

Da die Treatmentgruppe im Pretest signifikant schlechter abschnitt als die Kontrollgruppe, muss die Annäherung der Leistungen zum dritten Messzeitpunkt interpretiert und eingeordnet werden. Unter der Prämisse, dass Unterschiede in mathematischen Ausgangsvoraussetzungen in der Regel über einen langen Zeitraum hinweg erhalten bleiben (vgl. SCHNEIDER, STEFANEK 2004) oder sich sogar vergrößern (AUNOLA, LESKINEN, LERKKANEN, NURMI 2004; BECKER, LÜDTKE, TRAUTWEIN, BAUMERT 2006), ist es als deutliches Indiz für die Wirksamkeit des kompetenzorientierten Förderansatzes zu interpretieren, dass sich die Leistungen der zu Beginn signifikant schwächeren Treatmentgruppe an die der Kontrollgruppe angeglichen haben (vgl. Abb. 7.8). Dieses Indiz wird durch den Rangfolgenvergleich der besonders schwachen Kinder gestützt. Ergebnisse verschiedener Untersuchungen weisen darauf hin, dass sich interindividuelle Unterschiede in der mathematischen Leistung hinsichtlich der Rangreihenfolge weitgehend stabil zeigen (WEISSHAUPT, PEUCKER, WIRTZ 2006; STERN 1998b). Die Analyse der Ergebnisse der schwächsten Kinder beider Gruppen offenbart Veränderungen in der Rangfolge zugunsten der Kinder der Treatmentgruppe (vgl. Abb. 7.12), was – wie auch der Vergleich der Mittelwerte – für die Wirksamkeit der ergriffenen Maßnahmen sprechen kann. Ob sich die positiven Effekte, die sich zwei Jahre nach Einführung des

Instruments ‚Lerndokumentation Mathematik' und der Durchführung der Fortbildungsmaßnahme gezeigt haben, langfristig bestätigen lassen, ist eine Fragestellung, die noch weiter verfolgt werden muss. Da die professionelle Weiterentwicklung der Erziehenden im Rahmen eines Verbundprojekts stattfand, das die Gestaltung des Übergangs zwischen Kindertagesstätte und Grundschule zum Ziel hatte, waren auch Lehrkräfte aus den beteiligten Grundschulen mit einbezogen. Das Instrument ‚Lerndokumentation Mathematik' wurde auch den beteiligten Schulen zur Verfügung gestellt. Im Sinne der Kooperation waren die Lehrkräfte zu den Fortbildungsveranstaltungen eingeladen. In der Weiterführung der Projektarbeit ist angedacht, die Unterrichtsqualität sowie die individuelle Förderung zu zentralen Themen der Professionalisierung der Lehrkräfte zu machen. Die Maßnahmen, die ergriffen wurden, um den hier grundgelegten kompetenzorientierten Förderansatz zu konkretisieren, waren also von Beginn an über den Eintritt in die Schule hinaus angedacht. Wie sich die Leistungen der Kinder in den ersten Schuljahren weiterentwickeln und ob sich die Lernfortschritte aufrechterhalten lassen, muss noch untersucht werden.

8.2.2 Individuelle Voraussetzungen und Entwicklungen

An dieser Stelle sollen noch einige Erkenntnisse aus der Untersuchung diskutiert werden, die nicht in unmittelbarem Zusammenhang mit der Evaluation des kompetenzorientierten Förderansatzes stehen, die aber dennoch eine wichtige Bedeutung für die konkrete mathematische Bildungsarbeit im vorschulischen Bereich haben.

Eine qualitative Betrachtung der Testergebnisse aller Kinder über die drei Messzeitpunkte offenbart enorme individuelle Unterschiede zwischen den Leistungen. Während manche Kinder bereits zwei Jahre vor Schuleintritt bis zwanzig und darüber hinaus zählen können und auch in der Lage sind, mit eigenen Strategien erste Rechenoperationen zu bewältigen, gibt es Kinder, die unmittelbar vor Eintritt in die Schule die Zählprinzipien noch nicht komplett verinnerlicht und infolgedessen Schwierigkeiten haben, die Mächtigkeiten von Mengen zu bestimmen (vgl. Kapitel 7.2, 7.4.2). Bedenkt man, dass den Zählfähigkeiten eine wichtige Bedeutung bei der Entwicklung des Zahlbegriffs zukommt und dass sie eine Grundvoraussetzung für zahlreiche Aufgabenstellungen sind, mit denen Kinder im mathematischen Anfangsunterricht konfrontiert werden, wird ersichtlich, wie unabdingbar individuelle Förderung vor Schuleintritt ist. Dies gilt für Kinder mit Entwicklungsverzögerungen gleichermaßen wie für Kinder, die in ihrer mathematischen Entwicklung bereits weit fortgeschritten sind. Für Letztere sind bereits in der Kindertagesstätte, aber auch in der Schulanfangsphase herausfordernde Aufgabenstellungen wichtig, um ihre Motivation und Begeisterung für mathematische Aktivitäten aufrechtzuerhalten. Die Heterogenität der mathematischen Kompetenzen von Kindern einer Altersgruppe macht erneut deutlich, dass Trainingsprogramme, die von einem mehr oder weniger homogenen Leistungsstand der Kinder ausgehen, dieser Vielfalt nicht gerecht werden können. Werden hingegen mathematische Lerngelegenheiten in Alltags- und Spielsituationen genutzt (vgl. Kapitel 2.4), erfolgt dies in der Regel im Sinne einer natürlichen Differenzierung (vgl. WITTMANN 1994, S. 164). Jedem Kind wird ermöglicht, auf seinem Niveau zu arbeiten und sich dementsprechend weiterzuentwickeln. Um diesen Weg zur Gestaltung früher mathematischer Bildungsprozesse für viele Erziehende gangbar zu machen, ist es sinnvoll, in die Entwicklung konzeptioneller Ideen in diesem Sinne und in die Aus- und Weiterbildung der Erziehenden weiter zu investieren.

Auch die verschiedenen Entwicklungsverläufe einzelner Kinder sind es wert, noch genauer betrachtet zu werden. Die Analyse der Kompetenzentwicklung besonders schwacher Kinder (vgl. Kapitel 7.4) zeigt, dass sich deren Leistung nicht immer kontinuierlich weiterentwickelt, sondern dass mit Stagnationen und teilweise auch mit Rückschritten gerechnet werden muss. Während z.B. ein Kind mit besonders schlechten Ausgangsvoraussetzungen in zwei Jahren den Anschluss an die leistungsstärkeren Kinder schafft (vgl. Abb. 7.12, Kind 13), zeigt ein anderes Kind über zwei Jahre hinweg nur geringfügige Fortschritte (Kind 44). Wie in Kapitel 7.4.3 erwähnt, lässt das Untersuchungsdesign nicht den eindeutigen Schluss zu, dass sich die Erfolge der Treatmentgruppenkinder auf die Maßnahmen des kompetenzorientierten Förderansatzes zurückführen lassen. Allerdings streichen diese Ergebnisse heraus, wie wichtig eine lernbegleitende gute Diagnose des Kompetenzstandes einzelner Kinder ist. Haben Erziehende das nötige Bewusstsein für entscheidende Schritte in der mathematischen Entwicklung vor Eintritt in die Schule, so können sie frühzeitig Defizite erkennen und entsprechend reagieren. Dies könnte ein Grund dafür sein, weshalb die Kinder in der Treatmentgruppe trotz erheblicher Defizite zum Zeitpunkt des Pretests vor Schuleintritt alle über die Zählprinzipien verfügen können, wohingegen zwei Kinder der Kontrollgruppe zu diesem Zeitpunkt bei Aufgabenstellungen zum Zählen Schwierigkeiten bei der Eins-zu-Eins-Zuordnung haben. Wie wichtig die Fachkompetenz der Erziehenden ist, wenn es darum geht, Äußerungen, Handlungen und Entwicklungsprozesse von Kindern richtig einzuschätzen, wurde in Kapitel 4.1.3 herausgearbeitet. Erst auf dieser Grundlage kann es gelingen, angemessene Impulse und Aufgabenstellungen bereitzuhalten, die bei Stagnationen oder Rückschritten in der Entwicklung greifen können. Eine punktuelle Lernstandsdiagnose (vgl. Kapitel 3.2) kann in der Regel zwar ohne fundierte Fachkenntnis durchgeführt werden, weil Interviewleitfäden und Auswertungsrichtlinien klare Handlungsanweisungen geben, dadurch erhält man dann aber lediglich einen Überblick über den aktuellen Entwicklungstand des Kindes und keine Hinweise für die weitere Arbeit oder Informationen über den Entwicklungsverlauf über einen längeren Zeitraum. Will man eine möglichst optimale

Leistungsentwicklung der Kinder erreichen, so ist ein guter Überblick über zentrale Entwicklungsschritte, der die prozessbegleitende wertende Einschätzung der Leistungen ermöglicht, ebenso unabdingbar, wie das Wissen um mögliche Maßnahmen bei Schwierigkeiten.

8.3 Fazit und Konsequenzen

Dass die Notwendigkeit besteht, sich intensiv mit elementarer mathematischer Bildung im vorschulischen Bereich zu beschäftigen, wurde in dieser Arbeit von verschiedenen Standpunkten aus begründet bzw. bestätigt.

Kinder entwickeln von den ersten Lebenswochen an mathematische Fähigkeiten. Ob und inwieweit die Entwicklung mathematischer Kompetenzen vor Eintritt in die Schule so vonstattengeht, dass eine solide Basis für schulisches Lernen geschaffen wird, hängt zu einem beträchtlichen Teil von einem anregungsreichen Lernumfeld ab. Dabei übernehmen Kindertagesstätten eine verantwortungsvolle Aufgabe, wie Zusammenhänge zwischen dem Besuch vorschulischer Einrichtungen und späterer Leistungen immer wieder bestätigen (HANY 1997; PRENZEL, HEIDEMEIER, RAMM, HOHENSEE, EHMKE 2004; STALLINGS, STIPEK 1986). Man geht davon aus, dass früh erkannte Rückstände durch entsprechende Förderung noch vor Schuleintritt ausgeglichen oder zumindest gemildert werden können. Allerdings wurden und werden Erzieherinnen und Erzieher mit dieser Verantwortung mehr oder weniger alleingelassen. Eine fehlende Konkretisierung der inhaltlichen Anforderungen und auch fehlende, fachlich fundierte Handlungskonzepte für elementare mathematische Bildung führen zu Unsicherheiten. Nicht zuletzt deshalb besteht die Gefahr, dass aus einer Not heraus kommerziell gut vermarktete Konzepte, die klare Handlungsanweisungen geben, ohne ausreichende Prüfung und aus scheinbarem Mangel an Alternativen übernommen werden (vgl. Kapitel 2.2.3).

Allerdings gibt es berechtigte Zweifel daran, dass eng geführte Trainingsprogramme, wie sie beispielsweise in Kapitel 2.3 beschrieben wurden, für elementare mathematische Bildung geeignet sind. Lerneinheiten, die mit der ganzen Gruppe zur selben Zeit durchgeführt werden, fehlt die Ausrichtung auf die individuellen Voraussetzungen und Dispositionen des einzelnen Kindes. Deshalb sind sie oftmals auch weniger erfolgreich als am Kind ausgerichtete oder vom Kind initiierte Aktivitäten (vgl. MONTIE, XIANG, SCHWEINHART 2006). Die Art und Weise, in der mit Trainingsprogrammen Lernprozesse gestaltet werden, entspricht aufgrund der Steuerung des Lernens durch die Person des Erziehenden zudem nicht dem aktuellen Verständnis von Lernen, geht es doch bei Trainingsprogrammen eher darum, die Kinder auf bestimmte Verstehens- und Lernpfade zu zwingen (vgl. REUSSER 2006, S. 165; s.a. STERN 1998a). Die Gefahr, ‚träges' Wissen zu vermitteln und nicht Fähigkeiten und Fertigkeiten, die zur Problemlösung in variablen Situationen genutzt werden können (vgl. WEINERT 2001b), ist bei Trainingsprogrammen deshalb groß. Im vorschulischen Bereich für die Durchführung eng geführter mathematischer Trainingsprogramme mit strikten Vorgaben bis hin zu den sprachlichen Äußerungen der Erziehenden zu plädieren, würde außerdem bedeuten, den Erziehenden nicht zuzutrauen, professionell zu agieren, indem sie selbst die Verantwortung für die Gestaltung der mathematischen Bildungsprozesse übernehmen (vgl. BERLINER 1988, S. 3).

Ausgangspunkt für das vorschulische mathematische Lernen sollten die individuellen Voraussetzungen und Lernbedürfnisse der Kinder sein. Dies begründet sich durch all das, was man über erfolgreiche Lernprozesse weiß (vgl. auch Kapitel 2.4.1), durch das Wissen um die Heterogenität der mathematischen Kompetenzen der Kinder vor Schuleintritt (vgl. Kapitel 1) und durch die mittlerweile zahlreichen Untersuchungen, die die Bedeutsamkeit von numerischen Basisfähigkeiten für das schulische Weiterlernen aufzeigen (DORNHEIM 2008; GAUPP, ZOELCH, SCHU-MANN-HENGSTELER 2004; KRAJEWSKI 2003; KRAJEWSKI, SCHNEIDER 2006; STERN 1998a; WEISSHAUPT, PEUCKER, WIRTZ 2006). Für die Erziehenden ist es also notwendig, sich immer wieder einen umfassenden Überblick über den mathematischen Entwicklungsstand des Kindes zu verschaffen. Geeignete Beobachtungs- und Diagnoseinstrumente sind dazu eine wichtige Unterstützung, gerade, weil die fachbezogene Beobachtung im vorschulischen Bereich besondere Ansprüche an die Erziehenden stellt (vgl. Kapitel 3). Mithilfe einer fachbezogenen und vor allem kontinuierlichen Beobachtung kann es gelingen, auf die Kinder aufmerksam zu werden, deren mathematische Kompetenzentwicklung Rückstände aufweist und deren mathematisches Lernen infolgedessen intensive Begleitung braucht. Zudem ist der Einblick in den momentanen Entwicklungsstand jedes einzelnen Kindes Voraussetzung für die Initiierung und Steuerung von Lernprozessen mit individueller Passung.

Zur Förderung der auf die individuellen Voraussetzungen ausgerichteten Kompetenzentwicklung sind gehaltvolle Lernanlässe nötig. Diese können sich zwar zu einem großen Teil in Alltags- und Spielsituationen in den Kindertagesstätten ergeben, sie müssen aber auch genutzt werden. Oft erhalten sie ihre mathematische Bedeutung auch erst durch entsprechende Impulse und werden dadurch von den Kindern als besondere Lerngelegenheiten wahrgenommen (vgl. Kapitel 2.4). Kommunikation und der Austausch über mathematische Erkenntnisse spielen dabei eine große Rolle. Elementare mathematische Bildung in diesem Sinne unterstützt nicht nur das Lernen mathematischer Inhalte, sondern verbunden mit prozessbezogenen Kompetenzen wie z.B. Problemlösen oder Argumentieren mathematisches Denken im Allgemeinen. Gerade für Kinder aus anregungsärmeren Elternhäusern ist es von

besonderer Bedeutung, dass sie in den Kindertagesstätten ein mathematisch anregungsreiches Lernumfeld vorfinden (FUSON 1988; HASEMANN 2008; RESNICK
1989; SIEGLER, RAMANI 2008; STERN 1998b). Unabdingbar ist dabei die fachliche
Richtigkeit. Auch wenn bzw. gerade weil es sich um elementares mathematisches
Lernen handelt, sollte der Vorsatz, mathematisches Lernen für Kinder möglichst
einfach zu gestalten, nicht zu fehlerhaften oder irreführenden Reduzierungen führen (vgl. Kapitel 2.3; CLEMENTS 2004).

All diese Forderungen an die Gestaltung mathematischen Lernens im vorschuli-
schen Bereich setzen voraus, dass die Erziehenden im Sinne des zu Beginn dieses
Kapitels angeführten Zitats von DEWEY (1904) kompetent und überlegt agieren.
Ihnen kommt im Zusammenhang mit elementarer mathematischer Bildung die
Schlüsselrolle zu. Sie brauchen Fach- und pädagogisch-didaktische Handlungskompetenz, um die mathematische Entwicklung der Kinder wahrnehmen und richtig einschätzen zu können, um Materialien und Konzeptionen zur mathematischen
Frühförderung richtig beurteilen zu können, um die Mathematik in Alltags- und
Spielsituationen erkennen und nutzen zu können und um individuell für die notwendige Förderung sorgen zu können (vgl. auch Kapitel 4). Fachliche, prozessbegleitende Unterstützung kann in erheblichem Maß dazu beitragen, über die fundierte Reflexion der eigenen Tätigkeit die Professionalität der Erziehenden zu steigern.
Will man langfristig weitreichende Veränderungen bewirken, braucht man das Verständnis der Erziehenden für die Sache und konkrete Hilfen zur Umsetzung (vgl.
ERNEST 1989; BAROODY 2004). Können Handlungsentscheidungen im Kindertagesstättenalltag nicht fachlich fundiert getroffen werden, besteht die Gefahr,
dass Rezepte unreflektiert übernommen, gute Gelegenheiten für mathematisches
Lernen übersehen und wohlüberlegte konzeptionelle Ideen nicht angemessen umgesetzt werden.

Dass die mathematische Kompetenzentwicklung von Kindern in Kindertagesstätten auf der Basis gehaltvoller Lernanregungen zu fundamentalen Ideen der Mathematik und mit Hilfe eines Instruments zur Beobachtung und Dokumentation der
individuellen Entwicklung vorangebracht werden kann, zeigt die vorliegende Untersuchung.

Die Umsetzung des hier grundgelegten kompetenzorientierten Förderansatzes
stellt jedoch einen hohen Anspruch an die verantwortlichen Personen. Deshalb
wurde ein wesentliches Augenmerk auf die Kompetenzentwicklung der Erzieherinnen und Erzieher gelegt. Das Instrument ‚Lerndokumentation' und die dazu entwickelten Anregungsmaterialien dienten unter anderem dazu, das Bewusstsein der
Erziehenden für Situationen elementaren mathematischen Lernens und die Entwicklung mathematischer Kompetenzen zu schärfen. Die begleitenden Fortbildungsmaßnahmen erlaubten ihnen, ihr Wissen prozessbegleitend zu erweitern und

ihre eigenen Handlungserfahrungen im kollegialen Austausch unter fachlicher Perspektive zu reflektieren.

Dieser Ansatz kann nicht umgehend zu Leistungsveränderungen beim Kind führen, sondern erfordert von den Initiatoren und Entscheidungsträgern Geduld. Zwar dauert es einige Zeit, bis die Intervention beim Kind ankommt (vgl. 7.3.3), allerdings ist gerade in der vorliegenden Untersuchung bezeichnend, dass der Erfolg nach zwei Jahren sichtbar wird, obwohl in einigen Kindertageseinrichtungen eine hohe Fluktuation beim Personal beobachtet wurde. Offensichtlich scheint die Steigerung der Professionalität der Erziehenden und vermutlich der damit einhergehende fachliche Austausch für Weitergabeeffekte in der jeweiligen Kindertagesstätte zu sorgen, was möglicherweise als Hinweis auf tiefgreifende Veränderungen in den Handlungs- und Denkweisen der Erziehenden gedeutet werden kann.

Insgesamt ist es sehr ermutigend, dass nicht ein rezeptartiges Vorgehen, sondern – obwohl es sich dabei durchaus um ein sehr anspruchsvolles Konzept handelt – die Berücksichtigung der individuellen Voraussetzungen der Kinder und das Gewährleisten gehaltvoller, mathematischer Lernanregungen zum Erfolg führen kann, wenn die Weiterentwicklung der Professionalität der Erziehenden berücksichtigt und die erforderliche Zeit dafür eingeräumt wird.

„In education there's no revolution, there's only evolution!"[9]

---

9 Guershon Harel 2008, s. Einleitung

Literatur

Amt für Statistik Berlin-Brandenburg (2008). Statistisches Jahrbuch 2008. Berlin: Kulturbuch-Verlag

Antell, S.E.; Keating, D.P. (1983). Perception of numerical invariance in neonates. In: Child Development 1983, 54, S. 695–701

Aunola, K.; Leskinen, E.; Lerkkanen, M.-K.; Nurmi, J.-E. (2004). Developmental dynamics of math performance from preschool to grade 2. In: Journal of Educational Psychology. Vol. 96/4. S. 699–713

Australian Schools Directory (o. J.). State and Territory Education System. www.australian schoolsdirectory.com.au/educationinformation.php?region=41 (aufgerufen 09.12.2009)

Baillargeon, R. (1994). How do infants learn about the physical world? In: Current Directions in Psychological Science, Vol. 3/5, S. 133–140

Balfanz, R. (1999). Why do we teach young children so little mathematics? Some historical considerations. In: Copley, J. V. (Ed.). Mathematics in the Early Years. S. 3–10. Reston, Virginia: National Council of Teachers of Mathematics

Ball, D.; Bass, H. (2000). Interweaving content and pedagogy in teaching and learning to teach: knowing and using mathematics. In: Boaler, J. (Ed.). Multiple Perspectives on Mathematics Teaching and Learning. S. 83–104. Westport: Ablex

Ball, D.; Bass, H. (2002). Toward a practice-based theory of mathematical knowledge for teaching. In: Davis, B.; Simmt, E. (Eds.). Proceedings of the 2002 Annual Meeting of the Canadian Mathematics Education Study Group. S. 3–14. Edmonton: CMESG/GCEDM

Ball, D.; Bass, H. (2009). With an eye on the mathematical horizon: Knowing mathematics for teaching to learners' mathematical futures. In: Neubrand, M. (Hrsg.). Beiträge zum Mathematikunterricht 2009. S. 11–22. Münster: WTM-Verlag

Ball, D.; Hill, H.C.; Bass, H. (2005). Knowing mathematics for teaching. Who knows mathematics well enough to teach third grade, and how can we decide? In: American Educator, Vol. 5/3, S. 14–17, 20–22, 43–46

Bares, H.; Wunderlich, G. (2002). Zeit erfahren, strukturieren und messen. Embsen-Oerzen: Der Kleine Verlag

Baroody, A.J. (1987). Children's mathematical thinking. New York: Teachers College Press

Baroody, A.J. (2004). The role of psychological research in the development of early childhood mathematics standards. In: Clements, D.H.; Samara, J. (Eds.). Engaging Young Children in Mathematics. Standards for Early Childhood Mathematics Education. S. 149–172. Mahwah, New Jersey: Lawrence Erlbaum Associates

Baroody, A.J.; Lai, M.-L.; Mix, K.S. (2006). The development of young children's number and operation sense and its implications for early childhood education. In: Spodek, B.; Saracho, O. (Eds.). Handbook of Research on the Education of Young Children. S. 187–221. Mahwah, New Jersey: Lawrence Erlbaum Associates.

Baumert, J.; Kunter, M. (2006). Stichwort: Professionelle Kompetenz von Lehrkräften. In: Zeitschrift für Erziehungswissenschaft, 9/4, S. 469–520

Bayerisches Staatsministerium für Arbeit und Sozialordnung, Familie und Frauen & Staatsinstitut für Frühpädagogik (2005). Der Bayerische Bildungs- und Erziehungsplan für Kinder in Tageseinrichtungen bis zur Einschulung. 2. aktualisierte und erweiterte Auflage. Weinheim, Basel: Beltz

Beck, E.; Baer, M.; Guldimann, T.; Bischoff, S.; Brühwiler, Ch.; Müller, P.; Niedermann, R.; Rogalla , M.; Vogt, F. (2008). Adaptive Lehrkompetenz. Analyse und Struktur, Veränderbarkeit und Wirkung handlungssteuernden Lehrerwissens. Münster: Waxmann

Becker, M.; Lüdtk, O.; Trautwein, U.; Baumert, J. (2006). Leistungszuwachs in Mathematik. Evidenz für einen Schereneffekt im mehrgliedrigen Schulsystem? In: Zeitschrift für Pädagogische Psychologie, 20/4, S. 233–242

Behörde für Soziales, Familie, Gesundheit und Verbraucherschutz, Hamburg (2008). Hamburger Bildungsempfehlungen für die Bildung und Erziehung von Kindern in Tageseinrichtungen. 3. Auflage. Hamburg: www.hamburg.de/kita (aufgerufen 09.12.09)

Benigno, J.P.; Ellis, S. (2004). Two is greater than three: effects of older siblings on parental support of preschoolers' counting in middle-income families. In: Early Childhood Research Quarterly, Vol. 19/1, S. 4–20

Benz, Ch. (2007). Mathematik im Kindergarten. Fragebogen für Erzieherinnen und Erzieher. Unveröffentlicht

Benz, Ch. (2008a). „Zahlen sind nichts Schlimmes" – Vorstellungen von Erzieherinnen über Mathematik im Kindergarten. In: Vásárhelyi, E. (Hrsg.). Beiträge zum Mathematikunterricht. S. 277–280. Münster: WTM-Verlag

Benz, Ch. (2008b). Mathe ist ja schön – Vorstellungen von Erzieherinnen über Mathematik im Kindergarten. In: Karlsruher pädagogische Beiträge, 69, S. 6–18

Benz, Ch. (2009). Die MachmitWerkstatt MiniMa als Aus- und Fortbildungsmöglichkeit. In: Neubrand, M. (Hrsg.). Beiträge zum Mathematikunterricht 2009. S. 407–410. Münster: WTM-Verlag

Berger, M. (2000). Friedrich Fröbel – Sein Lebensweg und sein erzieherisches Wirken. In: Textor, M.R. (Hrsg.). Kindergartenpädagogik – Online-Handbuch. http://www.kinder gartenpaedagogik.de/131.html (aufgerufen 09.12.2009)

Berliner, D.C. (1988). The Development of Expertise in Pedagogy. American Association of Colleges for Teacher Education. New Orleans

Berliner, D.C. (2004). Describing the behavior and documenting the accomplishments of expert teachers. In: Bulletin of Science, Technology and Society, 24, S. 200–212

Beutler, E. (1950). Johann Wolfgang Goethe. Gedenkausgabe der Werke, Briefe und Gespräche. 28. August 1949. Band 23: Goethes Gespräche. Zürich: Artemis-Verlag

Blochmann, E. (1947). Einleitung. In: Blochmann, E. (Hrsg.). Fröbels Theorie des Spiels I, II, III. 2. Auflage. S. 3–14. Langensalza: Thüringer Verlagsanstalt, Abteilung Julius Beltz

Bond, L.; Smith, T.; Baker, W.K.; Hattie, J.A. (2000). The Certification System of the National Board for Professional Teaching Standards: A Construct and Consequential Validity Study. Greensboro: Center for the educational Research and Evaluation

Bornstein, M.H.; Ferdinandsen, K.; Gross, Ch.G. (1981). Perception of symmetry in infancy. In: Developmental Psychology, Vol. 17/1, S. 82–86

Bortz, J.; Döring, N. (2002). Forschungsmethoden und Evaluation für Human- und Sozialwissenschaftler. 3. überarbeitete Auflage (Nachdruck 2005). Heidelberg: Springer Medizin

Bortz, J. (2005). Statistik für Human- und Sozialwissenschaftler. 6. vollständig überarbeitete und erweiterte Auflage. Heidelberg: Springer Medizin

Bos, W.; Lankes, E.-M.; Prenzel, M.; Schwippert, K.; Walther, G.; Valtin, R. (2003). Erste Ergebnisse aus IGLU. Schülerleistungen am Ende der vierten Jahrgangsstufe im internationalen Vergleich. Münster: Waxmann

Bragg, Ph.; Outhred, L. (2004). A measure of rulers – the importance of units in a measure. In: Proceedings of the 28th Conference of the International Group for the Psychology of Mathematics Education, Vol. 2, S. 159–166

Brainerd, Ch.J. (1973). The origins of number concepts. In: Scientific American, Vol. 228/3, S. 101–109

Brinkmann, H. (1967). Denken und Rechnen in der Volksschule. Die Gestaltung des Rechenunterrichts nach der operativen Methode. 2. erweiterte Auflage. Ratingen: A. Henn Verlag

Bromme, R.; Tillema, H. (1995). Fusing experience and theory: The structure of professional knowledge. In: Learning and Instruction, Vol. 5, S. 261-267

Bronfenbrenner, U. (1981). Die Ökologie der menschlichen Entwicklung. Stuttgart: Klett-Cotta

Bruner, J.S. (1965). The Process of Education. Cambridge, Massachusetts: Harvard University Press

Bühner, M. (2006). Einführung in die Test- und Fragebogenkonstruktion. 2. aktualisierte Auflage. München: Pearson Studium

Burgmaier, F.; Traub, A. (2007). Schüler mit Migrationshintergrund. Auf die Definition kommt es an! In: Zeitschrift für Bildungsverwaltung, 2, S. 5–16

Carey, S. (1998). Knowledge of number: Its evolution and ontogeny. In: Science, Vol. 282, S. 641–642

Carey, S. (2002). Evidence for numerical abilities in young infants: A fatal flaw? In: Developmental Science, Vol. 5/2, S. 202–205.

Carpenter, Th.P.; Fennema, E.; Peterson, P.L.; Carey, D.A. (1988). Teachers' pedagogical content knowledge of students' problem solving in elementary arithmetic. In: Journal for Research in Mathematics Education, Vol. 19/5, S. 385–401

Carpenter, Th.P.; Moser, J.M. (1984). The acquisition of addition and subtraction concepts in grades one through three. In: Journal for Research in Mathematics Education, Vol 15/3, S. 179–202

Carr, M. (2001). Assessment in Early Childhood Settings. Learning Stories. London: Paul Chapman Publishing

Clark, Ch.M.; Peterson, P.L. (1986). Teachers' thought processes. In: Wittrock, M.C. (Ed.). Handbook of Research on Teaching. S. 255–296. New York: Macmillan Publishing Company

Clarke, D.; Cheeseman, J.; Clarke, B.; Gervasoni, A.; Gronn, D.; Horne, M.; McDonough, A.; Montgomery, P.; Rowley, G.; Sullivan, P. (2002). Early Numeracy Research Project (1999–2001). Summary of the final report. http://www.eduweb.vic.gov.au/edulibrary/public/teachlearn/student/enrpsummaryreport.pdf (aufgerufen 09.12.2009)

Clarke, B.; Clarke, D.; Grüßing, M.; Peter-Koop, A. (2008). Mathematische Kompetenzen von Vorschulkindern: Ergebnisse eines Ländervergleichs zwischen Australien und Deutschland. In: Journal für Mathematik-Didaktik, 29/3–4, S. 259–286

Clarke, D.; Gervasoni, A.; Sullivan, P. (2000). The Early Numeracy Project: Understanding, assessing and developing young children's mathematical strategies. Conference Paper: Australian Association for Research in Education: Sydney

Clements, D.H. (1984). Training effects on the development and generalization of Piagetian logical operations and knowledge of number. In: Journal of Educational Psychology, Vol. 76/5, S. 766–776

Clements, D.H. (2004). Geometric and spatial thinking in early childhood education. In: Clements, D.H.; Samara, J. (Eds.). Engaging Young Children in Mathematics. Standards for Early Childhood Mathematics Education. S. 267–297. Mahwah, New Jersey: Lawrence Erlbaum Associates

Clements, D.H.; Sarama, J. (2009). Learning and Teaching Early Math. The Learning Trajectories Approach. New York: Routledge

Clements, D.H.; Stephan, M. (2004). Measurement in pre-K to grade 2 mathematics. In: Clements, D.H.; Samara, J. (Eds.). Engaging Young Children in Mathematics. Standards for Early Childhood Mathematics Education. S. 299–317. Mahwah, New Jersey: Lawrence Erlbaum Associates

Copley, J.V. (1999). Assessing the mathematical understanding of the young child. In: Copley, J.V. (Ed.). Mathematics in the Early Years. S. 182–188. Reston, Virginia: National Council of Teachers of Mathematics

Copley, J.V. (2004a). The early childhood collaborative: A professional development model to communicate and implement the standard. In: Clements, D.H.; Samara, J. (Eds.). Engaging Young Children in Mathematics. Standards for Early Childhood Mathematics Education. S. 401–414. Mahwah, New Jersey: Lawrence Erlbaum Associates

Copley, J.V. (Ed.) (2004b). Showcasing Mathematics for the Young Child. Activities for Three-, Four- and Five-year-Olds. Reston: National Council of Teachers of Mathematics

Copley, J.V. (2006). The Young Child and Mathematics. 4. Auflage. Washington: National Association for the Education of Young Children

Copley, J.V.; Padrón, Y. (1998). Preparing teachers of young learners: Professional development of early childhood teachers in mathematics and science. In: American Association for the Advancement of Science (Ed.). Dialogue on Early Childhood Science, Mathematics and Technology Education. Papers commissioned for the Forum on Early Childhood Science, Mathematics and Technology Education. Februar 1998. Washington, S. 117–129

Dantzig, T. (1954). Number: The language of science. 4. Auflage. New York: Macmillan

Darting, A. (2007). Ich weiß, was ich weiß. Dokumentieren und Reflektieren mit Portfolios. In: Roux, S. (Hrsg.). Beobachten und Dokumentieren im Kindergarten. S. 77–90. Landau: Verlag Empirische Pädagogik

Dehaene, S. (1999). Der Zahlensinn oder Warum wir rechnen können. Basel, Boston, Berlin: Birkhäuser

Department of Education, Employment and Training (2001). Early Numeracy Interview Booklet. State of Victoria

Dewey, J. (1904). The relation of theory to practice in the education of teachers. In: The Third Yearbook of the National Society for the Scientific Study of Education. S. 9–30. Chicago: University of Chicago Press

Dewey, J. (1938). Experience and education. In: Boydston, J.A. (Ed.). John Dewey. The Later Works, 1925–1953, Vol. 13, 1938–1939. S. 1–62. Southern Illinois University Press

Devlin, K. (2005). Der Mathe-Instinkt – Warum Sie ein Genie sind und Ihr Hund und Ihre Katze auch. Stuttgart: Klett-Cotta

Dienes, Z.P. (1968). Mathematisches Denken und logische Spiele. 3. Auflage. Freiburg, Basel, Wien: Herder

Dienes, Z.P. (1970). Moderne Mathematik in der Grundschule. 4. Auflage. Freiburg, Basel, Wien: Herder

Diskowski, D. (2008). Bildungspläne für Kindertagesstätten – ein neues und noch unbegriffenes Steuerungsinstrument. In: Zeitschrift für Erziehungswissenschaft, Sonderheft 11, S. 47–61

Dolenc, R.; Gasteiger, H.; Kraft, G.; Loibl, G. (2005). ZahlenZauberei. Mathematik für Kindergarten und Grundschule. München, Düsseldorf, Stuttgart: Oldenbourg

Donaldson, M. (1991). Wie Kinder denken. München, Zürich: Piper

Dornheim, D. (2008). Prädiktion von Rechenleistung und Rechenschwäche: Der Beitrag von Zahlen-Vorwissen und allgemein-kognitiven Fähigkeiten. Berlin: Logos Verlag

Ericsson, K.A.; Krampe, R.Th.; Tesch-Römer, C. (1993). The role of deliberate practice in the acquisition of expert performance. In: Psychological Review, Vol. 100/3, S. 363–406

Ernest, P. (1989). The knowledge, beliefs and attitudes of the mathematics teacher: a model. In: Journal of Education for Teaching, Vol. 15/1, S. 13–33

Feigenson, L.; Carey, S.; Hauser, M. (2002). The representations underlying infants' choice of more. In: Psychological Science, Vol. 13, S. 150–156

Fischböck-Heider, B. (2007). Portfolios im Kindergarten. In: Roux, S. (Hrsg.). Beobachten und Dokumentieren im Kindergarten. S. 29–40. Landau: Verlag Empirische Pädagogik

Fischer, F.E. (1990). A part-part-whole curriculum for teaching number in the kindergarten. In: Journal for Research in Mathematics Education, 21/3, S. 207–215

Flexer, R.J. (1989). Conceptualizing addition. Arithmetic instruction for children in special education classes can be more than drill on number facts and computations. In: Teaching Exceptional Children, 21/4, S. 21–25

Fragnière, N.; Jost, N.; Michel, A.; Weishaupt, R.; Hengartner, E. (1999). Arithmetische Fähigkeiten im Kindergartenalter. In: Hengartner, E. (Hrsg.). Mit Kindern lernen. Standorte und Denkwege im Mathematikunterricht. S. 133–146. Zug: Klett und Balmer

Franke, M. (2000). Didaktik der Geometrie. Heidelberg, Berlin: Spektrum Akademischer Verlag

Franke, M. (2003). Didaktik des Sachrechnens in der Grundschule. Heidelberg, Berlin: Spektrum Akademischer Verlag

Freudenthal, H. (1973). Mathematics as an Educational Task. Dordrecht-Holland: D. Reidel Publishing Company

Freudenthal, H. (1978). Vorrede zu einer Wissenschaft vom Mathematikunterricht. München, Wien: Oldenbourg

Freudenthal, H. (1982). Mathematik – eine Geisteshaltung. In: Grundschule, 14/4, S. 140–142

Friedrich, G. (2006). Wenn Kinder ihre Nerven bündeln – Lernen im Zahlenland. In: Textor, M.R. (Hrsg.). Kindergartenpädagogik – Online-Handbuch. http://www. kindergartenpaedagogik.de/1471.pdf (aufgerufen 09.12.2009)

Friedrich, G; de Galgóczy, V. (2004). Komm mit ins Zahlenland. Eine spielerische Entdeckungsreise in die Welt der Mathematik. Freiburg im Breisgau: Christopherus im Verlag Herder

Friedrich, G.; Munz, H. (2006). Förderung schulischer Vorläuferfähigkeiten durch das didaktische Konzept „Komm mit ins Zahlenland". In: Psychologie in Erziehung und Unterricht, 53, S. 134–146

Friedrich, G.; Preiß, G. (2002). Lehren mit Köpfchen. In: Gehirn & Geist, 04/2002, S. 64–70

Fritz, A.; Ricken, G. (2005). Früherkennung von Kindern mit Schwierigkeiten im Erwerb von Rechenfertigkeiten. In: Hasselhorn, M.; Marx, H.; Schneider, W. (Hrsg.). Diagnostik von Mathematikleistungen. S. 5–27. Göttingen: Hogrefe

Fröbel, F. (1838). Ein Ganzes von Spiel- und Beschäftigungskästen für Kindheit und Jugend. Erste Gabe: Der Ball als erstes Spielzeug des Kindes. In: Blochmann, E. (Hrsg.). Fröbels Theorie des Spiels I. 2. Auflage. S. 3–14. Langensalza: Thüringer Verlagsanstalt, Abteilung Julius Beltz

Fröbel, F. (1844). Anleitung zum Gebrauche der in dem Kindergarten zu Blankenburg bei Rudolstadt ausgeführten dritten Gabe eines Spiel- und Beschäftigungsganzen, des einmal allseitig geteilten Würfels: „die Freude der Kinder". In: Blochmann, E. (Hrsg.). Fröbels Theorie des Spiels III. S. 17–63. Langensalza: Thüringer Verlagsanstalt, Abteilung Julius Beltz

Fröbel, F. (1982). Einführung der vierten Gabe. Das vierte Spiel des Kindes. In: Hoffmann, E. (Hrsg.). Friedrich Fröbel: Die Spielgaben. S. 89–112. Stuttgart: Klett

Fröbel, F. (o.J.). Ein Ganzes von Spiel- und Beschäftigungskästen für Kindheit und Jugend. Zweite Gabe: Die Kugel und der Würfel als zweites Spielzeug des Kindes. In: Blochmann, E. (Hrsg.). Fröbels Theorie des Spiels II. 2. Auflage. S. 9–48. Langensalza: Thüringer Verlagsanstalt, Abteilung Julius Beltz

Fthenakis, W.E. (Hrsg.) (2003). Elementarpädagogik nach PISA. Wie aus Kindertagesstätten Bildungseinrichtungen werden können. Freiburg im Breisgau: Herder

Fthenakis, W.E. (2007). Vorwort. In: Bundesministerium für Bildung und Forschung (Hrsg.). Auf den Anfang kommt es an: Perspektiven für eine Neuorientierung frühkindlicher Bildung. S. 2–9. Bonn, Berlin: BMBF

Fthenakis, W.E.; Schmitt, A.; Daut, E.; Eitel, A; Wendell, A. (2009). Natur-Wissen schaffen. Band 2: Frühe mathematische Bildung. Troisdorf: Bildungsverlag EINS

Fuson, K.C. (1982). An analysis of the counting-on solution procedure in addition. In: Carpenter, Th.P.; Moser, J.M.; Pomberg, Th. A. (Eds.): Addition and Subtraction: A Cognitive Perspective. Hillsdale, New Jersey. Lawrence Erlbaum Associates, Publishers

Fuson, K.C. (1988). Children's Counting and Concepts of Number. New York: Springer

Fuson, K.C.; Hall, J.W. (1983). The acquisition of early number word meanings: A conceptual analysis and review. In: Ginsburg, H. (Ed.): The Development of Mathematical Thinking. S. 50–109. London: Academic Press

Gaidoschik, M. (2003). Rechenschwäche – Dyskalkulie. Eine unterrichtspraktische Einführung für LehrerInnen und Eltern. 2. aktualisierte Auflage. Horneburg: Persen

Gasteiger, H. (2007). Stand der mathematischen Kompetenzdiagnosen am Übergang von Kindertagesstätten und Grundschule und zukünftige Perspektiven. http://www.transkigs.de/fileadmin/user/redakteur/Berlin/ExpertiseKompetenzdiagnosen_Gasteiger_1 0-2007.pdf (aufgerufen 09.12.2009)

Gasteiger, H.; Steinweg, A.S. (2006). Zwischenstandsbericht: Wissenschaftliche Begleitung der Implementierung der Lerndokumentation Mathematik im Rahmen des Projekts TransKiGs Berlin. http://www.transkigs.de/fileadmin/user/redakteur/Berlin/Bericht_Wiss BegleitungTransKiGs_Dez06.pdf (aufgerufen 09.12.2009)

Gaupp, N.; Zoelch, Ch.; Schumann-Hengsteler, R. (2004). Defizite numerischer Basiskompetenzen bei rechenschwachen Kindern der 3. und 4. Klassenstufe. In: Zeitschrift für Pädagogische Psychologie, 18/1, S. 31–42

Gellert, U. (1999). Prospective elementary teachers' comprehension of mathematics instruction. In: Educational Studies in Mathematics, Vol. 37, S. 23–43

Gelman, R. (1997). Constructing and using conceptual competence. In: Cognitive Development, Vol. 12, S. 305–313

Gelman, R.; Gallistel C.R. (1986). The Child's Understanding of Number. 2. Auflage. Cambridge, Massachusetts, London: Harvard University Press

Gerster, H.-D. (1994). Arithmetik im Anfangsunterricht. In: Abele, A.; Kalmbach, H. (Hrsg.) Handbuch zur Grundschulmathematik. Band 1. Stuttgart: Klett

Glaus, I.; Senft, W. (1971). Mathematische Früherziehung. Analyse und Beispiel. 2. Auflage. Stuttgart: Klett

Ginsburg, H.P. (1975). Young children's informal knowledge of mathematics. In: Journal of Children's Mathematical Behavior, Vol. 1/3, S. 63–156

Ginsburg, H.P. (2002). Little children, big mathematics: Learning and teaching in the preschool. In: Cockburn, A.D.; Nardi, E. (Eds.). Proceedings of the 26th Conference of the International Group for the Psychology of Mathematics Education, Vol. 1, S. 3–14

Ginsburg, H.P.; Ertle, B. (2008). Knowing the mathematics in early childhood mathematics. In: Saracho, O.N.; Spodek, B. (Eds.). Contemporary Perspectives on Mathematics in Early Childhood Education. S. 45–66. Charlotte N. C.: Information Age Publishing

Ginsburg, H.P.; Inoue, N.; Seo, K.-H. (1999). Young children doing mathematics. In: Copley, J.V. (Ed.). Mathematics in the Early Years. S. 88–99. Reston, Virginia: National Council of Teachers of Mathematics

Grace, C.; Shores, E.F. (2005). Das Portfolio-Buch für Kindergarten und Grundschule. Mülheim an der Ruhr: Verlag an der Ruhr

Grassmann, M. (1996). Geometrische Fähigkeiten der Schulanfänger. In: Grundschulunterricht, 43/5, S. 25–27

Grassmann, M.; Klunter, M.; Köhler, E.; Mirwald, E.; Raudies, M. (2005): Kinder wissen viel. Auch über die Größe Geld? Teil 1. Potsdam: Universitätsverlag

Grassmann, M.; Klunter, M.; Köhler, E.; Mirwald, E.; Raudies, M.; Thiel, O. (2002): Mathematische Kompetenzen von Schulanfängern. Teil 1: Kinderleistungen – Lehrererwartungen. Potsdam: Universitätsverlag

Graumann, C.F. (1966). Grundzüge der Verhaltensbeobachtung. In: Meyer, E. (Hrsg.). Fernsehen in der Lehrerbildung. Neue Forschungsansätze in Pädagogik, Didaktik und Psychologie. München: Manz Verlag

Greenes, C. (1999). Ready to learn. Developing young children's mathematical powers. In: Copley, J.V. (Ed.). Mathematics in the Early Years. S. 39–47. Reston, Virginia: National Council of Teachers of Mathematics

Greeno, J.G.; Riley M.S.; Gelman, R. (1984). Conceptual competence and children's counting. In: Cognitive Psychology, Vol. 16, S. 94–143

Greve, W.; Wentura, D. (1997). Wissenschaftliche Beobachtung. Eine Einführung. Weinheim: Beltz Psychologie Verlags Union

Griffin, Sh. (2004). Number Worlds: A research-based mathematics program for young children. In: Clements, D.H.; Samara, J. (Eds.). Engaging Young Children in Mathematics. Standards for Early Childhood Mathematics Education. S. 325–342. Mahwah, New Jersey: Lawrence Erlbaum Associates

Grigutsch, St.; Raatz, U.; Törner, G. (1998). Einstellungen gegenüber Mathematik bei Mathematiklehrern. In: Journal für Mathematik-Didaktik, Vol. 1, S. 3–45

Groen, G.; Kieran, C. (1983). In search of piagetian mathematics, In: Ginsburg, H. (Ed.). The Development of Mathematical Thinking. S. 351–375. London: Academic Press

Groot-Wilken, B. (2008). Planen, Beobachten und Dokumentieren. Portfolios als eine geeignete Form der pädagogischen Dokumentation. In: klein&groß. Lebensorte für Kinder, 09, S. 12–13

Grube, D. (2006). Entwicklung des Rechnens im Grundschulalter. Münster: Waxmann Verlag

Grüßing, M. (2006). Handlungsleitende Diagnostik und mathematische Frühförderung im Übergang vom Kindergarten zur Grundschule. In: Grüßing, M.; Peter-Koop, A. (Hrsg.). Die Entwicklung mathematischen Denkens in Kindergarten und Grundschule: Beobachten – Fördern – Dokumentieren. S. 122–123. Offenburg: Mildenberger

Grüßing, M. (2009). Mathematische Kompetenz im Übergang vom Kindergarten zur Grundschule: Erste Befunde einer Längsschnittstudie. In: Neubrand, M. (Hrsg.). Beiträge zum Mathematikunterricht 2009. S. 415–418. Münster: WTM-Verlag

Hacker, H. (2008). Bildungswege vom Kindergarten zur Grundschule. 3. Auflage. Bad Heilbrunn: Klinkhardt

Häcker, Th. (2006a). Wurzeln der Portfolioarbeit. Woraus das Konzept erwachsen ist. In: Brunner, I.; Häcker, Th.; Winter, F. (Hrsg.). Das Handbuch Portfolioarbeit: Konzepte, Anregungen, Erfahrungen aus Schule und Lehrerbildung. S. 27–32. Seelze-Velber: Kallmeyer bei Friedrich

Häcker, Th. (2006b). Vielfalt der Portfoliobegriffe. Annäherung an ein schwer fassbares Konzept. In: Brunner, I.; Häcker, Th.; Winter, F. (Hrsg.). Das Handbuch Portfolioarbeit: Konzepte, Anregungen, Erfahrungen aus Schule und Lehrerbildung. S. 33–39. Seelze-Velber: Kallmeyer bei Friedrich

Hany, E.A. (1997). Entwicklung vor, während und nach der Grundschulzeit: Literaturüberblick über den Einfluss der vorschulischen Entwicklung auf die Entwicklung im Grundschulalter. In: Weinert, F.E.; Helmke, A. (Hrsg.). Entwicklung im Grundschulalter. S. 391–403. Weinheim: Beltz, Psychologie Verlags Union

Hartig, J. (2008). Kompetenzen als Ergebnisse von Bildungsprozessen. In: Bundesministerium für Bildung und Forschung (Hrsg.). Kompetenzerfassung in pädagogischen Handlungsfeldern. Theorien, Konzepte und Methoden. S. 15–26. Bonn, Berlin: BMBF

Hasemann, K. (2003): Anfangsunterricht Mathematik. Heidelberg, Berlin: Spektrum Akademischer Verlag

Hasemann, K. (2004). Mathematisches Wissen und Verstehen im Vor- und Grundschulalter – Diagnose, Hemmnisse und Entwicklung. In: Faust, G.; Götz, M.; Hacker, H.; Roßbach, H.-G. (Hrsg.). Anschlussfähige Bildungsprozesse im Elementar- und Primarbereich. S. 64–77. Bad Heilbrunn: Klinkhardt

Hasemann, K. (2006). Mathematische Einsichten von Kindern im Vorschulalter. In: Grüßing, M.; Peter-Koop, A. (Hrsg.). Die Entwicklung mathematischen Denkens in Kindergarten und Grundschule: Beobachten – Fördern – Dokumentieren. S. 67–79. Offenburg: Mildenberger

Hasemann, K. (2008). Möglichkeiten der Diagnose arithmetischer Fähigkeiten im vorschulischen Bereich. In: Hellmich, F.; Köster, H. (Hrsg.). Vorschulische Bildungsprozesse in Mathematik und Naturwissenschaften. S. 45–58. Bad Heilbrunn: Klinkhardt

Hasselhorn, M. (2006). Metakognition. In: Handwörterbuch Pädagogische Psychologie. 3. überarbeitete Auflage. S. 480–485. Weinheim, Basel, Berlin: Beltz

Hattie, J. (2003). Teachers make a difference: What is the research evidence? Australian Council for Educational Research Annual Conference on ‚Building Teacher Quality'. http://www.education.auckland.ac.nz/uoa/home/about/staff/j.hattie/hattie-papers-download/influences (aufgerufen 09.12.2009)

Hefendehl-Hebeker, L. (1982). Die Zahl Null im Bewusstsein von Schülern. Eine Fallstudie. In: Journal für Mathematikdidaktik, 1, S. 45–63

Heinze, A., Herwartz-Emden, L.; Reiss, K. (2007). Mathematikkenntnisse und sprachliche Kompetenz bei Kindern mit Migrationshintergrund zu Beginn der Grundschulzeit. In: Zeitschrift für Pädagogik, 53/4, S. 562–581

Helmke, A. (2006). Was wissen wir über guten Unterricht? In: Pädagogik, 2, S. 42–45

Hembree, R. (1990). The nature, effects, and relief of mathematics anxiety. In: Journal for Research in Mathematics Eduation, Vol. 21/1, S. 33–46

Hemmer, K.P. (1972). Der Zahlbegriff im Vorschulalter. Ein Beitrag zur methodisch-didaktischen Analyse kognitiver Prozesse. Weinheim: Beltz

Hengartner, E. (1999). Standorte und Denkwege erkunden: Beispiele forschenden Lernens im Fachdidaktikstudium. In: Hengartner, E. (Hrsg.). Mit Kindern lernen. Standorte und Denkwege im Mathematikunterricht. S. 12–19. Zug: Klett und Balmer

Herwartz-Emden, L.; Braun, C.; Heinze, A. Rudolph-Albert, F. Reiss, K. (2008). Geschlechtsspezifische Leistungsentwicklung von Kindern mit und ohne Migrationshintergrund in frühen Grundschulalter. In: Zeitschrift für Grundschulforschung. Bildung im Elementar- und Primarbereich, 1/2, S. 13–28

Heuvel-Panhuizen, M. van den (1996): Assessment and Realistic Mathematics Education. Utrecht: Freudenthal Institute

Heuvel-Panhuizen, M. van den (Ed.) (2001). Children Learn Mathematics. A Learning-Teaching Trajectory with Intermediate Attainment Targets for Calculation with Whole Numbers in Primary School. Utrecht: Freudenthal Institute

Heuvel-Panhuizen, M. van den; Buys, K. (2005). Young Children Learn Measurement and Geometry. A Learning-Teaching Trajectory with Intermediate Attainment Targets for the Lower Grades in Primary School. Utrecht: Freudenthal Institute

Hill, H.C.; Rowan, B.; Ball, D.L. (2005). Effects of teachers' mathematical knowledge for teaching on student achievement. In: American Educational Research Journal, Vol. 42/2, S. 371–406

Höglinger, S.; Senftleben, H.-G. (1997). Schulanfänger lösen geometrische Aufgaben. In: Grundschulunterricht, 5, S. 36–39

Hoenisch, N.; Niggemeyer, E. (2004). Mathe-Kings. Junge Kinder fassen Mathematik an. Weimar, Berlin: verlag das netz

Hughes, M. (1986). Children and Number Difficulties in Learning Mathematics. Oxford, Basil Blackwell

Huizinga, J. (1949). Homo ludens. London: Routledge

Ingenkamp, K. (1991). Pädagogische Diagnostik. In: Roth, L. (Hrsg.). Pädagogik. Handbuch für Studium und Praxis. S. 760–785. München: Ehrenwirth

Izard, V.; Sann, C; Spelke, E.S.; Streri, A. (2009). Newborn infants perceive abstract numbers. In: Proceedings of the National Academy of Sciences of the United States of America, Vol. 106/25, S. 10382–10385

Jacobs, C.; Petermann, F. (2003). Dyskalkulie – Forschungsstand und Perspektiven. In: Kindheit und Entwicklung, 12/4, S. 197–211

Johnson, J.R. (1998). The forum on early childhood science, mathematics, and technology education. In: American Association for the Advancement of Science (Ed.). Dialogue on Early Childhood Science, Mathematics and Technology Education. Papers commissioned for the Forum on Early Childhood Science, Mathematics and Technology Education. Februar 1998. S. 14–25. Washington.

Johnson-Laird, P.N. (1980). Mental models in cognitive sciences. In: Cognitive Science: A Multidisciplinary Journal, 4 /1, S. 71–115

Jugendministerkonferenz (2004). Gemeinsamer Rahmen der Länder für die frühe Bildung in Kindertageseinrichtungen. Beschluss vom 13./14.05.2004. http://www.kmk.org/ fileadmin/pdf/PresseUndAktuelles/2004/Gemeinsamer_Rahmen_Kindertageseinrich_BSJMK_ KMK.pdf (aufgerufen 09.12.2009)

Kahneman, D.; Treisman, A.; Gibbs, B.J. (1992): The reviewing of object files: Object-specific integration of information. In: Cognitive Psychology, Vol. 24, S. 175–219

Kaufmann, L.; Nuerk, H.-Ch.; Graf, M.; Krinzinger, H.; Delazer, M.; Willmes, K. (2009). TEDI-MATH. Test zur Erfassung numerisch-rechnerischer Fertigkeiten vom Kindergarten bis zur 3. Klasse. Bern: Hans Huber, Hogrefe

Kaufmann, S. (2003). Defizitäre visuelle Fähigkeiten: Risikofaktoren beim Rechnenlernen? In: Grundschule, 4, S. 14–16

Kaufmann, S.; Wessolowski, S. (2006). Rechenstörungen. Diagnose und Förderbausteine. Seelze: Kallmeyer

Keller, B.; Noelle Müller, B. (2007). Kinder begegnen Mathematik. Erfahrungen sammeln. Zürich: Lehrmittelverlag des Kantons Zürich

Kirchhöfer, D. (2004). Lernkultur Kompetenzentwicklung. Begriffliche Grundlagen. Berlin: ESM

Klieme, E. (2004). Was sind Kompetenzen und wie lassen sie sich messen? In: Pädagogik, 56/6, S. 10–13

Klieme, E.; Avenarius, E.; Blum, W.; Döbrich, P.; Gruber, H.; Prenzel, M.; Reiss, K.; Riquarts, K.; Rost, J.; Tenorth, H.-E.; Vollmer, H. (2007). Zur Entwicklung nationaler Bildungsstandards. Unveränderter Nachdruck 2009. Bonn, Berlin: BMBF

Klieme, E.; Hartig, J. (2007). Kompetenzkonzepte in den Sozialwissenschaften und im erziehungswissenschaftlichen Diskurs. In: Zeitschrift für Erziehungswissenschaft, 10/8, S. 11–29

Klewitz, G.; Köhnke, A.; Schipper, W. (2008). Rechenstörungen als schulische Herausforderung. Handreichung zur Förderung von Kindern mit besonderen Schwierigkeiten beim Rechnen. Berlin: Landesinstitut für Schule und Medien Berlin-Brandenburg. http://bildungsserver.berlin-brandenburg.de/fileadmin/bbb/schule/ schulformen_und_ schularten/pdf/rechenstoerungen.pdf (aufgerufen 09.12.2009)

Klostermann, H. (1947). Einleitung. In: Blochmann, E. (Hrsg.). Fröbels Theorie des Spiels II. 2. Auflage. S. 3–6. Langensalza: Thüringer Verlagsanstalt, Abteilung Julius Beltz

Knapstein, K.; Spiegel, H. (1995): Testaufgaben zur Erhebung arithmetischer Vorkenntnisse zu Beginn des 1. Schuljahres. In: Müller, G. N.; Wittmann, E. Ch. (Hrsg.): Mit Kindern rechnen. S. 65–73. Frankfurt: Arbeitskreis Grundschule – Grundschulverband.

Kobi, E. (1977). Einweisungsdiagnostik – Förderdiagnostik: eine schematische Gegenüberstellung. In: Vierteljahresschrift für Heilpädagogik und ihre Nachbargebiete, 46 /2. S. 115–123

Kolbe, F.-R. (2004). Verhältnis von Wissen und Handeln. In: Blömeke, S., Reinhold, P.; Tulodziecki, G.; Wildt, J. (Hrsg.). Handbuch Lehrerbildung. S. 206–232. Kempten: Klinkhardt, Westermann

Krajewski, K. (2003). Vorhersage von Rechenschwäche in der Grundschule. Hamburg: Verlag Dr. Kovac

Krajewski, K. (2008a). Prävention der Rechenschwäche. In: Schneider, W.; Hasselhorn, M. (Hrsg.). Handbuch der pädagogischen Psychologie, S. 360–370. Göttingen: Hogrefe

Krajewski, K. (2008b). Vorschulische Förderung mathematischer Kompetenzen. In: Petermann, F.; Schneider, W. (Hrsg.). Angewandte Entwicklungspsychologie. Göttingen: Hogrefe

Krajewski, K.; Nieding, G.; Schneider, W. (2007a). Mengen, zählen, Zahlen. Die Welt der Mathematik verstehen. Förderkonzept. Berlin: Cornelsen

Krajewski, K.; Nieding, G.; Schneider, W. (2007b). Mengen, zählen, Zahlen. Handreichung zur Durchführung der Förderung. Berlin: Cornelsen

Krajewski, K.; Renner, A.; Nieding, G.; Schneider, W. (2008). Frühe Förderung von mathematischen Kompetenzen im Vorschulalter. In: Zeitschrift für Erziehungswissenschaft, Sonderheft 11, S. 91–103

Krajewski, K.; Schneider, W. (2006). Mathematische Vorläuferfertigkeiten im Vorschulalter und ihre Vorhersagekraft für die Mathematikleistungen bis zum Ende der Grundschulzeit. In: Psychologie in Erziehung und Unterricht, 53, S. 246–262

Krauss, S.; Baumert, J.; Blum, W. (2008). Secondary mathematics teachers' pedagogical content knowledge and content knowledge: validation of the COACTIV constructs. In: The International Journal on Mathematics Education (ZDM), 40, S. 873–892

Krauthausen, G.; Scherer, P. (2007). Einführung in die Mathematikdidaktik. 3. Auflage. München: Spektrum Akademischer Verlag

Kretschmann, R. (2006). „Pädagnostik" – Optimierung pädagogischer Angebote durch differenzierte Lernstandsdiagnosen, unter besonderer Berücksichtigung mathematischer Kompetenzen. In: Grüßing, M.; Peter-Koop, A. (Hrsg.). Die Entwicklung mathematischen Denkens in Kindergarten und Grundschule: Beobachten – Fördern – Dokumentieren. S. 29–54. Offenburg: Mildenberger

Kristen, C.; Granato, N. (2007). Bildungsinvestitionen in Migrantenfamilien. In: Bundesministerium für Bildung und Forschung (Hrsg.). Migrationshintergrund von Kindern und Jugendlichen: Wege zur Weiterentwicklung der amtlichen Statistik. S. 25–42. Bonn, Berlin: BMBF

Kühnel, J. (1959). Neubau des Rechenunterichts. Ein Handbuch der Pädagogik für ein Sondergebiet. 10. Auflage. Düsseldorf: Turm-Verlag Steufgen & Sohn

Kultusministerium Niedersachsen (2005). Orientierungsplan für Bildung und Erziehung im Elementarbereich niedersächsischer Tageseinrichtungen für Kinder. Langenhagen: Schlütersche Druck GmbH

Kultusministerium Thüringen (2008). Thüringer Bildungsplan für Kinder bis 10 Jahre. Weimar, Berlin: verlag das netz

Kultusministerkonferenz (2005). Bildungsstandards im Fach Mathematik für den Primarbereich. München, Neuwied: Wolters Kluwer

Kunze, H.-R.; Gisbert, K. (2007). Förderung lernmethodischer Kompetenzen in Kindertageseinrichtungen. In: Bundesministerium für Bildung und Forschung (Hrsg.). Auf den Anfang kommt es an: Perspektiven für eine Neuorientierung frühkindlicher Bildung. S. 15–117. Bonn, Berlin: BMBF

Lamnek, S. (2005). Qualitative Sozialforschung. 4. vollständig überarbeitete Auflage. Weinheim, Basel: Beltz

Le Corre, M.; Carey, S. (2007). One, two, three, four, nothing more: An investigation of the conceptual sources of the verbal counting principles. In: Cognition, Vol. 105, S. 395–438

Lee, J.S.; Ginsburg, H.P. (2007). What is appropriate mathematics education for four-year-olds? In: Journal of Early Childhood Research, Vol. 5/1, S. 2–31

Leu, H.R. (2002). Bildungs- und Lerngeschichten. Ein Weg zur Qualifizierung des Bildungsauftrags im Elementarbereich. In: Diskurs. Studien zu Kindheit, Jugend, Familie und Gesellschaft, 2, S. 19–25

Leu, H.R. (2005). Beobachtungen nach dem Verfahren der ‚Bildungs- und Lerngeschichten'. Vortrag zum Fachtag für Kindertagesstätten: Beobachten und dokumentieren am 25.02.2005. Diakoniewerk Pfalz. http://www.diakonisches-werk-pfalz.org/diakonie/dateien/Leu.PDF (aufgerufen 09.12.2009)

Leu, H.R.; Flämig, K.; Frankenstein, Y.; Koch, S.; Pack, I.; Schneider, K.; Schweiger, M. (2007). Bildungs- und Lerngeschichten. Bildungsprozesse in früher Kindheit beobachten, dokumentieren und unterstützen. 2. Auflage. Weimar, Berlin: verlag das netz

Lipowsky, F. (2007). Was wissen wir über guten Unterricht? In: Guter Unterricht. Maßstäbe und Merkmale – Wege und Werkzeuge. Friedrich Jahresheft, 25, S.26–30

Lorenz, J.H. (1998). Anschauung und Veranschaulichungsmittel im Mathematikunterricht. Mentales visuelles Operieren und Rechenleistung. 2. unveränderte Auflage. Göttingen: Hogrefe

Lorenz, J.H. (2003a). Lernschwache Rechner fördern. Berlin: Cornelsen Verlag Scriptor

Lorenz, J.H. (2003b). Eingangsdiagnostik im Mathematikunterricht. In: Grundschule, 5, S. 14–18

Lorenz, J.H. (2005a). Grundlagen der Förderung und Therapie. Wege und Irrwege. In: von Aster, M.; Lorenz, J.H. (Hrsg.). Rechenstörungen bei Kindern. Neurowissenschaft, Psychologie, Pädagogik. S. 165–177. Göttingen: Vandenhoeck & Ruprecht

Lorenz, J.H. (2005b). Hamburger Rechentest. Test zur Früherfassung von Lernschwierigkeiten im Mathematikunterricht. Hamburg: Behörde für Bildung und Sport

Lorenz, J.H. (2005c). Hamburger Rechentest für Klasse 1. Anleitungsheft. Hamburg: Behörde für Bildung und Sport

Lorenz, J.H. (2005d). Diagnostik mathematischer Basiskompetenzen im Vorschulalter. In: Hasselhorn, M.; Marx, H.; Schneider, W. (Hrsg.). Diagnostik von Mathematikleistungen. S. 29–48. Göttingen: Hogrefe

Lorenz, J.H. (2006). Förderdiagnostische Aufgaben für Kindergarten und Anfangsunterricht. In: Grüßing, M.; Peter-Koop, A. (Hrsg.): Die Entwicklung mathematischen Denkens in Kindergarten und Grundschule: Beobachten – Fördern – Dokumentieren. S. 55–66. Offenburg: Mildenberger

Lorenz, J.H. (2008). Diagnose und Förderung von Kindern in Mathematik – ein Überblick. In: Hellmich, F.; Köster, H. (Hrsg.). Vorschulische Bildungsprozesse in Mathematik und Naturwissenschaften. S. 29–44. Bad Heilbrunn: Klinkhardt

Luit, J.E.H. van; Rijt, B.A.M. van de; Hasemann, K. (2001). Osnabrücker Test zur Zahlbegriffsentwicklung. Göttingen, Bern, Toronto, Seattle: Hogrefe

Maier, P.H. (1999). Räumliches Vorstellungsvermögen. Ein theoretischer Abriss des Phänomens räumliches Vorstellungsvermögen. Donauwörth: Auer

Martschinke, S. (2001). Aufbau mentaler Modelle durch bildliche Darstellungen. Eine experimentelle Studie über die Bedeutung der Merkmalsdimensionen Elaboriertheit und Strukturiertheit im Sachunterricht der Grundschule. Münster: Waxmann

Messick, S. (1995). Validity of psychological assessment. In: American Psychologist, Vol. 50/9, S. 741–749

Ministerium für Bildung, Frauen und Jugend, Rheinland-Pfalz (2004). Bildungs- und Erziehungsempfehlung für Kindertagesstätten in Rheinland-Pfalz. Mainz

Ministerium für Bildung, Jugend und Sport, Brandenburg (2004). Grundsätze elementarer Bildung in Einrichtungen der Kindertagesbetreuung im Land Brandenburg. Potsdam

Ministerium für Bildung, Kultur und Wissenschaft, Saarland (2006). Bildungsprogramm für Saarländische Kindergärten. Weimar, Berlin: verlag das netz

Ministerium für Bildung und Frauen, Schleswig-Holstein (2008). Erfolgreich starten. Leitlinien zum Bildungsauftrag von Kindertageseinrichtungen. Kiel

Ministerium für Gesundheit und Soziales, Sachsen-Anhalt (2004). Bildungsprogramm für Kindertageseinrichtungen in Sachsen-Anhalt. Bildung: elementar – Bildung von Anfang an. Halberstadt

Ministerium für Kultus, Jugend und Sport, Baden-Württemberg (2006). Orientierungsplan für Bildung und Erziehung für die baden-württembergischen Kindergärten. Pilotphase. Weinheim, Basel: Beltz

Ministerium für Schule, Jugend und Kinder, Nordrhein-Westfalen (2003). Bildungsvereinbarung NRW. Fundament stärken und erfolgreich starten. Düsseldorf

Miura, I.T., Kim, C.C., Chang, Ch., Okamoto, Y (1988). Effects of language characteristics on children's cognitive representation of number: Cross-national comparisons. In: Child Development, Vol. 59, S. 1445–1450

Miura, I.T., Okamoto, Y, Kim, C.C., Steere, M., Fayol, M. (1993). First graders' cognitive representation of number and understanding of place value: Cross-national comparisons. In: Journal of Educational Psychology, Vol. 85/1, S. 24–30

Montague-Smith, A. (2002). Mathematics in Nursery Education. 2. Auflage. London: David Fulton Publishers

Montie, J.E.; Xiang, Z.; Schweinhart, L.J. (2006). Preschool experience in 10 countries: Cognitive and language performance at age 7. In: Early Childhood Research Quarterly, Vol. 21, S. 313–331

Moser Opitz, E. (2002). Zählen, Zahlbegriff, Rechnen. Theoretische Grundlagen und eine empirische Untersuchung zum mathematischen Erstunterricht in Sonderklassen. 2. Auflage. Bern, Stuttgart, Wien: Haupt

Moser Opitz, E. (2006). Förderdiagnostik: Entstehung – Ziele – Leitlinien – Beispiele. In: Grüßing, M.; Peter-Koop, A. (Hrsg.). Die Entwicklung mathematischen Denkens in Kindergarten und Grundschule: Beobachten – Fördern – Dokumentieren. S. 10–28. Offenburg: Mildenberger

Moser Opitz, E. (2008). Verbale Zählkompetenzen und Mehrsprachigkeit: Eine Pilotstudie mit Kindergartenkindern. Eingereichtes Manuskript

Müller, G.N.; Steinbring, H.; Wittmann, E.Ch. (2004). Arithmetik als Prozess. Seelze: Kallmeyersche Verlagsbuchhandlung

Müller, G.N.; Wittmann, E.Ch. (2002). Das kleine Zahlenbuch. Band 1: Spielen und Zählen. Seelze: Kallmeyersche Verlagsbuchhandlung

Müller, G.N.; Wittmann, E.Ch. (2004). Das kleine Zahlenbuch. Band 2: Schauen und Zählen. Seelze: Kallmeyersche Verlagsbuchhandlung

Müller, G.N.; Wittmann, E.Ch. (2006). Das kleine Formenbuch. Teil 1: Legen – Bauen – Spielen. Seelze: Kallmeyersche Verlagsbuchhandlung

Müller, G.N.; Wittmann, E.Ch. (2007). Das kleine Formenbuch. Teil 2: Falten – Bauen – Zeichnen. Seelze: Kallmeyersche Verlagsbuchhandlung

Müller, G.N.; Wittmann, E.Ch. (2008). Das kleine Denkspielbuch. Seelze: Kallmeyersche Verlagsbuchhandlung

National Association for the Education of Young Children (NAEYC); National Council for Teachers of Mathematics (NCTM) (2002). Early Childhood Mathematics: Promoting Good Beginnings. http://www.naeyc.org/positionstatements/mathematics (aufgerufen: 3.12.2009)

National Research Council (2001). Eager to Learn. Educating our Preschoolers. Washington: National Academy Press

Neunzig, W.; Sorger, P. (1971). Einstieg in die Mathematik. Aufriss eines systematischen Weges für die Grundschule. 3. Auflage. Freiburg im Breisgau: Herder

Nührenbörger, M (2002). Denk- und Lernwege von Kindern beim Messen von Längen. Theoretische Grundlegung und Fallstudien kindlicher Längenkonzepte im Laufe des 2. Schuljahres. Hildesheim: Franzbecker

Nührenbörger, M. (2004). Children's measurement thinking in the context of length. In: Törner, G.; Bruder, R.; Peter-Koop, A.; Neill, N.; Weigand, H. G., Wollring, B. (Eds.). Developments in Mathematics Education in German-speaking Countries. Selected Papers from the Annual Conference on Didactics of Mathematics. S. 95–106. Ludwigsburg 2001

Oelkers, J.; Reusser, K. (2008). Qualität entwickeln – Standards sichern – mit Differenzen umgehen. Bildungsforschung Band 27. Bonn, Berlin: BMBF

Oers, B. van (2004). Mathematisches Denken bei Vorschulkindern. In: Fthenakis, W.E., Oberhuemer, P. (Hrsg.). Frühpädagogik international. S. 313–330. Wiesbaden: VS Verlag

Opp, G.; Speck-Hamdan, A. (2001). Heterogenität der Schulanfänger – Herausforderungen für die Schule. In: Faust-Siehl, G.; Speck-Hamdan, A. (Hrsg.). Schulanfang ohne Umwege. S. 175–192. Frankfurt am Main: Grundschulverband – Arbeitskreis Grundschule e. V.

Oser, F.K.; Baeriswyl, F.J. (2001). Choreographies of teaching: Bridging instruction to learning. In: Richardson, V. (Ed.). Handbook of Research on teaching. 4. Auflage. S. 1031–1065. Washington: American Educational Researsch Association

Padberg, F. (2005). Didaktik der Arithmetik für Lehrerausbildung und Lehrerfortbildung. 3. erweiterte, völlig überarbeitete Auflage. München: Spektrum Akademischer Verlag

Park, M. (2000). Linguistic influence on numerical development. In: The Mathematics Educator, Vol. 10/1, S. 19–24

Paulson, F.L.; Paulson, P.R.; Meyer, C.A. (1991). What makes a portfolio a portfolio? Eight thoughtful guidelines will help educators encourage self-directed learning. In: Educational Leadership, Vol. 48/5, S. 60–63

Peter-Koop, A. (2008). Mathematische Bilderbücher. Mit Kindern Mathematik im Alltag erkunden. In: klein&groß, 11, S. 16–19

Peter-Koop, A. (2009). Orientierungspläne Mathematik für den Elementarbereich – ein Überblick. In: Heinze, A.; Grüßing, M. (Hrsg.). Mathematiklernen vom Kindergarten bis zum Studium. Kontinuität und Kohärenz als Herausforderung für den Mathematikunterricht. S. 47–52. Münster: Waxmann

Peter-Koop, A.; Grüßing, M. (2006). Zur Diagnostik von Lernausgangslagen im Mathematikunterricht. In: Päd Forum: Unterrichten erziehen, 2, S. 103–106

Peter-Koop, A.; Grüßing, M. (2007). Mit Kindern Mathematik erleben. Seelze-Velber: Lernbuch-Verlag

Peter-Koop, A.; Hasemann, K.; Klep, J. (2006). Modul G 10: Übergänge gestalten. SINUS-Transfer Grundschule, Mathematik. http://www.sinus-an-grundschulen.de/ fileadmin/uploads/Material_aus_STG/Mathe-Module/M10.pdf (aufgerufen 09.12.2009)

Peter-Koop, A.; Wollring, B.; Spindeler, B.; Grüßing, M. (2007). Elementarmathematisches Basisinterview. Offenburg: Mildenberger

Petermann, U.; Petermann, F.; Koglin, U. (2008). Entwicklungsbeobachtung und -dokumentation. Eine Arbeitshilfe für pädagogische Fachkräfte in Krippen und Kindergärten. Berlin: Cornelsen Scriptor

Peterson, P.L.; Carpenter, Th.; Fennema, E. (1989). Teachers' knowledge of students' knowledge in mathematics problem solving: Correlational and case analyses. In: Journal of Educational Psychology, Vol. 81/4, S. 558–569

Peterson, P.L.; Fennema, E.; Carpenter, Th.P.; Loef, M. (1989). Teachers' pedagogical content beliefs in mathematics. In: Cognition and Instruction, Vol. 6/1, S. 1–40

Peucker, S.; Weißhaupt, St. (2005). FEZ – Ein Programm zur Förderung mathematischen Vorwissens im Vorschulalter. In: Zeitschrift für Heilpädagogik, 8, S. 300–305

Piaget, J. (1958). Die Genese der Zahl beim Kinde. In: Westermanns pädagogische Beiträge, Band 10, S. 357–367

Piaget, J. (1988). Das Weltbild des Kindes. Ungekürzte Ausgabe (französische Originalausgabe 1926). München: Deutscher Taschenbuch Verlag

Piaget, J.; Inhelder, B. (1971). Die Entwicklung des räumlichen Denkens beim Kinde. Stuttgart: Klett

Piaget, J.; Inhelder, B.; Szeminska, A. (1974). Die natürliche Geometrie des Kindes. Stuttgart: Klett

Piaget, J.; Szeminska, A. (1969). Die Entwicklung des Zahlbegriffs beim Kinde. 2. Auflage. Stuttgart: Klett

Preiß, G. (2006a). Guten Morgen, liebe Zahlen. Eine Einführung in die „Entdeckungen im Zahlenland". Kirchzarten: Klein Druck

Preiß, G. (2006b). Frühe Förderung mathematischer Fähigkeiten/Entdeckungen im Zahlenland – auch bei Rechenschwäche. In: Verband Dyslexie Schweiz (Hrsg.). Mathematische Förderung im Kindergarten und in der Schule. Bericht zur 10. Tagung des Verbandes Dyslexie Schweiz am 10. Juni 2006. S. 65–75. Brütten, Schweiz

Preiß, G. (2007). Leitfaden Zahlenland 1. Verlaufspläne für die Lerneinheiten 1 bis 10 der „Entdeckungen im Zahlenland". Kirchzarten: Klein Druck

Prenzel, M.; Heidemeier, H.; Ramm, G; Hohensee, F.; Ehmke, T. (2004). Soziale Herkunft und mathematische Kompetenz. In: PISA-Konsortium Deutschland (Hrsg.). PISA 2003. Der Bildungsstand der Jugendlichen in Deutschland – Ergebnisse des zweiten internationalen Vergleichs. S. 273–282. Münster: Waxmann

Quaiser-Pohl, C. (2008). Förderung mathematischer Vorläuferfähigkeiten im Kindergarten mit dem Programm „Spielend Mathe". In: Hellmich, F.; Köster, H. (Hrsg.). Vorschulische Bildungsprozesse in Mathematik und Naturwissenschaften. S. 103–125. Bad Heilbrunn: Klinkhardt

Radatz, H.; Schipper, W.; Dröge, R.; Ebeling, A. (1996). Handbuch für den Mathematikunterricht, 1. Schuljahr. Hannover: Schroedel

Radatz, H.; Schipper, W.; Dröge, R.; Ebeling, A. (1999). Handbuch für den Mathematikunterricht, 3. Schuljahr. Hannover: Schroedel

Rasch, B.; Friese, M.; Hofmann, W.; Naumann, E. (2006a). Quantitative Methoden Band 1. Einführung in die Statistik. 2. erweiterte Auflage. Heidelberg: Springer Medizin

Rasch, B.; Friese, M.; Hofmann, W.; Naumann, E. (2006b). Quantitative Methoden Band 2. Einführung in die Statistik. 2. erweiterte Auflage. Heidelberg: Springer Medizin

Reemer, A.; Eichler, K-P. (2005). Vorkenntnisse von Schulanfängern zu geometrischen Begriffen. In: Grundschulunterricht, 11, S. 37–42

Reggio Children (Hrsg.) (2002). Schuh und Meter. Wie Kinder im Kindergarten lernen. Weinheim, Berlin, Basel: Beltz

Reiss, K. (2004). Bildungsstandards und die Rolle der Fachdidaktik am Beispiel der Mathematik. In: Zeitschrift für Pädagogik, 50/5, S. 635–649

Reiss, K.; Heinze, A.; Pekrun, R. (2007). Mathematische Kompetenz und ihre Entwicklung in der Grundschule. In: Zeitschrift für Erziehungswissenschaft, 10. Jahrg., Sonderheft 8, S. 107–127

Reiss, K.; Schmieder, G. (2005). Basiswissen Zahlentheorie. Eine Einführung in Zahlen und Zahlbereiche. Berlin, Heidelberg: Springer

Reiss, K.; Winkelmann, H. (2009). Kompetenzstufenmodelle für das Fach Mathematik im Primarbereich. In: Granzer, D.; Köller, O.; Bremerich-Vos, A. (Hrsg.). Bildungsstandards Deutsch und Mathematik. Leistungsmessung in der Grundschule. S. 120–141. Weinheim, Basel: Beltz

Resnick, L.B. (1983). A developmental theory of number understanding. In: Ginsburg, H. (Ed.): The Development of Mathematical Thinking. London: Academic Press

Resnick, L.B. (1989). Developing mathematical knowledge. In: American Psychologist, Vol. 44/2, S. 162–169

Reusser, K. (2006). Konstruktivismus – vom epistemologischen Leitbegriff zur Erneuerung der didaktischen Kultur. In: Baer, M.; Fuchs, M.; Füglister, P.; Reusser, K.; Wyss, H. (Hrsg.). Didaktik auf psychologischer Grundlage. Von Hans Aeblis kognitionspsychologischer Didaktik zur modernen Lehr- und Lernforschung. S. 151–167. Bern: h.e.p. verlag

Reynolds, A.J. (1994). Effects of a preschool plus follow-on intervention for children at risk. In: Developmental Psychology, Vol. 33/6, S. 787–804

Riley, M.S.; Greeno, J.G., Heller, J.I. (1983). Development of children's problem-solving ability in arithmetic. In: Ginsburg, H. (Ed.): The Development of Mathematical Thinking. London: Academic Press

Roßbach, H.-G.; Frank, A.; Sechtig, J. (2007). Wissenschaftliche Einbettung des Modellversuchs KIDZ. Stiftung Bildungspakt Bayern (Hrsg.): Das KIDZ-Handbuch. S. 24–59. Köln: Wolters Kluwer

Rost, D.H. (2007). Interpretation und Bewertung pädagogisch-psychologischer Studien. 2. überarbeitete und erweiterte Auflage. Weinheim, Basel: Beltz

Roux, S. (2007). Beobachten und Dokumentieren als Aspekte frühpädagogischer Professionalität. In: Roux, S. (Hrsg.). Beobachten und Dokumentieren im Kindergarten. S. 3–13. Landau: Verlag Empirische Pädagogik

Roux, S. (2008). Bildung im Elementarbereich – Zur gegenwärtigen Lage der Frühpädagogik in Deutschland. In: Hellmich, F.; Köster, H. (Hrsg.). Vorschulische Bildungsprozesse in Mathematik und Naturwissenschaften. S. 13–25. Bad Heilbrunn: Klinkhardt

Rowley, G.; Horne, M. (2000). Validation of an interview schedule for identifying growth points in early numeracy. Conference paper: Australian Association for Research in Education: Sydney

Ruf, U. (2008). Das Dialogische Lernmodell vor dem Hintergrund wissenschaftlicher Theorien und Befunde. In: Ruf, U.; Keller, St.; Winter, F. (Hrsg.). Besser lernen im Dialog. Dialogisches Lernen in der Unterrichtspraxis. S. 233–270. Seelze-Velber: Kallmeyer/Klett

Ruthven, K. (2000). Towards synergy of scholarly and craft knowledge. In: Weigand, H.-G.; Neill, N.; Peter-Koop, A.; Reiss, K.; Törner, G.; Wollring, B. (Eds.). Developments in Mathematics Education in German-speaking Countries. Selected Papers form the Annual Conference on Didactics of Mathematics, Potsdam 2000. S. 121–129. Hildesheim: Franzbecker

Saracho, O.N.; Spodek, B. (2008). History of mathematics in early childhood education. In: Saracho, O.N.; Spodek, B. (Hrsg). Contemporary Perspectives on Mathematics in Early Childhood Education. S. 1-20. Charlotte N. C.: Information Age Publishing

Sarama, J.; Clements, D.H. (2009). Early Childhood Mathematics Education Research. Learning Trajectories for Young Children. New York: Routledge

Sarama, J.; DiBiase, A.-M. (2004). The professional development challenge in preschool mathematics. In: Clements, D.H.; Samara, J. (Eds.). Engaging Young Children in Mathematics. Standards for Early Childhood Mathematics Education. S. 415–446. Mahwah, New Jersey: Lawrence Erlbaum Associates

Schäfer, G.E. (2007). Aufgaben frühkindlicher Bildung. In: Schäfer, G.E. (Hrsg.). Bildung beginnt mit der Geburt. Ein offener Bildungsplan für Kindertageseinrichtungen in Nordrhein-Westfalen. 2. erweiterte Auflage. Berlin, Düsseldorf, Mannheim: Cornelsen Verlag Scriptor

Schipper, W. (2002). „Schulanfänger verfügen über hohe mathematische Kompetenzen." Eine Auseinandersetzung mit einem Mythos. In: Peter-Koop, A. (Hrsg.). Das besondere Kind im Mathematikunterricht der Grundschule. S. 119–140. Offenburg: Mildenberger Verlag

Schipper, W. (2007). Prozessorientierte Diagnostik von Rechenstörungen. In: Lorenz, J.H.; Schipper, W. (Hrsg.). Hendrik Radatz. Impulse für den Mathematikunterricht. S. 105–116. Braunschweig: Schroedel

Schlippe, A. von; Schweitzer, J. (2003). Lehrbuch der systemischen Therapie und Beratung. 9. Auflage. Göttingen: Vandenhoeck und Ruprecht

Schmidt, R. (1982a). Die Zählfähigkeit der Schulanfänger – Ergebnisse einer Untersuchung. In: Sachunterricht und Mathematik in der Primarstufe, 12/10, 371–376

Schmidt, R. (1982b). Ziffernkenntnis und Ziffernverständnis der Schulanfänger. In: Grundschule, 14, S. 166–167

Schmidt, S.; Weiser, W. (1982). Zählen und Zahlverständnis von Schulanfängern. In: Journal für Mathematik-Didaktik, 3/4, S. 227–236

Schmidt, S.; Weiser, W. (1986). Zum Maßzahlverständnis von Schulanfängern. In: Journal für Mathematik-Didaktik, 7/2–3, S. 121–154

Schneider, W.; Stefanek, J. (2004). Entwicklungsveränderungen allgemeiner kognitiver Fähigkeiten und schulbezogener Fertigkeiten im Kindes- und Jugendalter. Evidenz für einen Schereneffekt? In: Zeitschrift für Entwicklungspsychologie und Pädagogische Psychologie, 36/3, S147–159

Schön, D.A. (1983). The Reflective Practitioner. How Professionals Think in Action. Hants: Arena, Ashgate

Selter, Ch. (1995). Zur Fiktivität der „Stunde Null" im arithmetischen Anfangsunterricht. In: Mathematische Unterrichtspraxis, 16, S. 11–19

Selter, Ch. (2008). Wie junge Kinder rechnen lernen. In: Fried, L. (Hrsg.). Das wissbegierige Kind. S. 37–54.Weinheim, München: Juventa

Selter, Ch. (2009). Adressaten- und Berufsbezug in der Lehrerbildung. Konzeptionelles und Beispiele aus der Mathematik. In: Journal für LehrerInnenbildung, 2, S. 57–64

Selter, Ch.; Spiegel, H. (1997). Wie Kinder rechnen. Leipzig: Klett

Senator für Arbeit, Frauen, Gesundheit, Jugend und Soziales, Freie Hansestadt Bremen (2004). Rahmenplan für Bildung und Erziehung im Elementarbereich. Bremen

Senatsverwaltung für Bildung, Jugend und Sport Berlin (2004). Das Berliner Bildungsprogramm. Berlin: verlag das netz

Senatsverwaltung für Bildung, Wissenschaft und Forschung (2004). Schulgesetz für Berlin. http://www.berlin.de/imperia/md/content/sen-bildung/rechtsvorschriften/schulgesetz.pdf (aufgerufen am 09.12.2009)

Senatsverwaltung für Bildung, Wissenschaft und Forschung (Hrsg.) (2008). Lerndokumentation Mathematik, Anregungsmaterialien. Erweiterte Auflage. Berlin

Seo, K.-H.; Ginsburg, H.P. (2004). What is developmentally appropriate in early childhood mathematics education? Lessons from new research. In: Clements, D.H.; Samara, J. (Eds.). Engaging Young Children in Mathematics. Standards for Early Childhood Mathematics Education. S. 91–104. Mahwah, New Jersey: Lawrence Erlbaum Associates

Shulman, L.S. (1986). Those who understand: knowledge growth in teaching. In: Educational Researcher, Vol. 15/2, S. 4–14

Shulman, L.S. (1998). Theory, practice, and the education of professionals. In: The Elementary School Journal, Vol. 98/5, S. 511–526

Siegler, R.S.; Ramani, G.B. (2008). Playing linear numerical board games promotes low-income children's numerical development. In: Developmental Science. Special Issue on Mathematical Cognition, 11, S. 655–661.

Simon, T.J. (1997). Reconceptualizing the origins of number knowledge: A „non-numerical" account. In: Cognitive Development, Vol. 12, S. 349–372

Skemp, R.R. (1971). The Psychology of Learning Mathematics. Harmondsworth: Penguin

Söbbeke, E. (2005). Zur visuellen Strukturierungsfähigkeit von Grundschulkindern – Epistemologische Grundlagen und empirische Fallstudien zu kindlichen Strukturierungsprozessen mathematischer Anschauungsmittel. Hildesheim, Berlin: Franzbecker

Söhn, J.; Özcan, V. (2007). Bildungsdaten und Migrationshintergrund: Eine Bilanz. In: Bundesministerium für Bildung und Forschung (Hrsg.). Migrationshintergrund von Kindern und Jugendlichen: Wege zur Weiterentwicklung der amtlichen Statistik. S. 117–128. Bonn, Berlin: BMBF

Sozialministerium, Kultusministerium Hessen (2007). Bildung von Anfang an. Bildungs- und Erziehungsplan für Kinder von 0 bis 10 Jahren in Hessen. Paderborn: Bonifatius

Sozialministerium Mecklenburg-Vorpommern (2005). Rahmenplan für die zielgerichtete Vorbereitung von Kindern in Kindertageseinrichtungen auf die Schule. 2. Auflage. Schwerin: cw Obotritendruck

Speck-Hamdan, A. (2004). Was Kinder alles leisten. In: Bartnitzky, H.; Speck-Hamdan, A. (Hrsg.). Leistungen der Kinder. Wahrnehmen – würdigen – fördern. S. 56–65. Frankfurt am Main: Grundschulverband – Arbeitskreis Grundschule e.V.

Speck-Hamdan, A. (2006). Neuanfang und Anschluss: zur Doppelfunktion von Übergängen. In: Diskowski, D.; Hammes-Di Bernardo, E.; Hebenstreit-Müller, S.; Speck-Hamdan, A. (Hrsg.). Übergänge gestalten. Wie Bildungsprozesse anschlussfähig werden. S. 20–31. Weimar, Berlin: verlag das netz

Spidell Rusher, A.; McGrevin, C.Z.; Lambiotte, J.G. (1992). Belief systems of early childhood teachers and their principals regarding early childhood education. In: Early Childhood Research Quarterly, Vol. 7/2, S. 277–296

Spiegel, H. (1992). Was und wie Kinder zu Schulbeginn schon rechnen können – Ein Bericht über Interviews mit Schulanfängern. In: Grundschulunterricht, 39/11, S. 21–23

Spiegel, H. (1999). Lernen, wie Kinder denken. In: Hengartner, E. (Hrsg.). Mit Kindern lernen. Standorte und Denkwege im Mathematikunterricht. S. 124–132. Zug: Klett und Balmer

Spiegel, H.; Selter, Ch. (2003). Kinder und Mathematik. Was Erwachsene wissen sollten. Seelze-Velber: Kallmeyer'sche Verlagsbuchhandlung

Spranger, E. (1918). Was bleibt von Fröbel? In: Kindergarten. Monatsschrift für entwickelnde Erziehung in Familie, Kindergarten, Hort und Schule, 7/8, S. 93–98

Staatsministerium für Soziales, Sachsen (2007). Der Sächsische Bildungsplan – ein Leitfaden für pädagogische Fachkräfte in Krippen, Kindergärten und Horten sowie für die Kindertagespflege. Weimar, Berlin: verlag das netz

Stallings, J.A.; Stipek, D. (1986). Research on early childhood and elementary school teaching programs. In: Wittrock, M.W. (Ed.). Handbook of Research on Teaching. 3. Auflage, S. 727–753. New York: Macmillan

Starkey, P.; Cooper, R.G. (1980). Perception of numbers by human infants. In: Science, Vol. 210, S. 1033–1034

Starkey, P.; Spelke, E.; Gelman, R. (1983). Detection of intermodal numerical correspondences by human infants. In: Science, Vol. 222, S. 179–181

Staub, F.; Stern, E. (2002). The nature of teachers' pedagogical content beliefs matters for students' achievment gains: quasi-experimental evidence from elementary mathematics. In: Journal of Educational Psychology, Vol. 94/2, S. 344–355

Steinbring, H. (1997). Kinder erschließen sich eigene Deutungen. Wie Veranschaulichungsmittel zum Verstehen mathematischer Begriffe führen können. In: Grundschule, 3, S. 16–18

Steinbring, H. (2000). Mathematische Bedeutung als soziale Konstruktion – Grundzüge der epistemologisch orientierten mathematischen Interaktionsforschung. In: Journal für Mathematik-Didaktik, 21/1, S. 28–49

Steinbring, H. (2003). zur Professionalisierung des Mathematiklehrerwissens. Lehrerinnen reflektieren gemeinsam Feedbacks zur eigenen Unterrichtstätigkeit. In: Baum, M.; Wielpütz, H. (Hrsg.). Mathematik in der Grundschule. Ein Arbeitsbuch. S. 195–219. Seelze: Kallmeyer'sche Verlagsbuchhandlung

Steiner, G. (1973). Mathematische Früherziehung als Denkerziehung. Stuttgart: Klett

Steinweg, A.S. (2006). Lerndokumentation Mathematik. Berlin: Senatsverwaltung für Bildung, Wissenschaft und Forschung

Steinweg, A.S. (2007). Mit Kindern Mathematik erleben. Aktivitäten und Organisationsideen sowie Beobachtungsvorschläge zur mathematischen Bildung der Drei- bis Sechsjährigen. In: Stiftung Bildungspakt Bayern (Hrsg.): Das KIDZ-Handbuch, S. 136–203. Köln: Wolters Kluwer

Steinweg, A.S. (2008). Zwischen Kindergarten und Schule – Mathematische Basiskompetenzen im Übergang. In: Hellmich, F.; Köster, H. (Hrsg.). Vorschulische Bildungsprozesse in Mathematik und Naturwissenschaften. S. 143–159. Bad Heilbrunn: Klinkhardt

Steinweg, A.S.; Gasteiger, H. (2007). 2. Zwischenstandsbericht: Wissenschaftliche Beglei-
tung der Implementierung der Lerndokumentation Mathematik im Rahmen des Projekts
TransKiGs Berlin. http://www.transkigs.de/fileadmin/user/redakteur/ Berlin/Bericht_Wiss
BegleitungTransKiGSBerlin_Dez07.pdf (aufgerufen 09.12.2009)

Steinweg, A.S.; Gasteiger, H. (2008). 3. Zwischenstandsbericht: Wissenschaftliche Beglei-
tung der Implementierung der Lerndokumentation Mathematik im Rahmen des Projekts
TransKiGs Berlin. http://www.transkigs.de/fileadmin/user/redakteur/ Berlin/Steinweg/
Bericht_WissBegleitungTransKiGs_Berlin_Dez08.pdf (aufgerufen 09.12.2009)

Stelljes, H. (1981). Evaluation eines Curriculums der Vorschulmathematik. München: Miner-
va-Publikation

Stern, E. (1998a). Die Entwicklung des mathematischen Verständnisses im Kindesalter. Len-
gerich: Pabst Science Publishers

Stern, E. (1998b). Die Entwicklung schulbezogener Kompetenzen: Mathematik. In: Franz E.
Weinert (Hrsg.). Entwicklung im Kindesalter, S. 95–113. Weinheim: Psychologie Verlags
Union

Stern, E. (2005). Kognitive Entwicklungspsychologie des mathematischen Denkens. In: von
Aster, M.; Lorenz, J.H. (Hrsg.). Rechenstörungen bei Kindern. Neurowissenschaft, Psychologie, Pädagogik. S. 137–149. Göttingen: Vandenhoeck & Ruprecht

Stern, E.; Grabner, R.; Schumacher, R. (2007). Lehr-Lern-Forschung und Neurowissenschaf-
ten: Erwartungen, Befunde und Forschungsperspektiven. Unveränderter Nachdruck.
Bonn, Berlin: BMBF

Stern, E.; Schneider, W. (1989). Development of children's understanding of number between
the age of four and six. In: Weinert, F.E.; Schneider, E. (Eds.). The Munich Longitudinal
Study on the Genesis of Individual Competencies (LOGIK). Report No. 6. S. 14–19.
München: Max-Planck-Institut

Stipek, D.J.; Byler, P. (1997). Early childhood education teachers: Do they practice what they
preach? In: Early Childhood Research Quarterly, Vol. 12, S. 305–325

Stipek, D.J.; Givvin, K.B.; Salmon, J.M.; MacGyvers, V.L. (2001). Teachers' beliefs and
practices related to mathematics instruction. In: Teaching and Teacher Education, Vol.
17, S. 213–226

Stuck, A. (2007). Beob-‚Achtung'. Grundlagen des Beobachtens. In: Roux, S. (Hrsg.). Beobachten und Dokumentieren im Kindergarten. S. 15–27. Landau: Verlag Empirische
Pädagogik

Sundermann, B.; Selter, Ch. (2006). Beurteilen und Fördern im Mathematikunterricht. Berlin:
Cornelsen-Scriptor

Taylor, R. (2001). Mathematik. Zählen, ordnen, messen. Berlin: Cornelsen-Scriptor

Tenorth, H.-E.; Tippelt, R. (2007). Lexikon Pädagogik. Weinheim, Basel: Beltz

TransKiGs: Stärkung der Bildungs- und Erziehungsqualität in Kindertageseinrichtungen und
Grundschule – Gestaltung des Übergangs. http://www.transkigs.de/index.html (aufgerufen 09.12.2009)

Tudge, J.; Li, L.; Kinney Stanley, T. (2008). The impact of method on assessing young
children's everyday mathematical experiences. In: Saracho, O. N.; Spodek, B. (Hrsg).
Contemporary Perspectives on Mathematics in Early Childhood Education. S. 187–214.
Charlotte N. C.: Information Age Publishing

Voigt, R. (1983). Entwicklungslinien des Zahlbegriffs im Vorschulalter. Eine Längsschnittstudie. Universität Heidelberg

Waldow, N.; Wittmann, E.Ch. (2001). Ein Blick auf die geometrischen Vorkenntnisse von
Schulanfängern mit dem mathe-2000-Geometrie-Test. In: Weiser, W.; Wollring, B.
(Hrsg.). Beiträge zur Didaktik der Mathematik für die Primarstufe. Festschrift für Sieg-
bert Schmidt. S. 247–261. Hamburg: Verlag Dr. Kovač

Walter, M. (2000). Make a Bigger Puddle, Make a Smaller Worm. London: BEAM

Weinert, F.E. (1999). Concepts of competence. Definition and Selection of Competencies: OECD

Weinert, F.E. (2001a). Concept of competence: A conceptual clarification. In: Rychen, D.S.; Salganik, L.H. (Eds.). Defining and Selecting Key Competencies. S. 45–65. Seattle, Toronto, Bern, Göttingen: Hogrefe&Huber Publishers

Weinert, F.E. (2001b). Leistungsmessung in Schulen. Weinheim, Basel: Beltz

Weinert, F.E.; Helmke, A. (Hrsg.) (1997). Entwicklung im Grundschulalter. Weinheim: Beltz, Psychologie Verlags Union

Weinert, F.,E.; Schrader, F.-W.; Helmke, A. (1990). Educational expertise. Closing the gap between educational research and classroom practice. In: School Psychology International, Vol. 11, S. 163–180

Weinert, F.E.; Stefanek, J. (1997). Entwicklung vor, während und nach der Grundschulzeit: Ergebnisse aus dem SCHOLASTIK-Projekt. In: Weinert, F.E.; Helmke, A. (Hrsg.). Entwicklung im Grundschulalter. S. 423–451. Weinheim: Beltz, Psychologie Verlags Union

Weinert, S.; Doil, H.; Frevert, S. (2008). Kompetenzmessung im Vorschulalter: Eine Analyse vorliegender Verfahren. In: Bundesministerium für Bildung und Forschung (Hrsg.). Kindliche Kompetenzen im Elementarbereich: Förderbarkeit, Bedeutung und Messung. S. 89–209. Bonn, Berlin: BMBF

Weißhaupt, St.; Peucker, S.; Wirtz, M. (2006). Diagnose mathematischen Vorwissens im Vorschulalter und Vorhersage von Rechenleistungen und Rechenschwierigkeiten in der Grundschule. In: Psychologie in Erziehung und Unterricht, 53, S. 236–245

Wember, F.B. (2003). Die Entwicklung des Zahlbegriffs aus psychologischer Sicht. In: Fritz, A.; Ricken, G.; Schmidt, S. (Hrsg.). Rechenschwäche. Lernwege, Schwierigkeiten und Hilfen bei Dyskalkulie. Ein Handbuch, S. 48–64. Weinheim, Basel, Berlin: Beltz

Westphalen, K. (1978). Praxisnahe Curriculumentwicklung. 6. neubearbeitete Auflage. Donauwörth: Auer

Westphalen, K. (1979). Was soll Erziehung leisten? Donauwörth: Auer

Wieden-Bischof, D.; Schallhart, E. (2007). Mit Portfolios die Spuren des Lernens von Kindergartenkindern sichtbar machen [Praxisbericht]. In: bildungsforschung 4/1. http://www.bildungsforschung.org/Archiv/2007-01/portfolio/ (aufgerufen 09.12.2009)

Wielpütz, H. (2007). Fehleranalyse und individuelle Förderung. In: Lorenz, J.H.; Schipper, W. (Hrsg.). Hendrik Radatz – Impulse für den Mathematikunterricht. S. 94–105. Braunschweig: Schroedel

Wilkins, J.L.M. (2008). The relationship among elementary teachers' content knowledge, attitudes, beliefs and practices. In: Journal of Mathematics Teacher Education, Vol. 11/2, S. 139–164

Winkelmann, H.; van den Heuvel-Panhuizen, M. (2009). Geschlechtsspezifische mathematische Kompetenz. In: Granzer, D.; Köller, O.; Bremerich-Vos, A. (Hrsg.). Bildungsstandards Deutsch und Mathematik. Leistungsmessung in der Grundschule. S. 142–156. Weinheim, Basel: Beltz

Winter, F. (2008). Das Portfolio und neue Wege der Pädagogischen Diagnostik in Kindergarten und Grundschule. In: Stadler-Altmann, U.; Schindele, J.; Schraut, A. (Hrsg.). Neue Lernkultur – neue Leistungskultur. S. 208–223. Bad Heilbrunn: Klinkhardt

Winter, H. (1983). Über die Entfaltung begrifflichen Denkens im Mathematikunterricht. In: Journal für Mathematik-Didaktik, 4/3, S. 175–204

Wittmann, E.Ch. (1982). Mathematisches Denken bei Vor- und Grundschulkindern. Braunschweig: Vieweg

Wittmann, E.Ch. (1994). Wider die Flut der ‚bunten Hunde' und der ‚grauen Päckchen': Die Konzeption des aktiv-entdeckenden Lernens und des produktiven Übens. In: Wittmann, E.Ch.; Müller, G.N. (Hrsg.). Handbuch produktiver Rechenübungen. Band 1. Vom Einspluseins zum Einmaleins. 2. Auflage. S. 157–171. Stuttgart, Düsseldorf: Klett

Wittmann, E.Ch. (2004). Clinical interviews embedded in the ‚philosophy of teaching units' – A means of developing teachers' attitudes and skills. In: Christiansen, B. (Ed.). Systematic Cooperation between Theory and Practice. Mini-Conference ICME 5, Adelaide 1984. S. 18–31. Kopenhagen: Royal Danish School of Educational Studies

Wittmann, E.Ch. (2004). Design von Lernumgebungen zur mathematischen Frühförderung. In: Faust, G.; Götz, M.; Hacker, H.; Roßbach, H.-G. (Hrsg.). Anschlussfähige Bildungsprozesse im Elementar- und Primarbereich. S. 49–63. Bad Heilbrunn: Klinkhardt

Wittmann, E.Ch. (2006a). Mathematische Frühförderung vom Fach aus. In: Beiträge zum Mathematikunterricht 2006. Vorträge auf der 40. Tagung für Didaktik der Mathematik vom 6. 3. bis 10. 3. 2006 in Osnabrück. S. 557–560. Hildesheim, Berlin: Franzbecker

Wittmann, E.Ch. (2006b). Mathematische Bildung. In: Fried, L.; Roux, S. (Hrsg.). Handbuch der Pädagogik der frühen Kindheit. S. 205–211. Weinheim: Beltz

Wittmann, E.Ch. (2006c). Der konstruktive Ansatz des Projekts „mathe 2000" zur mathematischen Frühförderung vor der Schule. In: Verband Dyslexie Schweiz (Hrsg.). Mathematische Förderung im Kindergarten und in der Schule. Bericht zur 10. Tagung des Verbandes Dyslexie Schweiz am 10. Juni 2006. S. 85–89. Brütten, Schweiz

Wittmann, E.Ch.; Müller, G.N. (2009). Das Zahlenbuch. Handbuch zum Frühförderprogramm. Stuttgart: Klett

Wollring, B. (1994). Animistische Vorstellungen von Vor- und Grundschulkindern in stochastischen Situationen. In: Journal für Mathematik-Didaktik, 15/1–2, S. 3–34

Wollring, B. (2006). Welche Zeit zeigt deine Uhr? Handlungsleitende Diagnostik für den Mathematikunterricht der Grundschule. In: Friedrich Jahresheft, 24, S. 64–67

Wunderlich, G.; Bares, H. (2003). Wo Kinder rechnen lernen. Band 1: Zu Hause. Embsen-Oerzen: Der Kleine Verlag

Wygotski, L.S. (1964). Denken und Sprechen. Berlin: Akademieverlag

Wynn, K. (1989). Children's understanding of counting. Conference Paper: Biennial Meeting of Society for Research in Child Development: Kansas

Wynn, K. (1992a). Children's acquisition of the number words and the counting system. In: Cognitve Psychology, Vol. 24, S. 220–251

Wynn, K. (1992b). Addition and subtraction by human infants. In: Nature, Vol. 358, S. 749–750

Wynn, K. (1998). Psychological foundations of number: Numerical competence in human infants. In: Cognitive Sciences, Vol. 2, S. 296–303

Wynn, K. (2002). Do infants have numerical expectations or just perceptual preferences? In: Developmental Science, Vol. 5/2, S. 207–209

Xu, F.; Arriaga, R.I. (2007). Number discrimination in 10-month-old infants. In: British Journal of Developmental Psychology, Vol. 25, S. 103–108

Xu, F.; Spelke, E.S. (2000). Large number discrimination in 6-month-old infants. In: Cognition, Vol. 74, S. B1–B11

Xu, F.; Spelke, E.S.; Goddard, S. (2005). Number sense in human infants. In: Developmental Science, Vol. 8/1, S. 88–101

Zeissner, G. (1979). Arbeitsbuch Kindergarten. München: Bardtenschlager-Verlag

Anhang

Testinstrument zur Erhebung mathematischer Kompetenzen

Materialgestütztes Interview

Anforderung	Aufgabenstellung	Material
1. Kenntnis der Zahlwortreihe		
vorwärts zählen	Kannst du schon zählen? Ja? Dann zeig mir mal, wie weit du zählen kannst. Nein? Komm, wir probieren es mal: 1, 2, …	-
weiterzählen	Kannst du auch – wenn wir z.B. bei der 7 anfangen – dann weiterzählen? 7, … Hilfestellung: 5, 6, 7, …	-
rückwärts zählen	Kannst du auch rückwärts zählen, wenn wir bei der 10 anfangen. Das geht dann 10, … Hilfestellung: 9, 8, …	-
2. Resultatives Zählen		
21 Steine zählen[10]	Kannst du die Steine mal zählen? Ermunterung: Fang einfach mal an.	21 Muggelsteine, unstrukturiert gelegt
3. Ziffernkenntnis		
Ziffern kennen	Ich habe hier verschiedene Zahlen mitgebracht. Kennst du schon eine Zahl? Nachfrage: Weißt du, wie diese Zahl heißt? (auf 1, 4 oder 8 zeigen)	große Zahlenkärtchen von 0–10, durcheinander gelegt
Ziffern ordnen[11]	Lege die Zahlen mal der Reihe nach. Beginne hier mit der ersten Zahl. Hilfestellung: Beginne mit der Zahl, mit der du zu zählen beginnst.	

---

10 Vgl. z.B. LUIT, RIJT, HASEMANN (2001). Osnabrücker Test zur Zahlbegriffsentwicklung, A 28.

11 DEPARTMENT OF EDUCATION, EMPLOYMENT AND TRAINING (2001). Early Numeracy Interview Booklet, S. 25.

Anforderung	Aufgabenstellung	Material
4. strukturierte Mengenerfassung		
Strukturen erkennen	Hier gibt es Karten mit gelben Kreisen und Karten mit schwarzen Kreisen (auf die Reihen deuten). Immer zu einer Karte mit gelben Kreisen (auf eine deuten) gehört eine von diesen Karten mit schwarzen Kreisen (der Reihe nach auf alle Karten mit schwarzen Kreisen deuten). Vielleicht hast du eine Idee, wie die Karten zusammengehören. Hilfe: Auf eine gelbe Karte deuten: Wie viele sind denn da drauf?	Kärtchen mit strukturierten (gelb) und un-strukturierten (schwarz) Mengenbildern von 3 bis 6, Karten in zwei Reihen getrennt nach Farben aber ungeordnet ausgelegt
Strukturen reflektieren	Bei welchem Kärtchen konntest du besser zählen oder besser erkennen, wie viele drauf sind? Falls richtig beantwortet: Warum? Kannst du mir das erklären?	2 Mengenkärtchen (s.o.) mit 6 Elementen
5. Invarianz		
sechs Steine anordnen	Wie viele Steine sind das? Legst du sie mal anders hin? Hilfestellung: Vielleicht in eine Reihe, als Kreis, … Wie viele sind es? Kannst du sie noch anders legen? Wie viele sind es? Kannst du sie noch anders legen? Wie viele sind es?	6 Muggelsteine
6. Größenvorstellung		
Maße vergleichen, Grundvorstellung zum Messen[12]	Ich habe hier eine Schachtel mit einer Murmel drin. Was denkst du, wenn ich die Schachtel ganz voll mache (mit flachem Finger darüber streichen), wie viele Murmeln passen hinein?	Streichholzschachtel mit einer Murmel

---

12 Vgl. GRASSMANN, KLUNTER, KÖHLER, MIRWALD, RAUDIES, THIEL (2002). Mathematische Kompetenzen von Schulanfängern, S. 1.

Paper-pencil-Test

Anforderung	Aufgabenstellung	Bild
1. Resultatives Zählen		
drei Kreise ausmalen[13]	Male 3 Kreise aus. (Wenn der Verdacht besteht, dass das Kind alle Kreise ausmalt oder die Aufgabe nicht richtig verstanden hat: Zwischenfrage: Hast du schon 3 Kreise?)	
acht Kreise ausmalen	Hier darfst du 8 Kreise ausmalen. (Wenn der Verdacht besteht, dass das Kind alle Kreise ausmalt oder die Aufgabe nicht richtig verstanden hat: Zwischenfrage: Hast du schon 8 Kreise?)	
2. Relationsbegriffe zum Mengenvergleich		
weniger (unter 10 Elemente)	Hier siehst du ein Mädchen und einen Jungen (auf die Kinder deuten) Welches Kind hat weniger Bonbons? Antwort abwarten: Male einen Kreis um den Kopf von dem Kind, das weniger Bonbons hat.	
weniger (über 10 Elemente)	Und hier? Welches Kind hat hier weniger Bonbons? Antwort abwarten: Male einen Kreis um den Kopf von dem Kind.	
am meisten[14]	Hier siehst du Kisten mit Murmeln. In welcher Kiste sind am meisten Murmeln? Antwort abwarten: Kreise sie ein/Male einen Kreis um die Kiste.	

---

13 Vgl. VAN DEN HEUVEL-PANHUIZEN (1996): Assessment and Realistic Mathematics Education, S. 226.

14 Vgl. z.B. LUIT, RIJT, HASEMANN (2001). Osnabrücker Test zur Zahlbegriffsentwicklung, A 5.

Anforderung	Aufgabenstellung	Bild/Material
3. Addition zählbar		
Kombinations-aufgabe: Gesamtmenge unbekannt[15]	Lisa hat 4 Murmeln, Felix hat 5. (auf Kinder deuten) Wie viele Murmeln haben sie beide zusammen? Antwort abwarten: Male so viele Murmeln hin, wie sie beide zusammen haben. (Oder: Kannst du die Zahl schon schreiben? Schreibe sie auf.)	oooo ooooo
4. Subtraktion zählbar		
Austausch-aufgabe: Endmenge unbekannt[6]	Lisa hat 7 Murmeln ... und Felix? Felix hat keine. Aber Lisa gibt dem Felix 3. Wie viele hat sie denn dann noch? Antwort abwarten: Male so viele Murmeln, wie Lisa dann noch hat. (Oder: Kannst du die Zahl schon schreiben? Schreibe sie auf.)	ooooo oo
Vergleichs-aufgabe: Differenzmenge unbekannt[6]	Hier hat Lisa 6 Murmeln, Felix hat 3. Wie viele Murmeln muss *ich* denn Felix noch geben, damit er auch so viele hat, wie Lisa? Antwort abwarten: Male so viele Murmeln, wie ich Felix noch geben muss. (Oder: Kannst du die Zahl schon schreiben? Schreibe sie auf.)	
5. Addition nicht zählbar		
$5 + 2$[16]	In meiner Hand sind 5 Steine (kurz zeigen, Steine nicht zählen lassen). Jetzt gebe ich noch 2 Steine dazu (Anzahl nicht zeigen, nur die Handlung des Dazugebens sehen lassen). Wie viele Steine habe ich jetzt in meiner Hand? Antwort abwarten: Male so viele Steine, wie ich jetzt in der Hand habe.	Muggelsteine
6. Subtraktion nicht zählbar		
$8 - 3$	In meiner Hand sind jetzt 8 Steine. 3 nehme ich heraus. Wie viele sind jetzt noch in meiner Hand? (Steine wieder nicht zählen lassen, nur Handlung des Herausnehmens sehen lassen.) Male so viele Steine, wie ich jetzt noch in der Hand habe.	Muggelsteine

15 Vgl. STERN (1998). Die Entwicklung des mathematischen Verständnisses im Kindesalter. S. 89.

16 Vgl. Aufgabenstellungen in HUGHES (1986). Children and Number Difficulties in Learning Mathematics, S. 25ff.

Anforderung	Aufgabenstellung	Bild
7. Seriation		
Stifte der Länge nach ordnen[17]	Die Stifte hier sind der Länge nach geordnet. (an den Spitzen der Stifte entlang fahren) Hier fehlt ein Stift (auf die Lücke deuten). Welcher von den drei Stiften (alle drei einzeln antippen) gehört in die Lücke? Antwort abwarten: Kreise ihn ein.	
8. Relationsbegriff zum Längenvergleich		
am längsten[18]	Welcher Stift ist am längsten? Antwort abwarten: Kreise ihn ein.	
9. Kenntnis der Münzen		
ein Euro	Kennst du einen Euro? Findest du ihn hier? Antwort abwarten: Kreise die 1€-Münze ein.	
zwanzig Cent	Kennst du auch 20 Cent? Antwort abwarten: Kreise das 20ct-Stück ein.	
10. Muster erkennen		
Musterreihe fortführen	Hier siehst du ein Muster. Male das Muster weiter (am Ende des Musters mehrere Punkte antippen, um zu verdeutlichen, dass einzelne Elemente gemalt werden sollen).	O ✖ O ✖
11. Formenkenntnis		
Viereck[19]	Male hier ein Viereck.	leeres Blatt

17 Ähnlich in LORENZ (2006). Förderdiagnostische Aufgaben f. Kindergarten u. Anfangsunterricht, S. 62.
18 Vgl. z.B. GRASSMANN, u.a. (2002). Mathematische Kompetenzen von Schulanfängern, S. 11 oder LUIT, RIJT, HASEMANN (2001). Osnabrücker Test zur Zahlbegriffsentwicklung, A 3.
19 Vgl. GRASSMANN, u.a. (2002). Mathematische Kompetenzen von Schulanfängern, S. 11.

Anforderung	Aufgabenstellung	Bild
12. Symmetrie		
symmetrisch ergänzen[20]	Bei diesem Schmetterling fehlt die Hälfte (auf leere Stelle zeigen). Welche von diesen Hälften (jede Option antippen) passt genau dazu? Antwort abwarten: Kreise sie ein.	
13. Begriffe der Raumlage		
rechts	Hier siehst du einen Kreis. Male *rechts* neben den Kreis ein Kreuz. Falls Kind nachfragt, welche Seite es nehmen soll: Weißt du wo rechts ist? Bei Antwort „nein": nächste Frage	O
unter	Male unter den Kreis einen Strich.	
14. Wahrnehmungskonstanz		
gleiche Dreiecke erkennen	Hier siehst du ein Dreieck (auf Dreieck oben zeigen). Findest du das gleiche Dreieck hier unten auch noch einmal? (auf untere Hälfte des Blattes deuten). Vielleicht ist es auch mehrmals da. Immer wenn du es findest, kreise es ein.	
15. Raumvorstellung		
Würfelkörper[21]	Hier hat jemand einen Turm gebaut. Wenn du den gleichen Turm auch bauen möchtest, wie viele von diesen Würfelchen (auf obersten Würfel deuten) brauchst du dazu? Antwort abwarten: Kreise so viele Würfel ein.	

---

20 Vgl. ähnlich in WALDOW, N.; WITTMANN, E. CH. (2001). mathe 2000-Geometrie-Test, S. 250.
21 Vgl. GRASSMANN, u.a. (2002). Mathematische Kompetenzen von Schulanfängern, S. 13.

Codierung der Testitems
Die geschilderten Anforderungen geben einen Überblick, welche Antworten mit einem Punkt codiert wurden. Alle anderen Antworten wurden mit 0 Punkten codiert.

Materialgestütztes Interview

1. Kenntnis der Zahlwortreihe	
vorwärts zählen	Das Kind zählt bis 10 und darüber hinaus.
weiterzählen	Das Kind zählt ohne oder mit Hilfestellung (5, 6, 7) bis mindestens 10 weiter.
rückwärts zählen	Das Kind zählt ohne oder mit Hilfestellung (10, 9, 8) bis 1 oder 0 rückwärts.
2. Resultatives Zählen	
21 Steine zählen	Das Kind zählt alle 21 Steine richtig (ein Stein kann dabei übersehen werden.)
3. Ziffernkenntnis	
Ziffern kennen	Das Kind kennt 9 der 11 Ziffern/Zahlen.
Ziffern ordnen	Das Kind ordnet 9 der 11 Ziffern/Zahlen in richtiger Reihenfolge an.
4. strukturierte Mengenerfassung	
Strukturen erkennen	Das Kind ordnet bei allen vier Mengen unstrukturierte und strukturierte Abbildungen zusammen, ohne bei den strukturierten Mengen zu zählen.
Strukturen reflektieren	Das Kind beantwortet die Frage, bei welchem Bild es besser zählen oder erkennen konnte, wie viele Elemente auf der Karte sind, mit einem Verweis auf das strukturierte Mengenbild und kann die Antwort eventuell zusätzlich begründen.
5. Invarianz	
sechs Steine anordnen	Das Kind gibt die Anzahl nach einer neuen Anordnung der Elemente ohne erneutes Zählen an.
6. Größenvorstellung	
Maße vergleichen, Grundvorstellung zum Messen	Das Kind gibt eine richtige Schätzung ab.

Paper-pencil-Test

1. Resultatives Zählen	richtig bearbeitet
2. Relationsbegriffe (Mengenvergleich)	
3. Addition zählbar	richtiges Ergebnis gezeichnet und/oder genannt
4. Subtraktion zählbar	
5. Addition nicht zählbar	
6. Subtraktion nicht zählbar	
7. Seriation	richtig bearbeitet
8. Relationsbegriff (Längenvergleich)	
9. Kenntnis der Münzen	
10. Muster erkennen	Muster richtig weitergeführt oder spiegelsymmetrisch ergänzt
11. Formenkenntnis	Viereck erkennbar (auch wenn eine oder zwei Ecken eher abgerundet gezeichnet sind)
12. Symmetrie	richtig bearbeitet
13. Begriffe der Raumlage	richtig bearbeitet (auch falls der Strich auf die Blattrückseite gezeichnet wird bzw. unter das Kreuz)
14. Wahrnehmungskonstanz	richtig bearbeitet
15. Raumvorstellung	

Übersicht über die Prestest-Ergebnisse

Die Prozentzahlen geben an, welcher Anteil der Kinder in der jeweiligen Gruppe die Aufgabe bearbeiten konnte.

	Geburtsjahrgang 2001		Geburtsjahrgang 2002	
	Treatment-gruppe	Kontroll-gruppe	Treatment-gruppe	Kontroll-gruppe
Zahlwortreihe: vorwärts zählen	71%	96%	44%	61%
Zahlwortreihe: weiterzählen	79%	87%	44%	67%
Zahlwortreihe: rückwärts zählen	13%	42%	6%	6%
Resultatives Zählen: 21 Steine zählen	17%	42%	0%	0%
Ziffernkenntnis: Ziffern kennen	29%	54%	11%	22%
Ziffernkenntnis: Ziffern ordnen	29%	63%	11%	22%
Strukturierte Mengenerfassung: Strukturen erkennen	21%	50%	6%	28%
Strukturierte Mengenerfassung: Strukturen reflektieren	13%	63%	6%	33%
Invarianz: sechs Steine anordnen	13%	50%	6%	17%
Größenvorstellung: Maße vergleichen	42%	67%	28%	44%
Resultatives Zählen: drei Kreise ausmalen	67%	92%	33%	61%
Resultatives Zählen: acht Kreise ausmalen	33%	71%	17%	33%
Mengenvergleich: weniger (unter 10 Elemente)	87%	100%	78%	89%
Mengenvergleich: weniger (über 10 Elemente)	46%	83%	61%	89%
Mengenvergleich: am meisten	83%	79%	44%	44%

	Geburtsjahrgang 2001		Geburtsjahrgang 2002	
	Treatment-gruppe	Kontroll-gruppe	Treatment-gruppe	Kontroll-gruppe
Addition zählbar: Kombinationsaufgabe	37%	54%	22%	28%
Subtraktion zählbar: Austauschaufgabe	46%	54%	33%	39%
Subtraktion zählbar: Vergleichsaufgabe	8%	25%	28%	17%
Addition nicht zählbar 5 + 2	17%	46%	6%	28%
Subtraktion nicht zählbar 8 – 3	21%	42%	6%	22%
Seriation: der Länge nach ordnen	29%	46%	28%	22%
Relationsbegriff: am längsten	79%	96%	72%	78%
Münzkenntnis: ein Euro	58%	79%	44%	50%
Münzkenntnis: zwanzig Cent	21%	29%	28%	33%
Muster erkennen: Musterreihe fortführen	75%	83%	44%	44%
Formenkenntnis: Viereck	54%	79%	39%	61%
Symmetrie: symmetrisch ergänzen	67%	79%	39%	56%
Begriff der Raumlage: unter	83%	92%	67%	61%
Wahrnehmungskonstanz: gleiche Dreiecke erkennen	54%	63%	28%	50%
Raumvorstellung: Würfelkörper	13%	4%	0%	0%

Testaufgaben mit Prädiktorfunktion für Rechenschwierigkeiten

DORNHEIM (2008) überprüft das Zahlen-Vorwissen, das zur Vorhersage von Rechenschwäche verwendet wird, durch 6 Teilskalen. Aus dem Testinstrument (s. Anhang, S. 270) wurden vergleichbare Aufgabenstellungen ausgewählt. Die Auswertung dieser Aufgaben erfolgte für eine Interpretation der Ergebnisse besonders schwacher Kinder (vgl. Kapitel 7.4) soweit möglich nach den Kriterien von DORNHEIM (2008, S. 286f.). Die Zahlen geben die jeweils vergebenen Punkte an.

1. Vorwärts zählen			
Testaufgaben bei Gasteiger	**P**	**Testaufgaben bei Dornheim**	**P**
zählen bis 5	1	zählen bis 5	1
zählen bis 10	2	zählen bis 10	2
zählen bis 20	3	zählen bis 20	3

2. Abzählen von Mengen			
Testaufgaben bei Gasteiger	**P**	**Testaufgaben bei Dornheim**	**P**
21 ungeordnete Steine zählen	3	16 Würfel in Viererreihen	3
		20 Würfel ungeordnet	3
		den 15. Baum zeigen	3
8 Kreise ausmalen	2	8 Würfel in Viererreihen	2
		10 Würfel ungeordnet	2
		den 8. Baum zeigen	2
3 Kreise ausmalen	1	4 Würfel in Viererreihen	1
		5 Würfel ungeordnet	1
		den 4. Baum zeigen	1

3. Abzählen ohne Zeigen			
Testaufgaben bei Gasteiger	**P**	**Testaufgaben bei Dornheim**	**P**
--		4, 9, 13 Würfel in einer Reihe zählen	1–3
		5, 10, 15 Würfel in Fünferreihen	1–3
		5, 8, 14 Würfel ungeordnet	1–3

4. Simultan erfassen

Testaufgaben bei Gasteiger	P	Testaufgaben bei Dornheim	P
Würfelbilder und unstrukturierte Mengen von 3–6 zuordnen (ohne Zählen bei Würfelbildern)	1	Blitzlesen (2 Sek) bei Würfelbildern: 4; 5 + 4; 6 + 5)	o.A.
		Blitzlesen (2 Sek) bei linearen Anordnungen: 3; 2+3; 4+3	o.A
		Blitzlesen (2 Sek) bei ungeordneten Anordnungen: 3; 3+2; 4+3	o.A.

5. Flexibel Zählen

Testaufgaben bei Gasteiger	P	Testaufgaben bei Dornheim	P
weiterzählen ab 7	1	weiterzählen ab 4, ab 9	o.A.
rückwärts zählen ab 10	1	rückwärts zählen ab 4, 7 oder 10	o.A.
		zählen in Zweierschritten bis 14; 10	2/1

6. Rechnen

Testaufgaben bei Gasteiger	P	Testaufgaben bei Dornheim	P
Addieren mit Zählmöglichkeit: 5+4	1	Addieren mit Zählmöglichkeit	1
Subtrahieren mit Zählmöglichkeit: 7–3	1	Subtrahieren mit Zählmöglichkeit	1
Vergleichsaufgabe mit Zählmöglichkeit: 6–3 bzw. 3+__=6	1		
Addieren ohne Zählmöglichkeit: 5+2	3	Addieren ohne Zählmöglichkeit	3
Subtrahieren ohne Zählmöglichkeit: 8–3	3	Subtrahieren ohne Zählmöglichkeit	3

Interview-Protokolle

Die Antworten der in Kapitel 7.4.2 näher beschriebenen Kinder sind im Folgenden in Form von Interview-Kurzprotokollen in einer Übersicht über die drei Messzeitpunkte angegeben. Es handelt sich aus Gründen der Übersichtlichkeit nicht um vollständige Transkripte.

Mara
Materialgestütztes Interview

Aufgabe	1. MZP	2. MZP	3. MZP
1. Kenntnis der Zahlwortreihe			
Kannst du schon zählen?	„1, 2, 3, 4, 5, 6, 7, 8, 9, 10" (streckt dabei die Finger der Reihe nach hoch)	„1, 2, 3, 4, 5, 6, 7, 8, 9, 10, 11, 12, 13, 1,4 15, 16, 17, 18, 19, 21, 23, 24, 25, 26, 20"	„1, 2, 3, 4, 5, 6, 7, 8, 9, 10, 11, 12, 13, 14, 15, 16, 17, 18, 19, 20, 21, 23, 24, 25, 26, 27, 28, 29, 30, 31, 32, 34, 35, 36, 37, 38, 39, 40, 41, 42, 43, 44, 47, 46, 47, 48, 49"
Kannst du auch – wenn wir z.B. bei der 7 anfangen – dann weiterzählen?	„7, 9, 10, 11, 12, 13, 13, 17, 18, 21, 24, 25, 26"	Hilfe: 5, 6, 7 „1"	„7, 8, 9, 10, 11, 12, 13, 14, 15, 16, 17, 18, 19, 20"
Kannst du auch rückwärts zählen, wenn wir bei der 10 anfangen. Das geht dann 10, …	Hilfe: 10, 9, „11, 12, 13, 14, 17, 18, 19, elfzehn"	Hilfe: 10, 9, 8 „7, 6, 5, 4, 3, 2, 1"	„10, 9, 8, 7, 6, 5, 4, 3, 2, 1, 0"
2. Resultatives Zählen			
Kannst du die Steine mal zählen? (21 Steine)	keine Eins-zu-Eins-Zuordnung	M. verschiebt die Steine beim Zählen. Sie zählt: „1, 2, 3, 4, 5, 6, 7, 8, 9, 10, 11, 12, 13, 14, 15, 16, 17, 18, 19, 21, 23: 23 sind's."	richtig beantwortet: M. verschiebt die Steine beim Zählen.
3. Ziffernkenntnis			
Ich habe hier verschiedene Zahlen mitgebracht. Kennst du schon eine Zahl?	kennt folgende Zahlen: 2, 4, 3, „ein Kreis: 0"	kennt alle Zahlen	kennt alle Zahlen
Lege die Zahlen mal der Reihe nach. Beginne hier mit der ersten Zahl.	legt folgende Reihenfolge: 7, 2, 3, 4, 6, 1, 5, 10, 9, 8, 0	ordnet richtig bis 7	ordnet richtig, verwechselt lediglich 6 und 9

Aufgabe	1. MZP	2. MZP	3. MZP
4. strukturierte Mengenerfassung			
Hier gibt es Karten mit gelben Kreisen und Karten mit schwarzen Kreisen (auf die Reihen deuten). Immer zu einer Karte mit gelben Kreisen (auf eine deuten) gehört eine von diesen Karten mit schwarzen Kreisen (der Reihe nach auf alle Karten mit schwarzen Kreisen deuten). Vielleicht hast du eine Idee, wie die Karten zusammengehören.	kennt Würfelbilder nicht: M. zählt die Elemente bei den strukturierten und bei den unstrukturierten Mengenbildern, ordnet die Mengenbilder daraufhin aber richtig zu.	zählt nur bei unstrukturierten Mengenbildern, ordnet richtig zu	erkennt strukturierte Mengenbilder, ordnet richtig zu
Bei welchem Kärtchen konntest du besser zählen oder besser erkennen, wie viele drauf sind? Warum? Kannst du mir das erklären?	--	„Bei der besser (deutet auf Würfelbild). Weil die ganz in der Reihe und die nicht."	„Bei der (deutet auf Würfelbild). Weil hier. Ich weiß ja schon was 3 + 3 ist. Und ich kann ja sofort erkennen, dass das 3 sind und noch mal 3. Und also ist 3 + 3 sind 6. Und hier kann ich's nicht so erkennen (deutet auf unstrukturiertes Mengenbild), weil das nicht so in Reihen ist. Das ist sondern nur verwurschtelt so."
5. Invarianz			
Wie viele Steine sind das? Legst du sie mal anders hin? Wie viele sind es? Kannst du sie noch anders legen? Wie viele sind es?	M. zählt Elemente nach jedem Mal Umlegen neu.	Invarianzverständnis vorhanden	Invarianzverständnis vorhanden

Aufgabe	1. MZP	2. MZP	3. MZP
6. Größenvorstellung			
Ich habe hier eine Schachtel mit einer Murmel drin. Was denkst du, wenn ich die Schachtel ganz voll mache (mit flachem Finger darüber streichen), wie viele Murmeln passen hinein?	falsch beantwortet: „4" (zählt 4 Finger ab)	richtig beantwortet	falsch beantwortet: „4"

Paper-pencil-Test

Aufgabe	1. MZP	2. MZP	3. MZP
1. Resultatives Zählen			
Male 3 Kreise aus.	kreuzt 4 Kreise an	richtig beantwortet	richtig beantwortet
Hier darfst du 8 Kreise ausmalen.	kreuzt 9 Kreise an	richtig beantwortet	richtig beantwortet
2. Relationsbegriffe zum Mengenvergleich			
Hier siehst du ein Mädchen und einen Jungen (auf die Kinder deuten). Welches Kind hat weniger Bonbons? (unter 10 Elemente)	richtig beantwortet: beide Mengen werden gezählt	richtig beantwortet, ohne zu zählen	richtig beantwortet, ohne zu zählen
Und hier? Welches Kind hat hier weniger Bonbons? (über 10 Elemente)	M. versucht beide Mengen zu zählen, sie scheitert daran, die 17 Bonbons zu zählen.	richtig beantwortet, ohne zu zählen	richtig beantwortet, zunächst ohne zu zählen. M. kontrolliert sich durch Nachzählen.
Hier siehst du Kisten mit Murmeln. In welcher Kiste sind am meisten Murmeln?	falsch beantwortet: M. zählt nur die Elemente der Kiste mit den 5 Elementen und entscheidet sich dafür.	richtig beantwortet, ohne zu zählen	richtig beantwortet: alle Mengen werden gezählt

Aufgabe	1. MZP	2. MZP	3. MZP
3. Addition zählbar			
Lisa hat 4 Murmeln, Felix hat 5. (auf Kinder deuten) Wie viele Murmeln haben sie beide zusammen?	richtig beantwortet: M. zählt jede Teilmenge einzeln: „1, 2, 3, 4" ... „1, 2, 3, 4, 5" ... Dann zählt sie noch einmal alle Elemente: „1, 2, 3, 4, 5, 6, 7, 8, 9"	richtig beantwortet: M. zählt leise: „1, 2, 3, 4, 5, 6, 7, 8, 9", antwortet laut: „9".	richtig beantwortet: „Ähm, 5 + 4 sind ... keine Ahnung." M. zählt leise ab: „9"
4. Subtraktion zählbar			
Lisa hat 7 Murmeln ... und Felix? Felix hat keine. Aber Lisa gibt dem Felix 3. Wie viele hat sie denn dann noch?	richtig beantwortet: M. zählt die Gesamtmenge: „1, 2, 3, 4, 5, 6, 7" ... Dann beginnt sie zweimal von vorne zu zählen, bevor sie sich für das richtige Ergebnis entscheidet: „1, 2, 3, 4, 5" ... „1, 2, 3, 4" „4"	richtig beantwortet: M. zählt leise, antwortet laut: „4".	richtig beantwortet: „1, 2, 3 ... Sie hat 1, 2, 3, 4"
Hier hat Lisa 6 Murmeln, Felix hat 3. Wie viele Murmeln muss *ich* denn Felix noch geben, damit er auch so viele hat, wie Lisa?	falsch beantwortet: M. zählt zunächst alle Elemente: „1, 2, 3, 4, 5, 6". Sie nennt als Ergebnis „2"	falsch beantwortet: „2"	richtig beantwortet: „1, 2, 3, 4, 5 ... 3!"
5. Addition nicht zählbar			
In meiner Hand sind 5 Steine (kurz zeigen, Steine nicht zählen lassen). Jetzt gebe ich noch 2 Steine dazu (Anzahl nicht zeigen, nur die Handlung des Dazugebens sehen lassen). Wie viele Steine habe ich jetzt in meiner Hand?	falsch beantwortet: „4"	falsch beantwortet: „18"	richtig beantwortet: „7"

Aufgabe	1. MZP	2. MZP	3. MZP
6. Subtraktion nicht zählbar			
In meiner Hand sind jetzt 8 Steine. 3 nehme ich heraus. Wie viele sind jetzt noch in meiner Hand? (Steine wieder nicht zählen lassen, nur Handlung des Herausnehmens sehen lassen.)	falsch beantwortet: M. zählt an den Fingern bis 8. Dann zählt sie erneut an den Fingern bis 4.	falsch beantwortet: „6"	falsch beantwortet: „4"
7. Seriation			
Die Stifte hier sind der Länge nach geordnet. (an den Spitzen der Stifte entlang fahren) Hier fehlt ein Stift (auf die Lücke deuten). Welcher von den drei Stiften (alle drei einzeln antippen) gehört in die Lücke?	falsch beantwortet: Der längste Stift wird gewählt.	richtig beantwortet	falsch beantwortet: Der kürzeste Stift wird gewählt.
8. Relationsbegriff zum Längenvergleich			
Welcher Stift ist am längsten?	richtig beantwortet	richtig beantwortet	richtig beantwortet
9. Kenntnis der Münzen			
Kennst du einen Euro? Findest du ihn hier?	kennt keine Münze	kennt keine Münze	richtig beantwortet
Kennst du auch 20 Cent?	kennt keine Münze	kennt keine Münze	richtig beantwortet
10. Muster erkennen			
Hier siehst du ein Muster. Male das Muster weiter.	kann Muster nicht weiterführen	Muster wird richtig fortgesetzt	Muster wird richtig fortgesetzt
11. Formenkenntnis			
Male hier ein Viereck.	richtig beantwortet	richtig beantwortet	richtig beantwortet

Aufgabe	1. MZP	2. MZP	3. MZP
12. Symmetrie			
Bei diesem Schmetterling fehlt die Hälfte (auf leere Stelle zeigen). Welche von diesen Hälften (jede Option antippen) passt genau dazu?	richtig beantwortet	richtig beantwortet	falsch beantwortet
13. Begriffe der Raumlage			
Male unter den Kreis einen Strich.	falsch beantwortet: M. malt den Strich in den Kreis, nicht darunter	richtig beantwortet	richtig beantwortet
14. Wahrnehmungskonstanz			
Hier siehst du ein Dreieck (auf Dreieck oben zeigen). Findest du das gleiche Dreieck hier unten auch noch einmal? (auf untere Hälfte des Blattes deuten). Vielleicht ist es auch mehrmals da. Immer wenn du es findest, kreise es ein.	M. kreist zusätzlich zu den gleichen Dreiecken (gleichseitig) ein weiteres Dreieck ein (gleichschenklig).	richtig beantwortet	richtig beantwortet
15. Raumvorstellung			
Hier hat jemand einen Turm gebaut. Wenn du den gleichen Turm auch bauen möchtest, wie viele von diesen Würfelchen (auf obersten Würfel deuten) brauchst du dazu?	falsch beantwortet: M. zählt nur die sichtbaren Würfel	falsch beantwortet: M. zählt nur die sichtbaren Würfel	falsch beantwortet: M. zählt nur die sichtbaren Würfel

Janine

Materialgestütztes Interview

Aufgabe	1. MZP	2. MZP	3. MZP
1. Kenntnis der Zahlwortreihe			
Kannst du schon zählen?	„1, 2, 3, 4, 5, 6, 7, 8, 9, 10, 11, 12, 13, 14, 15, 16, 18, 19, 20, 21, 23, 24, 25, 21"	„1, 2, 3, 4, 5, 6, 7, 8, 9, 10, 11, 12 "	„1, 2, 3, 4, 5, 6, 7, 8, 9, 10, 11, 12, 13, 14, 15, 16, 17, 18, 19, 20, 21, 23, 24, 25, 25, 27, 28. Weiter kann ich nicht mehr."
Kannst du auch – wenn wir z.B. bei der 7 anfangen – dann weiterzählen?	„7, 8, 9, 10, 11, 12, 13, 14, 15, 16, 18"	Hilfe: 5 „6, 7, 8, 9, 10, 11, 12, 21, 23, 24, 25"	Hilfe: 5, 6, 7 --
Kannst du auch rückwärts zählen, wenn wir bei der 10 anfangen. Das geht dann 10, …	Hilfe: 10, 9, „10, 9, 8, 10, 16, 8, 9, 2, 3, 4 und ... "	Hilfe: 10, 9, 8 rückwärts zählen gelingt nicht	Hilfe: 10, 9, 8 „Kann ich nicht."
2. Resultatives Zählen			
Kannst du die Steine mal zählen? (21 Steine)	keine Eins-zu-Eins-Zuordnung	keine Eins-zu-Eins-Zuordnung	keine Eins-zu-Eins-Zuordnung
3. Ziffernkenntnis			
Ich habe hier verschiedene Zahlen mitgebracht. Kennst du schon eine Zahl?	kennt folgende Zahlen: 9, 6, 3, 7, 4, 5, 0, 8	kennt alle Zahlen	kennt alle Zahlen
Lege die Zahlen mal der Reihe nach. Beginne hier mit der ersten Zahl.	legt folgende Reihenfolge: 0, 2, 3, 8, 10, 6, 7, 5, 4, 9, 1	ordnet richtig bis auf Null	ordnet richtig bis auf Null

Aufgabe	1. MZP	2. MZP	3. MZP
4. strukturierte Mengenerfassung			
Hier gibt es Karten mit gelben Kreisen und Karten mit schwarzen Kreisen (auf die Reihen deuten). Immer zu einer Karte mit gelben Kreisen (auf eine deuten) gehört eine von diesen Karten mit schwarzen Kreisen (der Reihe nach auf alle Karten mit schwarzen Kreisen deuten). Vielleicht hast du eine Idee, wie die Karten zusammenge-hören.	J. ordnet die Men-genbilder der 3 und 4 richtig zu, ohne zu zählen. Die an-deren Mengenbil-der werden falsch zugeordnet.	zählt nur bei un-strukturierten Men-genbildern der 5 und 6, ordnet rich-tig zu	zählt nur bei un-strukturierten Men-genbildern, ordnet richtig zu
Bei welchem Kärt-chen konntest du besser zählen oder besser erkennen, wie viele drauf sind? Warum? Kannst du mir das erklä-ren?	deutet auf unstruk-turiertes Mengen-bild	„Bei der Karte (deutet auf Würfel-bild)." Erklärung gelingt nicht	„Bei der da (deutet auf Würfelbild). Weil Papa und Mama haben so ein Spiel und da wür-feln sie immer. Und da müssen sie im-mer so legen. Im-mer 6 und so auf-zeichnen."
5. Invarianz			
Wie viele Steine sind das? Legst du sie mal anders hin? Wie viele sind es? Kannst du sie noch anders legen? Wie viele sind es?	J. zählt Elemente nach jedem Mal Umlegen neu. Beim letzten Zählen ord-net sie nicht jedem Element ein Zahl-wort zu.	J. zählt Elemente nach jedem Mal Umlegen neu.	J. zählt Elemente nach jedem Mal Umlegen neu.

Aufgabe	1. MZP	2. MZP	3. MZP
6. Größenvorstellung			
Ich habe hier eine Schachtel mit einer Murmel drin. Was denkst du, wenn ich die Schachtel ganz voll mache (mit flachem Finger darüber streichen), wie viele Murmeln passen hinein?	falsch beantwortet: „2"	falsch beantwortet: „1, 2, 3, 4 (zeigt auf mögliche Plätze für Murmeln in der Schachtel). 4 haben Platz."	richtig beantwortet

Paper-pencil-Test

Aufgabe	1. MZP	2. MZP	3. MZP
1. Resultatives Zählen			
Male 3 Kreise aus.	malt alle Kreise aus	malt 5 Kreise aus	richtig beantwortet
Hier darfst du 8 Kreise ausmalen.	malt alle Kreise aus	malt 6 Kreise aus	richtig beantwortet
2. Relationsbegriffe zum Mengenvergleich			
Hier siehst du ein Mädchen und einen Jungen (auf die Kinder deuten). Welches Kind hat weniger Bonbons? (unter 10 Elemente)	richtig beantwortet, ohne zu zählen	richtig beantwortet, ohne zu zählen	richtig beantwortet, ohne zu zählen
Und hier? Welches Kind hat hier weniger Bonbons? (über 10 Elemente)	richtig beantwortet, ohne zu zählen	falsch beantwortet	richtig beantwortet, ohne zu zählen
Hier siehst du Kisten mit Murmeln. In welcher Kiste sind am meisten Murmeln?	falsch beantwortet: J. wählt die Kiste mit den 5 Murmeln.	falsch beantwortet: J. wählt die Kiste mit den 4 Murmeln.	falsch beantwortet: J. wählt die Kiste mit den 5 Murmeln.

Aufgabe	1. MZP	2. MZP	3. MZP
3. Addition zählbar			
Lisa hat 4 Murmeln, Felix hat 5. (auf Kinder deuten) Wie viele Murmeln haben sie beide zusammen?	falsch beantwortet: J. kreist beide Köpfe ein.	Aufgabe kann nicht beantwortet werden	Aufgabe kann nicht beantwortet werden
4. Subtraktion zählbar			
Lisa hat 7 Murmeln ... und Felix? Felix hat keine. Aber Lisa gibt dem Felix 3. Wie viele hat sie denn dann noch?	falsch beantwortet: „7"	falsch beantwortet: „1, 2, 3"	richtig beantwortet: „4"
Hier hat Lisa 6 Murmeln, Felix hat 3. Wie viele Murmeln muss *ich* denn Felix noch geben, damit er auch so viele hat, wie Lisa?	richtig beantwortet: „1, 2, 3"	falsch beantwortet: „7"	falsch beantwortet: „4 dazu"
5. Addition nicht zählbar			
In meiner Hand sind 5 Steine (kurz zeigen, Steine nicht zählen lassen). Jetzt gebe ich noch 2 Steine dazu (Anzahl nicht zeigen, nur die Handlung des Dazugebens sehen lassen). Wie viele Steine habe ich jetzt in meiner Hand?	falsch beantwortet: „5"	falsch beantwortet: „6"	richtig beantwortet: „7"

Aufgabe	1. MZP	2. MZP	3. MZP
6. Subtraktion nicht zählbar			
In meiner Hand sind jetzt 8 Steine. 3 nehme ich heraus. Wie viele sind jetzt noch in meiner Hand? (Steine wieder nicht zählen lassen, nur Handlung des Herausnehmens sehen lassen.)	falsch beantwortet: „8"	falsch beantwortet: „4"	falsch beantwortet: „4"
7. Seriation			
Die Stifte hier sind der Länge nach geordnet. (an den Spitzen der Stifte entlang fahren) Hier fehlt ein Stift (auf die Lücke deuten). Welcher von den drei Stiften (alle drei einzeln antippen) gehört in die Lücke?	richtig beantwortet	falsch beantwortet: Der kürzeste Stift wird gewählt.	falsch beantwortet: Der kürzeste Stift wird gewählt.
8. Relationsbegriff zum Längenvergleich			
Welcher Stift ist am längsten?	falsch beantwortet: Der kürzeste Stift wird gewählt.	richtig beantwortet	richtig beantwortet
9. Kenntnis der Münzen			
Kennst du einen Euro? Findest du ihn hier?	falsch beantwortet: J. kreist die 2€-Münze ein.	richtig beantwortet	richtig beantwortet
Kennst du auch 20 Cent?	falsch beantwortet: J. kreist die 10ct-Münze ein.	falsch beantwortet: J. kreist die 2€-Münze ein.	richtig beantwortet
10. Muster erkennen			
Hier siehst du ein Muster. Male das Muster weiter.	kann Muster nicht weiterführen	Muster wird richtig fortgesetzt	Muster wird richtig fortgesetzt

Aufgabe	1. MZP	2. MZP	3. MZP
11. Formenkenntnis			
Male hier ein Viereck.	kennt kein Viereck	malt ein Dreieck	richtig beantwortet
12. Symmetrie			
Bei diesem Schmetterling fehlt die Hälfte (auf leere Stelle zeigen). Welche von diesen Hälften (jede Option antippen) passt genau dazu?	richtig beantwortet	falsch beantwortet	richtig beantwortet
13. Begriffe der Raumlage			
Male unter den Kreis einen Strich.	falsch beantwortet: J. malt den Strich in den Kreis, nicht darunter	richtig beantwortet	richtig beantwortet
14. Wahrnehmungskonstanz			
Hier siehst du ein Dreieck (auf Dreieck oben zeigen). Findest du das gleiche Dreieck hier unten auch noch einmal? (auf untere Hälfte des Blattes deuten). Vielleicht ist es auch mehrmals da. Immer wenn du es findest, kreise es ein.	J. kreist nur das Dreieck in der gleichen Lage ein.	J. kreist das Dreieck in der gleichen Lage ein und ein weiteres ein. Das dritte Dreieck wird nicht als gleich identifiziert.	J. kreist zusätzlich zu den gleichen Dreiecken (gleichseitig) ein weiteres Dreieck ein (gleichschenklig).
15. Raumvorstellung			
Hier hat jemand einen Turm gebaut. Wenn du den gleichen Turm auch bauen möchtest, wie viele von diesen Würfelchen (auf obersten Würfel deuten) brauchst du dazu?	falsch beantwortet: J. kreist alle 7 angegebenen Würfel ein.	falsch beantwortet: „Mhm. Nur 2."	richtig beantwortet

Jibril

Materialgestütztes Interview

Aufgabe	1. MZP	2. MZP	3. MZP
1. Kenntnis der Zahlwortreihe			
Kannst du schon zählen?	„1, 2, 3, 4, 5"	„1, 2, 3, 4, 5, 6, 7, 8, 9, 10, 11, 12, 13" J. streckt dabei einen Finger nach dem anderen hoch.	„1, 2, 3, 4, 5, 6, 7, 8, 9, 10, 11, 12, 13, 14, 15, 16, 17, 18, 19, 20, 21, 23, 24, 25, 26, 27, 28, 29, 30, 31, 32, 34, 35, 36, 37, 38, 39, 40, 41, 42, 44, 45, 46, 47, 48, 49, 60, 61, 62, 64, 65, 66, 67, 68, 69, 70, 71, 72, 74, 75, 76, 77, 78, 79, 80, 81, 82, 84, 85, 86, 87, 88, 89, 90, 91, 92, 94, 95, 96, 97, 98, 99, 100"
Kannst du auch – wenn wir z.B. bei der 7 anfangen – dann weiterzählen?	Hilfe: 5, 6, 7, „8, 9, 10, 13, 14"	Hilfe: 5 „6, 7, 8, 9, 10"	„6, 7, 8, 9, 10, 11, 12, 13, 14, 15, 16, 17, 18, 19, 20, 21"
Kannst du auch rückwärts zählen, wenn wir bei der 10 anfangen. Das geht dann 10, …	Hilfe: 10, 9, 8 „10, 9, 8, 18, 19"	Hilfe: 10, 9, 8 „10, 11, 12"	„9, 10, 9, 8, 7, 6, 5, 4, 3, 2, 1, 0"
2. Resultatives Zählen			
Kannst du die Steine mal zählen? (21 Steine)	keine Eins-zu-Eins-Zuordnung	zählt nicht alle Elemente	richtig beantwortet
3. Ziffernkenntnis			
Ich habe hier verschiedene Zahlen mitgebracht. Kennst du schon eine Zahl?	kennt keine Zahl: J. hält die 4 hoch und sagt: „Das ist ein Jot."	kennt alle Zahlen außer 0	kennt alle Zahlen
Lege die Zahlen mal der Reihe nach. Beginne hier mit der ersten Zahl.	--	J. legt folgende Reihenfolge: 0, 1, 2, 3, 4, 5, 6, 7, 10, 8, 9	ordnet alle Zahlen richtig

Aufgabe	**1. MZP**	**2. MZP**	**3. MZP**
4. strukturierte Mengenerfassung			
Hier gibt es Karten mit gelben Kreisen und Karten mit schwarzen Kreisen (auf die Reihen deuten). Immer zu einer Karte mit gelben Kreisen (auf eine deuten) gehört eine von diesen Karten mit schwarzen Kreisen (der Reihe nach auf alle Karten mit schwarzen Kreisen deuten). Vielleicht hast du eine Idee, wie die Karten zusammengehören.	J. kann Mengenbilder nicht zuordnen.	J. ordnet die Mengenbilder der 3 und 4 richtig zu ohne zu zählen. Die anderen Mengenbilder werden falsch zugeordnet.	J. ordnet die Mengenbilder der 3 und 4 richtig zu ohne zu zählen. Die anderen Mengenbilder werden falsch zugeordnet.
Bei welchem Kärtchen konntest du besser zählen oder besser erkennen, wie viele drauf sind? Warum? Kannst du mir das erklären?	--	„Bei der Karte (deutet auf unstrukturiertes Mengenbild)." Erklärung gelingt nicht	„Bei der (deutet auf Würfelbild). Weil es da richtig so gezeichnet ist (deutet auf die einzelnen Punkte)."
5. Invarianz			
Wie viele Steine sind das? Legst du sie mal anders hin? Wie viele sind es? Kannst du sie noch anders legen? Wie viele sind es?	--	J. zählt Elemente nach jedem Mal Umlegen neu.	Invarianzverständnis vorhanden

Aufgabe	1. MZP	2. MZP	3. MZP
6. Größenvorstellung			
Ich habe hier eine Schachtel mit einer Murmel drin. Was denkst du, wenn ich die Schachtel ganz voll mache (mit flachem Finger darüber streichen), wie viele Murmeln passen hinein?	falsch beantwortet: „3" J. deutet zunächst auf freie Plätze in der Schachtel und zählt dann mit den Fingern bis 3.	richtig beantwortet	richtig beantwortet

Paper-pencil-Test

Aufgabe	1. MZP	2. MZP	3. MZP
1. Resultatives Zählen			
Male 3 Kreise aus.	Lösung nicht erkennbar	richtig beantwortet	richtig beantwortet
Hier darfst du 8 Kreise ausmalen.	malt zwei Kreise aus	richtig beantwortet	richtig beantwortet
2. Relationsbegriffe zum Mengenvergleich			
Hier siehst du ein Mädchen und einen Jungen (auf die Kinder deuten). Welches Kind hat weniger Bonbons? (unter 10 Elemente)	falsch beantwortet	richtig beantwortet, ohne zu zählen	richtig beantwortet, ohne zu zählen
Und hier? Welches Kind hat hier weniger Bonbons? (über 10 Elemente)	richtig beantwortet, ohne zu zählen	richtig beantwortet, ohne zu zählen	richtig beantwortet, ohne zu zählen
Hier siehst du Kisten mit Murmeln. In welcher Kiste sind am meisten Murmeln?	falsch beantwortet: J. wählt die Kiste mit den 5 Murmeln.	richtig beantwortet, ohne zu zählen	richtig beantwortet, ohne zu zählen

Aufgabe	1. MZP	2. MZP	3. MZP
3. Addition zählbar			
Lisa hat 4 Murmeln, Felix hat 5. (auf Kinder deuten) Wie viele Murmeln haben sie beide zusammen?	falsch beantwortet: J. zählt die Murmeln bei beiden Kindern: „1, 2, 3, 5 (Murmeln bei Lisa) 1, 2, 3, 4, 5 (Murmeln bei Felix)". Er beantwortet die Frage mit „2"	Aufgabe kann nicht beantwortet werden: „4 (deutet auf Lisa), 5 (deutet auf Felix)"	richtig beantwortet: „9"
4. Subtraktion zählbar			
Lisa hat 7 Murmeln ... und Felix? Felix hat keine. Aber Lisa gibt dem Felix 3. Wie viele hat sie denn dann noch?	falsch beantwortet: „So viel (deutet auf die Murmeln von Lisa)."	falsch beantwortet: „7"	richtig beantwortet: „4"
Hier hat Lisa 6 Murmeln, Felix hat 3. Wie viele Murmeln muss *ich* denn Felix noch geben, damit er auch so viele hat, wie Lisa?	Aufgabe kann nicht beantwortet werden: J. zählt die Murmeln von Lisa.	falsch beantwortet: J. zeigt 6 Finger:„6. Oder so viele (zeigt 10 Finger). 1, 2, 3, 4, 5, 6, 7, 8, 9, 10."	falsch beantwortet: „6"
5. Addition nicht zählbar			
In meiner Hand sind 5 Steine (kurz zeigen, Steine nicht zählen lassen). Jetzt gebe ich noch 2 Steine dazu (Anzahl nicht zeigen, nur die Handlung des Dazugebens sehen lassen). Wie viele Steine habe ich jetzt in meiner Hand?	Aufgabe kann nicht beantwortet werden.	richtig beantwortet: „7"	richtig beantwortet: „7"

Aufgabe	1. MZP	2. MZP	3. MZP
6. Subtraktion nicht zählbar			
In meiner Hand sind jetzt 8 Steine. 3 nehme ich heraus. Wie viele sind jetzt noch in meiner Hand? (Steine wieder nicht zählen lassen, nur Handlung des Herausnehmens sehen lassen.)	Aufgabe kann nicht beantwortet werden.	falsch beantwortet: „8"	richtig beantwortet: „5"
7. Seriation			
Die Stifte hier sind der Länge nach geordnet. (an den Spitzen der Stifte entlang fahren) Hier fehlt ein Stift (auf die Lücke deuten). Welcher von den drei Stiften (alle drei einzeln antippen) gehört in die Lücke?	falsch beantwortet: Der kürzeste Stift wird gewählt.	falsch beantwortet: Der kürzeste Stift wird gewählt.	richtig beantwortet
8. Relationsbegriff zum Längenvergleich			
Welcher Stift ist am längsten?	richtig beantwortet	richtig beantwortet	richtig beantwortet
9. Kenntnis der Münzen			
Kennst du einen Euro? Findest du ihn hier?	richtig beantwortet	richtig beantwortet	richtig beantwortet
Kennst du auch 20 Cent?	falsch beantwortet: J. kreist die 2€-Münze ein.	richtig beantwortet	richtig beantwortet
10. Muster erkennen			
Hier siehst du ein Muster. Male das Muster weiter.	kann Muster nicht weiterführen	Muster wird richtig fortgesetzt	Muster wird richtig fortgesetzt

Aufgabe	1. MZP	2. MZP	3. MZP
11. Formenkenntnis			
Male hier ein Viereck.	Form kann als Viereck erkannt werden, eine Ecke ist nicht exakt	richtig beantwortet	richtig beantwortet
12. Symmetrie			
Bei diesem Schmetterling fehlt die Hälfte (auf leere Stelle zeigen). Welche von diesen Hälften (jede Option antippen) passt genau dazu?	falsch beantwortet	falsch beantwortet	richtig beantwortet
13. Begriffe der Raumlage			
Male unter den Kreis einen Strich.	richtig beantwortet	richtig beantwortet	richtig beantwortet
14. Wahrnehmungskonstanz			
Hier siehst du ein Dreieck (auf Dreieck oben zeigen). Findest du das gleiche Dreieck hier unten auch noch einmal? (auf untere Hälfte des Blattes deuten). Vielleicht ist es auch mehrmals da. Immer wenn du es findest, kreise es ein.	J. kreist zusätzlich zu den gleichen Dreiecken (gleichseitig) drei weitere ein (2 gleichschenklige, ein unregelmäßiges).	J. kreist nur das Dreieck in der gleichen Lage ein.	richtig beantwortet
15. Raumvorstellung			
Hier hat jemand einen Turm gebaut. Wenn du den gleichen Turm auch bauen möchtest, wie viele von diesen Würfelchen (auf obersten Würfel deuten) brauchst du dazu?	nennt keine Anzahl, zeigt aber auf alle sichtbaren Würfel	falsch beantwortet: „1, 2, 3, 4"	falsch beantwortet: „4"

Hakan

Materialgestütztes Interview

Aufgabe	1. MZP	2. MZP	3. MZP
1. Kenntnis der Zahlwortreihe			
Kannst du schon zählen?	„1, 2, 3, 4, 5, 6, 7, 8, 9"	„1, 2, 3, 4, 5, 6, 7, 8, 9, 10, 11, 12, 13, 14, 15, 16, 17, 18, 19, 20, 21, ... (H. zählt richtig weiter), 76, 78, 79, 80, 81, 82, 83, 84, 85, 86, 87, 88, 89, 90, 91, 92, 93, 94, 95, 96, 97, 98, 99, 100, einhundert, zwei-hundert, drei-hundert, vierhun-dert, fünfhundert, sechshundert, sie-benhundert, acht-hundert, neunhun-dert"	„1, 2, 3, 4, 5, 6, 7, 8, 9, 10, 11, 12, 13, 14, 15, 16, 17, 18, 19, 20, 21, 22, 23, 24, 25, 26, 24, 28, 29, 30, 31, 32, 33, 34, 35, 36, 37, 38, 39, 40, 41, 42, 43, 44, 45, 46, 47, 48, 49, 50, 51, 52, 53, 54, 55, sechsund siebzig, fünfzig, 57, 58, ... (H. zählt richtig weiter), 94, 95, 96, 94, 98, 99, 100, 102, 103, 104, 105, 106, 107, 108, 109, 110, 111, 112, 113, 114, 115, 116, 117, 118, 120."
Kannst du auch – wenn wir z.B. bei der 7 anfangen – dann weiterzählen?	„6, 7, 8, 9, 10, 11, 12, 13"	„7, 8, 9, 10, 11, 12, 13, 14, 15, 16"	Hilfe: 5 „6, 7, 8, 9, 10"
Kannst du auch rückwärts zählen, wenn wir bei der 10 anfangen. Das geht dann 10, ...	Hilfe: 10, 9, 8 „Ich kann nicht."	Hilfe: 10, 9 „10, 9, 8, 7, 6, 5, 4, 3, 2, 1"	„10, 9, 8, 7, 6, 5, 4, 3, 2, 1"
2. Resultatives Zählen			
Kannst du die Steine mal zählen? (21 Steine)	keine Eins-zu-Eins-Zuordnung	keine Eins-zu-Eins-Zuordnung	richtig beantwortet: H. verschiebt die Steine beim Zählen.
3. Ziffernkenntnis			
Ich habe hier ver-schiedene Zahlen mitgebracht. Kennst du schon eine Zahl?	kennt nur die 1	kennt alle Zahlen	kennt alle Zahlen
Lege die Zahlen mal der Reihe nach. Be-ginne hier mit der ersten Zahl.	--	ordnet alle Zahlen richtig	ordnet alle Zahlen richtig (von 10 rück-wärts bis zur 0)

Aufgabe	1. MZP	2. MZP	3. MZP
4. strukturierte Mengenerfassung			
Hier gibt es Karten mit gelben Kreisen und Karten mit schwarzen Kreisen (auf die Reihen deuten). Immer zu einer Karte mit gelben Kreisen (auf eine deuten) gehört eine von diesen Karten mit schwarzen Kreisen (der Reihe nach auf alle Karten mit schwarzen Kreisen deuten). Vielleicht hast du eine Idee, wie die Karten zusammenge-hören.	kann Aufgabe nicht lösen	erkennt strukturier-te Mengenbilder, ordnet richtig zu	erkennt strukturier-te Mengenbilder, ordnet richtig zu
Bei welchem Kärt-chen konntest du besser zählen oder besser erkennen, wie viele drauf sind? Warum? Kannst du mir das erklä-ren?	--	„Bei der (deutet auf strukturiertes Men-genbild)." „Weil wir ein ,Mensch ärgere dich nicht' haben. Wenn 6 kommt, dürfen wir nach 6 noch mal würfeln. Weil ... das ... unser Würfel 6 ist auch wie diese 6. Deswegen!"	H. deutet auf Wür-felbild. „Weil das die richtige 6 ist."
5. Invarianz			
Wie viele Steine sind das? Legst du sie mal anders hin? Wie viele sind es? Kannst du sie noch anders legen? Wie viele sind es?	H. zählt Elemente nach jedem Mal Umlegen neu, dabei ordnet er nicht im-mer jedem Element ein Zahlwort zu.	Invarianzverständ-nis vorhanden	Invarianzverständ-nis vorhanden

Aufgabe	1. MZP	2. MZP	3. MZP
6. Größenvorstellung			
Ich habe hier eine Schachtel mit einer Murmel drin. Was denkst du, wenn ich die Schachtel ganz voll mache (mit flachem Finger darüber streichen), wie viele Murmeln passen hinein?	richtig beantwortet	richtig beantwortet	falsch beantwortet: „2, 6, Warte. (zeigt auf mögliche Plätze für Murmeln in der leeren Schachtel). 7"

Paper-pencil-Test

Aufgabe	1. MZP	2. MZP	3. MZP
1. Resultatives Zählen			
Male 3 Kreise aus.	malt 11 Kreise aus	richtig beantwortet	richtig beantwortet
Hier darfst du 8 Kreise ausmalen.	malt 6 Kreise aus	richtig beantwortet	richtig beantwortet
2. Relationsbegriffe zum Mengenvergleich			
Hier siehst du ein Mädchen und einen Jungen (auf die Kinder deuten). Welches Kind hat weniger Bonbons? (unter 10 Elemente)	richtig beantwortet, ohne zu zählen	richtig beantwortet, ohne zu zählen	richtig beantwortet: beide Mengen werden gezählt
Und hier? Welches Kind hat hier weniger Bonbons? (über 10 Elemente)	falsch beantwortet	falsch beantwortet	richtig beantwortet, ohne zu zählen
Hier siehst du Kisten mit Murmeln. In welcher Kiste sind am meisten Murmeln?	falsch beantwortet: H. wählt die Kiste mit den 5 Murmeln.	falsch beantwortet: H. wählt die Kiste mit den wenigsten Murmeln.	richtig beantwortet, ohne zu zählen

Aufgabe	1. MZP	2. MZP	3. MZP
3. Addition zählbar			
Lisa hat 4 Murmeln, Felix hat 5. (auf Kinder deuten) Wie viele Murmeln haben sie beide zusammen?	falsch beantwortet: „6"	richtig beantwortet: „5 (deutet auf Felix), 4 (deutet auf Lisa). Wenn des beide zusammen ist, dann ist es 8." „Ich zähl mal: 1, 2, 3, 4, 5, 6, 7, 8, 9."	falsch beantwortet: „10"
4. Subtraktion zählbar			
Lisa hat 7 Murmeln ... und Felix? Felix hat keine. Aber Lisa gibt dem Felix 3. Wie viele hat sie denn dann noch?	falsch beantwortet: „1, 2, 3, 4, 5"	falsch beantwortet: „7"	richtig beantwortet: „3, dann hat sie 4"
Hier hat Lisa 6 Murmeln, Felix hat 3. Wie viele Murmeln muss *ich* denn Felix noch geben, damit er auch so viele hat, wie Lisa?	falsch beantwortet: „5"	falsch beantwortet: „6"	falsch beantwortet: „6"
5. Addition nicht zählbar			
In meiner Hand sind 5 Steine (kurz zeigen, Steine nicht zählen lassen). Jetzt gebe ich noch 2 Steine dazu (Anzahl nicht zeigen, nur die Handlung des Dazugebens sehen lassen). Wie viele Steine habe ich jetzt in meiner Hand?	falsch beantwortet: „5"	richtig beantwortet: „7"	richtig beantwortet: „7"

Aufgabe	1. MZP	2. MZP	3. MZP
6. Subtraktion nicht zählbar			
In meiner Hand sind jetzt 8 Steine. 3 nehme ich heraus. Wie viele sind jetzt noch in meiner Hand? (Steine wieder nicht zählen lassen, nur Handlung des Herausnehmens sehen lassen.)	falsch beantwortet: „1, 2, 3"	falsch beantwortet: „7"	richtig beantwortet: „5"
7. Seriation			
Die Stifte hier sind der Länge nach geordnet. (an den Spitzen der Stifte entlang fahren) Hier fehlt ein Stift (auf die Lücke deuten). Welcher von den drei Stiften (alle drei einzeln antippen) gehört in die Lücke?	falsch beantwortet: Der kürzeste Stift wird gewählt.	richtig beantwortet	falsch beantwortet: Der kürzeste Stift wird gewählt.
8. Relationsbegriff zum Längenvergleich			
Welcher Stift ist am längsten?	richtig beantwortet	richtig beantwortet	richtig beantwortet
9. Kenntnis der Münzen			
Kennst du einen Euro? Findest du ihn hier?	falsch beantwortet: H. kreist die 2€-Münze ein.	richtig beantwortet	richtig beantwortet
Kennst du auch 20 Cent?	falsch beantwortet: H. kreist die 50ct-Münze ein.	richtig beantwortet	richtig beantwortet
10. Muster erkennen			
Hier siehst du ein Muster. Male das Muster weiter.	kann Muster nicht weiterführen	kann Muster nicht weiterführen	Muster wird richtig fortgesetzt

Aufgabe	1. MZP	2. MZP	3. MZP
11. Formenkenntnis			
Male hier ein Viereck.	kennt kein Viereck	richtig beantwortet	richtig beantwortet
12. Symmetrie			
Bei diesem Schmetterling fehlt die Hälfte (auf leere Stelle zeigen). Welche von diesen Hälften (jede Option antippen) passt genau dazu?	falsch beantwortet	falsch beantwortet	richtig beantwortet
13. Begriffe der Raumlage			
Male unter den Kreis einen Strich.	richtig beantwortet	richtig beantwortet	richtig beantwortet
14. Wahrnehmungskonstanz			
Hier siehst du ein Dreieck (auf Dreieck oben zeigen). Findest du das gleiche Dreieck hier unten auch noch einmal? (auf untere Hälfte des Blattes deuten). Vielleicht ist es auch mehrmals da. Immer wenn du es findest, kreise es ein.	richtig beantwortet	richtig beantwortet	richtig beantwortet
15. Raumvorstellung			
Hier hat jemand einen Turm gebaut. Wenn du den gleichen Turm auch bauen möchtest, wie viele von diesen Würfelchen (auf obersten Würfel deuten) brauchst du dazu?	falsch beantwortet: „ein Würfel reicht."	falsch beantwortet	falsch beantwortet: H. zählt nur die sichtbaren Würfel.

Waxmann

Empirische Studien zur Didaktik der Mathematik

hrsg. von Götz Krummheuer und Aiso Heinze

Band 1

Marcus Schütte

Sprache und Interaktion im Mathematikunterricht der Grundschule

Zur Problematik einer Impliziten Pädagogik für schulisches Lernen im Kontext sprachlich-kultureller Pluralität

2009, 216 Seiten, br., 24,90 €, ISBN 978-3-8309-2133-2

Mit Hilfe von Analysemethoden der Interpretativen Unterrichtsforschung der Mathematikdidaktik rekonstruiert der Autor Phänomene der sprachlichen Gestaltung des Grundschulmathematikunterrichts in Einführungssequenzen neuer mathematischer Begriffe. Im Ergebnis zeigt sich ein vorwiegend informell und alltagssprachlich geprägter Unterrichtsdiskurs, in dem entscheidende Aspekte der Bedeutungsaushandlung implizit bleiben. Eine solche Implizite Pädagogik ist dem Grundgedanken verhaftet, dass Schülerinnen und Schüler sich allein auf der Grundlage ihrer mitgebrachten Fähigkeiten Bedeutungen erschließen können. Anhand dieses vom Autor entwickelten Theoriekonzepts stellt er Hypothesen über Gelegenheiten zum Lernen für eine multilinguale Schülerschaft in deutschen Klassen auf.

Die theoretisch sehr fundiert dargelegte Arbeit ist durchaus auch für Lehrkräfte sehr lesenswert, da sie durch die plastische Beschreibung der Unterrichtsphasen auch dazu anregt, die eigene sprachliche Gestaltung des Unterrichts zu hinterfragen und somit die Lehrerschaft für die beschriebenen sprachlichen Phänomene sensibilisieren kann. In diesem Sinne ist die Arbeit nicht nur für den Mathematikunterricht relevant [...].

MNU PRIMAR, 2/1, 2010

MÜNSTER · NEW YORK · MÜNCHEN · BERLIN

Waxmann

Band 2

Christina Collet

Förderung von Problemlösekompetenzen in Verbindung mit Selbstregulation

Wirkungsanalysen von Lehrerfortbildungen

2009, 304 Seiten, br., 34,90 €, ISBN 978-3-8309-2168-4

Die internationalen Vergleichsstudien und ergänzende Studien haben Schwächen der deutschen Schüler bei komplexen Aufgabenstellungen ans Licht gebracht. Basierend auf dem in diesem Projekt entwickelten materialgestützten Unterrichtskonzept zum Fördern von Problemlösekompetenzen in Verbindung mit Selbstregulation wurden Lehrerfortbildungen durchgeführt. Die fortgebildeten Lehrkräfte sollten dieses Unterrichtskonzept über die Dauer eines Schuljahres im regulären Mathematikunterricht der Sekundarstufe I umsetzen. Die Umsetzung des Unterrichtskonzeptes wurde mithilfe unterschiedlicher quantitativer und qualitativer Erhebungsinstrumente evaluiert. Die Evaluation zeigt markante Effekte auf unterschiedlichen Ebenen: bei den Meinungen der Lehrkräfte, dem Lehrerwissen, dem Lehrerhandeln sowie auf der Ebene der Schüler.

MÜNSTER · NEW YORK · MÜNCHEN · BERLIN

Waxmann

Band 4

Christof Schreiber

Semiotische Prozess-Karten
Chatbasierte Inskriptionen in
mathematischen Problemlöseprozessen

2010, 180 Seiten, br., 24,90 €, ISBN 978-3-8309-2373-2

In dieser Publikation geht es um die detaillierte Analyse kollektiver mathematischer Problemlöseprozesse, die wesentlich auf schriftlich-graphischer Kommunikation basieren. Solche Problemlöseprozesse werden erzeugt, indem in einem experimentellen Setting Schüler in einer Chat-Umgebung Aufgaben gemeinsam lösen und die Kommunikation zwischen den Chat-Partnern ausschließlich schriftlich-graphisch stattfindet. Die Analyse der Interaktionsprozesse fußt auf einem interaktionstheoretischen Ansatz des Mathematiklernens, der durch semiotische Elemente ergänzt wird. Das Chat-Setting bietet eine neue Forschungsperspektive auf grundsätzliche Fragen des Lehrens und Lernens von Mathematik. Da mit dem Chatten eine Interaktionsform vorliegt, die einerseits auf Schrift und Graphik beruht und andererseits durch ihre Interaktivität eher der zwischenmenschlichen verbalen Interaktion ähnelt, können konzeptionell mündliche Situationen durch die medial schriftliche Darstellung besser zugänglich gemacht werden.

Besonders für die gemeinsam in schriftlicher Form erzeugten Bestandteile im Problemlöseprozess wird die Peirce'sche Zeichentheorie hinzugezogen und so werden zur Darstellung der Analysen die Semiotischen Prozess-Karten entwickelt.

MÜNSTER · NEW YORK · MÜNCHEN · BERLIN

Empirische Studien zur Didaktik der Mathematik

Christof Schreiber

Semiotische Prozess-Karten
Chatbasierte Inskriptionen
in mathematischen
Problemlöseprozessen

WAXMANN